广东省制造业高质量发展报告

2019～2020年广东省制造业高质量发展研究报告汇编

广东省制造强省建设专家咨询委员会 编著

中国财经出版传媒集团
经济科学出版社
Economic Science Press

图书在版编目（CIP）数据

2019—2020年广东省制造业高质量发展研究报告汇编/广东省制造强省建设专家咨询委员会编著.--北京：经济科学出版社，2021.4

（广东省制造业高质量发展报告）

ISBN 978-7-5218-2510-7

Ⅰ.①2… Ⅱ.①广… Ⅲ.①制造工业-经济发展-研究报告-广东-2019-2020 Ⅳ.① F426.4

中国版本图书馆CIP数据核字（2021）第077115号

责任编辑：李 雪 袁 溦
责任校对：王苗苗
责任印制：王世伟

2019～2020年广东省制造业高质量发展研究报告汇编
2019-2020 NIAN GUANGDONGSHENG ZHIZAOYE
GAOZHILIANG FAZHAN YANJIU BAOGAO HUIBIAN
广东省制造强省建设专家咨询委员会 编著
经济科学出版社出版、发行 新华书店经销
社址：北京市海淀区阜成路甲28号 邮编：100142
总编部电话：010-88191217 发行部电话：010-88191522
网址：www.esp.com.cn
电子邮箱：esp@esp.com.cn
天猫网店：经济科学出版社旗舰店
网址：http://jjkxcbs.tmall.com
北京季蜂印刷有限公司印装
787×1092 16开 25.75印张 460000字
2021年4月第1版 2021年4月第1次印刷
ISBN 978-7-5218-2510-7 定价：138.00元
（图书出现印装问题，本社负责调换。电话：010-88191510）
（版权所有 侵权必究 打击盗版 举报热线：010-88191661
QQ：2242791300 营销中心电话：010-88191537
电子邮箱：dbts@esp.com.cn

广东省制造强省建设专家咨询委员会简介

为推动实施制造强省战略，提高制造强省建设重大问题的决策咨询水平，经广东省人民政府同意，广东省制造强省建设专家咨询委员会（以下简称咨询委）于2019年12月25日正式成立，中国工程院原院长周济院士担任咨询委主任；中国工程院干勇院士、邬贺铨院士、刘人怀院士，中山大学党委书记陈春声教授，华南理工大学原校长王迎军院士，广东工业大学原校长陈新教授担任副主任委员；工业和信息化部电子第五研究所陈立辉所长担任秘书长。咨询委秘书处设立在工业和信息化部电子第五研究所，主要担任咨询委日常运作工作。

咨询委是广东省制造强省建设领导小组的常设决策咨询机构，是推动广东省从制造大省到制造强省转变，实现制造业高质量发展的战略性、全局性、专业性决策咨询平台。其主要宗旨是贯彻落实广东省委、省政府关于推动制造强省建设的各项决策部署，充分发挥市场在资源配置中的决定性作用和更好发挥政府作用，以探寻制造业发展规律和尊重广东省发展实际为基础，坚持科学、客观、公正的原则，围绕制造业发展有关的重大问题，开展相关咨询、论证活动。

编委会

编委会主任： 周 济

编委会副主任： 干 勇　刘人怀　王迎军
　　　　　　　　陈春声　陈 新　陈立辉

编委会成员（以姓氏笔画为序）：

丁文华　王华明　王 珺　尤 政　方洪波
邓宗全　卢 山　冯记春　冯培德　朱森第
邬贺铨　李东生　李自学　李伯虎　李培根
李德群　杨华勇　杨润贵　肖 华　宋永华
张 纲　张彦敏　陈凯旋　陈学东　陈清泉
陈湘生　屈贤明　胡跃飞　袁明男　倪泽望
郭东明　黄宏生　董明珠　曾庆洪　温文星
谢冰玉

工作组组长： 王 韬　王贵虎　张 延

工作组成员： 席凯伦　刘甲圣　杜哲勇　谭德家　吴玉波
　　　　　　　蔡日梅　张莉敏　黄玉玲　程 骞　彭和翔
　　　　　　　华小方　黄绍娜　陈 宇　涂珍兰　刘 馨
　　　　　　　朱 茗　吴波亮　盛秀婷　张 莉　傅郭鑫
　　　　　　　余 翔　李 璐　孙 佳　王刘平　党 明

序　言

　　制造业是国民经济的主体，是立国之本、兴国之器、强国之基。党的十八大以来，以习近平同志为核心的党中央高度重视实体经济发展，把制造业高质量发展放到更加突出的位置，尤其在2019年底中央经济会议，把推动制造业高质量发展作为来年的首要任务。推动制造业高质量发展，对提升制造业核心竞争力、占领产业发展制高点，保持经济持续健康发展，满足人民群众美好生活需要具有重要意义。

　　广东省作为我国制造业发展的排头兵，长年来坚持制造业立省不动摇，制造业高质量发展取得积极成效。2020年，规模实力稳步提升，广东省实现规模以上制造业增加值3.01万亿元、规模以上制造业企业超5万家，其中进入世界500强制造业企业6家；创新水平稳居全国前列，区域创新能力继续保持全国领先，连续四年排名第一，技术自给率达73%，基本达到创新型国家和地区水平；产业结构持续优化，高技术制造业、先进制造业增加值分别达1.03万亿元、1.85万亿元，占全部规模以上工业增加值的31.1%、56.1%。

　　广东省制造强省建设专家咨询委员会自成立以来，在广东省制造强省建设领导小组的领导下，先后承担了一系列制造强省建设研究和支撑工作，组织举办了2020年广东省制造业高质量发展论坛、"广东省制造业高质量发展十四五规划"等专题研讨会，创办了《广东省制造强省建设资讯》《广东省制造强省建设专报》等专刊，各项决策咨询服务工作稳步推进，受到了省领导和省有关部门的高度认可。

2021年是"十四五"开局之年，也是开启全面建设社会主义现代化国家新征程、向第二个百年奋斗目标进军的第一年，更是双循环战略格局下创新驱动发展，从高速增长向高质量发展转型的攻坚期。受广东省制造强省建设领导小组办公室的委托，广东省制造强省建设咨询委秘书处积极组织，面向省有关部门、地市工业和信息化主管部门、国家先进制造业集群促进机构等政府及研究单位征集了2019~2020年度制造强省建设推动制造业高质量发展方面的优秀研究成果及典型工作经验报告，并组织专家学者评议、编撰形成了《2019~2020年广东省制造业高质量发展研究报告汇编》，形成产业发展、创新驱动、转型升级、企业培育、集群建设、改革治理等多个篇章。希望该书能够为广东省各级政府单位提供重要的决策参考，也为广大关心、支持和参与制造业高质量发展的各界人士提供有价值的信息参考。

编委会

2021年1月31日

目　录

01 产业发展篇

1. 推动制造业高质量发展建设制造强省调研报告……………………………… 3
2. 关于对广东省制造业占比过早过快下降的原因分析及建议………………… 8
3. 广东省制造业高质量发展中长期战略建议…………………………………… 21
4. 广东省"一核一带一区"产业发展现状调研报告…………………………… 26
5. 广东省首台（套）重大技术装备发展研究报告……………………………… 49
6. 广东省精密仪器设备产业调研情况报告……………………………………… 57
7. 关于进一步推动广东省工业设计高质量发展的调研报告…………………… 70
8. 广州市重塑器官图谱式的产业"新方阵"
　　——浅议"十四五"时期广州市选择和培育主导产业的思考与路径…… 77
9. 珠海市培育新经济新业态发展调研报告……………………………………… 84
10. 珠海市生物医药产业发展研究报告…………………………………………… 95
11. 打造世界级风电产业基地　推动阳江制造业高质量发展…………………… 114
12. 粤港澳大湾区背景下中山市健康医药产业发展研究………………………… 122
13. 韶关市绿色矿山产业生态化研究报告………………………………………… 132

1

14. 补齐云浮市经济发展短板问题研究 …………………………………………… 144

15. 人工智能与实体经济深度融合应用研究
　　——以深圳市人工智能先导区为例 …………………………………… 154

02 创新驱动篇

16. 加快"强核强链"建设，推动广东省先进制造业高质量发展 ………………… 179
17. 粤港澳大湾区视野下校企联动　推动创新成果产业化的广州策略 ………… 184
18. 关于提升江门市产业链供应链稳定性和竞争力的调研报告 ………………… 190
19. 江门市医疗物资产业链研究报告 …………………………………………… 196

03 集群培育篇

20. 深圳市积极推进先进制造业集群培育，打造多点布局、特色鲜明的
　　集群体系 ……………………………………………………………………… 211
21. 深圳市新一代信息通信产业集群培育情况 ………………………………… 217
22. 广东省先进电池材料产业集群示范建设 …………………………………… 223
23. 广州市创建国家级智能网联汽车产业集群工作总结报告 ………………… 228
24. 广佛惠超高清视频和智能家电产业集群培育工作情况 …………………… 236
25. 构建"三链一网"产业集群生态　推动智能终端产业自主可控
　　——东莞市智能移动终端产业集群高质量发展促进模式 ………………… 242

26. 深圳市争创国家高性能医疗器械创新中心工作情况报告 ……………… 250

27. 广深佛莞联合创建国家智能装备产业集群有关情况 …………………… 257

04 转型升级篇

28. 关于区域率先布局发展工业互联网的研究 …………………………… 267
29. 广东省制造业数字化转型的路径政策研究 …………………………… 274
30. 肇庆市高新区金属材料产业转型升级研究报告 ……………………… 279
31. 肇庆市加快传统优势制造业转型升级专题调研报告 ………………… 286
32. 大湾区背景下中山市传统产业转型升级研究 ………………………… 295
33. 关于浙江部分城市传统产业转型升级的调研报告 …………………… 307
34. 关于推动江门市制造业高质量发展的研究报告 ……………………… 316

05 企业培育篇

35. 关于进一步提升"企莞家"平台对企服务，助力东莞市经济高质量发展的调研报告 …………………………………………………………… 331
36. 2019~2020年惠州市民营经济发展现状、存在问题与对策 ………… 338
37. 关于应对疫情冲击加大企业扶持力度的调研报告 …………………… 355

06 改革治理篇

38. 大力实施"培土工程"优化要素配置机制　塑造广东省制造业高质量发展环境新优势 ………………………………………………………… 365

39. 广州制造业发展质量评估及提升对策研究 …………………………… 376

40. 湛江经开区创新招商引资方式　推动制造业高质量发展的报告 …… 391

01

产业发展篇

推动制造业高质量发展建设制造强省调研报告

广东省工业和信息化厅运行综合处

一、对广东省制造业发展现状的基本判断

改革开放 40 余年来，广东省制造业发展取得巨大成就，在全国处于领先水平，但也有很多短板和不足。一是规模优势明显但区域发展不平衡。二是行业门类齐全但发展支撑点还不够多。三是长期保持高速增长但近年增速趋缓。四是新兴产业加快成长但传统产业转型升级较慢。五是产业创新百花齐放但关键核心技术仍然受制于人。六是产业集群化发展初具形态但基础仍不稳固。七是市场多元化开拓取得进展但仍高度依赖于欧美市场。

二、当前制造业发展面临的主要困难

在实地调研中，各地有关单位和企业向调研组反映了制造业发展面临的主要困难，既有老问题，也有新表现。

一是制造业立省战略有待强化，个别地方支持制造业发展氛围不够浓厚。部分地区对制造业的重视有待进一步提升，省设立了制造强省领导小组，但截至 2019 年上半年，21 个地级以上市中尚有 18 个市未建立制造业发展的专门领导协调机构。珠三角核心区工业用地被侵蚀，沿海经济带东西两翼和北部生态发展区招商引资力度有待加大。传统优势产业流失严重，不少地方政府盲目追逐新兴产业而忽视本地传统优势产业发展。社会对制造业仍有偏见，高素质人才不愿意到制造业就业，复合型人才和技术工供给性不足。考核评价导向有待优化。省高质量发展综合绩效评

价指标体系中与制造业相关的指标仅有两项，权重仅占5%，与制造业立省的定位严重不相称。

二是部分产业政策缺乏科学性、稳定性、连续性。政策可预期性不强，广东省有些政策经常变化，实施效果很好的政策到期后却不再延续，导致企业缺乏明确预期，影响其投资意愿。重引轻扶，地方政府普遍对新引进项目关注较多、支持力度较大，对于本地原有企业增资扩产、转型升级关心较少、支持不足，特别是企业增资扩产需要土地时，往往比新引进项目更难得到满足。部分地区在制定和执行相关政策（主要是环保政策）时较为机械，按照一般认识给行业贴上污染、落后的标签，不区分企业具体情况，缺乏从产业链全局的考量，存在"一刀切"的现象。

三是工业发展载体水平总体不高，产业基础设施有待进一步完善。根据调查，珠三角村镇工业集聚区发展质量低，珠三角村镇工业集聚区约占珠三角地区现有工业用地面积的24%，仅贡献了珠三角地区不到10%的工业产值，而70%的安全生产事故和环境污染事件都发生在村镇工业集聚区。沿海经济带东西两翼和北部生态发展区交通、城镇化、信息网络等基础设施建设滞后，工业园区基础设施、生活配套建设不足，与企业需求之间的矛盾日益突出。

四是历史遗留问题亟待破解，政府服务水平有待提升。土地、社保等遗留问题亟待破解，由于土地"三规不合"、村镇自主招商等历史客观原因，广东省制造业存在大量违法违规用地，企业对能否完善用地手续缺乏信心，影响发展决策。很多制造业企业担心地方政府会要求清缴以往的社保欠款，目前已是微利状态，如果一次性补缴数以千万元计的社保费，企业老板宁愿选择关门歇业，用省下来的社保费做其他投资。"放管服"工作主要采取审批下放的方式，审批要求资料没有实质性减少、流程仍然冗长，政府公共服务还不够到位。

五是资源要素约束趋紧，成本不断上升。用地粗放和用地难、用地贵，工业用地利用水平总体不高，据内部估算，珠三角核心区尚有约3.16万公顷旧厂房亟待盘活利用。沿海经济带东西两翼和北部生态发展区用地粗放，省产业转移工业园存在已供地项目长期未动工、建设面积不足、投资额未及预期、中止建设等情况，造成土地闲置405.8公顷。用地指标总体趋紧，用地成本居高不下。招工难留工难，产业技能型人才紧缺。中小企业民营企业融资难、融资贵，部分企业表示，省产业基金门槛高、要求多，加大了企业管理风险，宁愿高息贷款也不愿使用产业基金。

六是中美经贸摩擦影响企业预期，企业外迁风险加大。受中美经贸摩擦影响，部分企业出口下降，企业投资积极性受影响，部分企业选择暂缓投资或减小投资规模，甚至一些企业向越南等地转移部分产能。

三、关于推动制造业高质量发展建设制造强省的思考和建议

谋划制造业发展，既要问题导向，也要精准研判制造业发展大局大势，顺势而为科学决策。通过调研，我们得出了以下几方面认识：首先，制造业在国民经济中具有基础性地位，制造业发展较好的地区经济社会发展往往也会比较好。必须坚持制造业立省，一把手亲自抓，才能继续保持广东制造业优势地位，为经济社会平稳健康发展打下坚实基础。其次，制造业发展的质量和速度不是对立而是统一的，制造业必须走高质量发展之路，才有可持续发展的动力。特别是当前环境下，制造业发展质量高的市都能保持平稳增长，而过去长期不重视制造业发展质量、"摊大饼式"发展的市则面临更大下行压力。再次，要客观认识广东省工业化所处的阶段。学术界作出的广东整体已经进入所谓"后工业化阶段"的判断，一定程度上影响了地方政府的决策，提高服务业占国内生产总值（GDP）比重一度成为各地趋之若鹜的目标。事实上，广东的"后工业化"与发达国家和地区有本质不同，发达国家和地区是掌握了关键环节和核心技术后，将制造业部分低附加值的环节外溢，即使制造业比重有所下降，也不影响其对产业链的掌控，必要时可以启动制造业回归和再工业化；而广东是在还没有充分掌握制造业关键环节和核心技术的情况下，被房地产和虚拟经济挤占了制造业发展空间，一旦出现制造业空心化，将严重削弱广东的竞争力并影响未来的发展。最后，推动制造业高质量发展是一项系统工程，具有高度的复杂性、长期性和艰巨性，必须省市县联动、部门间密切配合、政府与企业同向发力，要在"硬"的基础设施和"软"管理服务上下更大功夫，为制造业高质量发展营造良好发展环境。

基于上述考虑，对广东制造业发展提出以下建议：

一是坚持制造业立省不动摇，强化对全省制造业发展的领导协调。抓住粤港澳大湾区建设和深圳建设中国特色社会主义先行示范区的历史机遇推动制造业高质量发展。省委、省政府每年召开制造强省建设大会，发挥好制造强省领导小组作用，各市也要完善制造业发展领导机构，建立市委市政府一把手亲自抓制造业的机制。按照"一核一带一区"明确区域产业发展导向，珠三角核心区要突出战略引领，重点发展战略性新兴产业；沿海经济带东西两翼要突出战略支撑，大力发展绿色能源、绿色石化、高端材料、重型装备等大工业；北部生态发展区要着力发展富民创

税的环境友好型工业。

二是开展制造业高质量发展综合评价,努力提升全要素生产率。构建以亩均增加值、亩均税收、单位能耗增加值、全员劳动生产率、净资产收益率、研发经费支出占主营业务收入比重等为主要指标的制造业企业评价体系,开展企业综合评价。按评价结果将企业分别确定为优先发展类、鼓励发展类、提升发展类、限制发展类,各级各部门同向发力支持优质企业发展。强化部门数据共享,建设制造业高质量发展综合服务平台,绘制产业地图,引导项目精准落地、要素资源精准投入,清理盘活闲置低效用地,提升全要素生产率。

三是加大资源要素投入力度,保障制造业优先发展。每个市都要划定工业用地红线,保障工业发展空间。建立工业园区用地指标"先用后奖"机制,引导各地优先将指标用于工业发展。强化制造业人才支撑,降低制造业融资成本,提高政策的延续性和可预期性。

四是坚持新兴产业与传统优势产业两手抓,推动广东省制造业全面提质升级。立足资源市场禀赋优势培育新兴产业,防止各地一哄而上同质化竞争;对传统优势产业转型升级给予更多关注和更大力度支持。大力支持企业开展技术改造实现自动化、数字化、网络化、智能化,纠正引进项目"喜新厌旧"倾向,对现有企业扩大生产优先给予支持。大力培育"百年老店",对达到一定年限的企业分级授予"'百年老店'重点培育企业"牌子。以工业遗产、知名品牌企业和区域产业品牌为主要载体大力发展工业旅游。

五是做大做强做优工业园区,为制造业发展打造良好载体。推动珠三角核心区园区优化提升和村镇工业集聚区升级改造,现有以发展工业为主的各类园区原则上应纳入工业用地保护红线。支持沿海经济带东西两翼和北部生态发展区产业园区扩容增效,推广顺德区先行先试经验,以地市或县区为主体推进村镇工业集聚区升级改造,鼓励各地整合用地资源打造一批200公顷以上的工业园区并认定为省级工业园区。持续推动沿海经济带东西两翼和北部生态发展区工业园区扩容增效。实施差别化政策引导工业入园。

六是积极应对中美经贸摩擦影响,提升产业链水平。支持企业拓展"一带一路"等新兴市场,狠抓重点产业供应链安全,支持产业链核心企业加快发展,建立产业链核心企业"白名单",给予针对政策支持。加大全省产业链梯度配置,鼓励广州、深圳周边城市积极承接外溢产业,保证广深佛莞优质产业链配套。研究制定产业链整体扶持政策,鼓励各地依托核心企业引进更多产业链上下游企业,对产业链上的龙头企业和"专精特新"中小企业给予同等支持，推动产业整体向高端迈进。

七是下大力气解决历史遗留问题，稳定企业发展预期。着重解决各地规划不统一、企业历史违法违规用地、拖欠社保等遗留问题，在清理盘活低效工业用地上大胆探索解决项目"能上不能下"的难题，积极争取中央支持广东省社保缴费基数低于16%的地市3年内不调高缴费基数。着力消除行政区划对制造业发展的阻碍。

八是更好发挥政府作用，为制造业发展营造良好环境。建设法治化国际化营商环境，深化"放管服"改革，推广容缺审批、"一站式"审批、"一网式"审批、"一门式"审批等模式，进一步提升审批服务效能。优化公共服务，由政府主导打造一批公共技术服务平台，免费向中小企业开放，完善检验检测、创业孵化、就业服务等公共平台建设。政府要提供企业用工供需对接、标准厂房建设出租的兜底服务，打破中介信息垄断。建立健全容错纠错机制，激发干部干事创业热情。

关于对广东省制造业占比过早过快下降的原因分析及建议

广东省工业和信息化厅规划与产业政策处

工业和信息化部电子第五研究所

一、制造业比重变化的比较研判

（一）广东省制造业占比趋势变化总体可分为三个阶段

近 10 多年来，广东省制造业比重趋势变化大致可以分为三个阶段：2006 年以前为第一阶段，总体呈上升态势，2006 年最高占比达 42.64%。2006~2011 年为第二阶段，占比呈缓慢下降态势，从 2006 年最高点下降至 2011 年的 41.58%，5 年下降 1.06 个百分点，年均下降 0.21 个百分点。2011 年至 2019 年为第三阶段，占比呈加速下降态势，2019 年下降至 33.07%，8 年下降 8.51 个百分点，年均下降 1.06 个百分点，比上阶段快 0.85 个百分点（见图 1）。

图 1　广东省历年制造业增加值及制造业增加值 GDP 占比情况

资料来源：Wind 数据库，作者整理。

（二）与美、日、德、韩等制造业发达国家相比，广东省制造业比重呈现"过早、过快"下降特征

据世界银行统计，美、日、德、韩等发达国家分别在人均GDP1.7万美元、1.9万美元、2.0万美元、2.2万美元时整体进入工业化后期（制造业占比在20%～25%），美、日、德制造业比重从此开始呈下降趋势，但下降比较缓慢，下降最大的年份也仅为1.3%左右，韩国比较特别，制造业比重还持续缓慢攀升，近年趋于平稳。广东省2006年人均GDP0.5万美元，尚处于工业化中期，制造业比重就开始下降，呈现过早下降的特征；同时，比重从2011年的41.6%下降至2019年的33.1%，年均下降率2.6%，呈现过快下降的趋势（见图2）。

图2 发达国家、中国和中国广东省历年制造业增加值GDP占比情况

资料来源：世界银行，Wind数据库，作者整理。

（三）与国内制造业先进省份相比，广东省制造业比重下降趋势基本同步

广东、江苏、浙江、上海4省市制造业增加值比重均在2006年前后开始下降，总体上2006～2011年呈缓慢下降态势，在2011年前后下降态势有所加快。2011～2019年江苏、浙江、上海制造业增加值比重分别下降了8.1个、8.8个、11.1个百分点，江苏、浙江的下降幅度与广东（下降8.51个百分点）基本是一致的，上海作为城市经济的典范，下降速度更快、幅度更大（见图3）。

图3 国内主要省份历年制造业增加值GDP占比情况

资料来源：历年广东省工业统计年鉴，Wind数据库，作者整理。

（四）从省内重点制造业地市看，比重变化呈现区域分化的特点

从广、深、佛、莞、惠等制造业重点地市情况来看，广州市从2010年实施"退二进三"以来，规模以上制造业增加值占GDP比重从34.7%下降至2018年的17.5%，呈现持续下降趋势，而且有小幅加速的态势；深圳市制造业迈向高端化走在全省最前沿，比重从2011年起基本稳定在32%～34%；东莞市制造业实现"腾笼换鸟"的蜕变，扎实走好转型升级之路，比重不降反升，从2011年的30.5%一直呈上升态势，提升至2018年的45.1%；佛山市坚持制造业立市，制造业根植性和稳定性强，在2011年因制造业主辅业分离经历短暂的大幅下降后，近年比重一直在45%～51%小幅波动，但总体稳定；惠州市承接深圳市、东莞市两地制造业溢出，比重从2011年起基本稳定在45%～47%，受三星关停等影响，2018年下降至39.6%（见图4）。

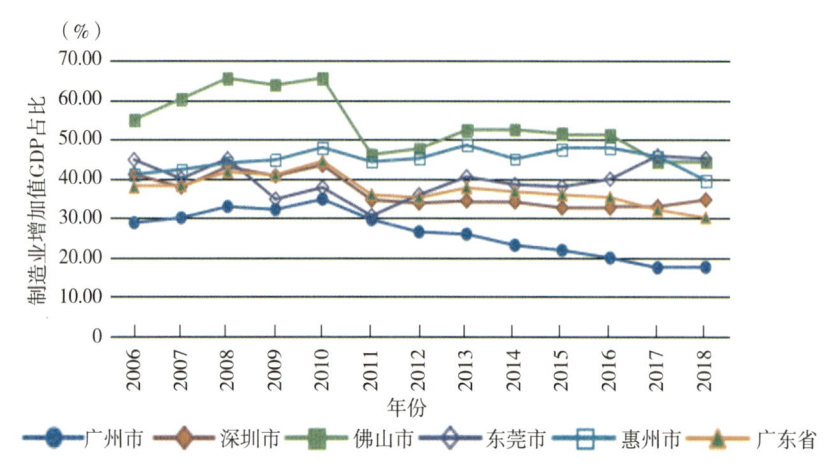

图4 广、深、佛、莞、惠5市及广东省历年规模以上制造业增加值GDP占比情况

资料来源：历年广东省工业统计年鉴，Wind数据库，作者整理。

（五）从主要制造业行业看，比重变化呈现行业分化的特点

总体而言，电子信息、装备行业占比稳步上升，轻工纺织、重化行业占比持续下降，汽车、金属、医药等行业占比基本稳定。计算机、通信和其他电子设备制造业，电气机械和器材制造业，通用设备制造业，专用设备制造业比重从 2011 年起稳步上升，电子信息上升幅度更大。汽车制造业、金属制造业、非金属矿物制品业、橡胶和塑料制品业、医药制造业、黑色金属冶炼和压延加工业等行业占比在 2012 年后基本保持稳定。化学原料和化学制品制造业，纺织服装、服饰业，文娱用品制造业等行业占比在 2011 年后持续下降（见图 5）。

图 5　主要行业增加值占制造业比重情况

资料来源：历年广东省工业统计年鉴，作者整理。

综上分析，一是从工业化整体进程来看，无论发达国家还是我国先进省市，经济发展到一定阶段，制造业增加值占GDP比重总体呈下降的趋势。2018年制造强国指数也显示，主要制造业发达国家的制造业占比也不一定高（见表1）。二是从阶段性、结构性来看，广东在工业化中后期，制造业比重呈现过早、过快下降特征，并伴随着区域分化和行业分化的特点，要予以密切关注并防范。三是考虑到广东省作为制造业大省，省委省政府明确提出了推动制造业高质量发展和建设制造强省的目标，同时，未来制造业竞争优势将主要体现在创新能力、劳动生产率、质量品牌、产业配套和资源整合能力上，所以广东省的关键问题不在于纠结制造业增加值占GDP比重保持多少，而是避免落入产业空心化的陷阱。对此，一定要高度重视，及早谋划应对。

表1　2018年制造强国指数与制造业增加值GDP占比

梯队	排名	国家	制造强国指数	制造业增加值GDP占比（%）
第一梯队	1	美国	166.06	11.38
第二梯队	2	德国	127.15	20.40
	3	日本	116.29	20.79
第三梯队	4	中国	109.94	29.41
	5	韩国	74.45	27.23
	6	法国	71.78	9.71
	7	英国	67.99	8.84
第四梯队	8	印度	41.21	14.82
	9	巴西	30.41	9.78

资料来源：《2019中国制造强国发展指数报告》，作者整理。

二、广东省制造业比重下降的主要原因分析

（一）三次产业结构的优化调整，制造业处在新旧动能接续转换期，是制造业比重下降的内在原因

工业化本质是现代化的过程，不单纯只是工业本身的发展，更是经济发展的结构性问题，制造业所带来的技术渗透效应、产业关联效应得到充分体现后，服务业效率的提高承担起了经济增长的引擎。在2006年第二产业比重达到51%以后，广东产业结构开始不断高级化，二产逐步向三产转移，在2013年实现了"二三一"到"三二一"的转变，在2015年实现第三产业占比过半，三次产业结构进一步优化至2018年的4.0∶41.8∶54.2[①]。产业结构升级伴随着生产要素不断从低级向高级突破性变化，带来劳动密集型制造业逐步减少，制造业向资本和技术密集型转变，制造业处在新旧动能接续转换阶段。原优势产业普遍失速过快，2015~2019年与

---
① 资料来源：广东省统计年鉴。

2011～2015年相比，制造业31个大类行业中，有21个行业的增加值平均增速下降，其中汽车制造、金属制品、纺织服装等6个大类，增速下降20个百分点以上，化学原料和化学制品制造业、食品制造业等5个大类的增加值增速下降10～20个百分点，比重最大的计算机、通信和其他电子设备制造业增速减缓了5.27个百分点（见表2）。新增长点仍未形成，战略性新兴产业（按国家统计局2018年分类标准）增加值占规模以上工业比重仅20%左右。如2019年医药制造业增加值占规模以上制造业比重仅为1.78%，比2015年仅提高0.11个百分点（见表3），比重偏低，产业规模由20世纪90年代的全国第一位下滑到当前的第四位。

表2　规模以上制造业增加值增速变化　　　单位：%

序号	行业	2011～2015年平均增速	2015～2019年平均增速	2011年占制造业比重	2015年占制造业比重	2019年占制造业比重
1	计算机、通信和其他电子设备制造业	11.76	6.49	21.32	26.28	30.15
2	电气机械和器材制造业	3.00	6.31	10.69	9.51	10.84
3	汽车制造业	38.06	3.53	1.96	5.64	5.78
4	金属制品业	23.73	2.60	2.66	4.93	4.88
5	非金属矿物制品业	9.18	2.40	4.17	4.68	4.59
6	橡胶和塑料制品业	12.76	1.36	0.50	4.20	3.95
7	化学原料和化学制品制造业	-1.21	-3.43	6.60	4.97	3.86
8	通用设备制造业	-4.91	6.12	5.25	3.40	3.84
9	专用设备制造业	3.83	12.89	2.63	2.42	3.51
10	石油、煤炭及其他燃料加工业	-5.54	14.33	3.30	2.07	3.16
11	食品制造业	11.12	0.04	2.21	2.66	2.38
12	纺织服装、服饰业	11.52	-10.24	3.32	4.06	2.35
13	文教、工美、体育和娱乐用品制造业	19.57	-3.94	1.64	2.65	2.02
14	医药制造业	12.46	4.60	1.32	1.67	1.78
15	家具制造业	9.49	4.07	1.46	1.66	1.73
16	造纸和纸制品业	3.38	3.67	1.84	1.66	1.71
17	纺织业	-4.08	-4.82	3.47	2.32	1.70
18	皮革、毛皮、羽毛及其制品和制鞋业	9.58	-9.61	2.16	2.46	1.47
19	黑色金属冶炼和压延加工业	-20.54	3.78	4.48	1.41	1.46
20	烟草制品业	4.50	2.08	1.31	1.24	1.20
21	农副食品加工业	1.21	-5.32	1.98	1.64	1.17
22	仪器仪表制造业	-8.66	10.32	1.49	0.82	1.08

续表

序号	行业	2011~2015年平均增速	2015~2019年平均增速	2011年占制造业比重	2015年占制造业比重	2019年占制造业比重
23	印刷和记录媒介复制业	4.91	2.13	1.13	1.08	1.05
24	有色金属冶炼和压延加工业	7.16	−13.93	1.94	2.02	0.99
25	酒、饮料和精制茶制造业	12.39	−4.74	1.02	1.28	0.94
26	废弃资源综合利用业	7.04	−3.34	0.81	0.84	0.65
27	铁路、船舶、航空航天和其他运输设备制造业	−34.43	−11.99	7.06	1.03	0.55
28	其他制造业	−26.25	8.20	1.47	0.34	0.42
29	木材加工和木、竹、藤、棕、草制品业	12.19	−12.96	0.65	0.81	0.42
30	金属制品、机械和设备修理业	9.64	26.86	—	0.11	0.25
31	化学纤维制造业	2.13	−0.20	0.15	0.13	0.12

资料来源：历年广东省工业统计年鉴，作者整理。

表3　　　　　　　　规模以上行业增加值占制造业比重　　　　　　　单位：%

序号	行业	2011年	2012年	2013年	2014年	2015年	2016年	2017年	2018年	2019年
1	计算机、通信和其他电子设备制造业	21.32	23.45	23.75	24.88	26.28	26.47	26.99	29.85	30.15
2	电气机械和器材制造业	10.69	9.61	9.22	9.34	9.51	9.81	9.45	10.02	10.84
3	汽车制造业	1.96	5.60	6.04	5.78	5.64	5.78	6.06	6.33	5.78
4	金属制品业	2.66	4.68	4.70	4.84	4.93	4.92	5.10	4.64	4.88
5	非金属矿物制品业	4.17	4.16	4.36	4.58	4.68	4.56	4.44	4.13	4.59
6	橡胶和塑料制品业	0.50	4.14	4.10	4.11	4.20	4.30	4.34	3.98	3.95
7	化学原料和化学制品制造业	6.60	6.37	5.89	5.20	4.97	4.91	4.46	4.05	3.86
8	通用设备制造业	5.25	3.05	3.05	3.16	3.40	3.47	3.56	3.65	3.84
9	专用设备制造业	2.63	1.97	2.05	2.25	2.42	2.80	2.93	3.24	3.51
10	石油、煤炭及其他燃料加工业	3.30	3.17	2.98	2.91	2.07	2.20	3.04	4.30	3.16
11	食品制造业	2.21	2.40	2.54	2.67	2.66	2.48	2.47	2.22	2.38
12	纺织服装、服饰业	3.32	4.19	4.14	4.03	4.06	3.63	3.20	2.29	2.35
13	文教、工美、体育和娱乐用品制造业	1.64	2.77	2.78	2.97	2.65	2.65	2.70	2.39	2.02
14	医药制造业	1.32	1.69	1.72	1.65	1.67	1.67	1.67	1.80	1.78
15	家具制造业	1.46	1.57	1.59	1.62	1.66	1.73	1.81	1.72	1.73

续表

序号	行业	2011年	2012年	2013年	2014年	2015年	2016年	2017年	2018年	2019年
16	造纸和纸制品业	1.84	1.68	1.63	1.70	1.66	1.65	1.87	1.80	1.71
17	纺织业	3.47	2.42	2.45	2.38	2.32	2.17	1.99	1.70	1.70
18	皮革、毛皮、羽毛及其制品和制鞋业	2.16	2.55	2.49	2.44	2.46	2.40	2.17	1.61	1.47
19	黑色金属冶炼和压延加工业	4.48	2.01	1.96	1.66	1.41	1.47	1.36	1.31	1.46
20	烟草制品业	1.31	1.63	1.49	1.30	1.24	1.11	1.10	1.14	1.20
21	农副食品加工业	1.98	2.19	2.15	1.88	1.64	1.53	1.48	1.24	1.17
22	仪器仪表制造业	1.49	0.89	0.95	0.95	0.82	0.91	0.99	1.05	1.08
23	印刷和记录媒介复制业	1.13	1.13	1.17	1.12	1.08	1.08	1.10	1.10	1.05
24	有色金属冶炼和压延加工业	1.94	2.32	2.57	2.37	2.02	1.83	1.50	1.22	0.99
25	酒、饮料和精制茶制造业	1.02	0.99	1.03	1.17	1.28	1.25	1.12	0.96	0.94
26	废弃资源综合利用业	0.81	0.85	0.81	0.76	0.84	0.88	0.81	0.51	0.65
27	铁路、船舶、航空航天和其他运输设备制造业	7.06	1.37	1.14	0.96	1.03	0.97	0.93	0.56	0.55
28	其他制造业	1.47	0.25	0.30	0.36	0.34	0.34	0.35	0.43	0.42
29	木材加工和木、竹、藤、棕、草制品业	0.65	0.70	0.72	0.73	0.81	0.80	0.70	0.40	0.42
30	金属制品、机械和设备修理业	—	0.12	0.14	0.12	0.11	0.12	0.19	0.22	0.25
31	化学纤维制造业	0.15	0.11	0.10	0.12	0.13	0.13	0.14	0.13	0.12

资料来源：历年广东省工业统计年鉴，作者整理。

（二）地方政府对制造业重视度不够，制造业利润低，存在"脱实向虚"倾向，是制造业比重下降的本质原因

2011年以来规模以上制造业利润率保持在5%～6%，低于服务业15%～18%的水平，更加远低于房地产、金融业的利润率。制造业发展导向机制不完善，不少地方政府追逐短期利益，大力发展房地产、旅游、金融等产业，对制造业的投入热情有所弱化，发展工业的口号喊得震天响，实际行动却不多。制造业投资意愿不断降低，制造业投资呈现持续性下滑态势，制造业投资增速从2011年34%的峰值，波

动下降至 2019 年的 1%（见图 6）。制造业回报率较低、投资周期长、资金回笼慢，且信用风险较高，银行信贷投放意愿低，基础建设等垄断性高、风险性低的传统部门，以及房地产等回报相对较高且稳定的行业，对制造业资金产生挤出效应。如 2013~2018 年建设银行的制造业贷款总量从 1.32 万亿元下降至 1.09 万亿元，在全部对公贷款中的比重从 24.5% 下降至 16.8%。与制造业投资持续下滑趋势相反，由于受房地产等相关领域高额利润的影响，企业对金融市场投资及房地产投资的偏好较大。根据人民银行广州分行统计分析，截至 2020 年第一季度末，制造业样本企业投资性房地产余额为 357 亿元，同比增长 56.1%；交易性金融资产为 557 亿元，同比增长 119.8%。广东二代企业家干实业抓创新的精神有所弱化，大多都有转型或涉足房地产行业的想法。格力、美的等家电行业龙头企业更是分别在 1991 年、2004 年就成立了房地产公司。

图 6　制造业投资规模及增速

资料来源：广东省统计局。

（三）传统的制造业和服务业分类法，难以适应制造业与现代服务业融合发展趋势，是制造业比重下降的统计原因

从产业高端化角度看，制造业融合跨界发展是主要趋势。生产性服务业从制造业分离升级，以适应社会专业化分工需求。同时，随着制造业的服务化以及数字经济、创意经济等新兴业态的蓬勃发展，制造业和服务业融合程度又在加深，现实中很多产业兼具制造和服务环节，已经很难被区分为制造业还是服务业，传统的制

造业与服务业的分类法越来越难描述产业范围不断扩大和产业目录不断增加的现实。例如，TCL分离成立财务公司专门为TCL成员企业及产业链上下游企业提供应收账款管理、融资贷款等服务，从分类上归为金融业，但实质上仍为制造业服务。2011~2018年生产性服务业增加值从1.3万亿元增长至2.7万亿元，年均增长11%。工业增加值与生产性服务业增加值合计占GDP比重从2011年的69.8%逐步下降至2018年的66.4%，下降幅度为3.4个百分点，小于制造业比重下降幅度[①]。

（四）要素资源环境等条件约束趋紧，制造业发展空间受限，是制造业比重下降的外部原因

一是科技创新支撑不足。产业基础和产业链脆弱问题仍未解决，高端产品供给不足，严重依赖进口。企业研发投入积极性不高，满足于技术创新的"拿来主义"。遇到技术打压，供应链受阻，产品升级不畅，减少对企业扩产投资热情。二是生产要素比较优势减弱。人才能效减弱，单位工资带来的增加值下降，2011~2018年广东省制造业年平均工资增长2.07倍，劳动生产率仅增长1.73倍，增加值工资比从2011年的3.79下降至2018年的3.16。三是面临发展中国家和发达国家的"两端挤压"。发达国家实施"再工业化"战略，谋求高端制造回流，中低收入国家依靠要素成本优势，争夺中低端制造转移。近年来，美国制造业对国际直接投资吸引力有所增强，赴美直接投资（FDI）的制造业占比呈增长态势，2018年增至40.8%。中美贸易摩擦使得更多制造企业加速考虑生产基地多元化布局。2018年以来，我国广东省制造业对东南亚地区投资快速增长，新加坡、印度尼西亚与越南等国家成为投资资金汇出的集中地。四是资源环境承载压力不断加大。特别是沿海经济带开发与环境保护矛盾日益凸显，很多重大项目由于环境容量、能耗指标问题难以落地。

三、防范制造业比重过早、过快下降的对策建议

当前，美、日、德、韩等发达国家重新聚焦实体经济，纷纷实施"再工业化"战略，力图重振制造业并不断扩大竞争优势，在疫情影响下，甚至意图促进较低技术产业回流和产业链整体回迁。全国上下均进一步巩固提升制造业在经济发展中的支柱地位。"十四五"期间，建议立足广东省处于工业化后期的现状，坚持制造业

---

① 资料来源：广东省统计年鉴。

立省不动摇，认真贯彻全省制造业高质量发展大会精神，全面落实好"制造业十九条"和《广东省培育发展战略性支柱产业集群和战略性新兴产业集群的意见》，坚持不懈推动制造业高质量发展，确保到2025年全省制造业增加值占GDP比重在30%以上。

（一）高举制造强省大旗，开创制造强省新局面

目前广东省第三产业增加值虽然超过第二产业，但实际上广东与美、日、欧等发达国家和地区"后工业化"有本质不同，制造业仍未充分掌握关键环节和核心技术，多数产业仍处于价值链中低端。广东省经济发展处于工业化后期阶段的基本情况没有发生变化，广东工业化仍有很大的发展空间。"十四五"期间，仍然需要坚持制造业立省不动摇，把制造业高质量发展，推动制造业质量变革、效率变革、动力变革，作为稳定并提升制造业占比的主要途径。建立制造业发展导向机制，健全制造业高质量发展的领导机制，通过传统产业转型升级、新兴产业培育，以先进制造业为核心，保持制造业比重基本稳定，促进制造业核心竞争力提升和现代服务业大发展的有机衔接，推动制造业由大到强转变。

（二）高起点培育发展战略性产业集群，夯实以制造业为核心的现代产业体系根基

立足广东省产业集群化发展基础，坚持新兴产业与优势产业两手抓，聚焦高起点、稳中求进培育发展战略性产业集群，做好顶层设计，久久为功，从宏观层面把握战略性产业集群全局性问题，从中观层面推进地区间产业错位发展，从微观层面提升产业链、供应链的稳定性和竞争力，按照项目化、体系化的思路，建立完善产业集群"五个一"工作体系，即每个产业集群一家战略咨询支撑机构、一个政策工具包、一套创新体系、一份重点项目清单、一张龙头骨干和隐形冠军企业清单，"一群一策"推动工作落实落细落地，精准发力，力争部分领域形成战略优势，建设具有国际竞争力的现代产业体系，打造产业高质量发展典范。十大战略性支柱产业集群突出"稳"，进一步巩固传统产业优势，强化优势产业领先地位，与全省经济社会发展基本同步，稳定制造业占比；十大战略性新兴产业集群体现"进"，进一步抢先布局战略性新兴产业、未来产业，不断开创广东省新的经济增长点，年均增速10%以上，提升制造业占比。

（三）高标准落实"六大工程"，实现制造业高质量发展

实施强核工程，把科技创新摆在重中之重位置，加强在核心基础零部件、关键基础材料、先进基础工艺、产业技术基础以及工业软件等方面的产业基础能力建设，补齐工业"短板"，基本解决"卡脖子"问题。实施立柱工程，扭住建设全球先进制造业基地的目标，打造上下衔接、横向耦合的产业集群梯队，部分产业集群达到国际先进水平，培育壮大根植性和竞争力强的制造企业群。实施强链工程，以自主可控、安全高效为目标，大力开展稳链补链强链控链工作，推动高端元器件、电子化学品等薄弱环节国产化替代，发展自主软件，构建核心技术自主可控的全产业链生态。实施优化布局工程，强化产业发展的整体性和协同性，强化珠三角全球先进制造业基地的地位，构建贯通东西的世界级沿海产业带，东西两翼依托绿色石化、重型装备等大工业延伸制造业产业链，引导粤东西北地区产业园区有序承接珠三角制造业溢出。实施品质工程，狠抓制造业品质革命，持续推进质量品牌标准建设，树立质量标杆，建立全产业链质量标准管理体系。实施培土工程，以改革为主动力塑造环境新优势，深化"放管服"、要素市场化配置改革，建设高标准市场体系，实现要素价格市场决定、流动自主有序、配置高效公平，创造稳定公平透明可预期的一流营商环境。

（四）强化资源要素供给，为制造业高质量发展提供坚实保障

充分发挥粤港澳大湾区独特优势，打造稳定通畅的国际国内双循环产业链体系。依托制造强省建设领导小组，统筹协调制造业高质量发展、战略性产业集群培育发展全局性工作，全省各地各部门形成政策资源协同，积极引导社会各界围绕制造业高质量发展和战略性产业集群发展需要配置要素资源。通过更多采用改革的办法，更多运用市场化法制化手段，推动技术、人才、资本、土地等要素配置更加优化科学，不断提高要素配置效率。督促各地划定工业用地红线和工业保护区，加强制造业用地、用海、用能和交通设施保障。切实提升金融服务制造业高质量发展能力，降低制造业融资成本，引导金融机构加大对制造业中长期贷款投放力度，为制造业营造更加宽松的融资环境。大力弘扬企业家精神和工匠精神，形成与制造业高质量发展、战略性产业集群培育发展相匹配的学科建设和人才支撑体系，显著提高劳动生产率。

广东省制造业高质量发展中长期战略建议

广东省工业和信息化厅规划与产业政策处

华南理工大学

一、广东省制造业中长期发展竞争优势的判断

过去 40 年，广东省制造业发展依托区位优势，抓住了全球化产业转移的契机。在市场化改革进程中，广东省制造业发展形成了以出口导向为主、进口替代为辅的战略组合，立足自身的生产要素比较优势、资源禀赋条件和国际分工需求，通过提升制造能力和产业链配套能力，广东省实现了制造业高速发展，并在传统制造业领域"青出于蓝而胜于蓝"。

报告认为，广东省制造业优势主要体现在：主要制造业细分产业的全产业链具有体量和系统性的一体化优势，即产业链中突出的制造能力和完善的产业链配套所形成的一体化优势。

这一优势是广东省成为中国制造强省和世界重要制造业基地的关键要素。在未来，即便是在贸易摩擦加剧的背景下，这种全谱系的制造业一体化优势将使广东制造业在全球分工体系中仍处于不可替代的地位。原因在于，虽然在贸易摩擦等极端情境下，部分供应链节点甚至整条供应链或许可以实现转移和迁徙，但后者所需要的重置成本和替代成本之高使之几乎不可能完成。

结合广东省制造业所担负的战略使命，这种优势仍然不足以支撑广东省制造业未来高质量发展的需求。未来广东省制造业需要在继续保持这种体系化优势的基础上，培育新优势以支撑广东省制造业战略目标的达成。结合当前"第四次工业革命"变革的特征以及广东省现有的产业基础和竞争力优势，未来广东省制造业高质量发展需要培育和强化两个方面的竞争优势：第一，重构新型举国体制是广东省制造业赢得国

际竞争的关键；第二，突出龙头企业推动制造业竞争力提升的核心地位。

二、广东省制造业中长期总体发展思路

在广东省制造业发展外部环境恶化、不确定性增加的背景下，唯有坚持更深层次的改革、更高水平的开放，抓住当前百年未有之大变革所提供的"战略窗口"，充分利用粤港澳大湾区建设和深圳建设社会主义先行示范区所提供的制度红利，围绕着"世界级的先进制造业基地"的基本战略定位，打通制约要素配置市场化的瓶颈，构建关键核心技术攻关的新型举国体制，做到补短板、强弱项、堵漏洞，实现主导产业自主可控。积极抢占数字经济、智能制造、新材料、生命健康等战略性新兴产业科技制高点，培育广东省制造业发展新动能，形成国内大循环为主体、国内国际双循环相互促进的新发展格局。

第一，改变过分依赖海外市场的发展格局，形成国内外双循环的新发展格局。广东省制造业高质量发展需形成国内大循环为主体、国内国际双循环相互促进的新发展格局。国内循环应立足于国内消费市场的新技术应用场景，促进新技术应用与新材料开发；国外循环立足于维护国外产业链的安全与稳定，利用好国外技术与市场资源，降低关税与技术壁垒，扩大金融、物流、研发设计、数字经济等生产服务业的开放，吸引全球产业链相关服务企业落户广东，增强产业链的国外循环能力。双循环格局形成要立足于政府和市场形成的"双轮驱动"，充分发挥政府在扩大内需和维护市场中的作用。政府统筹产业链关键需求，通过政府采购以及投资基础研究领域来弥补市场的不足，协调和整合国内国际技术与市场的资源，重点在国际人才引进、知识产权保护、创新规则对接等方面营造国际化、法制化、便利化的环境，促进国内国际技术与市场的良好互动。

第二，以产业链自主可控为核心，补链扩链强链。后疫情时代，广东省制造业既要积极应对美、日等国的"产业链去中国化""脱钩论"等制造业回流趋势，也要前瞻关注未来可能出现的两种制度主导的国际市场所引发的问题。一是准确识别疫情冲击之下广东制造业产业链存在的短板，抓紧布局未来战略性新兴产业的关键环节，补链扩链强链。二是发展区域性垂直整合的产业链集群，既要实现产业链分工所带来的效率优势，也要提高产业链的抗风险能力。充分发挥市场配置资源的作用，围绕产业链聚集研发设计、仓储物流、产业互联网、产业链金融、贸易服务等生产性服务业，构建"产业链集群＋价值链集群"的双重集群，以应对未来的不确

定性。三是发挥头部企业在补链扩链强链中的核心作用。头部企业容易受到贸易战的定点影响，鼓励头部企业布局"备胎"计划，稳步推进进口替代，以应对未来可能出现的两种制度市场所引发的风险。

第三，建立逆全球化背景下的技术供给有效机制。广东省在产业链高级化过程中先行一步，必然会受到西方大国的科技围堵和对广东省头部科技型企业的直接打压。目前我国与发达国家，特别是美国，在第五代移动通信技术（5G）、人工智能（AI）等关键领域存在脱钩和相互隔离的可能，使广东省直接引入最新技术和利用技术溢出的机会减少，高端人才、核心关键技术接续断层和供给不足的风险加大。因此，要充分发挥新举国体制优势，实现产业发展的自主可控。通过政府引导来集中优势资源，强化关键环节、关键领域和关键产品的保障能力，实现关键设备、核心零配件和关键材料的国产化，为制造业整体竞争力提升奠定坚实技术基础。一是要加强对前沿基础科学与颠覆性创新的技术预见，对有可能率先突破、实现由大变强的关键核心技术领域进行预判和培育，集中资源在战略前沿、优势领域进行部署。二是加强"卡脖子"领域基础研究。识别"卡脖子"技术背后的基础科学问题，提供长期的资金支持，形成竞争性和稳定性相结合的长期支持机制，鼓励科学家安心从事基本科学问题的探索。三是支持科研手段自主研发与创新，聚焦高端通用科学仪器设备和专业重大科学仪器设备的仪器开发、应用开发、工程化开发和产业化开发，为基础研究"0到1"发展提供重要支撑。

三、广东省制造业高质量发展重点战略与关键举措

一是要提升制造业的"有效供给"。供给侧结构性改革的深化推动着广东省制造业产品、技术和要素的供给变革，有效支撑国内大循环为主体、国内国际双循环相互促进的新发展格局。广东省制造业要持续优化产业结构，解决国内市场高端产品供给不足问题，并加快构建包容性全球价值链，提高优势产业国际要素供给能力。同时，大力开展应用场景建设，推动产业创新向网络化、生态化转变。

二是要保持制造业产业体系的高效运转。广东省制造业要兼容产业链优势，促进产业协同分工和合理配置区域资源，以错位竞争的形式优化产业布局，实现最大程度的合作共赢。广东省制造业要积极参与全球产业链重构，完善垂直整合产业链集群，持续优化产业发展空间，推进镇村工业园升级改造，充分发挥数字化、网络化和智能化这三化的融合作用，重塑产业价值链。

三是要打造国际制造业创新中心。广东省正处于从点上突破向系统能力提升和从量的积累向质的飞跃转变的关键时期。利用粤港澳大湾区世界级城市群所产生的经济规模优势和虹吸效应,引进各类优质创新资源。同时,广东省制造业要积极构建综合创新生态体系,集中资源开展多方、多地的协同创新,鼓励建立以领先企业为核心的产业创新集群,充分发挥中小企业在创新中的作用,广泛开展国际科技合作,建设制造业创新国际枢纽。

四、广东省制造业高质量发展的政策建议

广东省制造业高质量发展的政策建议围绕以下六个方面开展:

一要科学制定市场主导的产业政策。在科学把握产业转移规律的基础上强化产业安全,处理好制造业转移与产业安全的关系。同时,要注重协调产业政策与竞争政策,坚持有效市场和有为政府相协调,从强调发挥产业政策的主导作用转向强调发挥竞争政策的基础作用,加快推进竞争政策基础性地位的确立。此外,应转变制造业发展监测评价方式,将制造业发展评价从数量依赖转为质量为先,引导企业关注创新能力及效益提高。

二要大力推动产业/地区协调发展。在以制造业为核心的基础上,超越行业边界,推动农业和服务业的内部结构与价值链升级、推动第一二三产业深度融合发展和推动区域经济协调发展。同时,围绕"一核一带一区"区域发展新格局,发挥珠三角核心区战略引领作用以及沿海经济带东西两翼的战略支撑作用,培育新的产业增长极。

三要完善高端产业发展的制度环境。加快完善资源要素供给机制,维护市场公平竞争,营造稳定公平透明、法制化和可预期的制造业营商环境。在融资方面,推动降低产业投融资成本,建立与国际接轨、国内统一的信用评判体系,降低金融风险。同时,加强财政资金的引导作用,建立适当的财政资金退出机制,并加大财税支持力度,落实税收优惠政策,充分利用现有资金渠道予以支持。

四要加快知识产权与信用体系建设。强化知识产权保护与产业化应用,加强重点产业专利布局,开展重点区域产业发展专利导航,建立重点产业知识产权评议机制和预警机制,完善知识产权交易运营体系。同时,完善企业信用体系,推行以信用为核心的监管机制,大力发展区块链技术在信用体系建设中的应用。

五要开辟制造业对外开放新格局。坚持"一带一路"倡议和"双区驱动"发展

战略，逐步构建以粤港澳大湾区为核心、实现双边或多边"共赢"的国际制造业分工新框架。整合发布粤港澳大湾区科技和产业合作供需信息，促进粤港澳大湾区集群联动发展，促进国际国内两个市场、两种资源的有效对接，推动制造业在更高层次参与国际分工合作。

六要保障优质要素供给。深化"放管服"改革，放开市场准入，完善产权制度等措施，优化产业发展环境，最大限度降低制度性交易成本和企业税费负担，促进生产要素自由流动。加强制造业新型基础设施建设，加速建设5G网络、数据中心、人工智能、物联网等新型基础设施，打通科技、基础设施和全产业链，促进制造业数字化网络化智能化转型升级。强化对新兴产业用地、能耗、环境容量、频谱等要素资源优化配置和重点保障，对符合布局导向、能效值要求的解决"卡脖子"技术产业项目和数字化高载能产业项目，实行支持性电价政策。

广东省"一核一带一区"产业发展现状调研报告

广东省工业和信息化厅规划政策处

一、广东省"一核一带一区"制造业发展总体情况

（一）发展现状

1. 规模总量

2018年，广东省规模以上工业产值13.79万亿元，规模以上工业增加值3.27万亿元，同比增长6.3%。

分区域来看，珠三角地区规模以上工业产值11.82万亿元，占全省规模以上工业产值比重为85.7%，规模以上工业增加值2.77万亿元，占全省规模以上工业增加值比重为84.7%；沿海经济带东西两翼规模以上工业产值14264.9亿元，占全省规模以上工业产值比重为10.3%，规模以上工业增加值3638.67亿元，占全省规模以上工业增加值比重为11.1%；北部生态发展区规模以上工业产值5385.62亿元，占全省规模以上工业产值比重为3.9%，规模以上工业增加值1360.64亿元，占全省规模以上工业增加值比重为4.2%（见表1）。无论是分区域还是分地市来看，珠三角地区制造业的规模总量跟沿海经济带东西两翼、北部生态发展区根本不在一个量级上，分化非常明显。

表1　2018年"一核一带一区"规模以上工业产值与增加值

分类		珠三角地区	沿海经济带东西两翼	北部生态发展区
产值	金额（亿元）	118233.95	14264.9	5385.62
	占全省比重（%）	85.7	10.3	3.9

续表

分类		珠三角地区	沿海经济带东西两翼	北部生态发展区
增加值	金额（亿元）	27669.29	3638.67	1360.64
	占全省比重（%）	84.7	11.1	4.2

资料来源：广东省统计年鉴，作者整理。

分地市来看，2018年珠三角地区深圳、佛山、广州的规模以上工业增加值领先，分别为9109.54亿元、4590.05亿元、4450.9亿元，珠海规模以上工业增加值增长最快，增速为14.1%；沿海经济带东西两翼汕头规模以上工业产值和规模以上工业增加值领先，分别为3441.86、822.68亿元，汕尾规模以上工业增加值增长最快，增速为11.8%；北部生态发展区清远规模以上工业产值和规模以上工业增加值领先，分别为1769.8亿元、443.78亿元，河源规模以上工业增加值增长最快，增速为7.8%（见图1）。

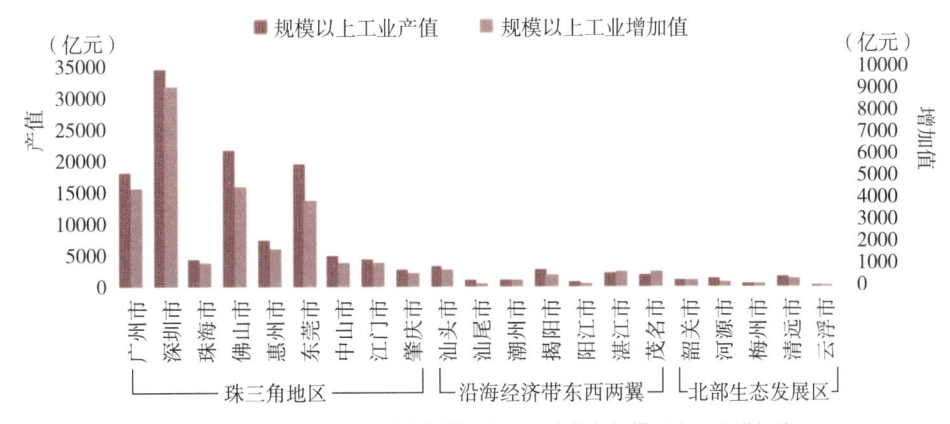

图1　2018年广东省各地市规模以上工业产值与规模以上工业增加值

资料来源：广东省统计年鉴，作者整理。

2.产业结构

2018年，广东省先进制造业增加值、高技术制造业增加值占规模以上工业增加值的比重分别为56.4%、31.5%，比上年提高1.4个、1.2个百分点。

分区域来看，珠三角地区先进制造业增加值为16430.01亿元，占全省先进制造业增加值比重为89.5%，占规模以上工业增加值比重为59.4%；高技术制造业增加值为9908.60亿元，占全省高技术制造业增加值比重为95.8%，占规模以上工业增加值比重为35.8%。沿海经济带东西两翼先进制造业增加值为1477.43亿元，占全省先进制造业增加值比重为8.0%，占规模以上工业增加值比重为40.6%；高技术制造业增加值为230.41亿元，占全省比重为2.2%，占规模以上工业增加值比重为6.3%。北部生态发展区先进制造业增加值为459.28亿元，占全省先进制造业增加值比重为2.5%，占规模以上工业增加值比重为33.8%；高技术制造业增加值为208.89亿元，占全省高技术制造业增加值比重为2.0%，占规模以上工业增加值比重为15.4%（见表2）。珠三角地区在先进制造业和高技术制造业方面遥遥领先，成为支撑制造业高质量发展的重要基础，沿海经济带东西两翼、北部生态发展区则还有很长的路要追赶。

表2　2018年"一核一带一区"先进制造业与高技术制造业增加值

区域及占比	先进制造业增加值（亿元）	先进制造业占规模以上工业增加值比重（％）	高技术制造业增加值（亿元）	高技术制造业占规模以上工业增加值比重（％）
珠三角地区	16430.01	59.4	9908.60	35.8
占全省比重（％）	89.5	—	95.8	—
沿海经济带东西两翼	1477.43	40.6	230.41	6.3
占全省比重（％）	8.0	—	2.2	—
北部生态发展区	459.28	33.8	208.89	15.4
占全省比重（％）	2.5	—	2.0	—

资料来源：广东省统计年鉴，作者整理。

分地市来看，珠三角地区深圳先进制造业与高技术制造业增加值遥遥领先，分别为6564.83亿元、6131.20亿元，此外深圳先进制造业增加值增长最快，增速为12.0%，江门高技术制造业增加值增长最快，增速为17.8%；沿海经济带东西两翼茂名先进制造业增加值为523.81亿元，揭阳市的高技术制造业增加值为83.92亿元，均领先于其他六市，高技术制造业增加值增速最快的则是汕尾市，为29.9%；北部生态发展区河源先进制造业增加值为151.92亿元，高技术制造业增加值为111.5亿元，均领先于其他四市，清远先进制造业增加值增长最快，增速为12.5%，云浮高技术制造业增加值增长最快，增速为13.9%（见图2）。

3. 工业投资与工业技改投资

2018年，广东省工业投资额为8748.59亿元，同比增长0.8%，工业技改投资额为3558.89亿元，同比减少0.7%，开展技改企业数8816家。

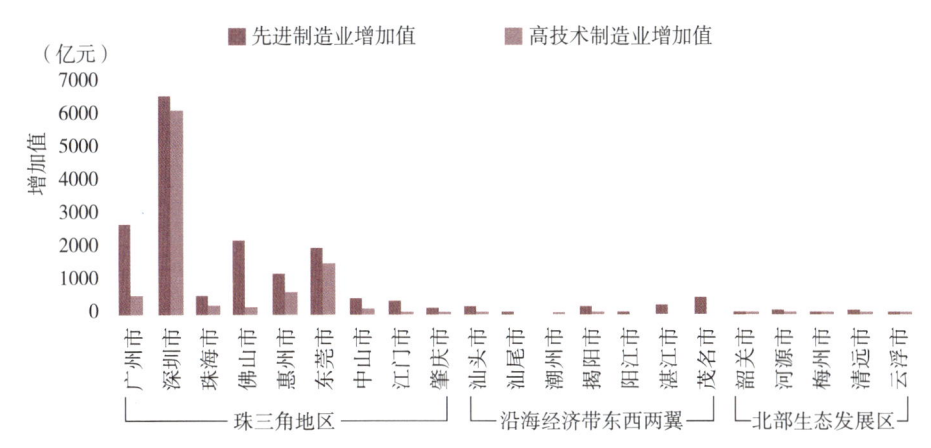

图 2　2018 年广东省各地市先进制造业增加值与高技术制造业增加值

资料来源：广东省统计年鉴，作者整理。

分区域来看，珠三角地区工业投资额为 5593.77 亿元，占全省工业投资额比重为 63.9%，工业技改投资额为 2499.08 亿元，占全省工业技改投资额比重为 70.2%，开展技改企业 6336 家，占全省开展技改企业比重为 71.9%；沿海经济带东西两翼工业投资额为 2454.86 亿元，占全省工业投资额比重为 28.1%，工业技改投资额为 829.63 亿元，占全省工业技改投资额比重为 23.3%，开展技改企业 1692 家，占全省开展技改企业比重为 19.2%；北部生态发展区工业投资额为 699.98 亿元，占全省工业投资额比重为 8.0%，工业技改投资额为 230.17 亿元，占全省工业技改投资额比重为 6.5%，开展技改企业 788 家，占全省开展技改企业比重为 8.9%（见表3）。投资是制造业发展的重要拉动力量，珠三角地区在投资总量上有优势，沿海经济带东西两翼有加快追赶的趋势。

表 3　2018 年"一核一带一区"工业投资和工业技术改造投资情况

区域及占比	工业投资额（亿元）	工业技改投资额（亿元）	开展技改企业数（家）
珠三角地区	5593.77	2499.08	6336
占全省比重（%）	63.9	70.2	71.9
沿海经济带东西两翼	2454.86	829.63	1692
占全省比重（%）	28.1	23.3	19.2
北部生态发展区	699.98	230.17	788
占全省比重（%）	8.0	6.5	8.9

资料来源：广东省统计年鉴，作者整理。

分地市来看，珠三角地区佛山工业投资额、工业技改投资额和开展技改企业数最高，分别为1008.14亿元、577.37亿元、1224家；沿海经济带东西两翼汕头领先，工业投资额为945.81亿元，工业技改投资额为414.57亿元，开展技改企业数506家；北部生态发展区河源工业投资额、工业技改投资额领先，分别为224.4亿元、68.57亿元，清远开展技改企业数最多，为323家（见图3）。

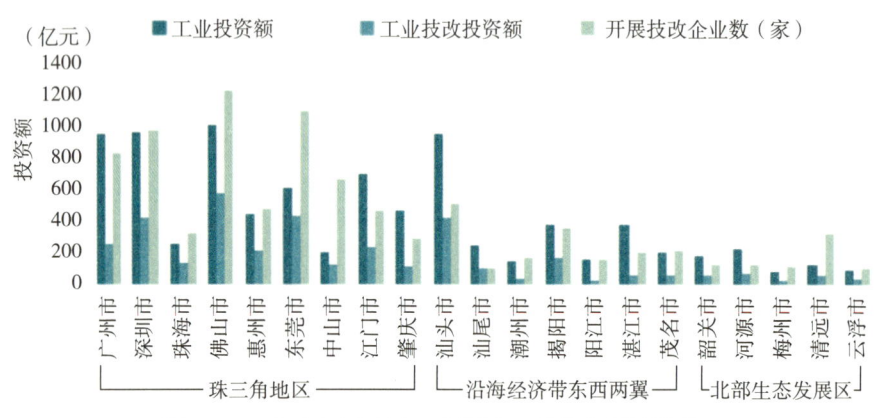

图3 2018年广东省各地市工业投资和工业技术改造投资情况

资料来源：广东省统计年鉴，作者整理。

4. 创新驱动

2018年，广东省区域创新能力连续两年居全国第一，技术自给率达73%。规模以上工业企业研发机构覆盖率从2012年的6.31%提高到2018年的38%，年主营业务收入5亿元以上工业企业实现研发机构全覆盖。拥有高新技术企业45280家，数量居全国第一。建设国家印刷及柔性显示创新中心，筹建15家省级制造业创新中心。

分区域来看，珠三角地区高新技术企业43079家，占全省比重为95.1%，省级制造业创新中心13家，占全省比重为86.7%；沿海经济带东西两翼高新技术企业1383家，省级制造业创新中心2家；北部生态发展区高新技术企业818家，暂时还没有省级制造业创新中心（见表4）。创新资源、平台和创新能力是制造业高质量发展的决定力量，目前一边倒的集聚在珠三角地区，沿海经济带东西两翼、北部生态发展区则有些力不从心。

表4　　　　　　　　　　2018年"一核一带一区"创新发展情况

区域及占比	高新技术企业（家）	省级制造业创新中心（家）
珠三角地区	43079	13
占全省比重（%）	95.1	86.7
沿海经济带东西两翼	1383	2
占全省比重（%）	3.1	13.3
北部生态发展区	818	0
占全省比重（%）	1.8	0

资料来源：广东省统计年鉴，作者整理。

分地市来看，珠三角地区深圳、广州高新技术企业数量领先，分别为14416家、11746家，深圳省级制造业创新中心数量位列第一，江门规模以上工业企业设立研发机构比例最高，为56.53%；沿海经济带东西两翼汕头高新技术企业数量最多，为718家，汕头、湛江各拥有一家省级制造业创新中心，汕尾规模以上工业企业设立研发机构比例最高，为40.77%；北部生态发展区清远高新技术企业数量最多，为259家，北部生态发展区五市暂时都没有省级制造业创新中心，梅州规模以上工业企业设立研发机构比例最高，为30.26%（见图4）。

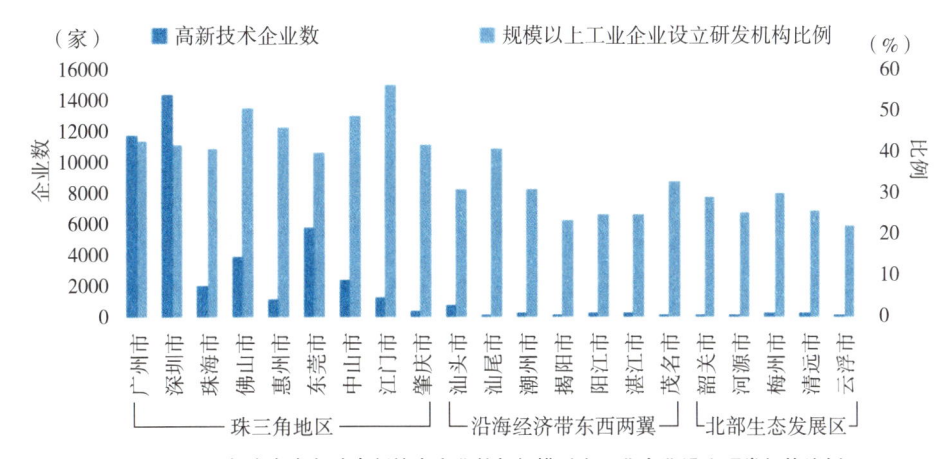

图4　2018年广东省各地高新技术企业数与规模以上工业企业设立研发机构比例

资料来源：广东省统计年鉴，作者整理。

5. 两化融合水平

2018年，广东省数字经济发展指数、互联网发展综合指数、信息基础设施建设指数均居全国第一。新增两化融合管理体系贯标评定企业366家，新增国家及省级智能制造试点示范项目151个。

分区域来看，珠三角地区新增两化融合管理体系贯标评定企业334家，占全省贯标评定企业比重为91.3%，新增国家及省级智能制造试点示范项目126个，占全省示范项目比重为83.4%；沿海经济带东西两翼新增两化融合管理体系贯标评定企业25家，占全省贯标评定企业比重为6.8%，新增国家及省级智能制造试点示范项目18个，占全省示范项目比重为11.9%；北部生态发展区新增两化融合管理体系贯标评定企业7家，新增国家及省级智能制造试点示范项目7个（见表5）。数字化、信息化和智能化是制造业转型升级的方向，目前珠三角地区已经在探索新的模式和业态，沿海经济带东西两翼、北部生态发展区则刚刚起步。

表5　　　　　2018年"一核一带一区"制造业与互联网融合发展情况

区域及占比	新增两化融合管理体系贯标评定企业数（家）	新增国家及省级智能制造试点示范项目数（个）
珠三角地区	334	126
占全省比重（%）	91.3	83.4
沿海经济带东西两翼	25	18
占全省比重（%）	6.8	11.9
北部生态发展区	7	7
占全省比重（%）	1.9	4.6

资料来源：广东省统计年鉴，作者整理。

分地市来看，珠三角地区深圳新增两化融合管理体系贯标评定企业最多，达133家，广州新增国家及省级智能制造试点示范项目最多，达31个；沿海经济带东西两翼汕头新增两化融合管理体系贯标评定企业12家，领先其他地市，汕头、阳江、湛江新增国家及省级智能制造试点示范项目数均为5个；北部生态发展区清远新增两化融合管理体系贯标评定企业3家，梅州、清远新增国家及省级智能制造试点示范项目数均为2个（见图5）。

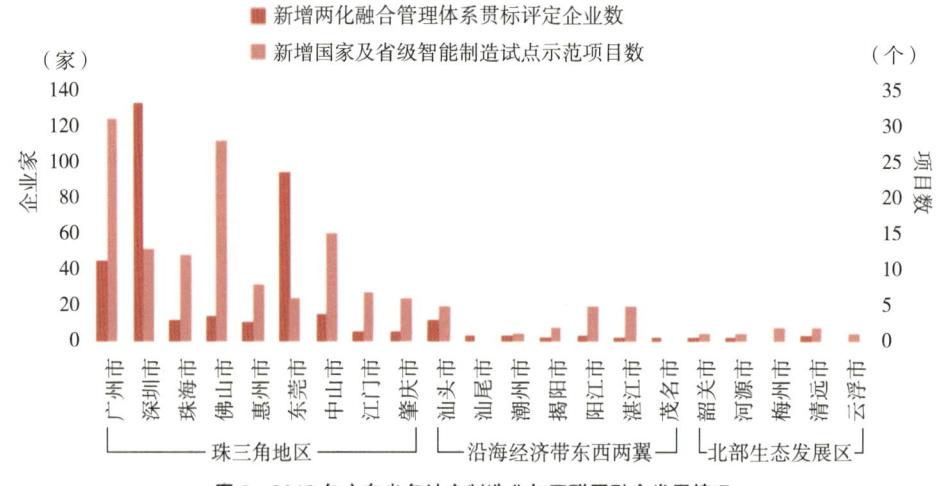

图5　2018年广东省各地市制造业与互联网融合发展情况

资料来源：广东省统计年鉴，作者整理。

6. 绿色发展

2018年，广东省推动工业绿色发展，单位GDP能耗、单位工业增加值能耗继续保持全国领先水平，全省单位GDP能耗同比降低3.38%，单位工业增加值能耗降低2.35%。

分地市来看，珠三角地区深圳单位工业增加值能耗同比下降最多，降低了11.24%，东莞单位GDP能耗同比下降最多，降低了9.15%；沿海经济带东西两翼揭阳单位工业增加值能耗、单位GDP能耗同比下降最多，均降低了5.74%；北部生态发展区云浮单位工业增加值能耗、单位GDP能耗同比下降最多，分别降低了8.81%、5.15%（见图6）。

图6 2018年广东省各地市能耗情况

资料来源：广东省统计年鉴，作者整理。

7. 市场主体培育

2018年，广东省主营业务收入超百亿元、千亿元的骨干企业分别达276家、29家，比上年同期增长16家、14家；入围《财富》世界500强共计12家企业，其中制造业企业5家；拥有华为、正威、广汽、美的、雪松、格力、富士康、TCL、乐金显示、创维、迈瑞等一批具有核心竞争力的骨干龙头企业。

分区域来看，珠三角地区新升规工业企业数8689家，占全省新升规工业企业数比重为89.3%，大型骨干企业261家，占全省大型骨干企业数比重为94.6%；沿海经济带东西两翼新升规工业企业数664家，占全省新升规工业企业数比重为6.8%，大型骨干企业12家，占全省大型骨干企业数比重为4.3%；北部生态发展区新升规工业企业数373家，占全省新升规工业企业数比重仅为3.8%，大型骨干企业3家，占全省大型骨干企业数比重仅为1.1%（见表6）。

表6　2018年"一核一带一区"市场主体数量

地市	新升规工业企业数（家）	大型骨干企业数（家）
珠三角地区	8689	261
占全省比重（%）	89.3	94.6
沿海经济带东西两翼	664	12
占全省比重（%）	6.8	4.3
北部生态发展区	373	3
占全省比重（%）	3.8	1.1

资料来源：广东省统计年鉴，作者整理。

分地市来看，珠三角地区中，东莞拥有2907家新升规工业企业，广州拥有108家大型骨干企业，两地市数量上领先于其他市；沿海经济带东西两翼的揭阳拥有169家新升规工业企业，湛江拥有4家大型骨干企业，潮州则暂无主营收入超百亿元的大型骨干企业；北部生态发展区清远拥有148家新升规工业企业，韶关拥有2家大型骨干企业，河源、梅州、清远则暂无主营收入超百亿元的大型骨干企业（见图7）。

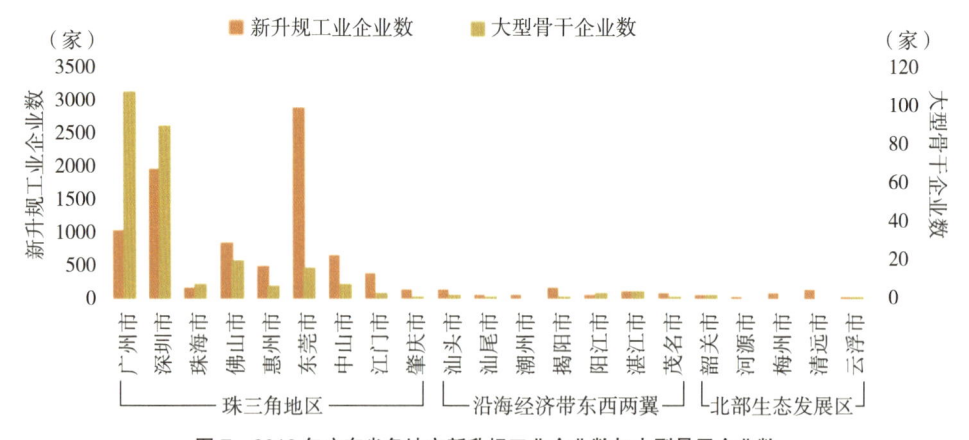

图7　2018年广东省各地市新升规工业企业数与大型骨干企业数

资料来源：广东省统计年鉴，作者整理。

（二）重点产业发展情况

目前，广东省已经形成了珠江东岸高端电子信息产业走廊和珠江西岸先进装备制造业产业带两大产业带和城市群，同时在电子信息、汽车、装备制造、绿色石化、纺织服装等重点行业集聚发展，初步形成若干有一定影响力的产业集群。其中，珠三角地区以电子信息、汽车、装备制造等为主导产业，如广州、深圳、东莞、江门等地的集成电路、智能终端、平板显示、高端装备、汽车电子、发光极管（LED）以及整车制造和零配件等，产业中高端化比较明显。沿海经济带东西两翼则以纺织服装、石油化工、食品加工等为主导产业。其中，东翼以轻工业为主导产业，如汕头、潮州、揭阳的纺织服装、日用陶瓷、工艺玩具、塑料制品、精细化工等，产业偏于消费端，居于产业链中下游；西翼以重化工业为主导产业，如湛江、茂名、阳江的石油化工、钢铁、金属制品产业、风电装备等产业，偏于基础材料端，居于产业链中上游。北部生态发展区主导产业集中在矿产冶金、消费品、建材等传统产业，是广东省重要的生态屏障。

1. 电子信息制造业

2018年，广东省电子信息产业主营业务收入约3.86万亿元。计算机、通信和其他电子设备制造业规模以上工业增加值为8896.86亿元，其中珠三角地区8629.98亿元，占全省比重为97.0%。智能手机、新型显示、集成电路是广东省电子信息产业最有代表性的行业，智能手机产量占全国43.88%，集成电路占全国17.29%。产业布局方面，已形成以深圳、广州、东莞、惠州为中心的产业集聚区及核心创新圈。其中，以深圳、广州为核心发展前端设计和应用软件，以东莞、惠州为核心发展解决方案和终端制造，带动周边中山、佛山、珠海、肇庆、江门等地配套，形成了分工合理、特色鲜明、功能互补的产业布局。骨干企业方面，电子信息制造业营业收入超100亿元、1000亿元的骨干企业分别达42家、5家。有24家企业入选全国电子信息百强企业。涌现了华为、中兴、TCL、OPPO、vivo、创维、中芯国际（深圳）、金山、魅族等一批具有核心竞争力的龙头企业。

2. 汽车产业

2018年，广东省汽车产量322万辆、居全国第一，实现主营业务收入8412.29亿元，利润632.70亿元。全省汽车制造业规模以上工业增加值1880.24亿元，其中珠三角地区1832.63亿元，占全省比重为97.5%。产业布局方面，已形成以整车企业为龙头，零部件企业为基础，产销研一体化的产业链配套体系，建立了以广州、深圳、佛山为重点，辐射东莞、惠州、珠海、中山、江门、肇庆等沿岸城市的汽车制造产业带和产业销售网络。骨干企业方面，拥有广汽传祺、比亚迪、东风启辰、北汽绅宝等品牌企业，形成了自主品牌、日系品牌和欧美系品牌并举发展的多元化汽车品牌格局。广汽集团自2013年起已连续6年入围世界500强，2018年营业收入突破3400亿元，呈现强劲发展势头；比亚迪营业总收入1300.55亿元，是全球唯一同时具备新能源电池和整车生产能力的企业。

3. 装备制造产业

2018年，广东省装备制造产业实现工业增加值14757.31亿元，占全省规模以上工业增加值的45.7%，主营业务收入66378.59亿元，占全省规模以上工业产值的48.1%。其中，珠三角地区14467.88亿元，占全省比重为98%。产业布局方面，广东省装备制造产业主要分布在珠江西岸以及深圳、东莞、阳江等市，形成了珠海通用航空装备和海洋工程装备、中山风电装备、阳江海上风电装备、韶关工程机械装备等一批在国内具有一定影响力的装备制造产业基地。骨干企业方面，深圳迈瑞是全球领先的医疗设备和解决方案供应商；明阳风电公司2015年成为全省唯一的百亿级母机企业；优特电力首创微机防误闭锁技术，国内占有率超过50%；此外，还有中海福陆重工、三一海工、中航通飞等一批高端装备制造代表性企业。

4. 石油化工产业

2018年，广东省石化产业实现工业增加值4240亿元，占全省规模以上工业增加值13.1%，主营业务收入15032亿元，利润总额1476亿元。全省石油加工、炼焦和核燃料加工业规模以上工业增加值1164.08亿元，其中珠三角地区606.01亿元，占全省比重为52.1%，沿海经济带东西两翼557.11亿元，占全省比重为47.9%。产业布局方面，广东省石化产业主要分布在广州、茂名、湛江、惠州、揭阳、珠海等地，已建成茂名、湛江、惠州、广州、揭阳（未建成）五大炼化一体化石化基地和珠海高栏港临港石化基地，其产值占全行业80%以上，沿海石化产业带基本成型。已形成广州新材料、佛山胶粘、中山涂料、江门化纤、云浮硫化工、茂名香精、韶关涂料等专业性产业基地和精细化工业园区错位发展，优势互补的发展格局。其中惠州大亚湾、茂名石化产业基地销售产值均超千亿元。骨干企业方面，全省主营业务收入超100亿元的石化企业有25家，主要代表企业有中石化茂名公司、中国石化广州分公司、中海油炼化惠州公司、中海油湛江分公司等骨干企业。

5. 纺织服装产业

2018年，广东省纺织服装产业主营业务收入达到6127亿元，规模以上工业增加值722.77亿元，其中珠三角地区纺织服装、服饰业规模以上工业增加值475.41亿元、占全省比重为65.8%，沿海经济带东西两翼纺织服装、服饰业规模以上工业增加值228.64亿元、占全省比重为31.6%。产业布局方面，广东省纺织服装产业主要分布在汕头、东莞、佛山、深圳、广州、揭阳等市。汕头以家居服装、工艺毛衫和针织内衣为主，形成从捻纱、织布、染整、经编、刺绣、辅料、成品的完整产业链，2018年纺织服装、服饰业规模以上工业增加值139.8亿元。东莞形成了"中国女装名镇"虎门镇、大朗毛织、厚街鞋业等产业集群，2018年纺织服装、服饰业规模以上工业增加值110.79亿元。骨干企业方面，省丝绸纺织集团是中国500强企业，主营业务收入居中国纺织服装出口企业百强第2位；广州轻工工贸集团跻身中国500强、中国服务业企业500强；广州纺织工贸居中国纺织服装出口企业百强第7位。

6. 食品加工业

2018年，广东省规模以上食品加工业增加值1646.58亿元，占全省工业增加值的5.1%。其中农副食品加工业375.42亿元，食品制造业651.34亿元，酒、饮料和精制茶制造业285.5亿元，烟草制品业334.32亿元。按地区分，珠三角地区1220.2亿元，占全省食品加工业增加值的74.1%，沿海经济带东西两翼289.89亿元，占全省的17.6%。产业布局方面，珠三角、粤东和粤西等地区都拥有自己的特色食品产业，基本形成了以汕头、东莞、中山、潮州和云浮等地为核心的肉类加工基地，以广州、深圳为核心的营养配餐生产、配送、研发基地，以深圳、佛山、河源、清远等地为核心的饮料制造业基地，以广州、佛山、江门和揭阳等地为核心的调味品生产基地，以广州、深圳、汕头、东莞、江门地区品牌产品为基础、具有岭南特色的焙烤食品和糖制品基地，以广州、深圳等地为核心的食品添加剂生产基地，以潮州、云浮、揭阳等地为核心的广式凉果生产基地，以广州、深圳等地为核心的乳品原料和乳制品养殖和生产基地等多个颇具规模的产业集聚区。

（三）各地支持制造业发展的典型做法

1. 狠抓创新驱动

广州市投入50亿元建设的科技成果产业化引导基金和规模达4亿元的科技信贷风险补偿资金池，发掘出221家优质高精尖中小企业，遴选100家创新标杆企业，评选出"独角兽"和未来"独角兽"创新企业30强，推动高校院所2178项优质技术成果、10个重点实验室及创新平台向企业开放。深圳市加快国际科技产业创新中心建设，先后挂牌成立未来通信高端器件、石墨烯等9个以上制造业创新中心，2018年继续推进3个基础研究机构建设和5个诺奖实验室建设。珠海市成功创建海洋工程国家新型工业化示范基地和全国深海海洋工程装备产业知名品牌示范区。惠州市大力推进电子信息产业和石化能源新材料产业两大万亿产业集群建设。

2. 加强人才引进培育

广州市5年内拿出约35亿元引进优秀人才。深圳市紧盯"高精尖缺"人才引进培育，2018年新引进全职院士12人，目前总数达41人，占全省一半以上；新引进留学归国人员2.1万人，在站博士后总量达2735人，高层次人才总量破万。东莞市对突出贡献的创新型人才每人每年最高奖励100万元，发放1480.75万元推动7745人晋升技能等级。

3. 积极落实用地保障

广州市积极探索土地弹性供给政策，2018年通过弹性年期出让合计21宗、54.47公顷。佛山市首创城市"棕线"概念，划定352个产业发展保护区，保护不少于350平方公里的工业用地并实施优惠地价。2018年对11宗优先发展产业用地实行地价优惠措施，用地面积42.29公顷，减负8753.45万元。湛江市加大解决重点制造业企业用地历史遗留问题力度，加快完善相关用地手续。潮州市鼓励在产业园区、工业集中区内建设用于出租或出售给中小微企业的通用工业厂房。

4. 缓解融资难融资贵

深圳市设立30亿元规模的政策性融资担保基金、首期20亿元的风险补偿资金池、试点政策性小额贷款保证保险、缓解中小微企业流动性融资难题、建立企业发债融资支持机制。揭阳市设立中小微企业贷款风险补偿资金，对未提供银行要求的抵（质）押物的企业，授予贷款额度最高300万元；对于能够提供符合银行要求的抵（质）押物的企业，授予单户贷款金额最高1000万元。

5. 不断降低制造业负担

深圳市出台暂行办法，努力实现工商业平均用电成本降低10%、高端制造企业用电成本降低20%的目标。佛山市率先在全省开展用电用气补贴工作，每年企业用电用气补贴不少于2亿元。东莞市实施新型产业用地（M0）政策，加强"工改工"财政补助，将竣工验收后五年内入驻企业形成的税收市财政留成部分全额补助改造主体。潮州市对优先发展产业，属市、县本级收入的行政性收费按规定免收或收后返拨，服务性质的事业性收费减半收取。珠海市推进"银税互动"、简化"工改工"审批手续、盘活闲置厂房资源、创新政府采购机制等方面提出创新性政策。

6. 持续优化营商环境

佛山市依托"一门式"受理审批系统，把多个部门的前端业务全部整合到市场监管部门"一窗通办"，开办企业全流程时间从 5 天压缩到 3 天，全省最短；工业投资项目从立项到施工许可的办结时限压缩到 20 个工作日，压缩近 2/3。湛江市对先进装备制造、研发等企业，在一定时期内为抵扣完的进项税额予以一次性退还；全市税务部门实现"一厅通办"，制定 547 项涉税事项"最多跑一次"清单，493 项涉税事项实现"全程网上办"。

二、存在的主要问题

当前"一核一带一区"制造业发展除质量效益水平不高、综合成本高、核心技术受制于人、产业转型升级形势迫切等普遍共性问题以外，还有以下突出问题：

（一）制造业分工协同水平和效率仍然不高

1. 区域工业发展阶段差别较大

珠三角地区陆续步入工业化中后期，面临首要问题是高质量发展。东西两翼沿海地区、北部生态发展区整体处于工业化初中期阶段，大多地区产业发展基础薄弱，资源要素集聚不足，面临首要问题是保持经济持续增长。部分地区存在抢项目、争项目、难落地的现象，在培育新兴产业过程中普遍热衷于"无中生有"，存在"盲目追随""贪大求全"等，在脱离当地技术条件和产业基础的实际情况下盲目追随时下投资热点，在新兴产业的布局上形成"产业高端、环节低端"的格局，难以形成新的增长点。

2. 珠三角内部产业发展差距仍然存在

深圳先进制造业和高技术制造业增加值占规模以上工业增加值比重最高，分别为 72.1% 和 67.3%；江门市分别仅为 39.1% 和 9.3%。珠江东西岸区域发展差异亦非常明显，东岸（广州、深圳、东莞、惠州）与西岸（珠海、中山、江门）相比，东岸的规模以上工业总产值、增加值、工业投资均是西岸的 2~4 倍。

3. 东西两翼沿海地区与珠三角工业发展差距明显

东西两翼沿海地区中，仅汕尾（11.8%）、汕头（9.5%）规模以上工业增加值增速高于全省平均。从整体上看，2014~2018 年东西两翼沿海地区工业增加值占全省比重从 14.54% 逐年下降至 11.23%，一直在 15% 以下。2018 年东西两翼沿海地区超

100 亿元制造业企业仅 12 家，占全省总数（276 家）的 4.3%。

4. 北部生态发展区尚未能接受珠三角地区的辐射带动

北部生态地区与广州、深圳、东莞、佛山等地的距离较远、高快速交通道路建设尚不完善，加上当地产业基础依然薄弱，很少企业从珠三角地区直接转移过去。此外，部分地市产业入园、集聚发展水平不高，园区带动能力不足，园区工业增加值占本市工业比重均不足 25%。

（二）区域创新能力分化严重，差距悬殊

1. 研发投入区域分化严重

珠三角地区创新投入密集，东西两翼沿海地区、北部生态发展区创新投入严重不足。在地方财政科技投入来看，珠三角地区合计投入 798.3 亿元，占全省的 95.5%，其中深圳投入经费超 400 亿元；东西两翼沿海地区合计 18.64 亿元，仅占全省的 2.1%；北部生态发展区 21.63 亿元，仅占全省的 2.4%。从研发机构来看，2018 年珠三角地区拥有省级以上创新平台 4539 家，占全省比重达 79.1%，远远高于东西两翼沿海地区（794 家）、北部生态发展区（402 家）。从研发（R&D）人员来看，2017 年珠三角地区规模以上工业企业 R&D 人员达 64.62 万人，占全省比重高达 92.8%，分别是东西两翼沿海地区、北部生态发展区的 19 倍、40 倍，珠三角地区每万人拥有工业企业 R&D 人员数分别是东西两翼沿海地区、北部生态发展区的 10.4 倍、10.8 倍。从 R&D 经费投入来看，2017 年珠三角地区规模以上工业企业 R&D 经费投入达 1761.26 亿元，占全省总投入比重高达 94.4%，分别是东西翼沿海地区、北部生态发展区 23.5 倍、60 倍，其中深圳 R&D 经费投入约占全省总投入 41%。

2. 创新成果区域差距悬殊

东西两翼沿海地区、北部生态发展区创新水平明显滞后。从专利授权量来看，2018 年珠三角地区合计拥有 51659 件专利授权量，占全省比重高达 96.9%，分别是东西两翼沿海地区、北部生态发展区的 49.8 倍、85.5 倍。从省级以上科技奖项来看，2018 年珠三角地区 210 项，占全省（221 项）比重达 95.0%，东翼西翼沿海地区和北部生态发展区仅有 11 项。从省重大科技专项来看，2018 年 43 个省重大专项，珠三角地区共承担完成了 32 项，其中广州、深圳依然是承担省重大科技专项的主力军。

（三）土地供给矛盾突出

1. 土地资源紧张

2019年国家下达广东省新增建设用地指标仅1.39万公顷，比2018年还少6.67公顷。伴随着改革开放后的高速发展，土地已成为珠三角地区、沿海经济带最为稀缺的资源。工业用地可用面积小、连片用地少，对产业换代升级、招商引资带来非常不利的影响。如东莞土地开发强度已经逼近临界线，后备土地资源非常紧张。中山受缺少土规、"三规"不符、收地缓慢、规划道路影响等因素制约，工业项目落地困难，严重制约了工业发展，2018年全市工业投资一直保持两位数负增长。汕头市工业、物流仓储用地约95平方公里，仅占全市土地总面积的4.3%，占建设用地面积的15.4%。

2. 土地资源错配严重、利用效率不高

近年来征地标准不断提高，为降低制造业用地成本，"招拍挂"时工业用地出让起始价实际已低于征地成本价，这种价格倒挂给地方政府造成了巨大的财政压力，也打击了地方工业用地供给积极性，同时造成了圈占、浪费等土地利用效率不高问题。如广州市376宗出让的工业用地，几乎底价成交。茂名市反映有些园区没有充分发挥土地市场价格机制作用，没有严格筛选供地项目，导致投资强度不高、土地浪费现象不同程度存在，有的甚至出现企业圈地后长期闲置的现象。中山市单位建设用地二三产业增加值平均值为4.846亿元/平方公里，仅为珠三角平均值7.476亿元/平方公里的64.8%；建设用地地均GDP为4.89亿元/平方公里，仅为深圳的21%、东莞的76.8%；土地碎片化严重，全市批而未供用地中，连片面积大于6.66公顷的地块共有38块，面积共926.66公顷，约占29.6%，严重制约规模开发、集约利用，导致大项目落地难。

3. 用海审批非常困难

沿海经济带各市制造业项目如涉及新增用海，按照事权必须向中央重新报批或者适当调整方案，申办流程涉及部门多、时间慢，一定程度将影响到用海重大项目落地和实施的进度。

（四）东西两翼沿海地区和北部生态发展区制造业融资难融资贵问题更为严重

根据调查，44%的企业因中小企业的征信体系不完善、38%的企业因没有足够抵押物而遭遇融资难。融资贵现象仍然存在，60%的企业表示利率上浮、28%的企

业表示担保公司收费高、20%的企业表示贷款收取额外费用等。与之相比，东西两翼沿海地区、北部生态发展区相对融资成本更高，资金供给更少，资金成本更高，企业议价能力更弱，珠三角地区银行贷款利率一般上浮10%~20%，而在东西两翼沿海地区、北部生态发展区则要上浮30%~50%。珠三角地区信贷品种较丰富、灵活，可通过设备抵押方式融资，而东西两翼沿海地区、北部生态发展区则只能通过不动产抵押的方式融资。如阳江市反映，近年来本地企业开展工业投资自筹资金比例普遍在80%~90%，国内融资贷款比例仅10%左右，银行信贷支持力度不足，影响企业发展。湛江某家具制造企业反映，在使用发票抵押融资时，还需向银行缴纳3%的"业务咨询费"。有企业表示有时一笔贷款办下来需要3~4个月。据调查，融资难融资贵一直是东西两翼沿海地区、北部生态发展区各市反映的制造业企业经营困难的重点、难点。

（五）东西两翼沿海地区、北部生态发展区基础设施和公共服务不足

特别是在交通、城镇化、信息网络等基础设施建设水平承载力仍显不足，对制造业企业的物流配送、营销网络、检验检测、工业设计、研发等造成较大制约，影响大中高端制造业在东西两翼沿海地区、北部生态发展区的布局发展。如高铁、高速、机场、港口的密度、里程、吞吐量远远低于珠三角地区；部分地区土地开发成本居然高于珠三角地区。韶关、潮州市反映支柱产业大多属于资源消耗型产业，随着原料成本、运输成本、人工成本的提高，以及配套设施建设相对滞后导致企业经营成本较高。茂名市反映围绕企业生产的物流配送、营销网络、检验检测、工业设计、研发、中介等生产性服务业发展较为滞后，增加了企业的营商成本。相比之下，珠三角地区良好的基础设施、健全的公共服务，吸引周边人才、资金、技术等重要资源要素进一步向珠三角核心城市集聚，进一步加剧区域不平衡。如汕头32家A股上市企业中不少将总部或研发、设计、销售等重要部门迁往珠三角地区。全省75%以上的专技人才、70%以上的技能人才、90%以上的博士后工作站和流动站位于珠三角。

（六）沿海经济带资源环境承载压力不断加大

沿海经济带开发与环境保护矛盾日益凸显，很多重大项目由于环境容量、能耗指标问题难以落地。如珠海市2018年单位GDP能耗下降率目标为3.6%，但受非工业用电大幅增加影响，仅实现下降1.26%，新增能耗已超过"十三五"新增总能耗，

省发改委已暂停该市大能耗项目审批，对新引进项目造成巨大制约。湛江市正在打造世界级绿色环保高端沿海临港重化产业基地，随着宝钢湛江基地投产、中科炼化一体化项目加快建设、巴斯夫精细化工一体化基地落户，工业能源消费将大幅增长，节能压力不断增大。揭阳部分地区资源开发强度过高，长期积累的生态环境问题正在集中呈现；目前该市加快推进大型石化、大型装备制造和能源项目建设，主要污染物增量的消化难度将更加巨大。惠州因为大型石化项目占用了大部分的环境容量、能耗指标，给其他项目的招商引资带来相当大的约束。

三、对策措施

以习近平新时代中国特色社会主义思想为指导，全面贯彻落实习近平总书记对广东重要讲话和重要指示批示精神，把握粤港澳大湾区建设重大战略机遇，结合落实省委"1+1+9"工作部署，坚持统筹协调和分类指导，加快构建"一核一带一区"区域发展新格局，优化区域制造业布局发展，增强珠三角制造业辐射带动能力，提升沿海经济带东西两翼、北部生态区制造业内生发展动力，推动全省制造业高质量发展。

（一）统筹优化产业布局，加快形成区域协调发展的新格局

1. 落实"一核一带一区"区域发展总体布局

按照省委省政府关于构建"一核一带一区"区域发展新格局的战略安排，强化珠三角核心区引领带动作用，通过产业高端化发展带动东西两翼沿海地区和北部生态发展区发展；将沿海经济带作为新时代广东发展的主战场，坚持陆海统筹发展，培育壮大汕潮揭、湛茂发展极，增强汕尾、阳江衔接东西两翼和珠三角的战略支点功能；推动北部生态发展区向绿色发展转型，加快形成定位明晰、功能协调、差异发展、协同共进的区域协调发展机制。

2. 推动珠三角核心区产业高端化发展

重点支持珠三角核心区新一代信息技术、高端装备制造、绿色低碳、生物医药、数字经济、新材料、海洋经济等战略性新兴产业发展，加快发展人工智能等未来产业，加速5G商用进程，加大新一轮信息基础设施投资力度，加快发展工业互联网，以"互联网+""智能+"推动互联网、大数据、人工智能与制造业深度融合，推动制造业加速向数字化、网络化、智能化发展。建设珠三角人工智能产业集

聚区、国家大数据综合试验区，大力培育发展工业设计、供应链金融等高端服务业，积极发展健康、旅游等生活型服务业。提升发展家电、家具、医药食品等传统优势产业。以广州、深圳为重点研究制定珠三角核心区产业疏解清单，推进产业疏解与产业共建，推动区域产业发展协同化、服务高端化。

3. 推动重大产业向东西两翼沿海地区布局发展

加强省对重大产业布局的统筹力度，推动重大产业、战略性新兴产业布局到东西两翼沿海地区。着力培育东西两翼主导产业集群，将粤西地区打造成为广东省发展重大产业的主战场，继续大力促进东翼都市经济集聚发展。在东西两翼培育具有国际先进水平的海洋新兴产业集聚发展高地。支持汕头中以科技创新合作区、汕头临港经济区、揭阳大南海石化区建设，培育壮大粤东生物医药、石油化工等重大产业集群。加快推进湛江钢铁、中科炼化、茂名石化等重大项目建设，全力打造粤西区域重化产业集群。主动参与南海保护与开发，建设国家级海洋经济示范区和海洋科技合作区。支持在阳江市建设海上风电产业基地，在粤东建设海上风电运维、科研及整机组装基地。

4. 推动北部生态发展区产业绿色化发展

实行差别化产业政策，构建与区域发展功能相适应的绿色产业体系。支持韶关、河源、梅州、清远、云浮等地立足资源禀赋，因地制宜发展绿色低碳新型工业、数字经济、绿色食品、生物医药等产业，发展对接珠三角的高端制造和生产性服务业。支持北部生态发展区建设特色生态产业园。按照"主体功能约束有效"和"资源环境可承载"的要求，加快传统产业的转型升级，淘汰污染型产业，加大产业生态化投入，推动工业集聚入园、集中治理，为生态环境保护腾出更大空间。

（二）加强产业平台建设，打造推动高质量发展的新载体

1. 建设科技创新平台

加快推进珠三角国家自主创新示范区建设，充分发挥创新发展引领作用，规划建设国家综合性科学中心和粤港澳大湾区国际科技创新中心。统筹重大科技基础设施规划布局，打造国际一流的重大科技基础设施集群，增强国家科技产业创新中心对东西两翼沿海地区、北部生态发展区的创新引领作用。以省级投入为主在东西两翼沿海地区布局建设省级实验室等科技创新平台，重点支持湛江、汕头等地区域性省级实验室建设。支持符合条件的东西两翼沿海地区、北部生态发展区的产业园区创建省级高新区、高新技术产业示范基地。

2. 共建产业合作区

加快深汕特别合作区、广清产业园等区域合作平台建设，积极推广"飞地经济"和产业共建模式，鼓励珠三角有较强实力的市在东西两翼沿海地区、北部生态发展区选取地理距离相近、土地开发空间充裕、有一定合作基础的市，进行区域协同发展试验区试点，打造承接珠三角辐射的战略平台，创新东西两翼沿海地区、北部生态发展区与珠三角互动发展模式。完善扶持共建、股份合作、托管建设等产业合作模式，完善共建园区GDP核算、税收分成等制度，鼓励珠三角通过共建园区、产业合作、飞地经济等形式，把产业资源更多地引导至东西两翼沿海地区、北部生态发展区，支持东西两翼沿海地区、北部生态发展区发展接续产业和替代产业。加快把深汕特别合作区纳入粤港澳大湾区建设范围。

3. 优化提升发展载体

以珠三角地区为重点，高起点培育电子信息、汽车、智能家电、机器人、绿色石化等世界级先进制造业集群，积极创建国家先进制造业集群，培育建设一批特色鲜明、竞争力强的省级产业集群，打造"国家级+省级"产业集群培育梯队。研究制定促进工业园区高质量发展政策措施，支持园区拓展优化空间，提升综合效益。以珠三角村级工业园改造为契机，支持珠三角市（区）结合新一轮国土空间规划编制，采取土地置换等方式，改造升级一批上规模、上档次的工业园区。深入实施"三品"（增品种、提品质、创品牌）战略。

（三）强化要素保障，推动要素资源向优质行业、优质企业、优质产品流动

1. 开展制造业企业综合评价试点

探索建立以亩均增加值、亩均税收、单位增加值能耗、单位排放增加值、研发经费支出占主营业务收入比重、全员劳动生产率等为主要评价内容的制造业企业高质量发展综合评价体系。利用企业评价结果，引导发改、科技、工信、财政、自然资源、生态环境等政府部门制定实施导向清晰、对象精准的资源差别化配置政策，将资源向质量效益好的企业倾斜。构建年度用地、用能、污染物排放、创新要素、财政资金转移支付等资源分配与区域制造业发展质量挂钩的激励机制，推动有限资源向发展质量高的区域集中，推动优胜劣汰。

2. 落实重大项目要素保障

继续做好国家重大战略项目用海保障工作，对省重大平台和省产业转移园下达专项指标，允许各地以条件好的园区为基础统筹各类开发园区用地规模，对各地存

量建设用地盘活和重大产业项目供地后由省给予计划指标奖励。加大地方债对重点区域发展战略和省定重点项目的支持力度。对于东西两翼沿海地区、北部生态发展区省级新区、国家级经济技术开发区（高新技术产业开发区）、省级产业转移园产生的省级税收收入增量部分的适当比例纳入专项转移支付，专项用于推进新区、各类园区的基础设施建设、产业引导及高端人才引进培养等造血功能项目。统筹用好能耗排放容量等环保约束性指标，为战略性、基础性重点项目和质量效益好的项目留足空间。

3. 优化土地、人才、资金配置

建立完善区域协调发展用地保障政策，实施差别化土地资源配置政策，逐步将存量建设用地作为珠三角用地的主要来源，推动新增建设用地指标和用林指标向沿海经济带倾斜，依托重点园区助力培育发展重大产业集群。全力支持沿海各市项目用海需求加快落地，为沿海各市拉动经济增长、带动转型升级、实现创业创新提供支撑，积极争取国家对广东省项目用海给予政策支持。实施更加积极开放有效的人才政策，推进粤港澳大湾区人才协同发展，打造创新人才高地。争取粤港澳大湾区的境外高端人才和紧缺人才补贴政策适用范围放宽至沿海经济带，乃至北部生态发展区。支持东西两翼沿海地区引进创新创业团队和紧缺拔尖人才，实施北部生态发展区人才知识技能提升工程，加大智力帮扶力度，促进创新人才向东西两翼沿海地区、北部生态发展区集聚。发挥粤港澳大湾区资本市场优势，实现境内上市公司地市全覆盖；在区域性股权交易市场建立沿海经济带、北部生态发展区特色板块，鼓励珠三角地区牵头支持东西两翼沿海地区、北部生态区地市组建产业投资基金或创业投资基金。

（四）加大开放合作，提升制造业对外开放对内合作水平

1. 构建以粤港澳大湾区为引领的开放新格局

全面落实粤港澳大湾区规划纲要，以珠三角区为支撑，以广州南沙、深圳前海蛇口、珠海横琴等区域为重要节点，高水平建设广东自贸试验区，携手港澳共同打造粤港澳大湾区世界级城市群，打造高质量发展示范区。加快大湾区内地制造业与港澳国际化优势结合，强化粤港澳大湾区辐射作用，带动东西两翼沿海地区和北部生态发展区的外贸转型升级，加强与海南自由贸易港的联动发展，打造成面向"一带一路"的先进制造业基地。

2. 提升东西两翼沿海地区对外开放水平

加强东西两翼沿海地区与"一带一路"衔接。推动沿海经济带东翼建设成为海峡西岸重要的经济中心，以汕潮揭为依托，全面参与海峡西岸城市群发展建设，共建海西经济圈和"21世纪海上丝绸之路"支点，打通江西、福建等发展腹地，重点推进粤闽在海洋装备制造、海洋生物医药等领域合作。推动沿海经济带西翼积极参与粤桂琼产业合作，以湛茂阳为依托，全面参与北部湾城市群、琼州海峡经济带、海南自贸港发展建设，重点推进粤桂琼在培育高端装备制造产业集群、冶金石化产业集群、特色农海产品加工集群等领域深度合作，充分发挥湛江港作为西南地区出海大通道的作用，积极拓展大西南腹地，增强对北部湾地区的服务功能。

3. 加强"一核一带一区"内部融通发展

制定"一核一带一区"现代产业体系专项规划，推动各地协同发展。实施产业链协同创新计划，充分发挥大企业的辐射带动作用，推动珠三角行业龙头企业与中小企业协同创新和融通发展。支持珠三角智能装备制造龙头企业输出技术和装备能力，辐射东西两翼沿海地区和北部生态发展区。为中小企业提供一揽子智能化系统解决方案，加快中小企业实施智能化改造。支持珠三角行业龙头企业与中小企业共建制造业创新中心，研发行业共性技术和智能装备。引导银行、保险、担保公司、商业保理等金融机构，创新设备融资租赁、担保等金融手段，为产业链的中小企业智能化改造项目等实行融资、增信和风险保障。推动建立珠三角与东西两翼沿海地区、北部生态发展区产业链互补招商机制，引导外资重点项目投向东西两翼沿海地区和北部生态发展区。

（五）对标最好最优，加快营造一流的制造业发展环境

1. 树立"竞争中性"原则

按照"竞争中性原则"，加快清理修改相关法规制度，落实公平竞争审查制度，对妨碍公平竞争、束缚民营企业发展、有违内外资一视同仁的政策措施应改尽改、应废尽废，着力破除行政区划壁垒。建立政策制定实施协调机制，防止地区间恶性竞争、同质化竞争、盲目堆积产能。推进水电气、土地、融资、流通等重点领域改革，加大能源综合改革力度，破除各种形式的垄断和市场壁垒，放开竞争性环节价格，加快建设公平、统一、高效的市场环境。

2. 对标国际先进标准规则

与我国港澳地区加强在法律服务、金融等领域的规则对接，对标国际一流完

善投资贸易规则，进一步改进优化市场准入、产权保护、法治保障等制度安排，加快建立与国际投资和贸易规则相适应的制度体系，深入推动投资便利化、贸易自由化，打造全球企业投资首选地和最佳发展地。支持设立潮商、客商协会，增强粤商的向心力和归属感。

3. 持续优化公共服务能力

强化政府服务意识，构建亲清新型政商关系。推进强市放权，扎实抓好新一批行政职权的委托下放，继续大力压减省直部门权责清单事项，更好地帮助各市减轻负担、增强发展自主性。巩固降低制造业企业成本的政策效果，不折不扣落实好国家新一轮减税降费措施，巩固扩大"实体经济十条（修订版）""民营经济十条""外资十条""科创十二条"等政策实施效果。深入推进审批服务便民化，最大限度减少企业和群众跑政府的次数。

广东省首台（套）重大技术装备
发展研究报告

广东省机械工业质量管理协会

    重大技术装备是制造业的脊梁，关系国家安全和国民经济命脉，具有新技术密集、系统成套复杂、附加值高、带动性大的特点；是衡量一个国家制造业核心竞争力的重要标志，也是带动产业转型升级的强大引擎；创新性强、技术先进、价值量大，是支撑相关产业发展的核心关键设备。

一、首台（套）重大技术装备的定义与特征

（一）重大技术装备的定义与特征

    国家发改委、科技部、财政部、国防科工委于 2008 年 1 月 22 日联合制定颁发了《首台（套）重大技术装备试验、示范项目管理办法》：重大技术装备是指对国家经济安全和国防建设有重要影响，对促进国民经济可持续发展有显著效果，对结构调整、产业升级和节能减排有积极带动作用的装备产品。

    2015 年 2 月 2 日，财政部、工业和信息化部、保监会联合下发《关于开展首台（套）重大技术装备保险补偿机制试点工作的通知》：重大技术装备是关系国家安全和国民经济命脉的战略产品，是国家核心竞争力的重要标志。由于其技术复杂，价值量大，且直接关系用户企业生产经营，在创新成果转化过程中存在一定风险，面临市场初期应用瓶颈。建立首台（套）重大技术装备保险补偿机制，在用户订购和使用此类装备的风险控制和分担上做出制度性安排，是发挥市场机制决定性作用、加快重大技术装备发展的重要举措，对于促进装备制造业高端转型、打造中国制造升级版具有重要意义。

（二）首台（套）重大技术装备的定义与特征

1. 国家首台（套）重大技术装备定义

国家发改委、科技部、财政部、国防科工委于 2008 年 1 月 22 日联合制定颁发了《首台（套）重大技术装备试验、示范项目管理办法》：首台（套）重大技术装备是指集机、电、自动控制技术为一体的，运用原始创新、集成创新或引进技术消化吸收再创新的，拥有自主知识产权的核心技术和自主品牌，具有显著的节能和低（零）排放的特征，尚未取得市场业绩的成套装备或单机设备。

2015 年 2 月 2 日，财政部、工业和信息化部、保监会联合下发《关于开展首台（套）重大技术装备保险补偿机制试点工作的通知》：首台（套）重大技术装备是指经过创新，其品种、规格或技术参数等有重大突破，具有知识产权但尚未取得市场业绩的首台（套）或首批次的装备、系统和核心部件。其中首台（套）装备是指在用户首次使用的前三台（套）装备产品；首批次装备是指用户首次使用的同品种、同技术规格参数、同批签订合同、同批生产的装备产品。

首台（套）重大技术装备保险补偿机制坚持"政府引导、市场化运作"原则。由保险公司针对重大技术装备特殊风险提供定制化的首台（套）重大技术装备综合险（以下简称"综合险"），承保质量风险和责任风险。装备制造企业投保，装备使用方受益，中央财政对符合条件的投保企业保费适当补贴，利用财政资金杠杆作用，发挥保险风险保障功能，降低用户风险，加快首台（套）重大技术装备推广应用。同时，鼓励保险公司创新险种，扩大保险范围，为促进重大技术装备发展提供保险服务。"综合险"承保质量风险，主要保障因产品质量缺陷导致用户要求修理、更换或退货的风险；承保的责任风险，主要保障因产品质量缺陷造成用户财产损失或发生人身伤亡风险。对于飞机、船舶及海工装备、核电装备等单价金额巨大的重大技术装备，由投保企业与保险公司双方自主协商，可以选择按国际通行保险产品条款进行承保。

2018 年 4 月 11 日，国家发展改革委、科技部、工业和信息化部、司法部、财政部、国资委、国家市场监督管理总局、知识产权局《关于促进首台（套）重大技术装备示范应用的意见》：首台（套）重大技术装备是指国内实现重大技术突破、拥有知识产权、尚未取得市场业绩的装备产品，包括前三台（套）或批（次）成套设备、整机设备及核心部件、控制系统、基础材料、软件系统等。

2. 广东省首台（套）重大技术装备定义

首台（套）重大技术装备是指集机、电、自动控制技术为一体的，经过创新，其品种、规格或技术参数等有重大突破，具有自主知识产权的装备产品。根据广东装备产业特点，将首台（套）重大技术装备分为三个层次：成套设备指生产成品和半成品的工业联合装置，是由多台（套）单体设备组成的，相互协调连续或自动地完成某项任务的生产设备系统，这些单体设备拿出来可以单独使用，一般由主机设备、辅助设备、控制部分组成；单台设备指可供企业在生产中长期、单独使用，完成某项工作任务或满足某种需要的单体设备；核心总成或部件指精度高、制造难度大、在重大技术装备中起关键作用的总成或零部件产品。

3. 首台（套）重大技术装备的基本特征

首台（套）重大技术装备必须属于产业发展的核心设备（在产品加工制造关键工序应用、价值量大），具有以下三个基本特征：

（1）拥有自主知识产权（发明专利）。产品是运用原始创新、集成创新或引进技术消化吸收再创新，通过研制单位主导的研究开发活动，拥有产品核心技术的自主知识产权。

（2）产品创新程度高（性能参数）。产品创新程度高，对原有产品进行根本性或明显性改进，产品主要技术性能指标取得标志性突破或提高，市场前景好。

（3）技术先进（国内外同行对比）。与国内外同类产品或技术相比，首台（套）产品技术应达到同类产品国内先进水平或省内领先水平：国内首台（套）产品技术应达到同类产品国际先进水平；省内首台（套）产品技术应达到同类产品国内先进水平；市内首台（套）产品技术应达到同类产品省内先进水平。

二、广东省大力推进先进装备制造业发展

（一）部省合作共同推进珠江西岸先进装备制造产业带建设

珠江西岸先进装备制造产业带建设是贯彻落实中央要求，推动广东省产业结构调整和产业转型升级的重要举措，2014年8月14日，国家工业和信息化部、广东省人民政府在珠海市举行共同推进珠江西岸先进装备制造产业带发展合作协议签署暨项目签约仪式，标志着珠江西岸先进装备制造产业带建设全面启动，将有力地推动广东产业转型升级和珠江西岸的发展。工业和信息化部将从加强规划引导与政策

扶持、推动国内外先进装备制造业龙头企业直接开展合作、重大项目建设、提高先进装备制造业创新能力、推进新型工业化示范基地建设、推动先进装备制造业实现"两化融合"等方面加强与广东的交流、沟通、协作，支持珠江西岸先进装备制造产业带建设。

（二）加快推动广东省先进装备制造业发展

2014年10月12日，广东省人民政府发布《广东省人民政府办公厅关于加快先进装备制造业发展的意见》，明确要进一步推动全省先进装备制造业集约发展，促进国内外先进装备制造龙头企业到广东省投资建设，重点打造珠江西岸（包括珠海、佛山、中山、江门、阳江、肇庆六市及顺德区）先进装备制造产业带。

（1）明确发展方向。重点发展智能制造装备、海洋工程装备、轨道交通装备、节能环保装备、新能源装备、汽车制造、航空制造、卫星及应用等，重点支持重大成套装备、通用和专用设备及核心部件、基础零部件和原材料的研发制造及应用，引进具有自主知识产权和专利技术的先进装备制造企业，促进先进制造技术与信息技术深度融合，推动装备制造业智能化、绿色化发展。

（2）加强金融服务。对先进装备制造产业带骨干企业重大项目，在符合银行信贷原则的前提下，商请金融机构采取银团贷款等方式予以支持。对依托核心企业形成上下游产业链的中小微企业可通过产业链融资模式，在风险可控前提下加大支持力度。对投资额超过10亿元的引进项目，可由当地政府商请金融机构解决融资问题。商请金融机构对先进装备制造企业全面实施"融资绿色通道"和"批量授信"，支持保险公司开展首台（套）重大技术装备保险业务。支持各市设立先进装备制造产业发展基金，支持相关企业研发和产业化。

（3）加强科技创新。加强先进装备制造企业与高校和科研院所的产学研合作，加快核心共性关键技术攻关。支持先进装备制造龙头企业牵头成立技术创新或产业发展联盟。支持先进装备制造企业、系统集成商、科研单位与用户等围绕产业链开展"研制方＋用户方"的协同创新，以用户需求拉动提高研发制造水平。支持先进装备制造企业主导或参与制定修订地方、行业、国家和国际标准。出台先进装备制造业首台（套）重大装备认定办法，对首台（套）重大装备的研发和使用单位给予一定支持。对自主创新先进装备产品优先在省内推广使用。

（三）举办珠江西岸先进装备制造业投资贸易洽谈会

2015年8月22日，由国家工业和信息化部、广东省人民政府指导，广东省经信委、珠海市政府主办，佛山、中山、江门、阳江、肇庆市政府和顺德区政府联办，广东省商务厅和机械工业信息研究院协办的首届珠江西岸先进装备制造业投资贸易洽谈会在珠海国际会展中心举办，洽谈会展览面积约2.5万平方米，以地市为单位设置分展区，组织了203家珠江西岸八市先进装备企业参展，旨在展示珠江西岸八市贯彻落实《珠江西岸先进装备制造产业带聚焦攻坚行动计划（2018~2020年）》，在技术自主创新、骨干企业培育、重大项目引进、产业平台建设和集约集聚发展等方面取得的成效。截至2019年，珠江西岸先进装备制造业投资贸易洽谈会已经成功举办了5届，累计共有1192个重点先进装备制造业项目现场签约、总投资额11598.7亿元。

（四）以珠江西岸为试点实施首台（套）重大技术装备政策

珠江西岸拥有电器机械、海洋工程、通用航空、智能制造等一批竞争优势明显、支撑带动作用较强的主导产业，是我国沿海经济带的重要组成部分，是珠三角先进制造业的重要基地和广东装备制造业的高度集聚区，在全国区域经济发展布局中处于重要位置。在2014年就提出了建设珠江西岸先进装备制造产业带的战略决策，并与国家工业和信息化部开展合作共建，努力为全国产业转型升级、建设制造强国探索经验。自2014年以来，广东省装备制造业保持持续快速发展态势，特别是珠江西岸装备制造业更是发展势头迅猛、领跑全国。

2015年9月28日，《广东省经济和信息化委 广东省财政厅关于组织申报珠江西岸先进装备制造业发展专项资金［支持首台（套）装备的研发与使用、实施先进装备保费补贴专题］项目的通知》，设立珠江西岸先进装备制造业发展专项资金［支持首台（套）装备的研发与使用、实施先进装备保费专题］，鼓励珠江西岸"六市一区"加快重大装备产品的研发和使用，更好推动珠江西岸先进装备制造业创新驱动和提质发展。

广东省首台（套）重大技术装备政策首先在珠江西岸先进装备制造产业带进行落地实施，通过在局部地区的先行先试，并及时对政策进行完善，对于在全省范围全面推进首台（套）重大技术装备的发展具有很好的示范意义。

（五）首次制定发布首台（套）装备目录

"十二五"时期，广东省首次发布了《广东省首台（套）重大技术装备推广应用指导目录（2015年版）》，涵盖新能源发电装备、输变电装备、成形及加工专用装备、电子及医疗专用装备、汽车及轨道交通装备、船舶及海洋工程装备、新型轻工机械装备、农业机械装备、施工机械装备、重大技术装备配套总成或核心部件等10个重大技术装备领域，涉及35个重点装备类别，包括179个重点首台（套）装备产品。

三、广东省首台（套）发展重大技术装备政策实施成效分析

广东省认真贯彻落实习近平总书记有关推动制造业高质量发展的重要论述，积极谋划、主动作为，扎实开展推动广东省首台（套）重大技术装备发展的相关工作，逐步建立并完善以试点突破并扩展到全省、实行目录制管理、研发奖励为重点、省市分级推动的首台（套）重大技术装备政策支持体系，有力推动了装备制造企业的研发创新，自主创新成效显著。

（一）打造形成以点带面、分步推进的政策实施模式

借2014年部省合作共同推进珠江西岸先进装备制造产业带建设、广东省加快推动先进装备制造业发展的契机，从2015年开始广东省首台（套）重大技术装备政策首先在珠江西岸（包括珠海、佛山、中山、江门、阳江、肇庆六市及顺德区）先进装备制造产业带得到了落地实施。

广东省财政设立珠江西岸先进装备制造业发展专项资金[支持首台（套）装备的研发与使用、实施先进装备保费专题]，制定发布首台（套）装备目录，鼓励和支持珠江西岸"六市一区"加快重大装备产品的研发和使用，大力推动珠江西岸先进装备制造业创新驱动和提质发展。通过在珠江西岸的先行先试，并及时对政策进行完善，从2018年开始首台（套）政策扩展到全广东省范围，以点带面、分步推进广东省首台（套）重大技术装备的发展。

广东省在2015年首次发布《广东省首台（套）重大技术装备推广应用指导目录（2015年版）》的基础上，形成了定期更新首台（套）目录的良好机制，2017年版、2019年版首台（套）目录相继发布。截至2019年，广东省已经正式发布的三

个版本（2015年版、2017年版、2019年版）的省级首台（套）重大技术装备推广应用指导目录，共计646个产品列入目录。通过实行目录制管理进行政策引领、重点突破，推动了广东省首台（套）重大技术装备政策落地实施。

（二）全面推动首台（套）装备的量产化、产业化发展

广东省首台（套）政策重点支持首台（套）重大装备的研发与使用，并且从拥有发明专利受理到实审再到授权、从仅实现销售到必须达到量产、成套设备自主化率须达到70%等方面不断完善提高奖励申报要求，加快突破首台（套）装备的应用瓶颈，全面推动首台（套）装备的量产化、规模化发展。2015~2019年全广东省累计共有440台（套）重大技术装备产品达到国家或省级首台（套）重大技术装备标准并实现产业化及销售，获得省级奖补资金76028.134万元，并且有效带动了广州、东莞、中山等地级市制定发布市级首台（套）重点装备目录和给予市级专项资金支持。

（三）推动装备高端化、自主研发创新、企业规模发展

"十三五"时期，广东省首台（套）重大技术装备政策得到不断完善，政策扶持范围从珠江西岸扩展到全广东省范围，有力推动了广东省装备制造业的发展壮大。在首台（套）政策导向和支持下，广东省装备制造企业深入开展自主知识产权的产品研发和投入，不断提升企业研发创新能力，授权发明专利量大幅提升，2015~2020年获得首台（套）奖励的企业累计新增授权发明专利13656件，培育形成了一大批掌握核心技术、部分具有国际先进水平的、专注于细分领域的行业领先、单项冠军、小巨人企业，博创智能装备股份有限公司、广州达意隆包装机械股份有限公司、广州市万世德智能装备科技有限公司、广东劲胜智能集团股份有限公司、广东科杰机械自动化有限公司等相关装备企业相继获得国家科技进步奖、发明奖、专利奖等国家级荣誉。

企业规模不断壮大，2015~2020年获得首台（套）奖励的企业累计实现首台（套）装备销售44435台（套），累计销售额1218亿元。相关装备制造企业不断突破短板及关键核心技术，实现了一系列重大装备产品创新，如广州明路汽车装备有限公司"汽车白车身主线总拼焊装生产线"、广州达意隆包装机械股份有限公司"大桶水吹灌旋一体机"、博创智能装备股份有限公司"超大型二板式伺服注射成型机"、广东金明精机股份有限公司"六层共挤薄膜吹塑机组"等一大批首台（套）

装备产品相关技术达到甚至超过国际先进水平，实现进口替代。

装备产品出口量不断提高，已在全球超过100个国家和地区实现销售，国际市场不断拓展，形成了伊之密、恒力泰、东方精工、达意隆、弘亚数控、拓斯达、南兴装备等一批有较强国际影响力、在细分市场处于领先地位的装备产品品牌。在2020年新冠肺炎疫情期间，广东省的广州明森、广东硕泰、广东鑫光、中山伙伴、中山凯旋等相关装备制造企业充分利用拥有首台（套）装备技术的优势快速转产研制口罩机，短时间内使广东省口罩机产量达到全国的80%以上，为全国乃至全球防疫工作做出了积极贡献，充分体现了首台（套）政策实施对提升装备企业自主创新能力的重要引领作用。

四、下一步对策和建议

广东省实施首台（套）重大技术装备政策［包括制定首台（套）目录、实施首台（套）奖励等］目的是推动相关装备制造企业从技术水平、产品水平、产业化水平等方面实现突破，提升装备产品的创新性、先进性，有效推动广东省装备制造业向高端化和规模化发展。

（1）大力鼓励装备企业通过主导装备相关技术的研究开发活动，运用原始创新、集成创新或引进技术消化吸收再创新，真正掌握并拥有产品核心技术的自主知识产权，实现装备产品技术水平突破。

（2）广泛发动装备生产企业和用户企业共同参与，形成装备研制方和适用方的合力，有效推动装备企业做大做强，更好地推进广东装备制造产业发展。

（3）鼓励和支持广东省更多地级市实施市级首台（套）重点装备目录编制和专项资金奖励政策，形成省级重大装备为主、市级重点装备为辅的不同层次、分级推动的良好政策支持局面。

（4）在具体实施过程中给予更为明确的工作指引，统一扶持要求和标准。广东省首台（套）装备扶持政策应该长期、持续实施，从而引导企业长期、持续开展技术创新、研究开发，不断提升装备产品的技术水平和核心竞争力，大力推动广东省先进装备制造产业带的建设发展，更好地促进广东省装备制造企业转型升级。

广东省精密仪器设备产业调研情况报告

广东省机械工业质量管理协会

仪器仪表是工业生产的"倍增器",科学研究的"先行官",军事上的"战斗力",以及现代社会活动的"物化法官"。精密仪器设备在推动科学技术和国民经济的发展中发挥着十分重要的作用,广泛应用于工业、农业、交通、科技、环保、国防、文教卫生、人民生活等领域,是先进制造技术的重要组成部分、制造业高质量发展的基础支撑,对促进科技进步和经济发展具有巨大的推动作用。

一、精密仪器设备产业基本情况

(一)发展现状

1. 国内现状

中华人民共和国成立70多年来,中国精密仪器行业实现了"从无到有",并朝着"从有到强"迈进,但我国的精密仪器高端市场,一直以来被国外先进技术产品所垄断。我国现有各类精密仪器设备企业超过1万多家,已经形成门类品种比较齐全,具有一定技术基础和生产规模的产业体系,但是由于产品绝大部分属于中低档技术水平,而且可靠性、稳定性等关键性指标不高,还远远不能满足国民经济各行各业日益增长的迫切需求。据中国仪器仪表学会统计,目前我国在精密科学仪器的研究和制造方面与发达国家相比差距明显,对外依赖度过高,我国每年上万亿元的固定资产投资中,有60%是用于进口设备,高端科学仪器几乎100%依赖进口。据国家统计局数据,2018年、2019年全国精密仪器设备产业主营业务收入分别为8091.6亿元(见表1)、7242.6亿元。

表 1　　全国各省份精密仪器设备产业主营业务收入统计

排名	全国/省份	2018年主营业务收入（亿元）	占全国比重（%）
—	全国	8091.60	—
1	江苏省	2971.00	36.72
2	广东省	1062.85	13.14
3	浙江省	920.47	11.38
4	上海市	432.86	5.35
5	山东省	377.50	4.67
6	河南省	373.60	4.62
7	北京市	323.05	3.99
8	福建省	233.87	2.89
9	湖北省	198.44	2.45
10	湖南省	185.41	2.29
11	四川省	153.87（2017）	1.90
12	安徽省	151.73	1.88
13	重庆市	139.85	1.73
14	河北省	125.87（2017）	1.55
15	陕西省	111.00	1.37
16	辽宁省	105.80	1.31

注：表中仅统计16个省及直辖市数据，黑龙江省、吉林省、江西省、天津市、山西省、内蒙古自治区、广西壮族自治区、海南省、贵州省、云南省、西藏自治区、甘肃省、青海省、宁夏回族自治区、新疆维吾尔自治区15个省、自治区及直辖市由于无法查询到统计年鉴或未在统计年鉴披露该产业数据的原因而未在表中列出，并且表中不包含港澳台地区数据。

2. 广东省现状

广东省精密仪器设备产业已经初步构建了产品门类品种比较齐全、具有一定生产规模和研发应用能力、以民营企业为主力军的产业体系，形成了以广州、深圳、珠海、佛山、东莞、中山为主的产业布局，涌现出大族激光科技产业集团股份有限公司、广东汕头超声电子股份有限公司、广东正业科技股份有限公司、中山大学达安基因股份有限公司等上市公司以及广州禾信仪器股份有限公司、深圳华大智造科技有限公司、广州致远电子有限公司、广州思林杰网络科技有限公司、广东万濠精密仪器有限公司等一批小巨人、单项冠军近20家，研制的示波器、功率分析仪、基因测序仪、质谱仪、超声检测仪器、卫星导航测控仪器、聚合酶链式反应（PCR）分析仪、材料试验机、三坐标测量仪、在线检测设备等一批新型高技术产品处于国内领先技术水平。

据广东省统计局数据，2018年、2019年全省精密仪器设备产业主营业务收入分别为1062.85亿元、1323.99亿元，2019年累计比2018年同期增长24.57%；工业增加值分别为308.32亿元、330.62亿元，2019年累计比2018年同期增长10.8%。2018年、2019年全省精密仪器设备产业主营业务收入占全国的比重分别为13.14%、18.28%，位居全国前列。2019年出口交货值达429.17亿元，专利授权量约53万件。全省精密仪器设备企业共有约600家，主要分布在深圳市、东莞市、佛山市、珠海市、广州市、中山市、揭阳市、惠州市、韶关市、肇庆市、汕头市、梅州市、潮州市、江门市、清远市15个地市（见表2），其中深圳市、东莞市、佛山市、珠海市、广州市、中山市2018年主营业务收入合计占全省的90%以上。

表2　　　　广东省各地市精密仪器设备产业主营业务收入统计情况

排名	地市	2018年主营业务收入（亿元）	规模以上企业数量（家）
1	深圳市	474.95	284
2	东莞市	168.11	116
3	佛山市	105.38	35
4	珠海市	98.33	38
5	广州市	96.48	48
6	中山市	84.68	54
7	揭阳市	17.28	4
8	惠州市	16.34	19
9	韶关市	11.71	3
10	肇庆市	6.07	7
11	汕头市	4.17	3
12	梅州市	1.99	3
13	潮州市	1.33	15
14	江门市	1.19	2
15	清远市	1.06	2

资料来源：广东省统计年鉴及相关地市统计年鉴。

（二）存在问题与面临挑战

1. 存在问题

虽然广东省精密仪器设备产业近几年得到了快速发展，产业规模处于国内前列，但是与广东省社会经济发展水平和实际需求有较大差距，仍然存在以下主要问题：

一是自主创新能力不强,核心关键零部件、中高端精密仪器设备主要依赖进口,行业共性、基础性、前瞻性技术研究不足,敏感材料、传感器等工艺技术研发能力不强。源部件、探测器、检测器、传感器、精密部件等核心关键零部件依赖进口。高端集成机电路测试仪100%依赖进口;高端质谱联用仪90%以上依赖进口,我国医用质谱中电感耦合等离子体（ICP）离子源、四极质量分析器、电子倍增器等关键核心部件基本依赖进口。实验室使用的大量精密测量仪器、先进分析仪器、高精度计量仪器绝大多数依赖进口。中高端国产仪器技术指标相对落后,特别是高端仪器领域,技术指标的落后性十分显著,甚至形成高端产品空白。科研项目无法真正实现产业化应用:国内新品研发成果多,绝大多数国际先进技术,国内都有科研项目支持,但大量成果终止于项目验收,绝大多数未能最终形成产品,更未见在市场上出现,真正服务社会和经济。技术指标长期稳定性不高无法真正做成产品,样机功能不够丰富实际使用价值不高甚至不可接受,研发主体没有能力工程化和产业化但又缺乏成果转化机制或无法实际操作。项目研发未进行国际同类产品对标,特别是经过第三方对标测试和用户使用验证;项目研发过程中未实施可靠性工程,没有提出明确的可靠性要求、未进行可靠性设计与验证。导致研发成果并不稳定、可靠、可用,没有真正实现工程化、产业化和市场销售。

二是产品系列化、数字化、智能化、集成化、制造工艺水平不高,同质化严重,标准体系不完善。我国精密仪器设备产业起步较晚,长期处于跟踪的状态,受工业基础限制,核心元器件、专用材料、特殊工艺与发达国家有较大的差距。国际先进的精密仪器设备企业一般都遵循"生产一代（已进入市场）、储备一代（准备推向市场的第二代）、研发一代（研制第三代）、探索一代（研制未来新型产品）"的战略布局,国内跟踪对标的产品往往是国外"生产一代"的产品,这样的创新生态已固化在精密仪器设备基础科学研究、关键技术攻关和产品开发的各个环节。随着国际科技竞争形势的发展,跟踪创新的问题逐渐显现,例如装配精度、标校技术、工艺应力、管理与工作纪律等工艺细节大量缺失。

三是产品的可靠性较差,质量与可靠性水平与国外差距明显。企业研发以技术指标为导向,研发过程甚少明确可靠性有关要求、考虑可靠性相关设计,可靠性测试验证不充分,导致产品,特别是高档产品的可靠性指标,即平均无故障运行时间与国外产品相比,相差1~2个数量级。近年来,国家仪器专项推出了可靠性要求,极大地带动了行业重视可靠性,并初步开展了可靠性工作,但要产生实效还需要较长时间。

四是产业布局主要集中在珠三角地区，区域发展不均衡。目前广东省精密仪器设备产业主要集中在广州、深圳、东莞、佛山、江门、肇庆、珠海、中山、汕头等地，其中深圳市、东莞市、佛山市、珠海市、广州市、中山市等珠三角6个地市2018年精密仪器设备产业主营业务收入合计占全省的90%以上，而湛江市、茂名市、河源市、阳江市、汕尾市、云浮市等粤东西北地市没有相关精密仪器设备企业。

五是国际化合作效果不明显，难以紧跟前沿技术发展，无法全面融入科技全球化的进程。我国精密仪器设备产业企业越来越重视基础技术研究和借鉴国际先进技术，以期在时间和空间上逐步缩小与国外先进技术的差距。但查阅文献和技术资料、参加学术会议等形式都属于远观式技术借鉴活动，仅能够了解到国外先进精密仪器设备技术的简要内容、达到的水平，难以紧跟前沿技术发展，无法全面融入科技全球化的进程。

六是对精密仪器设备产业的认识不到位、重视不够、投入不足。精密仪器设备从基础研发到推广应用的全生命周期，涉及科技创新政策、推广应用政策、行业管理政策、公共服务体系建设政策、税收优惠政策、基础设施建设政策以及宏观综合政策等制度体系，因此，精密仪器设备行业的高质量发展需要不同政策制度之间的协同发力。尤其是宏观综合政策和推广应用政策的制定和实施，不仅需要科技、工业、质量监督检验等行业主管部门，还需要相关精密仪器设备应用领域部门的通力配合。当前我国缺少精密仪器设备产业相关政策制度系统串联的顶层设计与工作机制，不同政策体制之间的协同发力效果不明显。

2. 面临挑战

一是由于高端精密仪器严重依赖进口，当前国外高端精密仪器设备等许多关键产品列入对华出口限制，导致高端精密仪器、核心元器件和技术引进受阻，亟待快速发展能够替代进口的国产化仪器设备；二是产业总体处于中低端水平，亟待提升产业价值链协同水平，提升产品质量、功能和实用性，提升产品标准化水平，推动产业由中低端向中高端转型。

（三）优势与发展机遇

1. 存在优势

一是广东省精密仪器设备产品门类品种比较齐全，产业链较完整，产业基础比较好，这为建设世界级产业集群奠定了坚实的基础；二是广东省精密仪器设备产业以民营企业为主，企业具有较强的市场意识、突破能力和发展潜力等优点，通过政府引导加大技术投入与创新力度，可逐步提升产品质量与可靠性，实现产品从中低端向高端的发展。

2. 发展优势

精密仪器设备产业涉及机械、电子、光学、材料、信息技术等多学科应用，随着自动化检测、安全仪表、传感器、自动化控制、人工智能等技术快速发展，广东省新一代信息技术、智能制造、生物医药、节能环保、新能源、新材料等战略性新兴产业高质量发展，以及重大工程建设与传统产业转型升级对精密仪器设备产业提出了巨大的市场需求与发展机遇。

二、精密仪器设备产业重点领域分析

精密仪器设备产业按照仪器科学与技术的一级学科分类为工业自动化测控仪器与系统、信息计测与电测仪器、科学测试分析仪器、人体诊疗仪器、各类专用检测与测量仪器以及相关的传感器、元器件及材料六大类，具体对应《国民经济行业分类与代码》（GB/T 4754—2017）中的"40 仪器仪表制造业，3581 医疗诊断、监护及治疗设备制造，3983 敏感元件及传感器制造"。

（一）工业自动化测控仪器与系统

工业自动化测控仪器与系统是用于测量和控制生产制造过程的温度、压力、流量、物位等变量或者物体位置、倾斜、旋转等参数的工业用计算机控制系统、检测仪表、执行机构和装置。广东省在国产测试系统、超声波探伤仪、全自动生产在线监测系统、智能模组贴片机、光学胶（OCA）自动全贴合设备、电力测控及能耗管理系统软件等方面比较有优势，主要企业有广州思林杰网络科技有限公司、广东汕头超声电子股份有限公司、汕头市超声仪器研究所有限公司、广东正业科技股份有限公司、深圳市路远智能装备有限公司、深圳市深科达智能装备股份有限公司等。

（二）信息计测与电测仪器

信息计测与电测仪器主要是各种电子测量仪器、电工测量仪器、仪表校验装置和计量基准。广东省在示波器、高精度电测仪器、户外高加速老化试验仪、高精度多声道超声波流量计、5G数据采集综合测试仪、亚微米级几何量测量、高精密触发测量、高精密扫描测量、毫米波测试仪、高精度标准表、智能电表及用电信息采集设备、螺纹测量机等方面拥有一批全国领先企业和相关研究和检验检测机构，主要企业有广州致远电子有限公司、深圳力合精密装备科技有限公司、深圳市科陆精密仪器有限公司、深圳市中图仪器股份有限公司等。

（三）科学测试分析仪器

科学测试分析仪器主要包括各种电化学、光学、热学分析仪器，质谱、波谱、色谱、光谱、能谱、射线、物性、生化、在线分析仪器及光学仪器、试验机、实验室仪器等。广东省在质谱仪、全自动试验机等方面比较有优势，主要企业有广州禾信仪器股份有限公司、深圳万测试验设备有限公司等。其中广州禾信仪器股份有限公司先后成功研制出国内首台大气压基体辅助激光解析离子源高分辨飞行时间质谱仪、全球首台基于飞行时间质谱技术的金属残余气体检测仪、在线单颗粒气溶胶质谱仪、国内首台在线挥发性有机物质谱仪等，使我国成为国际上少数掌握高分辨飞行时间质谱核心技术的国家。

（四）人体诊疗仪器

人体诊疗仪器仅限用于各种人类疾病的分析、检验、诊断仪器（不包含治疗仪器）。广东省在监护仪、PCR仪器、基因测序仪等方面具有一定优势，其中深圳是广东省甚至中国医疗器械产业的龙头，拥有众多医疗器械企业，具有突出的产业链优势。主要企业有深圳迈瑞生物医疗电子股份有限公司、深圳安科高技术股份有限公司、中山大学达安基因股份有限公司、深圳华大智造科技有限公司、深圳市理邦精密仪器股份有限公司等。

（五）专用检测与测量仪器

专用检测与测量仪器主要是国民经济某一行业用得较多而其他行业使用较少的各类专用仪器仪表和系统。广东省在光学检测设备、大尺寸多因素装备整机综合性能检测系统、温湿度老化试验设备的多因素耦合试验设备、环境监测系统的高灵敏探测传感器、多功能监测器、振动试验设备的多因素耦合试验设备、特殊用途振动试验设备、精密场强探测仪、机动车检测设备、全球导航卫星系统（GNSS）定位终端、红外光谱仪、测深仪、全站仪、测地型GNSS接收机等方面已经拥有深圳中科飞测科技有限公司、广州兰石技术开发有限公司、广州南机智能科技有限公司、广州精秀热工设备有限公司、广州擎天实业有限公司、广东万濠精密仪器有限公司、广州南方测绘科技股份有限公司、佛山市南华仪器股份有限公司、广州中海达卫星导航技术股份有限公司等重点企业。

（六）相关的传感器、元器件及材料

主要包括各类传感器、新型材料、电子元器件，以及无损检测仪器、超声检测仪、多光谱相机、光纤传感系统等产品。广东省在传感器、无损检测仪器、超声检测仪、多光谱相机、光纤传感系统等方面拥有广州奥松电子有限公司、深圳安培龙科技股份有限公司、深圳市中昌探伤器材有限公司、广州多浦乐电子科技股份有限公司、珠海任驰光电科技有限公司等重点企业。

三、广东省精密仪器设备产业集聚情况分析

（一）产业集聚情况

据各高新区上报数据统计，除了江门、茂名、河源、清远高新区外，在广州、深圳、珠海、汕头、佛山、湛江、肇庆、惠州、东莞、中山10个高新区集聚了314家精密仪器设备企业，2018年实现工业总产值约388亿元。

（二）产业平台载体情况

广东省精密仪器设备产业平台载体主要包括各类产业基地、产业园区、检验检测平台、行业创新中心等22个，涵盖光机电、机电模具、超精密仪器、光电产业、高端分析仪器、光学仪器、科学仪器、高端医疗器械、光电装备与产品、新型电子元器件、北斗卫星导航、检测技术装备、机电产品可靠性、通信终端、计量测试、智能控制系统、环境适应性检测评价、超精密仪器、生命科学仪器、环境试验设备、高性能医疗器械、高端科学仪器等技术与领域。如中山市西湾国家重大仪器科学园、广东省北斗卫星导航产业（广州）基地、广州粤科检测技术装备园、超精密仪器技术与工程产业化及研发中心、广州生命科学大型仪器区域中心、国家高性能医疗器械创新中心、粤港澳大湾区高端科学仪器创新中心等。

四、广东省精密仪器设备产业科研能力分析

（一）创新载体情况

根据不完全统计，广东省精密仪器产业已经拥有高水平创新研究院、国家重点实验室、国家工程实验室、教育部工程研究中心、国家工程技术研究中心、广东省实验室、省重点实验室、省企业重点实验室、省工程技术研究中心、省新型研发机构、产业技术创新联盟等各类创新载体共计72个。例如，广东粤港澳大湾区国家纳米科技创新研究院、广州再生医学与健康广东省实验室（生物岛实验室）、佛山先进制造科学与技术广东省实验室（季华实验室）、东莞材料科学与技术广东省实验室（松山湖材料实验室）、汕头市超声仪器研究所、深圳华大基因研究院、广东省智能仪器仪表与测控技术产业技术创新联盟等。

（二）承担国家重大专项情况

据国家自然科学基金委、科技部公布的数据统计，2015~2019年，广东省精密仪器设备企业承担国家重大仪器专项33项，获得中央财政经费投入共计30679万元，其中2016~2018年，牵头承担科技部"重大科学仪器开发"重点专项项目12项，中央财政经费投入共计17181万元。2015~2019年，牵头承担国家自然科学基金"国家重大科研仪器研制项目"21项，项目承担单位包括高校及科研院所，中央财政经费投入共计13498万元。

五、广东省精密仪器设备产业形势分析

根据本次调研企业反映，虽然中美贸易摩擦等环境因素目前尚未对企业供应链带来毁灭性打击，但中美贸易摩擦实质是美国打着贸易的旗号试图对"中国制造2025"为代表的高科技领域（包括精密仪器设备产业领域）进行打压与遏制，需要给予高度重视和采取相关应对措施。针对本次调研的几个重点领域的产业现状及未来发展形势，分层次进行分析。

（一）广东省精密仪器设备实现进口替代的情况分析

广东省的广东汕头超声电子股份有限公司、深圳迈瑞生物医疗电子股份有限公司、中山大学达安基因股份有限公司、广州禾信仪器股份有限公司、深圳华大智

造科技有限公司、广州致远电子有限公司、广州思林杰网络科技有限公司、广东万濠精密仪器有限公司等研制的示波器、监护仪、血细胞仪、功率分析仪、基因测序仪、质谱仪、超声检测仪器、卫星导航测控仪器、PCR分析仪、材料试验机、三坐标测量仪、在线检测设备等一批新型高技术产品处于国内领先技术水平，部分达到国际先进水平、实现进口替代。

（二）广东省精密仪器设备研发生产未能满足需求仍需依靠进口的情况分析

以下为一些广东省精密仪器设备已开展研发生产但未能满足需求仍需依靠进口的精密仪器设备产品。

（1）工业自动化测控仪器与系统。主要包括三维（3D）焊接激光检测系统［昂纳信息技术（深圳）有限公司］、精密直线电机及驱动器（深圳市大族电机科技有限公司）、智能加工装备软件测评系统（东莞劲胜精密组件股份有限公司）等。

（2）信息计测与电测仪器。主要包括10米法电波暗室（东莞市欣巨电子设备有限公司）、电磁兼容（EMC）测试仪（深圳市恒创技术有限公司）、电磁干扰（EMI）测试接收机（深圳市日图科技有限公司）、安规测试仪（中山市博胜机电设备有限公司）、白光干涉仪（深圳市中图仪器股份有限公司）、薄膜测厚仪（广州兰泰仪器有限公司）、螺纹测量机（深圳市中图仪器股份有限公司）等。

（3）科学测试分析仪器。主要包括材料老化试验箱（东莞勤卓环境测试设备有限公司）、超声波流量计（广州佳仪精密仪器有限公司）、超声波探伤仪（汕头市超声仪器研究所有限公司）、动态疲劳试验仪（深圳三思纵横科技股份有限公司）、高低温环境试验箱（东莞市瑞凯环境检测仪器有限公司）、光谱仪［高利通科技（深圳）有限公司］、便携式即时检验（POCT）全自动生化分析仪（广州万孚生物技术股份有限公司）等。

（4）人体诊疗仪器。主要包括个人辐射检测仪（广州容帆科技有限公司）、血氧饱和度检测仪（深圳迈瑞生物医疗电子股份有限公司）、血液透析机质量检测仪（深圳为尔康科技有限公司）、血液透析检测仪（广州暨华医疗器械有限公司）等。

（5）各类专用检测与测量仪器。主要包括尘埃粒子计数器（深圳市伟峰仪器仪表有限公司）、地球卫星定位仪（广州南方测绘科技股份有限公司）、风速风向仪（广州安妙仪器有限公司）、耐磨试验机（东莞市宏图仪器有限公司、东莞恒宇仪器有限公司）等。

（6）相关元器的传感器、元器件及材料。主要包括真空泵（东莞市品雅真空设备有限公司）、激光器（深圳市创鑫激光股份有限公司、深圳市杰普特光电股份有限公司）、力传感器（深圳市力准传感技术有限公司）等。

（三）广东省精密仪器设备没有研发生产，国内其他省市有研发生产但未能满足需求，仍需依靠进口的情况分析

以下为一些广东省精密仪器设备没有研发生产，而国内其他省市有研发生产但未能满足需求，所以仍需依靠进口的精密仪器设备产品。

（1）工业自动化测控仪器与系统。主要包括气压烧结炉（中冶京诚工程技术有限公司、自贡长城装备技术有限责任公司）、程控降温仪（上海田枫实业有限公司、上海京灿精密机械有限公司、北京若比邻电子信息技术有限责任公司）等。

（2）信息计测与电测仪器。主要包括高精度电感电容电阻（LCR）电桥（常州同惠电子股份有限公司）、高精度纯相位空间光调制器（上海瑞立柯信息技术有限公司）、电导率仪（上海精密仪器仪表有限公司）、光电探测器（北京镭泽光通科技有限公司）、全自动接触角测量仪（北京东方德菲仪器有限公司）、射频网络分析仪（中国电子科技集团公司第四十一研究所、中电科仪器仪表有限公司）等。

（3）科学测试分析仪器。主要包括X射线衍射分析仪（丹东通达科技有限公司）、薄层色谱扫描仪（上海科哲生化科技有限公司）、比表面积测试仪（北京精微高博科学技术有限公司）、便携式洛氏硬度计［德光电子仪器（上海）有限公司］、测功机（杭州索川科技有限公司）、傅里叶红外光谱仪［中科瑞捷（天津）科技有限公司］等。

（4）人体诊疗仪器。主要包括数字减影血管造影（DSA）系统检定装置（北京万东医疗装备股份有限公司）等。

（5）各类专用检测与测量仪器。主要包括大气压计（杭州路格科技有限公司、山东良辰仪器设备有限公司）、低本底液体闪烁计数器（上海新漫传感技术研究发展有限公司）、地形微变远程监测系统（中科院武汉岩土力学研究所）等。

（6）相关元器的传感器、元器件及材料。主要包括坐标测量机测针（哈尔滨先锋机电技术开发有限公司）、银导电胶液（北京中镜科仪技术有限公司、北京中兴百瑞技术有限公司）等。

（四）广东省精密仪器设备完全依赖进口的情况分析

以下为一些需要重点关注并且完全依赖进口的精密仪器设备产品，需要逐步开

展突破攻关工作。

（1）工业自动化测控仪器与系统。主要包括 HVAF 旋转喷枪［美国热马（THERMACH）］、NI 采集卡［美国国家仪器（NI）］、口罩滤材试验机［法国生物梅里埃（Bio Mérieux）］、螺栓紧固件分析系统［德国沙茨集团（Schatz AG）］等主要依赖进口的产品。

（2）信息计测与电测仪器。主要包括 8 线阻抗稳定网络［德国施瓦茨贝科（SCHWARZBECK）］、CMT 电源［奥地利福尼斯（Fronius）］、ER 速率记录仪［丹麦迈瑞科（Metricorr）］、HAC 测试仪［美国基恩士（KEYENCE）］、M2/M3/M5 电源线耦合去耦网络［美国法兰克尼亚（FRONKONIA）］等主要依赖进口的产品。

（3）科学测试分析仪器。主要包括全自动比表面积和孔隙分析仪［美国麦克仪器（Micromeritics）］、全自动病源微生物快速检测系统［美国杜邦（DuPont）］、3D 成像腐蚀检测系统［美国无损检测系统（NDT Systems）］、CCD 熔池成像测量系统［美国基恩士（KEYENCE）］等主要依赖进口的产品。

（4）人体诊疗仪器。主要包括 X 射线机多功能测试仪［美国福禄克（FLUKE）］、多参数监护仪综合测试仪［美国临床动力（Clinical Dynamics）］、髋关节磨损试验机［德国仪力信（Erichsen）］等主要依赖进口的产品。

（5）各类专用检测与测量仪器。主要包括低分辨率脉冲核磁共振谱仪［美国布鲁克（BRUKER）］、多功能风速仪［德国德图（TESTO）］、核磁共振波谱仪/顺磁共振波谱仪［德国美嘉特（Magnettech）］等主要依赖进口的产品。

（6）相关元器的传感器、元器件及材料。主要包括超低温温度传感器［美国基恩士（KEYENCE）］、带宽波长可调光滤波器［加拿大（WL photonics）］、等离子激光焊接头［德国通快（Trumpf）］等主要依赖进口的产品。

六、下一步对策和建议

为应对当前形势，加快培育精密仪器设备产业集群，支持企业发挥创新主体作用，更好地发挥政府政策引导作用，不断提升广东省精密仪器设备产品的质量和可靠性，推动产业集群逐步壮大发展。

（一）有序推动精密仪器设备产业合理布局、集聚发展

以粤港澳合作为基础，形成广州、深圳、佛山、东莞、珠海为核心的创新网络，

广州为核心的服务网络。建立各具特色的区域错位发展格局，支持广州、深圳发挥高端资源汇集与制造优势开展精密仪器设备研发创新、制造，支持佛山、珠海、中山等地发挥生产制造优势建设精密仪器设备生产基地，支持其他各地市做好产业配套，鼓励技术成熟、产业成型的产业向粤东粤北地区转移。以珠江三角洲为核心重点发展中高端产品，辐射带动粤东、粤北，区域错位有序发展，形成全省高端、中端、低端互补的区域协同发展布局，推动精密仪器设备产业集聚从链到网的协同发展。

（二）大力开展精密仪器设备产业自主创新能力提升的试点示范

大力推进科技创新与产业化紧密结合，重点开展跨区域开放、协同创新发展试点示范，推动精密仪器设备工程化和产业化技术研究，解决精密仪器设备关键技术问题，提高核心技术和关键零部件自给率。进一步完善以企业为主体、应用市场为导向、产学研结合的创新体系，支持企业建设企业技术中心、中央研究院等研发机构，建设各类创新载体（平台），打造贯穿创新链、产业链的精密仪器设备创新生态系统，大力扶持一批拥有自主知识产权、全球知名品牌的重点企业，不断增强自主创新能力。

（三）持续加强对精密仪器设备产业的政策支持

鼓励企业以产学研合作、引进国内外先进技术等方式积极利用国内外创新资源解决产业关键核心共性技术问题，设立专项财政经费，对企业为解决卡脖子技术（产品）而和国内外科研机构（高校）共同合作研发的项目进行一定比例的事后资助，提升企业的技术创新能力。支持重大项目、重要生产基地、重大研发平台建设。加大政府对采购国产精密仪器设备的支持力度，给予优先采购、减免、首台（套）研发应用奖励等优惠政策。适度加大税收优惠力度，发挥税收政策对促进精密仪器设备产业发展的引导作用。支持成立省精密仪器设备专家组和精密仪器设备产业集群促进机构，持续推动产业集群发展。

（四）强化精密仪器设备产业人才培养和支撑体系建设

建立健全精密仪器设备产业人才培养体系，鼓励省内高校开设精密仪器设备相关专业，鼓励省内研究机构加大产业人才培养力度。加强精密仪器设备产业人才引进力度，支持企业从国内外引进、与高职院校联合培养产业急需的高技能人才及复合型人才。

关于进一步推动广东省工业设计高质量发展的调研报告

广东省工业和信息化厅生产合作处

为落实广东省省长在第九届"省长杯"工业设计大赛颁奖典礼上关于"要进一步加大扶持力度，完善激励政策，加快发展广东工业设计发展，鼓励人才为产业转型升级和粤东粤西粤北地区振兴发展服务"的指示要求，推动广东省工业设计高质量发展，有效支撑广东省制造业转型升级，2019年1~10月，省工业和信息化厅会同广东工业大学、省工业设计协会等院校机构组成的调研组前往全省各地市开展工业设计专题调研，并赴山东、浙江和重庆等地区考察学习兄弟省市发展工业设计的先进做法和经验。调研组基于当前广东省经济的内外部环境以及发展机遇，对广东省工业设计高质量发展的现状、问题短板、可借鉴经验等进行了梳理，并就开展思路和举措进行研究和论证，最终形成本调研报告。

一、工业设计的概念变化

世界设计组织（WDO）2015年10月19日发布了工业设计的最新定义："工业设计是一种将策略性解决问题的过程应用于产品、系统、服务与体验的活动，旨在引导创新、促发商业成功、提供更高品质的生活。"工业设计概念的演变，揭示了工业设计已从最初的产品创新进展到产业链系统创新，再发展到价值链创新的演进过程：一是工业设计的对象已由工业产品拓展为产品、系统、服务与体验。二是工业设计的作用是引领创新，进而促发企业的商业成功，加速产业的升级转型，提高人们的生活品质。三是工业设计的创新路径是科技、文化、人本、商业、金融的集成创新，其核心能力是以解决问题为核心的创造力和表现力。工业设计发展水平已经成为衡量一个国家或地区创新能力和核心竞争力的重要指标，具备渗透力强、覆盖面广、融合度高等特点。

二、广东省工业设计发展的基本情况

广东省是我国现代工业设计的发端地之一，无论是产业规模还是发展水平，均处于全国前列。随着制造业的加速发展，广东工业设计产业呈现出良好的发展态势，形成了以政府引导、企业为主体、园区为载体、协会为桥梁、院校为支撑的工业设计发展格局，有力支撑了广东省经济高质量发展。

（一）行业规模不断发展壮大

目前，全省现有国家级工业设计中心24家，省级工业设计中心196家，国家级工业设计研究院培育对象3家[①]，数量位居全国第一，涌现出浪尖、格力、美的、飞亚达、创维、中兴通讯等设计规模业内领先、在全国颇具影响力的工业设计企业及企业设计中心。全省各类工业设计从业人员超过20万人[②]，是全国高校工业设计专业毕业生主要就业地之一。

（二）珠三角工业设计集聚效应明显

目前，珠三角集聚了全省80%的设计企业和设计人才[③]，深圳占了半壁江山，被联合国教科文组织命名为"设计之都"，顺德继深圳之后成为广东省第二大工业设计集聚区。

（三）工业设计创新能力不断增强

每年设计类专利申请量占全省专利总量的60%以上[④]。工业设计要素转向全面开发和提升产品品质、策略、价值、文化，设计已成为制造业的前端环节和必备基础。如顺德宏翼设计公司、美的集团已走出有特色的设计产业化道路。

（四）工业设计效益不断显现

据广东省工业设计协会调查，在导入工业设计机制的企业特别是传统制造业企

---
① 数量分别由工信部、广东省工信厅认定统计。
②③④ 行业协会提供数据。

业中有90%改善了企业形象，80%进入了新的市场，70%降低了产品成本，企业利润的40%来自设计。据抽样调查，广东省新产品设计投入产出比约为1:20[①]。

（五）工业设计服务平台体系日趋完善

工业设计大赛及工业设计展、工业设计基地及园区、产学研合作平台等共同构建了广东省工业设计服务平台体系。除"省长杯"外，全省13个地级以上市和顺德区先后设立了"市长杯"和其他类型的工业设计奖、赛。目前，广东省以工业设计为主题的国家新型工业化产业示范基地有2家、省级工业设计示范基地（企业）53个、创意设计产业园超百个[②]。

（六）工业设计人才培育体系逐步建立

广州美院、广东工业大学等40余所高校和高职院校先后设立工业设计专业，每年向社会输送超过5000名工业设计毕业生。率先在全国开展工业设计职业资格试点工作，共评定39名高级工业设计师和885名中、初级工业设计师。[③]

三、广东发展工业设计的主要做法

近年来，全省工业和信息化系统把发展工业设计着力点放在推动制造业转型升级、服务实体经济上。

（一）完善政策体系，营造工业设计发展良好环境

2012年以来，广东省先后出台了《关于促进广东设计产业发展的若干意见》《省级工业设计中心认定管理办法》《广东省工业设计能力提升专项行动计划（2020~2022年）》等政策文件，提出推动广东工业设计创新发展的政策措施和目标任务。

（二）引导企业加大设计研发投入，提高核心竞争力

2015~2020年，设立省级生产服务业方向财政专项资金，其中用于工业设计领域的资金共1.51亿元，拉动制造业企业投资32.1亿元建设工业设计项目，推动设

[①③] 行业协会提供数据。
[②] 广东省工信厅统计数据。

计研发创新能力跃升[①]。目前，广东省在高端电子信息制造业领域，如手机、4K电视机和5G等产品的设计，达到或接近世界先进水平。

（三）推进工业设计中心建设，驱动企业创新发展

广汽集团汽研院规模不断扩大，服务对象从自主品牌发展到合资品牌，先后在上海、洛杉矶等地设立分设计中心。中山华帝集团工业设计中心承担了自身企业90%的设计研发项目，成果转化率达93%。顺德东方麦田被公认为燃热、电热领域设计服务的"第一品牌"。

（四）培育工业设计新业态，推动制造业智能化、数字化发展

大力发展"互联网+工业设计"，培育国内最大的工业设计电子商务（B2B）交易平台——广州"来设计工业设计服务平台"；推动个性化定制设计服务，培育工业设计+智能制造的新业态，欧派、索菲亚、尚品宅配、好莱客入围全国定制家具十大品牌。

（五）办好"省长杯"和设计周活动，推动工业设计水平整体提升

连续举办10届"省长杯"工业设计大赛，第10届"省长杯"参赛作品达33972件，获奖作品达795件[②]，数量质量逐年提高；成果转化率逐步提升，以工业设计创新引领产业转型升级的成效不断彰显，如第8届"省长杯"参赛作品大赛产品组钻石奖作品——广汽传祺GS8，上市仅1年销量即达9万余台，产值近200亿元。广州汽车集团股份有限公司的"超低风阻电动乘用概念车"（第10届"省长杯"大赛概念组钻石奖）、深圳大疆创新科技有限公司的"御MAVIC AIR 2无人机"获2020年中国十大优秀工业设计金奖，进一步擦亮广东设计品牌。

（六）推动工业设计产业聚集，支撑各地特色产业加快发展

通过省市共建、专项资金支持、认定推荐等方式，先后建成了10多个工业设计集聚区，重点培育了工业设计师超千人的基地，其中广东工业设计城（顺德）入驻设计师约8100人，进驻工业设计专业机构258家，年度设计服务收入7.5亿元，

---

①② 广东省工信厅统计数据。

拉动制造业产值超过 600 亿元[①]。

四、目前工业设计发展面临的问题

通过调研总结分析，广东省工业设计虽然得到了长足的发展，但也存在不少问题和明显短板，主要是：

（一）设计理念、意识相对滞后

珠三角地区工业设计基础较好，对工业设计需求旺盛，但对工业设计的理解多数还停留在既有的认识阶段。粤东西北地区对工业设计的认知程度更低，普遍对工业设计概念理解较模糊，往往有工业设计行为而无工业设计意识。部分中小企业观念落伍、设计驱动品牌创新意识匮乏，普遍存在不重视工业设计的问题。

（二）区域发展差距明显加大

由于产业发展、观念认知、人才吸引力和创新环境的差异，加上政策、资金向粤东西北地区倾斜力度不大，导致粤东西北与珠三角地区工业设计发展上的差距较大。粤东西北地区工业设计机构少而小，大多处于初创阶段，业务量少，缺乏扶持政策，发展困难。

（三）高端公共服务能力供给不足

目前，广东省工业设计常用软件主要来自国外，人均版权使用费少则几万元，多则几十万元，企业负担过重。广东省作为制造业大省，虽然工业行业门类齐全，但缺乏为制造业开展工业设计基础数据服务、成果共享等服务，尚未形成设计标准体系，开放共享的行业数据资源和基础数据库尚未建立，不能为广大制造业企业提供设计支撑服务，行业设计成本高。

（四）人才成为制约工业设计创新发展的重要因素

广东省工业设计人才多而不强，行业反映高技能人才严重不足。珠三角地区缺乏设计类的复合型高端人才，粤东西北缺乏各层次设计人才。在全国 10 所具有

---

① 广东省工业设计城提供数据。

设计专业一级学科博士学位授予点的大学中，苏浙沪地区共6所，而广东省仅有广东工业大学拥有二级学科博士点。粤西地区如岭南学院、肇庆学院虽有工业设计专业，但毕业学生大都流向珠三角发达地区，很少有留驻在当地发展的。

（五）专利保护和成果转化不理想

由于对专利侵权处罚力度不够，维权成本太高，工业设计原创成果容易受到侵权剽窃，削弱了企业投资研发新产品的意愿。同时，由于珠三角地区设计机构过度集聚、业务重叠，不同程度地存在同质化恶性低价竞争，以深圳为例，同样的设计服务订单，收费大约是江浙地区的1/3，北京、上海地区的1/4，导致了工业设计成果转化率低的问题。

（六）扶持政策呈弱化趋势

目前，浙江、江苏、河北、上海等省市工业设计财政专项资金均以亿元计，广东作为制造业大省、工业设计大省，无相关对应的扶持资金。珠三角各市除深圳外投入的专项资金规模偏小，粤东粤西粤北地区基本没有相应的资金安排。税收减免政策未能惠及工业设计行业，广东省工业设计机构所得税普遍高于高新技术企业标准，而浙江、河北等对企业发生的符合条件的工业设计费用，均执行税前加计扣除政策。

五、发展政策举措

下一步工业设计发展，应把握好粤港澳大湾区建设和广东省制造业数字化、智能化转型的历史机遇，实施工业设计能力提升专项行动计划，推动工业设计与产业深度融合发展。

一是实施工业设计能力提升专项行动。加大政策支持力度，持续提升广东省工业设计创新能力，加快推进珠三角工业设计走廊建设，辐射带动全省工业设计发展，促进制造业与工业设计深度融合，推动广东工业设计发展水平和服务能力继续走在全国前列。

二是加强工业设计载体建设。引导企业加大对工业设计的投入力度，加强工业设计领域基础性、通用性、前瞻性和实用性问题研究，指导第一批省级工业设计研究院深化创建工作，力争创建一家国家级工业设计研究院。培育发展第二批省级工业设计研究院，新增培育一批省级工业设计中心。

三是打造高层次公共服务平台。重点办好"省长杯"工业设计大赛、广州国际设计周、深圳国际工业设计大展等品牌活动，积极探索广东设计周国际化、市场化改革方向和具体路径，宣扬广东设计品牌，推进设计成果对接和产业化应用，为广东省制造业高质量发展提供有力支撑。

四是以工业设计引领制造和消费。聚焦战略性产业集群，创新支持方式，推动设计机构企业走进产业集群，完善设计服务网络。依托广东省先进制造业产业集群建设，以"工业设计+供应链"创新为特色，打造一批面向中小企业的创新孵化开放平台。

五是大力推动工业设计成果转化。鼓励设计成果股权化和资产化，通过鼓励直接转让、知识产权入股、质押融资、联合研发等多种形式支持设计成果转化，打通工业设计成果转化和产业化对接应用的关键环节。加快健全工业设计交易市场，打造工业设计产业化平台，推动设计大赛成果产业化。

六是实施工业设计人才战略。加强海内外引才引智和创业扶持，以产业需求为导向大力引进工业设计领域创新团队、领军人才。深化工业设计职称制度试点，面向建有国家级或省级工业设计中心企业、骨干制造业企业的高层管理人员，举办设计创新企业家高级研修班，培养具有全球战略眼光、开拓创新精神的企业管理者。

七是推动工业设计区域协调发展。支持国家级和省级工业设计中心、省级工业设计研究院在产业集群设立产业服务中心，对接粤东粤西粤北地区设计和产业化需求。指导粤东粤西粤北地区的工业设计中心加强工业设计基础性和应用性研究，推进工业设计中心创新能力和专业化服务水平提升，促进当地产业创新发展。

八是提升工业设计国际化水平。支持有条件的企业承接"一带一路"沿线国家工业设计业务，推进中国设计文化的对外输出，提升广东省工业设计的国际竞争力。充分发挥中国国际中小企业博览会、中国进出口商品交易会（广交会）等平台作用，鼓励广东工业企业和工业设计企业在境外设立工业设计中心或分支机构，为广东省企业开拓境外市场提供高水平、专业化工业设计服务。

广州市重塑器官图谱式的产业"新方阵"

——浅议"十四五"时期广州市选择和培育主导产业的思考与路径

广州市工业和信息化局[*]

党的十九届五中全会提出,加快发展现代产业体系,推动经济体系优化升级。当前,立足百年未有之大变局,在世界贸易争端加剧、新冠疫情中长期影响下,广州将面临国内外形势复杂多变、新旧动能转换不到位、工业投资拉动乏力、产业增长放缓等巨大风险挑战。特别是,随着规模优势边际效用不断递减,曾经支撑发展的汽车、电子、石化三大支柱产业,难以扛起引领新一轮发展的重任,亟待形成以新产业、新技术、新业态、新模式为价值链的现代产业体系"新方阵"。结合当前正在开展的"十四五"规划编制工作,本文尝试对广州未来产业体系和主导产业提出分析和建议。

一、坚持问题导向,树立产业体系优化升级的紧迫感

作为全国制造业重要基地,广州曾依靠汽车、船舶制造为代表的交通运输设备制造业、冶金和石化工业等重工业"老发动机"推动了经济的快速增长,特别是汽车、石化、电子信息制造业三大支柱产业拉动了广州工业超千亿规模的高速增长。但近年工业比重逐年递减,规模以上工业总产值、工业增加值增速放缓,国家级战略大项目、大科学装置落户广州不多。反映出带动广州工业发展的新动能后续乏力,寻求新的战略性支柱产业迫在眉睫。

近年来,广州提出全面实施先进制造业强市战略,大力发展数字经济,推进建设十大价值创新园区,开展村级工业园整治提升,整治"散乱污"场所,首次划定

---

[*] 作者介绍:王玉印,广州市工业和信息化局综合与政策法规处(审批管理处)处长、一级调研员。

工业区块，打造国家级先进制造业产业集群，其中智能网联汽车、智能装备等产业集群在全国竞赛中名列前茅。但在构建现代产业体系、主导产业定位选择和培育上还要找准短板，进一步理清未来发展思路，短板主要表现在：

（一）新旧产业定位不够清晰

历史上，广州曾提出发展交通运输设备制造业、冶金、石化等传统制造业，打造"广州光谷"LED及照明产业等，除汽车外大多发展欠佳。近年，在新一代信息技术、人工智能、生物医药等新产业新概念冲击下，新旧动能转换提挡加速，加上城市产业竞争加剧，尤其周边城市电子信息产业的虹吸效应，导致广州产业陷入"老发动机少，新发动机小"的尴尬境地，新旧产业接续不够到位，战略储备产业梯次结构不明显。

（二）产业核心竞争力不够强

与北京、上海、深圳等国内自主创新先进城市相比，广州R&D经费投入不高，现有创新资源活力尚未得到有效激发，成果转化活力不足。缺乏具有国际竞争力的龙头骨干企业，广州市年主营业务收入千亿元的工业企业仅广汽集团、东风日产两家。当前，汽车工业过于依赖日系品牌，行业发展面临严峻形势。特别是这次新冠疫情，暴露了我市呼吸机、口罩机、检测试剂等防疫物资设备的核心产品缺失。

（三）产业基础和产业链水平有待提升

"缺芯少核"问题较为突出，芯片制造能力弱。软件和人工智能产业主要集聚在信息服务业的娱乐、互联网等环节，基础设施层、技术层较为薄弱，大多数行业仍处于应用层，缺乏多学科、多行业、多领域深度融合和应用。工业机器人及智能装备产业的精密减速器、伺服电机、伺服驱动器、控制器等高可靠性基础功能部件以及传感器等关键元器件长期依赖进口，90%以上的高端工业软件仍需进口。

鉴于此，必须按照"发展新兴产业，厚植优势产业，优化传统产业"的方向，探索构建"十四五"时期现代产业体系和主导产业的发展思路。

二、坚持系统观念，以人体器官为图谱勾勒新时代产业"新方阵"

人体是一个统一的有机整体，各个器官并非各自独立，而是彼此有机地相互联系，形成互根互用的整体能量系统。城市的产业链同样如此，单个产业上下游和不同产业间具有分工合作关系，伴以产业配套和衍生行业，形成彼此依存、互促互进的产业生态。以广州市为例，新时代产业"新方阵"可以用器官图谱来形象表示（见图1），即"头部+心脏+臂膀+腿脚+免疫系统"，形成重点产业发展的统一有机体。

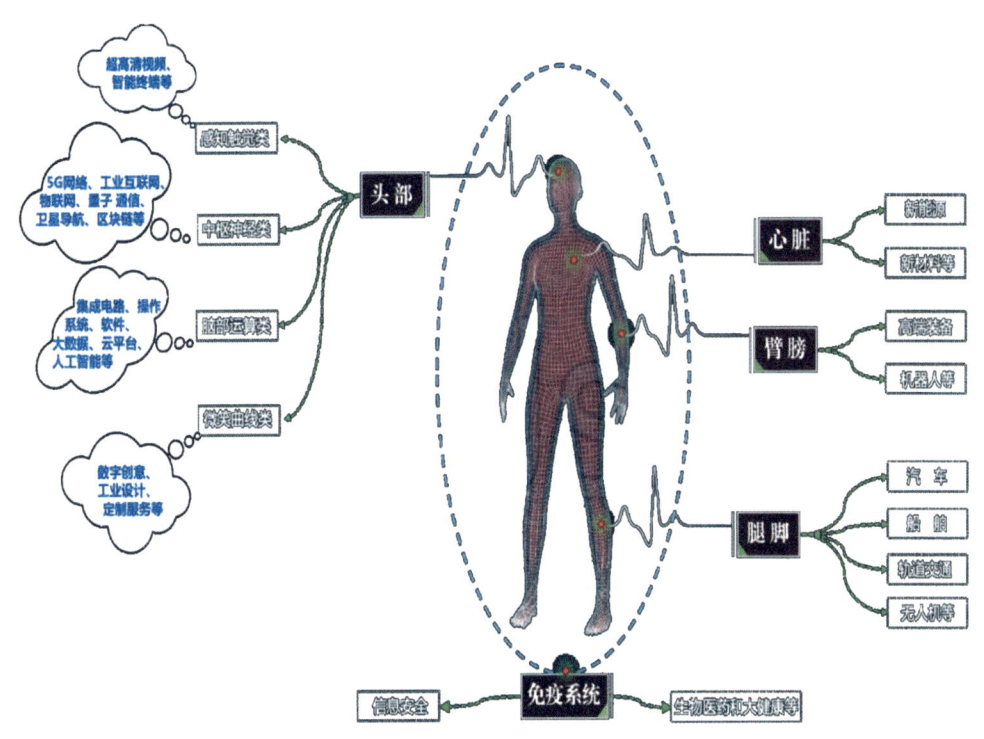

图1 广州重塑器官图谱式的产业"新方阵"

资料来源：笔者自绘。

（1）"头部"——以新一代信息技术为引领的电子信息产业，具有"头雁效应"和投入大、R&D占比高、增长速度快等特点。包括：①感知触觉类：超高清视频、智能终端、传感器等。②中枢神经类：5G网络、工业互联网、物联网、量子通信、卫星通信、虚拟现实（VR）、增强现实（AR）、区块链等。③脑部运算类：集成电路、操作系统、软件、大数据、云平台、人工智能等计算产业。④微笑曲线类：数字创意、工业设计、定制服务等生产性服务业。新一代信息技术产业以创新为主要驱动力，代表技术和产业发展的新方向，将成为国民经济的支柱产业，并正在以网络化、数字化、智能化推动传统制造业转型升级，推动信息科技、人工智能向传统产业和经济社会各领域加速渗透。未来将进一步发挥基础和支撑作用。新一代宽带网络、人工智能、量子科技、区块链等新技术、新应用，极有可能成为推动整个信息产业突破式发展的重要力量，还将推动制造业与服务业融合发展，创造产业新模式新业态。

（2）"臂膀"——以装备制造为支撑的先进制造业，包括高端装备、数控机床、机器人等。它们是实施新旧动能转换、催生产业变革的战略性产业，技术含量高且处于价值链高端、产业链核心部位，对广州本地乃至粤港澳大湾区产生辐射效应，具有地域号召力和一定的示范、引导作用，肩负有创新科技、支撑战略性新兴产业、促进区域经济发展的重任，带动产业结构调整和转型升级。

（3）"心脏"——以基础产业为支撑的先导产业，包括新能源、新材料等。能源、材料是工业发展的基础，新能源、新材料更是智能制造的基础支撑，它代表着未来颠覆式技术变革和产业爆发式增长的原动力，既可以颠覆我们的生活方式，也是调整优化产业结构、培育发展新动能的重要领域。

（4）"腿脚"——以交通运输设备制造产业为支撑的基础产业，包括汽车、船舶、轨道交通、无人机等。它们是国家战略性新兴产业，承载着提升高端装备制造、完善综合交通运输体系、改善国防军工装备和民生消费升级的重要使命，潜在产业规模可达百万亿量级。

（5）"免疫系统"——促进生产、生活、生命领域健康运行的朝阳产业，包括信息安全、生物医药和大健康产业等。生物医药和大健康产业已成为全球经济发展的新引擎，它围绕人的衣食住行、生老病死对生命实施全程、全面、全要素保护。与人体一样，网络系统也会遭到病毒攻击产生疾病，特别是工控领域的信息安全，事关电力、交通、能源、金融等众多关系到国计民生的关键行业。

目前来看，近年广州市全面实施先进制造业强市战略，制造强国战略、服务型制造、综合信息消费、软件名城、区块链先导区等率先获得国家层面试点示范，产业发展呈现蓬勃生机。但对照新时代产业新方阵"头部＋心脏＋臂膀＋腿脚＋免疫系统"，相比国内外先进城市，仍呈现如下症状：一是"脑部"缺芯少核，新一代信息技术企业"星星多月亮少"，且赋能传统产业尚未催生新动力和新支柱。例如，对其中最关键的"芯魂"生态缺乏系统性布局，5G、物联网、量子通信、区块链等神经系统有待超前布局，感知触觉类缺少龙头企业和拳头产品。二是"心脏"原动力不足，新能源新材料产业抢先发展与科技支撑力不足，规模体量有待提升，石墨烯等超级纳米材料研发和应用领域较少。三是"臂膀"有力，装备制造、数控机床和机器人产业链体系较为完备,但核心技术受制于人。四是"腿脚"不灵,汽车、轨道交通等发展迅速,但缺少航空航天、海洋工程等国家战略性重大项目投资。五是"免疫系统"健康发展,但也面临掌握关键核心技术少,高端创新主体数量不多、规模不大,集群优势未能充分发挥等系统问题。

三、坚持规划先行,抓好主导产业发展的顶层设计

党的十九届五中全会提出新发展阶段、新发展理念、新发展格局,对发展现代产业体系作出一系列重大部署,为推动高质量发展提供重要遵循,也为我市产业发展指明了新方向、提供了新遵循。广州市工信产业"十四五"规划,应坚持高质量发展目标,打好产业基础高级化、产业链现代化的攻坚战,推动先进制造业和现代服务业融合,推进 5G、大数据、人工智能、区块链等信息化与实体经济融合,运用工业互联网赋能"服装、皮具、珠宝、化妆品和食品饮料"等传统特色产业,不断提升产业管理和社会治理能力,为推进国家治理体系和治理能力现代化提供有力支撑。

(一)科学规划,聚力发展重点产业

围绕国家重要的中心城市定位和先进制造业强市战略目标,对标国内先进城市,立足广州市既有产业基础和技术优势,"十四五"期间开展"补脑强心,壮臂健体"产业行动计划,打造人体器官图谱式的产业"新方阵":从脑部和神经系统来看,打造世界领先优势的数字经济核心产业,加快数字产业化、产业数据化步伐,重点发展超高清视频和新型显示、半导体与集成电路、软件和信创、人工智能、工业互联网、互联网与电商、5G 和卫星通信应用、车联网和自动驾驶、数字创意(游戏电竞)。从主干和心脏、臂膀来看,做大做强三大支柱产业,即汽车、电子信息制造、绿色石化和新材料;培育发展四大新兴产业,即生物医药及高端医疗器械、高端装备制造、节能环保、新能源。力争到 2025 年打造 3~5 个新的战略性支柱产业,达到国际领先地位或国内先进水平,建成数产融合的全球标杆城市。

(二)优化存量,推动传统产业转型升级

一是以信息化、智能化、服务化改造传统产业打造新优势,实施智能化改造,推进"两化"深度融合,力争在超高清视频、集成电路、5G、装备制造等关键领域,集中突破一批基础共性和核心关键技术,着力提升我市工业基础能力与产业链

水平。二是推进"两业融合",构建先进制造业和现代服务业融合创新网络体系,着力支持业态创新、商业模式创新等多元创新发展,运用工业互联网赋能"纺织服装、美妆日化、箱包皮具、珠宝首饰、食品饮料"五大特色工业;瞄准"微笑曲线"两端,重点发展个性化定制、工业设计、检验检测、系统集成、物流与供应链管理,打造一流的全国服务型制造示范城市。

(三)扩大增量,围绕产业链布局新动能

一是瞄准世界500强、中央企业、国内民营100强和全球创新型领军企业开展靶向招商,建立重大企业引进清单,引进一批示范带动作用强的领军企业和"独角兽"企业。二是发挥构建粤港澳大湾区现代产业体系契机,推动广佛、广深产业深度合作,大力支持有条件的企业立足于"一带一路"沿线国家和地区,积极实施"引进来"和"走出去"战略,进行产业链全球布局。三是以价值创新园区和村级工业园为依托,开展园区产业链招商,编制重点招商项目库,引进一批上下游配套企业和项目,推动产业集聚集约发展。四是举全市之力打造广州人工智能与数字经济试验区,聚焦人工智能、云计算、大数据、工业互联网、网络安全等重点产业,将琶洲打造成为人工智能与数字经济技术创新的策源地、集聚发展的示范区、开放合作重点区、制度改革的试验田。。

(四)凝聚合力,协同推进产业高质量发展

一是全市统一思想,聚焦重点发展产业领域,集中政策和创新要素扶持发展。利用编制"十四五"规划契机,由市发展改革委、工信局牵头,会同相关产业主管部门,协助各区细化产业发展规划,着重明确各区优先发展的产业,制定产业发展负面清单,确保各区产业布局聚焦重点、优势产业,避免规划衔接无序和同质化竞争。二是树立"底线思维",保持制造业合理比重和规模,"十四五"期间,全市制造业占GDP比重将力争保持基本稳定,先进制造业占规模以上制造业的比重不低于70%,定期对规划执行情况进行评估并开展纠偏工作。三是构建制造业高质量发展综合评价指标体系,打造线上监测平台,按照新发展理念,引导各区、行业和企业凝心聚力发展重点产业,更加注重发展的质量和效益。

(五)优化营商环境,激发老城市新活力

一是开展城市产业空间革新计划。探索超大城市功能修补模式,在村级工业园

补短板、强弱项实践中，打造集"产业、服务、配套""生产、生活、生态"产业生态园区，建设十大价值创新园区，加强工业区块管理和产业导入。二是实施"数字新基建"行动计划，大力推进5G、人工智能、工业互联网、新能源车充电桩等新型基础设施建设，加快推进传统基础设施智能化改造，探索推进"智杆""智路""智车""智品""智桩""智园""智区""智链""智轨"建设，打造一批全国叫得响的"数字新基建"示范项目。三是释放政策红利，有序开放政府数据和应用场景，调动创新、土地、资金、人才等要素资源向先进制造业集聚；四是充分借助媒体、论坛、展会、峰会等载体，加大对广州的资源禀赋、产业特色、重点企业、产品、技术的宣传报道。

未来，广州应全面实施先进制造强市战略，紧密融入"双循环"新发展格局，深入实施广州制造"八大提质工程"，加快数字经济与先进制造业、现代服务业深度融合，协同粤港澳大湾区建设一批世界级先进制造业集群，以数字经济核心产业促进发展数字经济和数字新基建，打造"两城两都两高地"（智车之城、软件名城、显示之都、定制之都、新材高地、生物医药与健康产业高地），积蓄高质量发展强劲势能，助力广州加快实现老城市新活力、"四个出新出彩"。

珠海市培育新经济新业态发展调研报告

珠海市工业和信息化局

按照《关于围绕学习贯彻习近平总书记出席深圳经济特区建立40周年庆祝大会和视察广东重要讲话重要指示精神开展"深调研"工作方案》，通过问卷调查、实地调研、咨询专家等方式开展调研，形成本调研报告。

一、新经济的基本概念和特征

"新经济"一词最早来源于美国《商业周刊》1996年12月30日发表的一组文章，它是指在经济全球化背景下，信息技术革命以及由此带动的以高新科技产业为龙头的经济。2014年，习近平总书记在国际工程科技大会的主旨演讲中首次提到"新经济"[①]。此后，发展"新经济"先后被写入2015年中央经济工作会议和2016年政府工作报告中。

目前，社会各界对于新经济的内涵和外延并没有形成统一的理解和认识。一般理论研究认为，新经济是基于信息技术革命和制度创新而产生的，以互联网、知识经济、高新技术为代表，以满足消费者的需求为核心的新产品、新技术、新业态和新模式，不仅包括新兴的产业和业态，也包括通过应用新科技实现转型发展的传统产业。与传统经济相比，新经济具备四个主要特征：

（一）数字化

新经济的本质，是依靠高效便捷的信息交互，降低经济活动中的沟通成本、机

---

① 新华网.习近平在2014年国际工程科技大会上的主旨演讲（全文）[DB/OL].[2014-06-03]. http://www.xinhuanet.com/politics/2014-06/03/c_1110968875.htm.

会成本和交易成本，从而创造新的价值。相对于传统的产业和产品形态，去物质化和数字技术的广泛深度应用是新经济最主要的特征。5G通信、大数据、云计算、区块链等数字技术是新经济的主要驱动力。

（二）互联化

新经济依靠大范围高深度的互联互通，实现资源的高度整合和高效协同，催生倍数效应。信息引流、数据整合、跨界融合等是新经济实现倍数效应的重要途径。

（三）智能化

智能化是新经济的主攻方向，在生产端，无人工厂、数字车间逐步将生产全流程推向智能化时代；在消费端，以智能穿戴、智能家居、智能通信为开端的全门类、全产品的智能化升级进程已经开启；在运行端，泛在电力物联网、智能网联汽车、在线诊疗崭露头角，正逐步与人工智能融合，加速城市智慧化进程。智能化升级将是新经济最大的市场。

（四）体验化

传统工业经济是以生产者为中心的规模经济，主要注重产品的功能强大、外形美观、价格优势，而新经济则是以消费者为中心的体验经济，强调消费者的主观感受，消费者通过柔性生产、定制化生产从完全被动的接收者，逐步成为生产过程的参与者。

二、新经济发展对城市支撑能力的新需求

（一）信息基础设施成为核心基础设施

新经济的发展大多以互联网等信息技术的发展和广泛应用为基础，5G网络环境已经成为新经济发展的基石。"云、网、端"等新基础设施，成为新经济发展的核心支撑条件。

（二）信息数据成为独立的经济要素和核心资源

新经济以信息技术等新一代科学技术发展为核心，数据变得越来越有价值，成

为像资本、劳动力一样的独立生产要素。

（三）消费功能和城市环境越来越成为吸引年轻人才的要素

新经济的主要人才集中在年轻人群，在新经济条件下，城市的生产功能，如交易、金融、港口等作用地位在逐渐弱化，而生活、休闲、旅游等消费功能越来越成为城市发展的关键要素。

（四）包容审慎的管理理念更为重要

新经济依靠不断地创新和突破实现颠覆式发展，政府管理应体现出对包括技术、产品、业态、商业模式在内的各类创新的包容、鼓励和扶持，避免扼杀创新。

三、珠海市新经济发展现状

目前，珠海市新经济仍处于起步阶段，据市统计局数据（见表1），2020年前三季度，珠海市完成新经济增加值765.10亿元，按现价计算同比增长3.7%，占GDP的比重约30.5%。其中第二产业新经济增加值410.9亿元，占新经济比重约53.7%，占第二产业增加值总数的38.4%；第三产业新经济增加值341.7亿元，占新经济比重的44.7%，占第三产业增加值总数的24.4%。

表1　　　　　　　　　2020年1~9月珠海市新经济增加值情况

分类	新经济增加值（亿元）	同比增速（%）	各行业新经济增加占GDP比重（%）	各行业新经济增加值占比（%）	地区生产总值（亿元）	新经济占本行业增加值比重（%）
新经济	765.10	3.7	30.5	100.0	2508.53	30.50
第一产业	12.54	-2.6	0.5	1.6	37.92	33.06
第二产业	410.86	3.9	16.4	53.7	1070.59	38.37
第三产业	341.70	3.6	13.6	44.7	1400.02	24.41

资料来源：珠海市统计局统计数据。

珠海市新经济发展呈现三个方面特征：一是增长速度快。2019年，珠海市新经济主要行业均实现了2位数增长，其中，生物医药产业增速接近20%，人工智能产业增速接近40%。二是创新能力较强。珠海市企业研发生产的奔图打印机、健帆血液净化器、英诺赛科8英寸硅基氮化镓芯片等多项产品填补国内空白，技术水平国际领先。三是发展质量高。在新经济的带动下，珠海市制造业增加值率达到 25.96%，全省排名第一，超过深圳；企业利润总额累计增速在珠三角 9 市排名第一，总量高于惠州。

同时，珠海市新经济发展也存在一系列问题：一是新经济主要集中在制造业和生产端，消费端缺乏产业形态。"'宅'消费""智慧诊疗""无接触配送""网络直播""短视频"等消费端新业态基本空白。二是缺乏重点龙头企业带动，行业积聚效应不明显。珠海市新经济主要是以 1 亿～10 亿元级别的企业为主要骨干，缺乏百亿级龙头企业带动。三是以内源发展为主要动力，新增动能不足。目前珠海市新经济的主力骨干企业大多是在珠海发展 5 年以上的本地企业，近 3 年新引进企业规模占比不足 5%。四是载体建设投入力度不足，缺乏高质量的产业载体。目前珠海市园区建设缺乏稳定的投入机制，产业园区设计理念传统，配套滞后，新的产业综合体规模小，功能结构单一，无法适应新经济落户需求。五是高校资源作用发挥不足。目前珠海聚集了 10 所高校和一批新型研发机构，但与产业关联不够紧密，对产业的支撑作用发挥得不够充分。六是发展新经济所需人才相对不足，吸引新经济人才的环境有待进一步完善。根据 2019 年的统计数据，珠海的高校毕业生留珠就业约占三成。产业知识变现能力偏弱、人才缺乏交流圈层、教育、医疗公共服务承载能力不足等都在一定程度上影响珠海人才积聚。

四、国内外发展新经济的先进经验

（一）设立统筹新经济发展的专职部门

2019 年 1 月，成都市成立了新经济发展委员会，成为全国首个专职负责新经济发展工作的市政府工作部门。主要负责统筹推进新经济领域产业发展、开展新经济前沿研究，同时，负责新经济天使投资基金和新经济平台载体的建立和管理运营。

（二）以高强度投入培育创新创业的土壤

合肥近年紧贴产业发展需求，先后建成同步辐射加速器等 7 个国家大科学装置，占全国总数的近 1/3，依靠大科学装置，形成产业积聚效应，目前培育形成高新区"量子一条街"等产业集聚区。未来 5 年，合肥还计划用每年 200 亿元的强度，投入 1000 亿元，建设量子信息科学国家实验室。

（三）建立城市机会清单制度，供给新经济应用场景

成都市建立了城市机会清单制度，每年发布《政府需求清单》《政府供给清单》《企业协作清单》《企业能力清单》《区块链专题清单》5份清单，从政府工程、新经济产品采购、企业供需信息对接等方面，为新经济企业提供技术应用机会和市场空间，其中2020年政府机会清单发布信息277条，涉及融资需求457亿元。

（四）推动产学研深度融合

一是推动大学入园区。德国柏林洪堡大学有6个学院搬迁至阿德勒肖夫（Adlershof）工业园。与产业紧密结合，培养专业人才，转化创新成果，形成产学研良性互动的发展机制。二是建立成熟的技术成果转让机制。以色列鼓励大学设立技术转让机构负责科研成果销售，销售收入按研究人员和转让机构4∶6的比例分成，合理的收益分成极大地激活了技术交易市场。三是以立法形式鼓励创新投资。2011年，以色列颁布了《天使法》，规定符合资格的行为主体投资于以色列高科技私营企业，可以从应纳税所得中扣除所投资的金额。

（五）抓住企业和人才痛点，建设高质量产业载体

一是建设专业化核心配套设施。泰州市建设污水与固废处理设施等三废处理配套区。依托有资质单位，以合作方式处置固体废弃物，解决生物医药企业排污痛点。二是注重建设高品质的产城融合宜居环境。荷兰埃因霍温高科技产业园在1平方公里的园区内建设了15公里的滨水邻木步行道，设立了多语种的育儿中心和多国美食餐厅，提供了2.5万平方米的共享实验室和测试室、超过1万平方米的电子仪器制作车间，150名导师现场指导。聚集了来自85个国家的12000多名研发人员，187家科技企业，平均每天创造4项专利，被称为"欧洲最智慧的1平方公里"。

五、相关工作建议

从各地市发展和培育新经济的成功案例来看，短期的爆发离不开长久的积淀，单纯依靠龙头引进模式的成功案例较为少见，以创新的理念和高强度投入推动创新型中小企业加速成长的内生发展模式是主流，建议加大资源配给，大力改革创新，厚植新经济的土壤。

（一）编制机会清单、数据清单，为新经济企业提供场景赋能

一是参照成都模式，编制城市机会清单，梳理政府、企事业单位应用场景需求，将应用场景具象为可视化、可参与、触手可及的事项。二是建议在整合政府数据基础上，编制可交易、可应用的政企数据清单，激活沉淀数据要素资源，赋能新经济发展。

（二）推动高校产学研资源进园区，建设公共中试中心和成果转化中心，推动设备、成果和人才共享

依托高校、新型研发机构和共享平台类企业，围绕生物医药、新能源、新材料等战略性新兴产业，建设公益性的中试中心、成果转化中心和产业化专家团队，对创新型中小企业提供共性技术支持、产品试制和专业化技术指导，开展高校科技成果交易。

（三）打造人才驿站、创业小镇，引聚创新创业年轻人才

建议在产业综合体、孵化器、创新园区、行政服务中心等周边规划建设若干人才驿站、创业小镇，为符合一定条件的创新创业人才提供商住一体的短期廉租办公和住宿用房，解决人才落户珠海的"第一个落脚点"问题，形成人才与企业交汇对接节点。建立珠海人才留驻率指标。

（四）整合两手信息，开展精准高效招商

一是依靠第三方服务机构，建立招商目标信息库，对高成长性企业的发展成熟度、投资意向等信息进行实时监控，精准定位目标企业发展需求，匹配优质资源抓高成功率项目引进。二是依托市招商联席会议，整合全市政策、用地、资金、平台、配套服务设施等各方面资源信息，建立招商地理信息库，高水平开展项目对接与洽谈，吸引龙头企业和高成长性创新型企业成功落户。

（五）发挥横琴政策创新优势，引进具有行业吸附力的重大战略创新平台

建议紧抓珠澳生物医药合作契机，借助横琴政策创新优势，积极引进国家级干细胞库、干细胞研究中心、智能超算中心等具有强大行业吸附力的重点战略创新平台，打造未来产业新磁极。

（六）加大投入打造专业化的产城融合专业载体

一是将园区重点配套设施列入政府重点建设项目计划，每年安排专项资源，重点聚焦解决行业共性问题的核心基础设施，分步骤推动园区载体的支撑能力建设。二是强化文化、环境和高端消费功能的配套，每年教育、医疗等公共设施建设计划中，应安排一定比例作为产业载体配套设施，加快形成有利于吸引重大龙头项目整体落户的载体环境。

（七）统筹推进信息基础设施建设

建议保持当前信息基础设施建设的投入力度，一方面抓"硬支撑"，加快推进当前5G深度覆盖进程，增强工业园区、智慧产业园5G网络的深度覆盖和窄带物联网布局，支撑工业互联网的全面普及。另一方面抓"软应用"，参照目前珠海公积金全流程网上办理、驾驶证全要素联网等做法，加速推动行政管理全流程数字化改造，以适应新经济数字化转型的需求。

（八）配置资源推动制造业数字化改造

建议进一步加大对企业开展数字化改造的财政投入力度，进一步降低政策门槛，扩大政策覆盖面，支持和引导企业利用本地龙头企业产品开展产线升级改造，支持龙头企业建设企业专网，实施全供应链数字化管理和打造共享制造平台，打造一批无人工厂、无人生产线、无人车间，加快产业智能化转型。

附表：珠海市新经济相关产业一览。

附表

珠海市新经济相关产业一览

行业	产业应用领域	重点项目和产品	代表企业	行业相关企业数（家）	超亿元企业（家）	年产值/主营业务收入（亿元）	产值/主营业务收入增速（%）
		战略性新兴产业集群情况（数据时点：2020年）					
集成电路	初步形成涵盖设计、制造、封装测试平台等环节的垂直产业链，主要覆盖消费电子、智能穿戴、安防监控、打印芯片、航空航天、工业控制等多个领域	在设计环节，杰理科技的蓝牙音频芯片出货量占全球50%的市场份额，荣获"2020中国IC风云榜——年度新锐企业"。在2019年第十四届"中国芯"评选中，全志科技的"车规级数字智能驾驶舱平台T7"荣获优秀技术创新产品，艾派克的"打印机耗材SoC UM75601"荣获优秀市场表现产品，艾派克公司"基于国产32位中央处理器（CPU）的集成电路安全芯片项目"荣获2019年度广东省科学技术奖科技进步一等奖。在制造环节，目前仅拥有英诺赛科公司一条8英寸硅基氮化镓功率器件的量产线，2017年底建成，整体产能为4000片/月，整体良率约80%，2019年产值407万元。在封测环节，珠海拥有越亚半导体和中芯集成两家公司，2019年产值4.88亿元，其中越亚半导体主要生产和销售封装基板、半导体模组和半导体器件等相关产品。中芯集成电路有限公司主要提供晶圆测试、晶圆薄膜、晶圆研磨减薄、成品芯片封装（COB）等服务载封装（TCP）、覆晶薄膜（COF）、板上芯片封装（COB）等服务	全志科技、炬芯科技、欧比特、杰理科技、艾派克、中星电子、中慧微电子、微半导体 英诺赛科公司 越亚半导体、中芯集成	83	10	86	27
生物医药	特色化学药、现代中药、医疗器械制造	医药制造企业23家，医疗器械制造企业28家，拥有16个创新人才团队，11家上市企业，12家新三板挂牌企业，是全市上市企业最多的产业。2019年，中国医药工业百强企业榜中联邦制药、丽珠集团分别排名第22、第27位。润都制药名列2019年中国化药企业百强第75位。丽珠单抗、赛乐奇生物等12家企业入选全市首批独角兽企业培育库	联邦制药、丽珠集团、润都制药、赛乐奇生物、普米斯生物、通桥医疗	78	36	278	10.3

续表

行业	产业应用领域	重点项目和产品	代表企业	行业相关企业数（家）	超亿元企业（家）	年产值/主营业务收入（亿元）	年产值/主营业务收入增速（%）
新能源	覆盖新能源电力、泛在电力物联网、储能电池、新能源汽车四大领域	在新能源汽车领域用绕银隆、中兴、英博尔等重点企业，初步形成从新能源客车整车制造到电池、电机、电控等关键零部件和充电设备的产业链条，集聚规模以上工业企业64家	广通汽车、凯邦电机、多美达（珠海）科技、三井汽车配件、中兴智能汽车	164	93	616	-0.8
		在储能电池领域，主要覆盖锂离子、镍氢、锌空气电池制造及电池隔膜、电解液、石墨烯等储能材料制造等细分领域，现有企业30家	冠宇电池、鹏辉能源、恩捷新材料、三顺纳米新材料、赛纬电子材料				
		在泛在电力物联网领域，目前有许继电气、优特电力、长园电力等59家企业，主要涉及配电开关、变压器、整流器和电感器制造、电阻电容电感元件制造、工业字段控制系统装置制造等细分领域	许继电气、优特电力、长园电力、派诺科技、泰思电力				
		在新能源电力领域目前有天顺（珠海）新能源、南方海上风电联合开发、兴业新能源等10余家企业，主要涉及光伏设备制造、风力发电、生物质能发电等细分领域	天顺（珠海）新能源、南方海上风电联合开发、兴业新能源、信环环保				
新材料	主要涉及化工材料、锂离子电池材料、生物医药材料等细分领域	主要以绿色石化新材料为主，初步形成了精对苯二甲酸（PTA）上下游、合成树脂、润滑油及添加剂等以主的化工材料产业链条，在全市新材料产业规模中占比达到88%	碧辟、华润化学、万华化学、恩捷新材料、赛纬科技、中科三顺	124	62	440.5	-8.7

续表

行业	产业应用领域	重点项目和产品	代表企业	行业相关企业数（家）	超亿元企业（家）	年产值/主营业务收入（亿元）	产值/主营业务收入增速（%）
高端打印设备	初步形成了涵盖软件、产品设计、材料、关键器件、装备、应用、服务的完整产业链，产品涵盖激光打印机、喷墨打印机、针式打印机、标签打印机、工程蓝图打印机、证卡打印机、3D打印机等，是全国打印耗材产业最为完整的地区	全行业在全球范围内申请的专利近5000项，占全国打印耗材行业申请专利的80%以上，拥有国家办公设备及耗材质量监督检验中心、（3D）打印产业创新中心等一批技术创新、质量检测、宣传展示、市场营销、人才培训等公共服务平台和中国（珠海）国际办公设备及耗材展览会等国际化展会平台	珠海赛纳打印科技股份有限公司、艾派克、联合天润	88	32	165	7.1
数字经济情况（数据时点：2019年）						
移动通信和互联网应用产业	终端设备、通信设备、移动软件开发运营服务、移动内容服务等	方正高密、景旺电子和元盛电子等纷纷布局5G印制电路板（PCB）项目；世纪鼎利获得华为海思5G芯片5年授权，并将推出基于华为鸿蒙系统的产品；魅族科技发布了5G智能手机"魅族17"	光库科技、全志科技、英诺赛科、魅族科技、方正科技、趋亚半导体	96	19	404.58	0.1
电力及新能源行业应用	新能源、5G+智慧电力、节电电等应用领域	远光软件在电力行业布局区块链业务，与国网上海市电力公司"基于区块链技术的分布式光伏结算项目"入选"2019可信区块链高价值案例"。优特科技与珠海联通签署了5G创新应用战略合作协议，助力5G+智慧电力的建设。英博尔主营业务为中低速电动车配套，正向新能源汽车配套转型	泰坦新动力、许继电气、优特电力、长园共创电力、英博尔电气、鸿端信息、万力达、希格玛电气	81	14	80.50	7.45
智慧城市应用	电子政务、安防、智慧交通、城市管理、金融社保、环境保护、智慧园区、企业信息化服务等多个领域	东华发思特的新型智慧城市创新的产品体系已有多个落地成功案例，荣获"2018~2019年度智慧城市最具成长性企业奖"；"2019中国领军智慧园区解决方案提供商"、荣宏高科、"2019中国智联荣获"、"企互联、飞企互联、兆邦智能"誉奖项	同望科技、新德汇、飞企互联、兆邦智能	125	19	73.96	5.36

续表

行业	产业应用领域	重点项目和产品	代表企业	行业相关企业数（家）	超亿元企业（家）	年产值/主营业务收入（亿元）	年产值/主营业务收入增速（%）
金融软件和金融服务业	金融软件和金融服务业等领域	金邦达荣膺 2019 国际卡片制造商协会（ICMA）依兰奖四项大奖，并与广东移动携手打造大湾区首个 5G+金融科技应用创新示范基地；金智维的"金智维 K-RPA 软件机器人管理系统 V3.6"荣获全球运维大会（GOPS）全球运维行业 2019 年度极具影响力产品；汇金科技的"自助设备动态密码控制系统 V1.0"荣膺"2018 年中国软件行业优秀解决方案"	工行软件研发中心、农行软件研发中心、金邦达、金智维、汇金科技、金算盘科技、赞同科技	11	6	58.99	15.15
大数据及云服务	大数据运算、跨域多维电子围网关键技术及应用、大数据人工智能技术等领域	2019 年，大横琴科技联合中科院建成横琴大数据运算中心，自主研发的"跨域多维电子围网关键技术及应用"项目荣获广东省"科技进步奖—等奖"；欧比特与澳门科技大学联合成立空间大数据人工智能技术研究院；金山云继续保持中国互联网云厂商前三地位	金山软件、派诺科技、欧比特科技、金邦达、大横琴科技	117	—	81.59	—
人工智能	业务涵盖人工智能芯片、智能终端、智能运载工具、计算机视觉软件、自然语言处理软件、生物特征识别软件、人工智能集成解决方案等领域	全志科技和云洲智能入选赛迪研究院评选的"人工智能企业综合实力 100 强"名单，分别排名 68 位和 79 位。远光移动互联致力发展 AI 应用整体解决方案及智能硬件集成，并荣获"2019 年度中国自创新软件企业"。四维时代致力于人工智能三维数字化技术的理论研究与应用，被国际知名科技媒体（TechCrunch）评为频覆科技大奖"2019 年最具价值的初创企业 Top5"，成为中国地唯一一家入选此奖的企业	全志科技、魅族科技、远光移动互联、四维时代、云洲智能、一维弦机器人、格力智能装备	39	—	26.72	38.02
工业软件	工业互联网应用服务、装备自动控制软件产品、工业互联网 APP 应用等领域	2019 年格力电器的"基于大数据平台的中央空调全生命周期管理工业互联网 APP 应用解决方案"人选国家工信部工业互联网 APP 优秀解决方案。派诺科技、联云科技、知实科技等 7 家企业人选省工业互联网产业生态供给资源池	运泰利、泰迪新能源、联云科技、知实科技、派诺科技	105	—	30.54	16.12

注：
1. 由于行业分类存在交叉重合，珠海市新经济企业中有部分企业在多个行业中重复出现。
2. 战略性新兴产业的产值/营业收入及其增速采用 2020 年新口径数据，数字经济采用 2019 年数据。
3. 此表格中集成电路板块仅统计国家统计口径集成电路产业口径，与珠海市五大千亿级"以集成电路为主的新一代电子信息"有所区别，因统计口径原因，总量数据仅采用集成电路设计产业。

珠海市生物医药产业发展研究报告

珠海市工业和信息化局

火石创造

一、全球生物医药产业发展概况

（一）全球生物医药产业发展现状

全球生物技术和产业发展日新月异，已经从蓄势待发阶段演进到爆发式增长的前夜。生物医药产业在技术进步与需求增长的双向驱动下迎来发展的黄金时期。全球药物市场保持较快增长，未来5年将以3%~6%年均复合增速保持增长，预计2023年将超过1.5万亿美元[①]（见图1）。

图1　全球药物市场规模与增速（2009~2023年）

资料来源：艾昆纬（IQVIA）。

---

① IQVIA Market Prognosis. The Global Use of Medicine in 2019 and Outlook to 2023［R］. IQVIA Institute, Dec 2018.

（二）全球生物医药产业发展格局

全球竞争不断加剧，发达国家和新兴国家纷纷加码。世界各国纷纷把生物医药技术及其产业化提升为国家战略，通过加大研发投入力度、实施系列科技计划、不断完善相关的产业制度，来加速抢占生物医药技术及产业化的制高点。全球化竞争下，当前生物医药研发呈现两大态势——欧美研发投入仍稳居前列、新兴医药区域正强势崛起（见图2）。

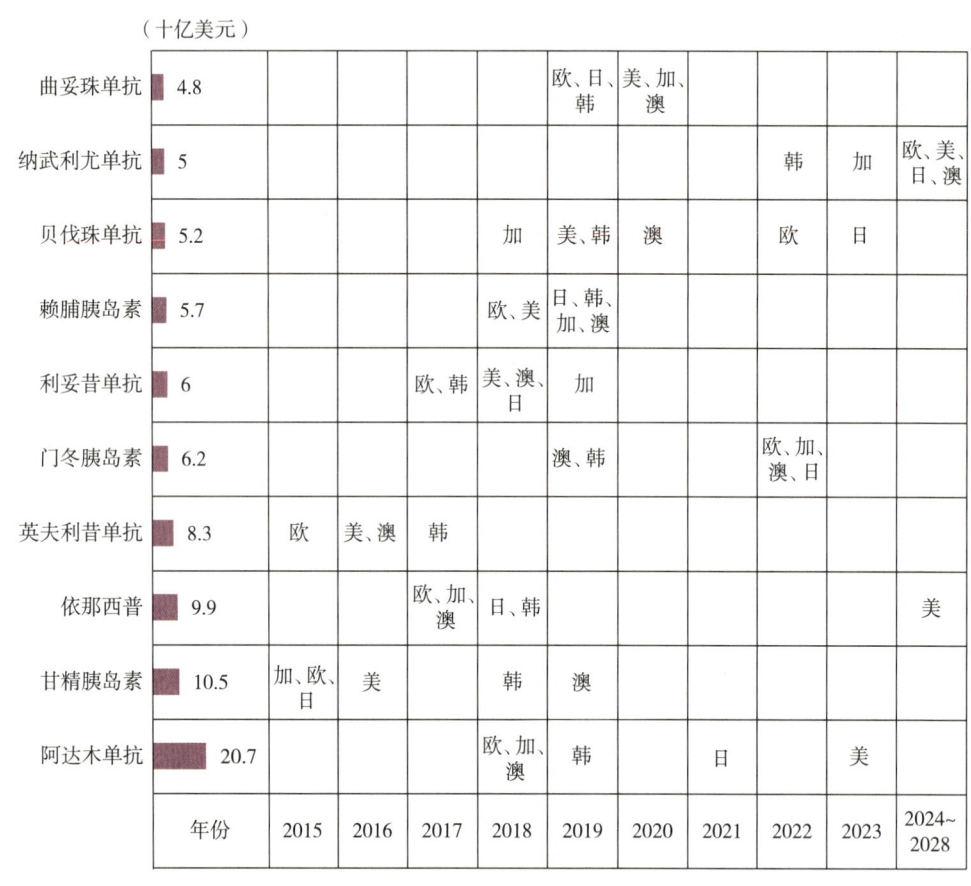

药品（十亿美元）	金额	2015	2016	2017	2018	2019	2020	2021	2022	2023	2024~2028
曲妥珠单抗	4.8				欧、日、韩	美、加、澳					
纳武利尤单抗	5							韩	加		欧、美、日、澳
贝伐珠单抗	5.2				加	美、韩	澳	欧	日		
赖脯胰岛素	5.7				欧、美	日、韩、加、澳					
利妥昔单抗	6			欧、韩	美、澳、日	加					
门冬胰岛素	6.2					澳、韩		欧、加、澳、日			
英夫利昔单抗	8.3	欧	美、澳	韩							
依那西普	9.9			欧、加、澳	日、韩						美
甘精胰岛素	10.5	加、欧、日	美		韩	澳					
阿达木单抗	20.7				欧、加、澳	韩		日	美		
年份		2015	2016	2017	2018	2019	2020	2021	2022	2023	2024~2028

图2 首个生物类似药在各国上市情况及预测（2012~2028年）

注：图中，"欧"代表欧盟国家，"美"代表美国，"加"代表加拿大，"澳"代表澳大利亚，"日"代表日本，"韩"代表韩国。

资料来源：IQVIA。

（三）全球生物医药产业发展趋势

全球健康医药产业集中以三大领域为技术风口，即肿瘤免疫治疗、基因诊疗及植入与介入式治疗。同时通过全球生物医药企业研发创新行为的排摸统计，发现龙头企业研发领域同样集中基于此三大治疗技术手段，占比90%以上。

同时，产业集群效应加快，产业分工高度协同。近10年来，通过创新的技术、商业模式以及跨界合作等，全球范围内创新已经成为一种共识，尤其是以小企业协作为特征的开放创新正在全球范围内兴起。资本市场的大量涌入以及全球化交流合作的不断加强等，健康医药领域的创新创业也正在处于高速发展期，大量的小型初创企业不断崛起，掌握着诸多世界前沿的生物科技。作为知识密集型和技术密集型的行业，健康医药领域的创业有着成功率低、周期长、风险大等特点，而产业的集聚化发展能够集聚社会资源，促进全产业链的协同发展，从而提高创新创业的效率并降低风险，如近几年医药公司研发组织（CRO）、合同生产组织（CMO）行业的高速发展，为医药研发企业提供了从产品研发生产到注册上市的全产业链专业外包服务，从而大大提高产品商业化的效率。未来，全球健康医药产业链都将进一步细化分工，呈现出高度协同的状态。

二、国内生物医药产业发展情况

（一）国内生物医药产业发展现状

当前，我国生物医药产业作为七大战略新兴产业之一，正呈爆发式增长，医药制造业市场规模年均增速超过10%，位列全球第一方阵[①]。未来我国生物医药产业还将持续增长，发展潜力巨大，市场驱动力主要来自政策扶持、技术创新、资金涌入三大层面。

（二）国内生物医药产业发展格局

中国生物医药产业形成长三角、环渤海、粤港澳大湾区和成渝经济圈四大集群式发展格局。长三角地区生物医药产业创新能力强，在研发与产业化、外包服务、国际交流等方面具有较大优势，形成了以上海为核心，江苏、浙江为两翼的生物医药产业集群；环渤海地区临床资源和人才资源丰富，北京、天津、河北和山东等地在医药产业链互补性较强，形成了以北京为创新研发核心的产业集群；粤港澳大湾

---

① 资料来源：国家统计局。

区开放型经济发达，市场经济体系成熟，医药流通体系完善，围绕广州、深圳、香港等重点城市形成了发展潜力巨大的生物医药产业集群；成渝经济圈依托成都天府国际生物城等载体，在生物医学工程领域创新活跃，初步形成以成都为核心的生物医药产业集群，成为西部地区重要的生物医药成果转化基地。

通过药品、器械、医疗资源、专利、人才、资本等维度，对比从各个集聚区在各个指标维度排名的得分情况（排名第一得4分；排名第四则得1分），粤港澳地区整体实力落后于长三角和环渤海地区，特别是药品领域、人才维度差距显著，但在1类新药，特别是1类生物制品领域具备一定基础（见图3）。

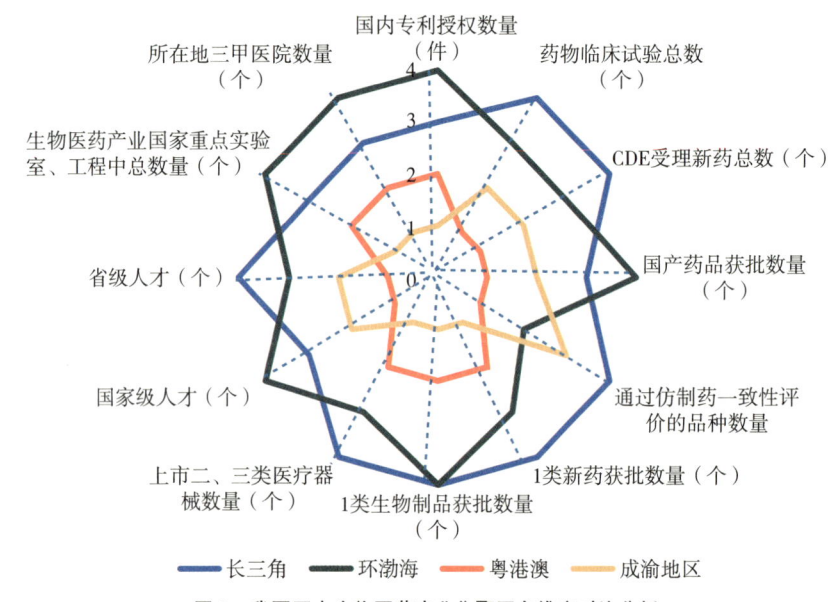

图3 我国四大生物医药产业集聚区多维度对比分析

资料来源：火石创造。

（三）国内生物医药产业发展趋势

国内生物医药产业呈现出生物医药头部企业竞争增加、研发药物发展较为成熟的生物科技公司将会更受青睐、中国生物医药在全球竞争中拥有优势、中国生物医药积极探索AI技术等多个趋势。

三、珠海生物医药产业发展现状

珠海市初步形成以药品制造业为主体、医疗器械为支撑、保健品和化妆品为特色的生物医药产业体系。截至2020年上半年，珠海市拥有新药创制企业139家，医疗器械企业370家，食品、保健品及化妆品企业112家，生物技术企业（基因治疗/细胞治疗）2家。医疗器械企业从数量上来看，占据珠海生物医药产业2/3的比重。新兴生物技术企业（基因治疗、细胞治疗等）细分领域较为薄弱（见图4）。

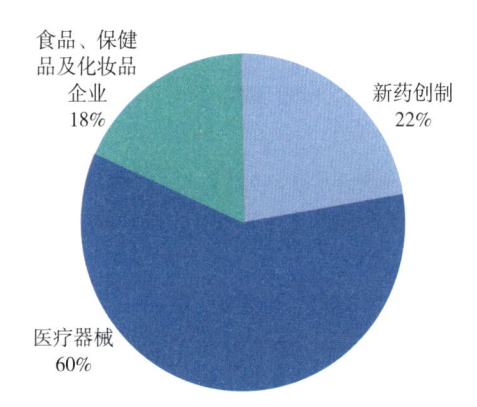

图4 珠海市生物医药产业各细分领域企业数占比

资料来源：火石创造。

（一）药品制造

药品制造方面，化学药仍为主力，生物药即将迎来收获期。截至2020年上半年，珠海市共有药品批文604个，共计385个品种。其中化学药占绝大比重，以批文数和品种数统计，均占据85%左右，其次为中药，约占10%，生物制品约占5%。从临床试验情况来看，按药物临床试验登记号计，化学药临床试验约占74.4%，生物制品临床试验占20%，剩余5.6%为中药和天然药物临床试验，但III期临床试验中，生物制品临床试验比重急速提升，与化学药临床试验并列第一，均占所有在研项目的42.9%，生物制品将成为珠海市生物医药产业的下一个爆发点（见图5）。

图 5 珠海市药品制造产业基本情况

资料来源：火石创造。

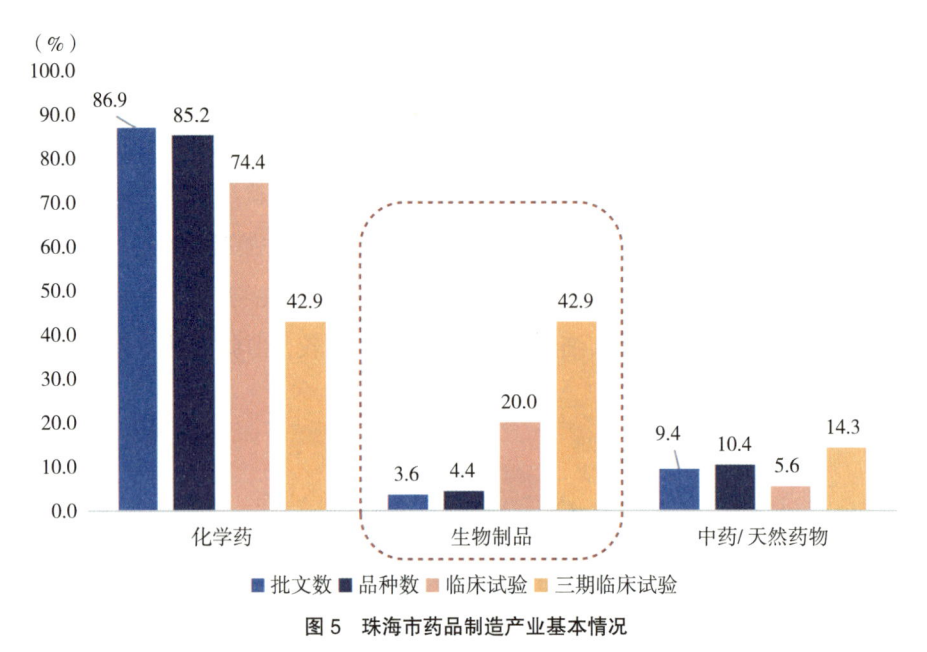

医药研发制造企业方面，药品领域集聚丽珠集团、联邦制药等龙头企业。化药领域，联邦制药是国内最大的抗生素制造商之一，亿邦制药生产的克林霉素连续多年市场占有率全国第一，丽珠医药的头孢地嗪、头孢呋辛，金鸿药业头孢克肟的国内市场占有率也名列前茅。生物药领域，形成了以丽珠制药厂、丽珠试剂、珠海联邦制药和亿胜生物为龙头，丽珠单抗为新秀，泰诺麦博、启辰生、瑞思普利、普米斯等为创新型企业的产业梯队。丽珠医药的单抗类药物研发已达到世界先进水平，珠海亿胜生物制药是国内最早从事基因工程药物研发、生产的企业之一，联邦制药以第三代胰岛素——甘精胰岛素成为全世界不超过 5 家有能力生产的企业之一。中药领域，集聚以丽珠中药为基础的现代中药制剂企业，以及珠海宏利药业和金鸿药业、健康药业等传统中药制剂企业。

目前，珠海市具有 GMP 资质的药品生产企业 35 家，共持有 58 张 GMP 证书，其中部分企业还处于研发状态，未有产品获批，已经有药品成功上市的企业共计 26 家（见表 1）。

表 1　　　　　　　　珠海市部分药品生产企业名单及品种情况

企业名称	批文数				品种数
	化学药	生物药	中药	总数	
丽珠集团丽珠制药厂	191	3	2	196	120
珠海同源药业有限公司	62			62	38
珠海联邦制药股份有限公司	51	4		55	52
珠海润都制药股份有限公司	52			52	41
金鸿药业股份有限公司	40		6	46	23
珠海保税区丽珠合成制药有限公司	27			27	26
珠海安生凤凰制药有限公司	22		3	25	19
珠海宏利药业有限公司			25	25	9
珠海博康药业有限公司	21			21	20
珠海米迪泰克生物制药有限公司	12	3		15	15
珠海亿邦制药股份有限公司	15			15	9
珠海亿胜生物制药有限公司	5	8		13	9
丽珠集团丽珠医药研究所	10			10	4
天大药业（珠海）有限公司	8		2	10	9
广东人人康药业有限公司	8			8	8
珠海同益制药有限公司	5		3	8	8
珠海丽珠试剂股份有限公司		7		7	6
健康药业（中国）有限公司			5	5	5
珠海亿邦制药有限责任公司	5			5	1
珠海星光制药有限公司			4	4	4
珠海正太制药有限公司			4	4	4
优时比（珠海）制药有限公司	2			2	1
珠海乐邦制药有限公司	1			1	1

注：本表时间截至 2020 年 6 月底，包括药物制剂、原料药及按照药品管理的检测试剂。
资料来源：火石创造。

按剂型来看，注射剂批文约占总批文的 40%，片剂约占 21%，胶囊剂约占 13.3%（见图 6）。

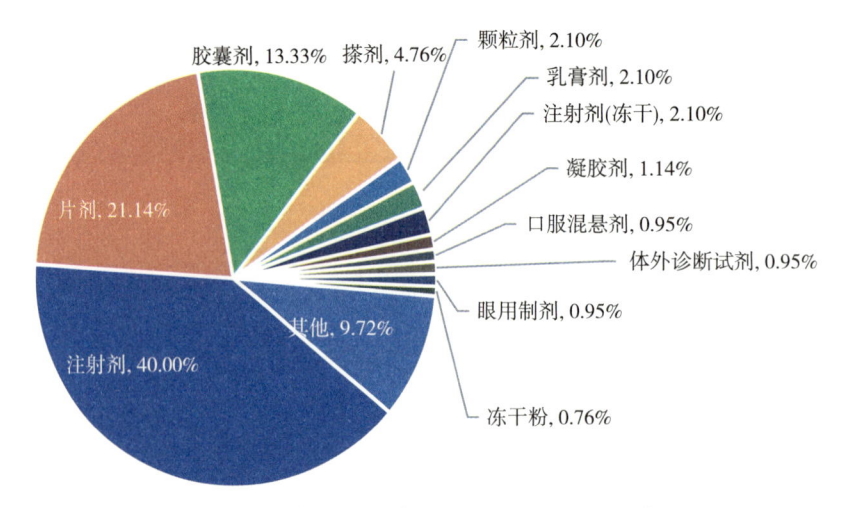

图 6 珠海市药品各剂型药品批文数占比（不含原料药）

资料来源：火石创造。

珠海市在缓释、控释、靶向等多个新型高端剂型领域有所突破，从全国来看，按照高端制剂批文数统计，珠海润都制药股份有限公司跻身前十（见表2）。广东省是高端制剂大省之一，从城市分布来看，珠海市批文数和品种数均较为靠前（见图7）。

表 2　高端制剂获批企业 TOP10 排名（按批文数）

排名	公司名	批文数
1	上海爱的发制药有限公司	30
2	奥瑞德光电股份有限公司	13
3	石药集团欧意药业有限公司	10
4	上海上药信谊药厂有限公司	9
5	海南普利制药股份有限公司	8
6	杭州民生药业有限公司	8
7	湖北明和药业有限公司	8
8	亚宝药业集团股份有限公司	8
9	江苏恒瑞医药股份有限公司	7
10	北京红林制药有限公司	6
10	山东鲁抗医药集团赛特有限责任公司	6
10	珠海润都制药股份有限公司	6

资料来源：火石创造。

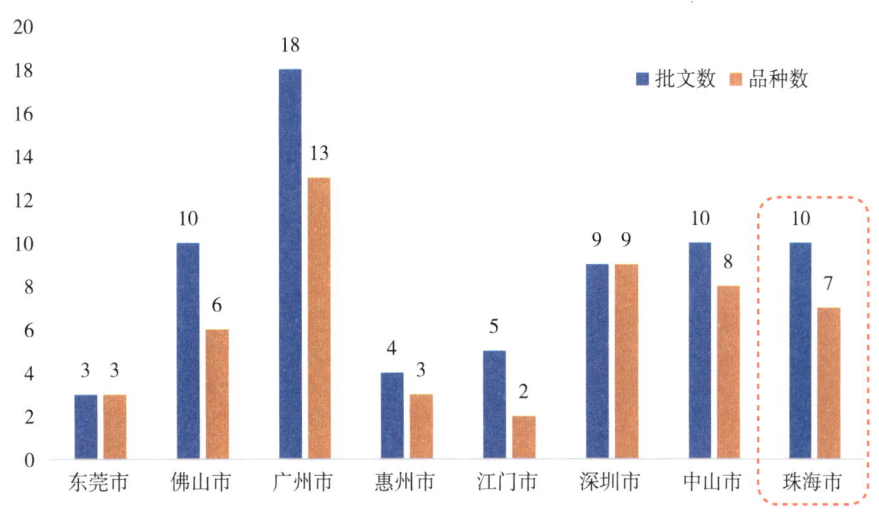

图7 广东省高端制剂城市分布

资料来源：火石创造。

（二）医疗器械

医疗器械制造方面，截至2020年上半年，珠海市共有医疗器械注册证书1300个，其中一类、二类器械约占九成，三类器械占比有待提升。二类器械约占半壁江山，占比高达47.9%，一类器械占40.5%，三类器械占11.6%（见图8）。

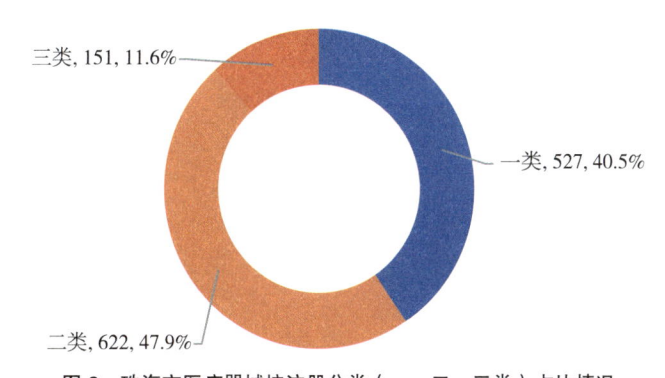

图8 珠海市医疗器械按注册分类（一、二、三类）占比情况

资料来源：火石创造。

近5年首次获批注册器械数整体呈现下降趋势，其中首次获批注册三类器械数量也呈下降趋势，约保持在每年10~15件，近5年首次获批注册三类器械总数为112件（见图9）。

图 9 珠海市医疗器械历年首次注册获批数量趋势

资料来源：火石创造。

珠海市医疗器械中，体外诊断试剂类约占半壁江山，达 46%。TOP3 注册分类为体外诊断试剂，注输、护理和防护器械以及物理治疗器械（见图 10）。

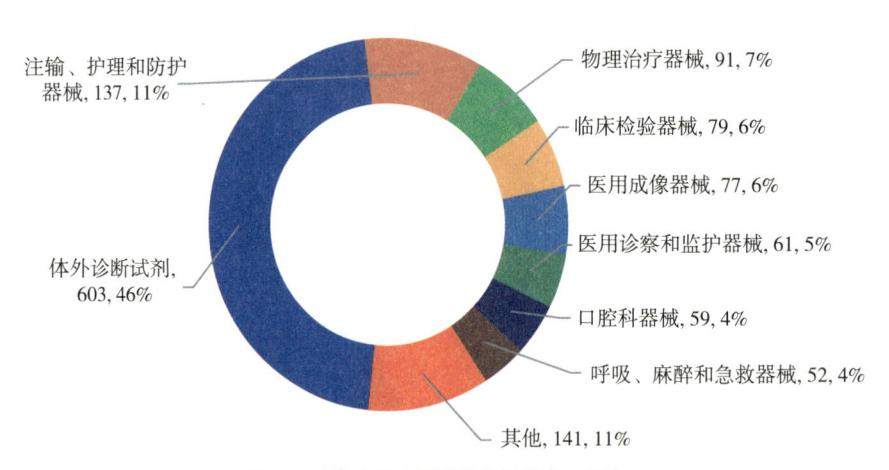

图 10 珠海市医疗器械按注册分类占比情况

资料来源：火石创造。

从企业来看，形成了健帆生物、宝来特、和佳等龙头企业，丽珠试剂、普林斯顿、贝索生物、赛乐奇等实力企业。产品方面，宝莱特旗下血液透析粉/液产品实现了国内市场占有率第一，最近还获得血液透析浓缩物的医疗器械注册证；健帆生物首创并推广的"人工肾"和"人工肝"市场空间大，百亿市场待开发。

TOP10 企业的注册器械数占所有注册器械数的 40.9%，珠海贝索生物数量最多，约占 11.4%。珠海市三类器械企业集中度较高，珠海丽珠试剂注册数量最多，约占 26.5%，TOP5 企业注册三类器械数占所有三类器械的比重达到 60.3%。

从区域分布来看，珠海市医疗器械主要集中在香洲区，香洲区器械占比高达 74%（见图 11），三类器械也主要集中在香洲区，占比达到 83.4%。

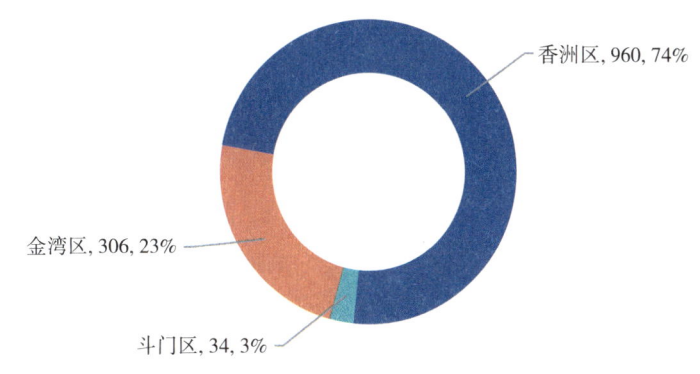

香洲区, 960, 74%
金湾区, 306, 23%
斗门区, 34, 3%

图 11　珠海市医疗器械区域分布情况

资料来源：火石创造。

（三）生物技术

珠海市在细胞治疗等前沿生物技术领域也集聚一批优秀企业，横琴新区爱姆斯坦生物科技有限公司干细胞新药研究取得阶段性突破。其美国公司爱姆斯坦生物科技有限公司（ImStem Biotechnology Inc）研发的干细胞新药获得美国食品药品监督管理局临床试验许可，即将开展Ⅰ期临床试验。这是首款获得美国食品药品监督管理局及临床试验许可的胚胎干细胞来源的间充质干细胞产品，也是世界首款可用于全身静脉回输的干细胞新药。目前，横琴爱姆斯坦生物科技有限公司已完成从美国公司到中国公司的技术转移及生产工艺验证，正积极开展中国干细胞新药申报。该药物可治疗多发性硬化症，大脑和脊髓中的慢性自身免疫性疾病。该项目进入临床阶段是澳门科学家依托横琴优势与各方开展技术合作取得的重要成果。

（四）保健食品及化妆品

保健品和化妆品制造方面，全市拥有化妆品生产企业 73 家，保健食品生产企业 15 家。其中，以汤臣倍健为基础的营养与保健食品领域已经成为珠海市大健康领域的一大特色。汤臣倍健公司 2017 年获珠海"市长质量奖"，申报的《保健品行业连续化生产智能制造示范应用》项目获得国家智能制造专项资金扶持，2020年上半年实现31.2亿元营收，同比增长5.23%。化妆品领域伊斯佳等化妆品企业深耕智造和个性化定制，其"大规模化妆品个性化智能定制项目"取得良好进展，并已经受理授权各项专利90余项。近年来公司发展迅猛，2020年上半年实现营业收入7256.9万元，实现归属于上市公司股东的净利润958.10万元。

四、珠海生物医药产业特征

（一）产业规模：整体规模有待提升

珠海市生物医药产业整体规模有待提升，距离千亿级产业集群仍存在较大上升空间。2019年珠海市生物医药规模以上工业总产值为170.60亿元，在国家系列医改政策调控下，相较2018年产值出现波动（见图12）。

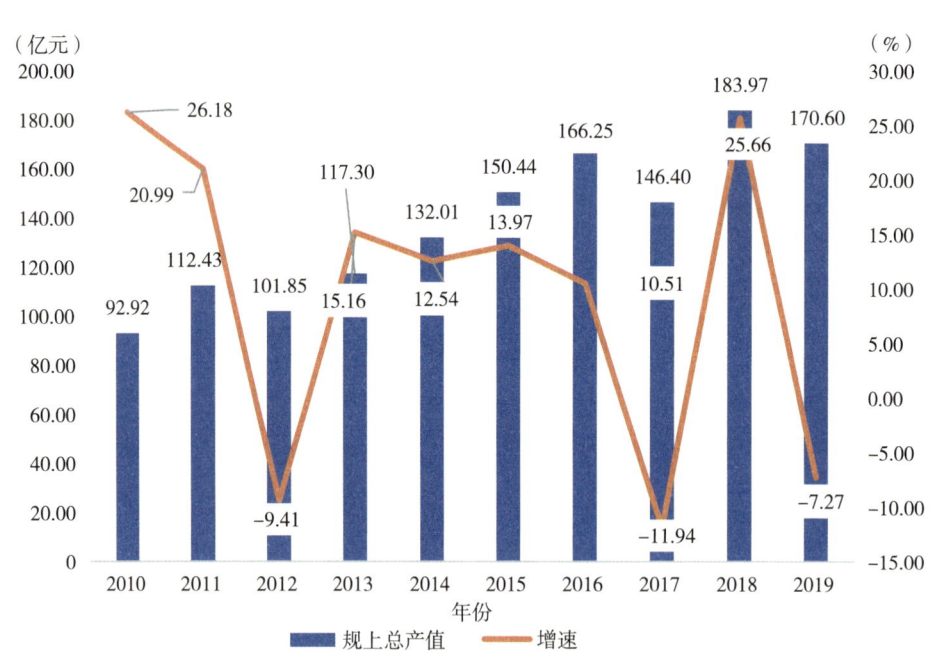

图12 珠海市生物医药总产值变化趋势

资料来源：火石创造。

（二）产业结构：化学药为主体

珠海市现有获批药品中，以化学药为主体，中药为补充，生物制品有待提升。

截至 2020 年 6 月，珠海市共有药品批中化学药以批文数和品种数统计，均占据 85% 左右，其次为中药，约占 10%，生物制品不足 5%（见图 13 和图 14）。

批文数

- 化学药 86.92%
- 生物制品 3.64%
- 中药 9.44%

图 13　珠海市药品分类（批文数）

资料来源：火石创造。

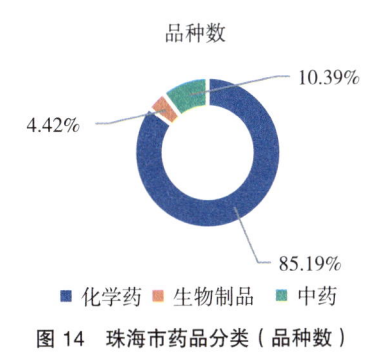

品种数

- 化学药 85.19%
- 生物制品 4.42%
- 中药 10.39%

图 14　珠海市药品分类（品种数）

资料来源：火石创造。

（三）企业主体：企业龙头效应凸显

珠海市生物医药产业已形成一定企业梯队，其中丽珠、联邦等百强企业以及和佳、宝莱特和汤臣倍健等多家生命健康企业龙头带动作用明显，润都、健帆等新兴企业发展势头迅猛。目前，珠海共有 23 家生命健康领域上市企业，包括 5 家创业板上市生物医药企业，12 家新三板挂牌生物医药企业。其中，总资产逾 100 亿元的公司有一家，为丽珠集团；总资产逾 50 亿元的公司有三家，为汤臣倍健、和佳股份、中珠医疗。

（四）空间载体：产业集聚初步形成

从全球和中国产业分布来看，生物医药产业均呈集聚发展态势。近年来国内各省市相继提出生物医药产业发展目标和政策措施,着力打造生物医药产业集群。2019年10月,国家发展改革委下发《关于加快推进战略性新兴产业产业集群建设有关工作的通知》,公布首批66个国家级战略性新兴产业集群名单,其中17个为生物医药产业集群,珠海市生物医药产业集群位列其中,与广州市生物医药产业集群共同为广东省摘得两个席位。

珠海市生物医药产业集聚度不断提升,目前已经形成以粤澳合作中医药科技产业园、唐家湾医疗企业研发生产基地、珠海金湾生物医药产业示范专区、广东珠海富山工业园四大园区为主要载体,致力于打造区域性新药创制中心、全国一流的生物医药产业基地和全球生物医药资源新型配置中心。截至2020年6月底,四大园区药物临床试验数集中度高达78.8%,国产药品获批数集中度达到51.8%,CDE药品受理量集中度达到46.9%,医疗器械首次注册量集中度超过20%[1]。

(五)平台机构:创新力量持续加强

截至2020年上半年,珠海生物医药产业集群拥有公共服务和创新平台6个,国家重点实验室1个,国家及省市级企业技术中心、工程中心24个,高校附属生物医药公共实验室2个,博士后科研工作站7个,为产业整体创新发展提供强力的科技服务支撑。

(六)产业政策:政策措施不断完善

珠海市人民政府2013年发布《珠海市进一步扶持生物医药产业发展若干政策》,围绕"生态文明新特区、科学发展示范市"发展定位,实施"蓝色珠海、科学崛起"发展战略,按照"突出特色、专区集聚、创新驱动、完善配套"的工作思路,加快推动珠海生物医药产业提升综合竞争力,积极参与全球经济中高端竞争。近年来,珠海市各产业集聚区基于自身的产业定位和基础优势,贯彻落实《珠海市进一步扶持生物医药产业发展若干政策》,制定本区域的产业扶持政策。

2020年,为全面贯彻落实《粤港澳大湾区发展规划纲要》和省委、省政府关于推动广东省生物医药科技和产业高质量发展的工作部署,按照珠海市委八届八次全会部署要求,发挥珠海市生物医药产业基础和集聚港澳资源的优势,补上珠海市生物医药产业发展短板,打造生物医药产业链上下游汇聚平台,形成千亿级生物医药产业集群,珠海市工业和信息化局牵头推动出台《珠海市推动生物医药产业高质量

---

[1] 资料来源:火石创造。

发展行动方案（2020~2025年）》和《珠海市促进生物医药产业发展若干措施》。

五、珠海生物医药产业成绩、问题和发展策略

（一）取得成绩

（1）产业集聚效应凸显，跻身全国生物医药产业集群。珠海市生物医药产业集聚效应不断显现，在国家发展改革委2019年公布的首批17个为生物医药产业集群中，广东省占据两个席位，珠海市生物医药产业集群与广州市生物医药产业集群共同入榜。

（2）形成良好产业生态，多个领域表现优异。珠海市已初步形成以药品制造业为主体、医疗器械为支撑、保健品和化妆品为特色的生物医药产业体系。在药品、器械、保健品和化妆品等领域均已培育出丽珠、健帆、汤臣倍健和伊斯佳等自主知名品牌。生命健康领域上市企业已经达到23家，包括5创业板上市生物医药企业，12家新三板挂牌生物医药企业。

（3）政策环境优越，助力产业培优引强。在《粤港澳大湾区发展规划纲要》等国家级政策指引下，2020年由珠海市工业和信息化局牵头起草，珠海市人民政府印发《珠海市促进生物医药产业发展若干措施》，制定了从药品、器械研发至产业化，企业技术改造，企业发展壮大等系列扶持政策，为珠海市生物医药产业培优引强提供有力保障。

（4）生物药领域发展迅速，其中单抗领域即将崭露头角。珠海市生物制药领域，目前已上市产品虽以化学药为主导，但在药品临床试验方面，生物制品已经与化学药齐头并进，呈现较强的增长后劲。特别是在单抗领域，丽珠医药在单抗类药物的研发已达到世界先进水平，生物药产品线中推进最快的注射用重组人源化抗人肿瘤坏死因子 α 单抗药物（阿达木单抗生物类似物）处于临床 II 期阶段，在国内对应的适应症研发进度方面，排在第二梯队，较为靠前的有江苏众和医药，处于临床 III 期。另一产品重组人源化抗人 IL-6R 单克隆抗体注射液已经开展 III 期临床。

（5）药物高端制剂基础较好，有望在微球领域有所收获。珠海润都制药股份有限公司高端制剂批文数在全国排名前十（第十位），在广东省排名第一。丽珠医药研究所注射用醋酸曲普瑞林微球已经处于 III 期临床，珠海市即将在微球领域进入收获期。

（6）中药领域特色显著，国际化步伐全国领先。粤澳合作中医药科技产业园是珠海市中医药产业的重要承载地，也是粤港澳大湾区中医药重大创新载体。产业园先后获得国家中医药管理局授予"中医药产品海外注册公共服务平台（横琴）"，获商务部和国家中医药管理局联合授予国家首批"国家中医药服务出口基地"，已完成包括澳门在内的5家企业共6款产品在莫桑比克注册成功。欧盟方面，首试欧盟草药注册成功，成为国内首个同时在德国、奥地利、比利时、卢森堡等欧盟多国获批上市的中药品种。

（二）存在问题

1. 产业规模偏小

一是产值规模增速不足，珠海市医药制造业规模多年来一直保持在100多亿元的水平，规模以上医药制造业企业23家、规模以上医疗器械企业23家。二是龙头企业有待充实，产值10亿元以上的医药制造企业仅有丽珠、联邦、优时比、健帆4家，医疗器械企业产值规模均在10亿元以下。三是高成长性大品种缺乏，产品附加值有待提高。珠海市仅有一个年销售收入超10亿元大品种——丽珠的参芪扶正注射液，由于中药注射剂受医保控费、招标降价等政策影响，其销售逐年下滑。

2. 产业结构有待优化

一是产品结构有待优化。珠海市生物医药产品中，化学药占比极高，以品种数和批文数统计均达到85%左右；生物技术药物及新型疫苗、检测试剂和中高端医疗器械较少，且规模较小；中药特色优势不明显，中药种植、中医验方整理、新制剂新剂型研发和生产等上下游配套能力不强。二是专业化产业配套服务型企业缺乏。珠海市具有试验动物生产与使用资质的单位仅有6家，且其中5家均为仅具有使用资质的医药企业，仅珠海百试通生物科技有限公司一家具有生产资质。生物医药领域专业化平台服务型企业稀缺，CRO、CMO、医药合同定制研发机构（CDMO）企业发展缓慢。

3. 创新能力有待进一步提升

珠海市生物医药产业整体仍以仿制药为主，有自主知识产权的I类创新药物仅占少数。新产品开发及新药创制方面技术储备和原创成果少，2016年以来，珠海市新药受理集中在联邦、丽珠两家企业，其他企业创新能力不足。仿制药的质量疗效有待提升，目前，珠海市通过一致性评价的药品仅6个，共计5个品种。企业研发投入与国内龙头企业相比还有一定差距，产业创新能力和发展后劲不足。

4. 产业发展要素支撑不足

一是珠海市生物医药企业普遍面临人才不足的困境，而且本地高校中针对生物制药的学科设置很少，产业后备人才储备不足。二是生物医药产业园区专业性不突出，配套水平不高，园区公共污水废气处理平台尚未建立，公共研发和检测服务平台不足，如医疗器械产品检测需要到武汉、天津等地进行，对生物医药产业发展的支撑作用不够。三是本地能提供临床试验的研究型医院严重不足，目前仅中大五院可提供临床试验服务。

（三）发展策略

1. 完善工作机制

珠海市生物医药产业发展已经取得一定成果，在"十四五"期间存在弯道超车的契机，珠海市应抢抓粤港澳大湾区建设机遇，加快明确生物医药产业作为引领全市战略性新兴产业快速起步和发展壮大的支柱地位，并围绕生物医药产业制定系列配套措施。一是组建全市生物医药产业发展领导小组。组建由市级分管生物医药产业的领导任组长，市工信、科创、发改等多部门主要领导任成员的领导小组，定期召开产业发展专题会议，落实市级政府相关决策。配套组建生物医药专家咨询委员会，提高决策的科学化水平。二是建立政企沟通协调机制。设立珠海市生物医药产业政企沟通协调机制，及时通报生物医药相关政策，听取企业对产业发展的意见和建议。三是持续落实相关政策。在新一轮生物医药产业规划和扶持政策出台后，相应出台相关政策的实施细则，以指导相关责任部门开展政策落地，切实推动生物医药产业高质量发展。

2. 引导产业结构优化调整

在生物医药产业自身更新迭代的发展规律中和全国生物医药产业由"粗放式"向"精细化"转变的发展机遇中，珠海市应主动引导现有生物医药产业结构的优化和调整。在化学药仍为主导、生物制品不断涌现的现状和趋势下，一是大力推动化学药转型升级。引导化学药企业由仿制向创新转变，同时鼓励企业开展仿制药一致性评价。二是重点突破抗体、细胞治疗等生物技术药，高端医疗器械产业和现代中药。积极响应国家对抗体药物、细胞治疗药物等细分领域的重点鼓励，从产业人才吸引、产业要素构建、产业空间供给等多个维度给予引导和提供相应支持。三是布局发展精准医疗、智慧医疗产业。在生物技术（BT）+信息技术（IT）产业加速融合的趋势下，鼓励发展以大数据为支撑的精准医疗和智慧医疗产业等新业态、新模式，打造产业发展新的增长极。

3. 加快壮大产业规模

不断壮大产业规模，巩固提升珠海市在国家首批生物医药产业集群城市中的地位。一是加快培育龙头骨干企业和"隐形冠军"。鼓励和推动现有龙头骨干企业增资扩产、技术改造、转型升级，促进一批药品和医疗器械小微企业上规模。二是积极引进优质龙头企业、项目和人才团队。制定生物医药产业招商行动计划，组建生物医药产业专业招商团队，瞄准国内医药百强龙头企业和国际知名大企业集团，引进一批医药制造业和医疗器械龙头企业。引进生物医药产业领军人才和创新团队，优化人才发展环境，加快科研成果产业化。三是培育一批大品种，提升产品附加值。在心血管药、抗癌药、糖尿病药、生物制剂、生物医学诊断、医疗器械、医学影像等细分领域培育一批"拳头产品"，创制一批临床价值大、规模效益明显的中药新品种，加快推动中药创新药的产业化。

4. 着重提升产业创新能力

一是推动重点领域关键核心技术突破。鼓励生物医药企业积极对接国家、省重大科技专项开展核心技术攻关。支持企业加强高端仿制药、首仿药研发，开展仿制药质量和疗效一致性评价，提升仿制药质量技术水平。二是支持产学研医协同创新。鼓励企业与高校、科研院所、医疗机构共建研发实验室，推动新技术、新产品尽快从实验室走向市场。三是建设公共技术服务平台。推进珠海健康港医学动物实验中心、临床试验中心（仿制药质量研究中心）、生物医药检验检测中心等公共服务平台建设。理顺公共服务平台管理运营机制，促进创新资源开放，实现仪器设备充分共享。四是健全创新服务体系。

5. 尽快落实产业补链延链

针对珠海市生物医药产业外包服务产业缺乏，特别是临床研究业务的外包服务产业仍为空白，尽快补足短板，落实补链和延链。一是依托现有企业，建立珠海市具备一定规格的药物安评中心，为本地研发企业提供临床前外包服务。二是引进具备药物临床试验业务的CRO和CDMO，完善生物医药产业链。三是鼓励药物非临床试验研究机构、药物临床试验机构、CRO、CMO、CDMO等研发服务机构，为生物医药企业提供技术服务。

6. 引导产业不断巩固优势领域

珠海市已经在高端制剂领域具备一定先发优势，应引导产业持续发展，不断巩固优势领域。一是对现有高端制剂企业给予更多关注，在企业技术平台搭建、临床申报、产品注册等环节给予专业指导和支持。二是引导企业加快布局纳米粒、控释等高端剂型，在现有以缓释剂型为主的高端制剂产业结构中，不断引导企业布局发展其他高端剂型，在政策创新、资金扶持、技术对接等方面给予重点支持。三是鼓励企业建立品牌优势，通过国内外高端会议、论坛等形式，为企业提供专业化品牌宣传平台，不断提升珠海高端制剂企业知名度。

7. 优化产业布局和园区载体

引导横琴新区、金湾区和高新区立足自身优势，聚焦重点，突出特色，进一步提升珠海市生物医药产业的集聚度和吸引力。其中，横琴新区依托粤澳中医药科技产业园，推动中医药研发和国际化发展，服务澳门经济适度多元化，打造珠澳生物医药特色产业品牌；金湾区依托珠海国际健康港，聚焦单克隆抗体药物、生物细胞免疫治疗等生物医药产业项目及分子成像等高端医疗器械项目，优化提升生物医药产业链；高新区加快建设医疗器械研发基地，推动高端医疗器械产业集约集聚发展。要培育一批主业突出、集聚度高、示范效应强的生物医药专业园区，完善园区基础设施和生物医药领域公共服务平台和实验设施建设，推动各园区优势互补、分工协作、错位发展，提升综合竞争力。

8. 持续强化资源要素支撑

一是强化产业用地供给。在符合规划的前提下，加大土地供给力度，对重大生物医药产业项目，优先保障项目落地。二是强化人才引进与培养。加大"英才计划"对生物医药领域创新创业团队、高层次人才的支持力度，加强高校生物医药学科建设，加强高级管理人才和科研技术人才的引进力度。三是强化产业金融支撑。拓展金融支持手段，发挥珠海基金等政府投资基金的杠杆和引导作用，针对生物医药产业发展特点，引导带动社会资本投入生物医药科研成果产业化。四是推进通关便利化。进一步优化科研、临床研究或生产用品（试剂、仪器设备、生物样品、对照品等）进出口通关程序，促进生物医药企业生产要素快速、便捷流动。

打造世界级风电产业基地
推动阳江制造业高质量发展

阳江市工业和信息化局

海上风电是广东省支持发展的战略性新兴产业之一，是可再生能源中最具规模化发展潜力的领域。根据《广东省海上风电发展规划（2017~2030年）》，明确提出将阳江作为建设海上风电装备制造产业基地，进而奠定了阳江培育发展海上风电战略性产业集群的基础。阳江市委市政府高度重视，充分发挥阳江市资源优势，以更高站位，更广视野，更大格局，率先谋划世界级风电产业基地。通过大力引进、精心培育、强化扶持等多项政策措施，大力推进海上风电产业发展。目前阳江海上风电生产基地发展势头迅猛，成为广东省沿海产业经济带发展新经济的增长极，世界级风电产业基地初步集聚成型。

一、海上风电发展概况及主要成效

阳江市主动对接融入"双区"发展建设，坚持以"比较优势+龙头企业"模式推进产业发展，高起点、高标准、高水平打造的海上风电产业集群现已成为全国产业链最完整、配套最齐全、规模最大的风电产业集群之一。

（一）发展背景

广东省拥有4114公里海岸线和41.93万平方公里辽阔海域，沿海处于亚热带和南亚热带海洋性季风气候区，冬、夏季季候风特征十分明显。独特的自然地理条件，形成了广东省特殊的风能资源分布特点，全省近海海域风能资源理论总储量约为1亿千瓦。阳江市海（岛）岸线长458.6公里，约占广东省海岸线的1/10，海域面积1.23万平方公里，海上风能资源丰富，平均海平面80米高度处年平均风速可达6.5~8.0米/秒，具有发展海上风电得天独厚的优势。目前，全球制造业格局面临重大调整，在加快科技创新力度、谋划全球产业再分工的战略机遇下，在我国海上风电制造大而不强、自主创新能力弱、关键核心技术与高端装备对外依存度高的背景下，结合我国南海海上风电资源开发的资源优势，广东省委省政府从全省产业发展格局出发，进行大力发展沿海经济带战略布局，推进珠江西岸制造业错位协调发展，将阳江海上风电装备产业基地定位为全省唯一风电装备制造基地。

广东省政府领导十分关注阳江市海上风电产业的发展。2019年1月马兴瑞省长到阳江市调研海上风电产业发展情况，要求阳江市政府认真谋划近海深水区海上风电开发建设，不仅限于已规划的1000万千瓦容量，争取扩展到2000万千瓦。2020年2月，马省长再次到阳江调研，强调阳江市要进一步发挥海洋优势，大力推动海上风电产业开发，加快海上风电场建设进度，建设世界级风电产业基地，做大做强临港工业，努力打造沿海经济带的重要战略支点。省委省政府的重视，为阳江市海上风电产业发展迈上更高发展层面创造了更好的条件。2021年省政府工作报告指出，做大做强海洋经济，加快发展海洋产业集群，实施海上风电领跑工程，推进海上风电场建设，抓好阳江海上风电全产业链基地、粤东整机组装基地建设，为下步阳江市推动风电产业高质量发展指明了方向。

近年来，阳江市依托千万千瓦海上风电资源，大力发展海上风电产业，打造以海上风电整机为龙头的千亿级高端装备制造产业集群，争做我国海上风电产业创新引领示范区，努力成为向全球展示我国海上风电发展的新名片。同时积极发挥自身港口岸线资源、周边区域风资源等优势，积极推动构建海上风电母港生态圈，打造海上风电运维母港，吊装、运输和工程施工母港，制造业母港，面向全球提供海上风电装备生产制造、风电场建设及运维、风电设备运输一体化服务。

（二）主要成效

（1）海上风电资源开发全面铺开、快速推进。截至2020年，全市规划总装机容量1000万千瓦共18个海上风电项目已全部核准，在建300万千瓦，约占全省32%，总投资约568亿元，约占全省36%。目前，已完成风机基础264座，占总量54%，约占全省76%；吊装风电机组135台，约占全省67%；并网容量66万千瓦，约占全省已并网容量69%；近海深水区9个共700万千瓦项目正加快开展前期工作。全国单体投资规模最大的海上风电项目——中广核南鹏岛40万千瓦项目全容量并网，全国总装机规模最大的近海深水区项目——华电青洲三50万千瓦项目动工建设。另外，广东省计划新增阳江市1000万千瓦海上风电装机容量，目前正在开展风场选址论证、可研设计等前期工作。

（2）世界级海上风电基地集聚成型。目前落户和计划落地阳江市的风电项目共50个，其中已建成投产的有明阳叶片、明阳整机、中水电四局塔筒、粤水电塔筒、金风整机、鉴衡检测、国家海上风电装备质量监督检验中心等7个项目，预计年产值超200亿元；在建的有禾望交流器、中车电机、东方电机、东方海缆等8个项目，总投资约140亿元，达产后年产值预计达200亿元；已签约的品奇布班察制动器项目、江阴久盛年产5万套海底电缆弯曲限制器项目、广东意德风电设备有限公司阳江海上风力发电设备配套生产项目等17个项目拟计划动工，预计总投资100亿元。另外，南高齿轮箱、山东双一、翱文狄、广东（阳江）海上风电柔性直流输电技术应用示范基地等18个总投资超100多亿元项目正在加快洽谈。阳江市风电装备制造业发展强劲，产品涵盖风电整机、叶片、电机、塔筒、海底电缆、电梯等系列风电关键装备部件。无论是落户企业数量、规模，还是产业链完整度，均走在广东乃至全国前列。预计2025年海上风电产业集群产值超千亿元。

2020年，已投产的重点企业中，明阳新能源生产整机200套、叶片600片；金风生产整机16套、水电四局生产塔筒及配件80套、粤水电生产塔筒150套、龙马生产（试产）结构件9400吨。另外，中车电机、东方电机、东方海缆等重点项目仍在建设中。预计2021年，明阳产能达整机350套、叶片1000片；金风为整机91套、水电四局为塔筒及配件200套、粤水电为塔筒200套、龙马为铸件27000吨、结构件60000吨；新增中车电机为发电机100台。风电装备制造业发展势头强劲。

二、大力发展海上风电，实现制造强省

广东"十四五"规划明确制定实施碳排放达峰行动方案、推动碳排放率先达峰，发展风能和光伏等清洁能源是实现碳达峰的重要手段。广东海岸线长、风力发电蕴藏量大，发展海上风电产业对推动广东省制造业高质量发展和推动粤港澳大湾区能源结构转型升级、加快实现碳达峰、碳中和目标具有积极意义。

（一）精心谋划，推动海上风电产业集聚发展

阳江市作为全省唯一规划建设的海上风电装备制造产业基地，将成为未来广东

省海上风电装备制造产业的主战场,对广东省沿海经济带高质量发展有着重要的推动作用。

(1)整体谋划,协同推进。近年来,阳江市委市政府高起点、高标准规划,以中山市海上风电科技创新研发基地为研发中心,以明阳智慧新能源、金风科技、龙马集团等海上风电整机制造企业为龙头,将阳江市打造成为"立足阳江、面向全省、辐射全国、走向世界"的世界级海上风电产业基地。为推进风电产业聚集成群,市委、市政府以产业规划为导向,以产业园区为载体,进一步创新招商方式,优化政务服务环境,强化招商保障,在重点领域、重点产业、重点企业、重点人才招商上寻求新突破。

(2)深化重点,大力推进。阳江市聚焦海上风电装备产业链铸链、补链、强链开展精准招商,通过加强与深圳、广州、佛山等大湾区城市以及国内外海上风电产业发展较为成熟的城市沟通对接,围绕"引龙头,促集聚,补空白",力争引进龙头企业和一批辐射带动性强、效益明显的大项目好项目,不断壮大工业经济堆头,壮大行业话语权。目前已有明阳风机、金风整机、龙马铸造等30家风电装备制造企业落户建设,总投资近250亿元。"一港四中心"(海上风电母港、质量监督检验中心、创新中心、大数据中心、运维中心)建设同步推进,初步构建了集资源开发、装备制造、研发设计、检测认证、运维管理、综合服务于一体的海上风电全产业链生态体系,世界级风电产业基地加快聚集。

(二)推进创新,助力海上风电产业高质量发展

(1)完善科技创新政策法规,营造创新发展良好环境。印发了《阳江市科学技术局引进创新科研团队项目实施管理办法》、修订了《阳江市科学技术局关于市科技计划项目合同书管理的实施细则》等文件,推进阳江市科技创新体系建设、激发主体内生动力。

(2)加强科技创新平台建设,推动科技成果转化。一是推进企业技术中心等创新平台建设,积极培育省级以上企业创新示范基地和平台,现有省级认定企业技术中心16家。二是积极开展省实验室建设工作,成功争取省政府支持在阳江市建设先进能源科学与技术广东省实验室阳江海上风电实验室。2019年10月,省级实验室建设工作获得省政府授牌,2020年6月,建设启动仪式暨第一届理事大会召开,实验室前期筹备阶段转入全面建设的新阶段。省级实验室的建设将形成辐射珠江西岸先进装备产业带、沿海经济带甚至是全国的影响力,为阳江市融入粤港澳大湾区

国际科技创新中心建设提供有力支撑。三是推动阳江高新区"以升促建"申报创建国家级高新区。2020年4月，阳江高新区向科技部汇报沟通创建"国家高新区"工作情况，目前科技部正在开展征求意见的相关工作。四是精准对接主导产业方向和企业需求，积极引导企业加快海上风电等关键技术研发，如明阳智能公司发布全球最大的11兆瓦半直驱海上风机，阳江市海上风电产业技术实现新突破。五是统筹省、市级科技资金，培育发展科技型企业、促进科技成果转化。阳江市设立高新技术创新项目等专题项目，通过资金扶持，鼓励引导企业加强科技研发和技术创新，带动项目实施单位以及上下游企业的加大研发投入力度，助推企业加快关键领域技术攻关。

（三）创新政策扶持，推动海上风电产业跨越式发展

阳江市大力抓好产业政策扶持工作，为产业集群发展提供强有力政策支持，使阳江市海上风电产业迅速发展，短短几年实现从无到有、从小到大、从"跟跑"到"领跑"的历史性跨越，成为广东省乃至全国风电产业发展新标杆和集聚区，带动阳江经济实体腾飞。一是加强政策引导，制定了《广东阳江海上风电装备制造产业基地发展规划》实施规划引领，出台《阳江市招商引资扶持重点产业发展暂行办法》《关于推动制造业高质量发展实施方案》等配套文件为风电产业发展提供政策支持。二是出台了《关于印发阳江市降低制造业企业成本支持实体经济发展若干政策措施的通知》，从企业税收、用地、社会保险、用电、运输、融资、制度性交易等方面降低企业成本，支持工业企业盘活土地资源提高利用率，支持培育发展制造业新兴支柱产业，支持企业开展技术改造，切实为企业减负。三是突出财政资金扶持。争取省级园区建设专项资金和珠西项目资金超11亿元，成立了总规模120亿元的发展基金，从项目引进、落户、建设、投产等16个方面以贷款贴息、担保贴息、股权投资等多种方式对海上风电重点项目和基础设施给予扶持。海上风电产业的快速发展推动了阳江市高新区成为全省园区经济发展最快的园区之一。2020年10月，全省园区高质量发展会议在我市召开，省政府充分肯定了阳江市海上风电产业的发展成果。

目前，阳江市海上风电产业纳入省"20个战略性产业集群"当中重点培育扶持。同时，经"广东省制造业强省领导小组办公室"的评估，阳江市被评为"沿海经济带制造业发展较好地市"之一。

（四）推进制造业数字化转型，驱动海上风电产业高速发展

制造业数字化转型是工业数字化、网络化、智能化的重要手段，是构建推动经济高质量发展的重要抓手。为贯彻落实"产业数字化、数字化产业"发展理念，我市着重发挥信息化、智能化对产业的提升作用，推动数字经济与实体经济深度融合，实现制造业高质量发展。一是推进工业互联网标杆示范，加大精准扶持力度。通过资金补助方式给予平台建设单位和工业互联网标杆示范企业资金扶持，培育和树立行业标杆案例，推动我市工业企业开展工业互联网、信息化、智能化应用创新。截至2020年8月，已有阳春新钢铁智能钢厂协同升级工业互联网标杆示范等5个项目被纳入2021年省级工业互联网标杆示范项目库，下一步将推动风电产业工业互联网应用创新，实现风电产业信息化、智能化建设。二是推动工业企业"上云上平台"。2019~2020年共扶持了25家企业。通过推动工业企业"上云上平台"实施数字化、网络化、智能化升级，提升企业生产和管理效率，有效促进了阳江市制造业降本提质增效。

（五）培育人才，为海上风电产业发展提供支撑

扎实开展"广东技工"工程，引导和鼓励风电产业企业以工代训和企业新型学徒制培训，提升员工职业技能水平，2020年以来，阳江市共开展风电相关职业技能培训200人。同时鼓励企业通过外出"招才引智"等方式积极引进高层次人才，并对符合条件的人才给予政府安家费和生活补贴，为阳江市海上风电产业人才供给提供了保障。

三、下一步发展谋划

阳江市海上风电产业的发展已进入"快车道"，成效突出，为全省的经济发展注入一股新动能。但发展过程中也存在一些问题：一是制造业规模体量不高，竞争力不强，缺乏关键核心技术。二是港口码头建设未能满足企业运输需求。三是园区生活配套、道路建设等各项设施建设投入不足，承载能力不强。四是产业人才短缺，制约了海上风电等产业的高质量发展。

下一步，阳江市将针对风电产业的一些短板进行整体谋划，利用多方协作凝成合力，落实措施做大产业体量，推动制造业高质量发展。

（1）推进实施"链长制"，全面贯彻落实广东省委省政府关于《广东省战略性产业集群联动协调推进机制》工作部署。"链长制"是政府在掌握与顺应产业发展自身规律的前提下，对区域产业发展和结构调整的精准化引导和调控的重要转变，也是国家强链、补链、稳链，切实维护产业链供应链安全稳定的重要抓手。阳江市下步将对应《广东省战略性产业集群联动协调推进机制》工作要求，结合阳江市产业集群发展实际情况，积极推动实施"链长制"，明确各产业集群的市级挂点领导、牵头部门及成员单位，落实职责分工。由"链长"和部门牵头负责，统筹协调阳江市制造业高质量发展全局性工作，加强战略谋划，审议阳江市制造业高质量发展的重大规划、重大政策、重大工程专项和重要工作安排，指导各县（市、区）、各部门开展工作，协调跨地区、跨部门重要事项，推动制造业与科技创新、现代金融、人力资源协同发展，加强对重要事项落实情况的督促检查。

（2）壮大发展阳江市海上风电产业规模，推动粤港澳大湾区能源结构转型升级，加快实现碳达峰、碳中和目标。深刻理解省委省政府对阳江市海上风电产业定位，贯彻执行广东"十四五"规划明确提出制定实施碳排放达峰行动方案，推动碳排放率先达峰的工作要求，加快推动广东省制造业高质量发展和推动粤港澳大湾区能源结构转型升级，率先实现碳达峰、碳中和战略目标。通过"链长制"，积极打通风电产业上、中、下游环节，实现统筹内外部资源，集中力量在产业链薄弱环节进行重点突破，加速构建完整产业链条。统筹考虑项目建设、人才引进、招商引资、技术创新、政策扶持等工作，加大工作力度，尽快推动"建链、补链、强链、延链"取得实质性进展，从而壮大我市海上风电产业规模，实现集群式发展。

（3）补足产业短板，打造世界级完整产业链风电装备制造基地。贯彻落实好《关于推动制造业高质量发展的意见》《广东省加快发展海洋六大产业行动方案（2019~2021年）》《广东省培育高端装备制造战略性新兴产业集群行动计划（2019~2025年）》等文件要求，坚持存量增量并举，高质量、高标准建设好、服务好落户的风电主机及零部件生产企业，集中资源力量扶持龙头企业做大做强。发挥海上风电龙头企业带动作用，对照海上风电全产业链关联产业，重点引进轴承、齿轮箱、海工装备、控制系统、机械工具、防腐设备、运输物流、港口船舶装备以及紧固件等风电装备制造产业链条，着力招引国内外一流海洋牧场装备制造产业落地。用好海上风电产业发展基金，建设海上风电专业港口码头，着力构建全产业链、全生命周期服务资源平台，优化营商环境，提升产业发展软实力。

（4）强化科技研发支撑。继续推进海上风电母港、海上风电检验检测中心、技术创新中心、大数据中心、运维中心等海上风电"一港四中心"生态体系建设,加快海上风电技术应用,筹备建设国家柔性直流输电智能系统装备产业创新中心、大数据中心和运维中心,2021年建成国家级海上风电检验检测中心,以科技提升助推阳江市海上风电行业在国内乃至国际标准话语权。高规格、高标准打造国内领先的海上风电高端装备制造基地。

（5）提升承载能力,推动园区提质增效。一是提升园区的发展空间。进一步优化园区空间布局,划定工业用地保护红线和产业保护区块。利用好省产业转移工业园扩大园区审批权限下放的机会,推动各产业园区扩园。提升园区土地利用质量效益,持续加大园区土地的征收力度,进一步盘活园区现有用地。二是实施园区倍增计划。推动园区主导产业的集约化、集群化、规模化发展,力争到2022年高新区实现产值超千亿元,成为省重点打造的20个超千亿元的产业园区之一。三是加强园区基础设施建设。加快园区生活配套、道路交通、供电供水、排水排污等基础设施建设,推动省级产业园区高质量发展。

（6）深化产学联动,着力打造人才高地。深入实施广东省"扬帆计划"和市六大人才培养工程,加快培养适应阳江市发展需要的应用型人才和创新型高技能人才。以加快筹备阳江应用型本科院校为契机,不断完善引进领军人才和创新型科研团队机制,加强海上风电企业与高校和科研院所的产学研合作,积极推进院校与企业合作共建海上风电研发基地,落实领军人才和创新型科研团队优惠政策,完善人才引进和培养环境。利用阳江职业技术院校和正在筹建的阳江应用型大学、两大省实验室建设平台,推动海上风电试验共建项目,进一步深化校企合作,为海上风电全产业链集群发展提供人才支撑。

（7）将海上风电产业纳入国家先进制造业战略集群。为深入贯彻落实国家新发展理念,推动海上风电产业高质量发展,争取将广东省海上风电产业集群纳入国家发展战略规划中,进一步加大扶持力度,充分发挥广东省海洋优势,大力推动海上风电产业规模化开发,加快海上风电场建设进度,建设世界级风电产业基地,做大做强临港工业,积极推动沿海经济带高质量发展。

粤港澳大湾区背景下中山市健康医药产业发展研究

中山市工业和信息化局

推进粤港澳大湾区建设是习总书记亲自谋划、亲自部署的国家战略，目前各项工作正在紧锣密鼓地推进当中。健康医药产业是具有巨大市场潜力的新兴产业，辐射面广、吸纳就业人数多、拉动消费作用大，具有拉动内需增长和保障改善民生的重要功能。尤其是随着我国消费结构升级、人口老龄化趋势和二孩政策实施，国民对健康医药的需求将与日俱增。《粤港澳大湾区发展规划纲要》提出，"支持中山推进生物医疗科技创新"。粤港澳大湾区发展战略赋予了中山发展健康医药产业的重要使命。

一、中山市健康医药产业发展概况

健康医药产业是中山市三大重点发展产业之一，拥有国家健康科技产业基地、华南现代中医药城、中瑞工业园、中德（中山）生物医药产业园等产业发展载体，聚集了诺华山德士、联邦制药、完美、康方生物等国内外知名企业和创新型企业，逐步形成了涵盖生物制药、化学药、现代中药等多领域的健康医药产业集群。2018年健康医药产业实现科工贸总产值近900亿元[1]。中山市健康医药产业呈现以下特点：

（一）产业规模初步显现

近年来，在中山市委、市政府的大力支持下，健康产业发展势头迅猛。总产值从2014年的583亿元[2]，增长至2018年的近900亿元。预计至2020年实现千亿健

---

[1][2] 资料来源：中山市统计局工作总结。

康产业集群目标[①]。

(二) 创新体系和服务平台初见成效

中山市致力打造服务全产业链的公共服务支撑体系，已建成涵盖研发、中试、检验检测、成果转化、金融资本、孵化加速全过程，具有生命力的产业创新体系。

目前，建成的技术研发平台包括：康方蛋白和单克隆抗体创新药研发平台、中智中药破壁技术研究服务平台、珐玛斯药物筛选与药代动力学服务平台、康晟动物细胞培养产品研究中心等。检验检测平台包括：中山市食品药品综合检测中心、腾飞—新一代基因测序技术（NGS）基因检测与诊断中心、广东医药器械检测中心中山分中心、广东口岸药品检验所中山实验室、广东中测食品化妆品安全评价中心等。中试平台包括：康方天成生物大分子药物中试研究服务平台、华南新药创制药物制剂中试平台等。生产服务平台包括：星昊小分子冻干、小容量注射、固体口服制剂合同生产服务机构（CMO）平台、安士制药软胶囊 CMO 平台。

正在筹建广东省药品检验所中山实验室，计划打造粤港澳大湾区的一流口岸药品检验所，正积极申请纳入国家药品进口口岸。正在建设有还有中科院药物创新研究院华南分院，与香港大学、广东药科大学共建技术转移中心和健康医药孵化器，中山东部组团现代产业工程技术研究院。基于国家医药监管体制改革和产业创新发展需求，火炬区国家健康基地正致力构建合同研发服务（CRO）、合同生产服务（CMO）、合同研发生产服务（CDMO）、合同注册服务（CRAO）体系化的医药产业服务平台。

(三) 培育了一批国内领先的关键技术和创新产品

中山市积极引进和培育了一大批国内领先、国际知名的具有自主知识产权的品牌产品。如化学药类创新药苯烯莫德、抗肿瘤和免疫疾病 PD-1/CTLA4 双功能抗体、治疗高血脂的 PCSK9 抗体、抗体偶联药物（ADC）、256 排 CT，64 排 PET-CT、新一代基因测序和诊断试剂、CAR-T 肿瘤免疫治疗产品等。通过自主创新与协同创新，突破了生物大分子新药研发全程技术、手性药物催化合成技术、高速逆流色谱中药成分分离技术、中药破壁粉粒关键技术、微流控基因芯片制备技术、二代基因测序与诊断技术、肿瘤物理治疗系统、256 排 CT 等关键技术。

---

① 罗丽娟, 孔冰. 中山健康产业将迈入千亿产业集群[N]. 南方日报, 2017-11-13.

（四）聚集了一批批高端领军人才和创新科研团队

目前，中山市已有"长江学者"特聘专家 1 人、3 名科技部科技创新创业人才、2 家院士工作站、3 个广东省创新科研团队、12 个中山市创新科研团队。建设了 1 个国家地方工程研究中心、1 个国家中医药管理局重点研究室、3 个国家重点实验室分室、1 个广东省工程实验室、2 个博士后科研工作站、7 个博士后创新实践基地。

（五）构建了完整的科技金融服务体系

引进了中国十大天使投资机构——英诺天使基金、健康产业股权投资基金、时代伯乐医药健康产业股权投资基金、吴阶平健康产业科技投资基金、贝森资本等针对健康医药企业发展所需的多项产业基金。我市已有中智药业、乐心医疗等 10 家企业实现上市、在新三板挂牌，吸引了九州通医药等上市公司在中山投资发展。基金机构、上市公司通过并购重组、股权投资等多种合作方式，为现有企业发展提供金融支持。同时，通过吸引融资租赁、担保机构等多种形式的融资主体，为企业发展提供引擎力量。

（六）打造了完备的创业孵化生态链条

目前，中山已经基本建成"众创空间—孵化器—加速器—产业园"全链条科技企业孵化格局。创业孵化生态链已成为推动创新项目集聚、企业培育、招商引资、产业持续发展的有效载体。拥有国家级医药专业孵化器 2 家，国家级备案众创空间 1 家，省级孵化器 1 家，市级孵化器及众创空间 3 家。其中健康基地健康医药专业孵化器孵化面积已达 5 万平方米，在孵企业 71 家，已毕业企业 63 家。成功孵化了康方生物、腾飞基因等一批成长性强的科技型企业[①]。2016 年获认定为国家级科技企业孵化器，2016 年、2017 年连续两年获科技部国家科技企业孵化器 A 级评价。

（七）形成中山特有的产业发展模式

目前，中山市健康医药产业形成了以专业产业园区运营，政府主导的模式，已成规模的产业园区包括国家健康产业基地、华南现代中医药城和翠亨新区健康产业

---

① 资料来源：中山市科学技术局工作总结。

创新示范区,共聚集了健康医药企业近 400 家,园区科工贸总产值 456 亿元[①]。

二、中山市健康医药产业发展经验

(一)构建政府主导、企业化运作、多元化资源整合的园区建设发展机制

国家健康基地、华南现代中医药城园区构建了"政府—园区发展公司—产业园"紧密结合发展的产业园区开发管理和运营模式,能够按照市场化运作的管理理念合理化处理政府与市场职能关系,充分、高效地整合镇区内部资源,具有降低行政运行成本、专业化建设运营专业园区、专业规划引导建设产业创新平台等众多优势。该运营模式已为健康医药专业园区建设积累了 25 年探索经验,是中山市从无到有、从弱到强,实现健康医药园区为平台发展健康医药产业的良好模式。

(二)政府重视与专项政策保障

中山市政府一直高度重视健康医药产业的培育和发展。先后出台了加快健康医药产业发展的三年行动计划(旋风计划)、健康医药产业发展五年行动计划(2018~2022 年)等政府文件。从 2002 年起,中山市政府设立了首个专注于健康医药产业的产业发展专项资金,每年额度提升至最高 1 亿元,相关镇区也设立相应的扶持资金,并一直延续至今。出台颇具竞争力的招引、扶持政策,积极引进中科院和哈工大创新项目,促进中科院药物创新研究院华南分院加快建设。

(三)不断搭建产业创新服务平台

从 2000 年开始,中山市逐步建设药物研究所、药物制剂中试车间、药物研究院,再到建设科技楼、生物谷创新孵化大厦,积极引进珈玛斯新药筛选、优诺中药对照品研究、中山市药检所、中测保健食品检测中心等工艺技术、检验检测、中试等专业服务平台,为企业提供便利的医药专业服务。近几年,通过建设健康医药专业孵化器、引进蛋白抗体创新药 CRO、生物药中试服务、药物制剂中试服务、注射剂和软胶囊制剂 CMO 等平台,更是将产业公共服务平台服务范围延伸至全产业链。

---

① 资料来源:中山市统计局工作总结。

（四）利用金融资本手段助力产业快速发展

近 10 多年来，中山市通过旋风计划专项促成财政股权投资健康医药优质落地项目，推动政府出资引导成立多支健康产业股权投资基金，同时创新应用投联贷、融资租赁、信用贷、科技贷、科技信贷风险准备金等金融手段，为落地中山的创新创业企业提供资本金融服务。政府引导设立的医药投资基金，更是通过投资手段促推了一批国内外优质项目落户中山。其中，贝森资本对境外徐诺药业的投资，成功实现了中山市首笔基金境外投资（ODI）业务，为投资招引海外项目落地中山开辟了新的道路，目前徐诺药业已完成在美国纳斯达克上市的前期准备。

（五）搭建高标准行业交流平台，增强健康产业的行业知名度

自 2006 年起，中山市连续成功举办十三届的"健康与发展中山论坛"，其间 2009 年开始与吴阶平医学奖颁奖大会联合举办，至 2019 年已成功合作 10 年。"一坛一会"的举办不仅向中国乃至全球宣传了中山城市整体形象和健康医药产业发展的良好投资环境，也向外界传递了中山愿与各界共谋合作的意愿。同时通过与港澳嘉宾、港澳科研机构与企业、海外嘉宾的合作洽谈，对接到多个投资、项目合作机会，形成了文化招商与健康品牌宣传相结合的良好效果。

（六）专业团队提供高效服务

高效、专业、经验、敬业团队是推进健康医药产业发展的利器。中山市健康科技产业基地发展有限公司是专业的管理服务团队，已经成立 20 多年。始终坚持专业、贴心、高效的服务宗旨，通过组建专业招商服务中心，配以工程、物业、安全、人事行政、财务等服务部门，形成了针对园区落户企业一对一的专人跟踪服务模式。招商服务人员均为健康医药或相关专业毕业的专业人员，针对健康医药企业的需求提供全面、专业与高效的贴心服务。

三、中山健康医药产业发展面临的问题

（一）土地资源紧张，难以吸引龙头企业落户

作为中山市健康医药产业发展的主战场，火炬区土地空间极度缺乏，无法承载龙头企业对土地的需求，火炬区健康基地目前在谈众多创新健康医药产业化项目，

包括乐普医疗、深圳泰康医药、富邦瑞博药业、上海儿童营养中心、美国心悦生医等用地项目均面临着无法落户窘境。

（二）缺乏行业龙头企业，难以吸引上下游配套企业集聚

目前，中山健康医药产业中小企业多，行业龙头企业少，产值超过 10 亿元和上市企业数量不多。除了山德士、九州通等龙头企业以及康方生物等少数创新型企业外，缺少在细分产业领域有代表性和影响力的一批领军企业，导致对整个产业的带动力量匮乏，制约了整个产业生态系统的进一步发展和完善。

（三）周边高校科研资源不足，中高端人才较少，研发创新能力较弱

全市健康产业发展中仍存在创新氛围不强、无专业高校和科研院所支撑，缺乏原始创新基础学科的科研支持。尽管近年来加速引进，但产业领军人才和高水平团队仍不多。产业创新环境和生活配套设施跟不上等问题，制约创新人才安居和产业创新的发展。

（四）土地资源、财政资金和招商资源分布不均，区域优势资源整合不足

中山产业长期以来以"一镇一品"形成了特色传统产业，镇区间土地资源、财政资金和招商资源分布严重不平衡，缺乏全市统筹，严重制约了已有健康医药企业的发展。在全国各城市、广东周边城市产业竞争日趋激烈的大环境下，大批在谈优质健康产业项目难以落地，导致优质项目流失。

（五）产业政策仍偏保守，人才政策吸引力不强

虽然市区两级政府近年来不断出台健康医药产业、人才政策，但相比苏州、武汉、成都等国内健康医药产业先进地区，产业政策支持方向、力度、监管仍显保守，竞争力不足，吸引力不强。

四、国内先进城市发展健康医药产业的经验借鉴

近年来上海、苏州、泰州等地，以及深圳、广州和珠海等大湾区城市的健康医药产业迅速发展，园区建设如火如荼，许多经验做法值得中山市借鉴。

（一）上海、苏州、泰州健康医药产业集聚区现状与分析

张江生物医药基地、苏州生物医药产业园、泰州医药开发区发展各具特色，集中呈现产业集约创新、多领域关键核心技术领先、化学药新型制剂、中药现代化及保健品化妆品形成规模产业化等特点。

（二）粤港澳大湾区主要城市健康医药产业发展现状与分析

深圳、广州、珠海等城市的健康医药产业保持稳定增长，通过打造大型产业基地、集聚区，吸引企业和产业化平台项目入驻，形成较为完整的健康医药产业链，创新平台激发各类创新主体活力，自主创新能力显著提升。

（三）对中山健康医药产业发展的启示

借鉴先进地区的做法，中山市应加强市级统筹管理，加快拓展健康医药产业发展空间，拓宽健康医药产业融资渠道，提升健康医药产业研发水平，完善人才保障机制，提升健康医药产业招商高度，大力打造安全、全面、高质量的健康医药产业集群。

五、关于中山健康医药产业发展方向布局的建议

（一）以重大疾病和临床急需为核心，发展创新药和急需品种仿制药

针对肿瘤等重大疾病治疗，开展重组蛋白和多肽类药物、抗体药物等新药创制，引进优势企业开发新靶点、新结构、新剂型、新治疗途径的小分子药创新品种。开展临床急需、供应短缺、疗效确切、新专利到期药物的仿制开发，提高患者用药可及性。提高仿制药质量水平，发展高端仿制药。

（二）以高精尖为导向，发展高端医疗器械

发展心脏、冠状动脉、肿瘤等市场前景大、应用范围广的高端微创介入和植入医疗器材。融合区内新一代信息技术优势，发展手术机器人颠覆性医疗技术。依托腾飞基因等企业技术基础，重点发展前景广阔的基因芯片技术、基因测序技术和聚合酶链式反应（PCR）技术平台开发和试剂研发。

（三）以下一代生物技术产业化应用为引领，布局细胞治疗、基因治疗等领域

以干细胞和免疫细胞治疗白血病、先天性代谢疾病、糖尿病、心脏病、肿瘤等疾病作为突破口，研究新型治疗性细胞技术在重特大疾病中的应用。鉴于基因治疗在恶性肿瘤、感染性疾病、心血管疾病、自身免疫性疾病、代谢性疾病等重大疾病治疗上的重要意义，支持基因检测和基因编辑技术的发展。紧跟疫苗领域未来发展走向，针对肿瘤、自身免疫病、慢性感染、移植排斥、超敏反应等疾病，发展治疗性新型疫苗。

六、加快中山健康医药产业高质量发展的对策建议

基于健康医药产业特征与发展趋势，结合全球医药产业集群发展成功经验与中山市产业发展环境、特点，建议从"特色集群""科技创新""政策扶持""资源保障""湾区经济""招商选资"等方面采取针对性的对策措施。

（一）加强顶层设计，打造产业集群

加强市级统筹，合理规划布局。从全市层面统筹健康医药发展规划，优化空间布局，立足各镇区资源禀赋与产业发展实际，加强宏观引导，避免低水平与重复建设，合理在火炬区、翠亨新区、民众、南朗等主要发展集聚区布局细分重点产业领域。

（二）加大政策扶持力度，争取先行先试

为提升在粤港澳大湾区健康医药科技领域开展国际合作的广度与深度，争取国家和省相关政策进行先行先试。例如，参照中国香港或海南博鳌相关政策，允许境外已批准上市但未获得内地进口注册许可的药品、医疗器械及细胞治疗、基因治疗、血液净化、功能医学、干细胞等前沿医疗技术和先进治疗方法，由广东省人民政府实施进口批准在中山指定医疗机构使用。批准增设中山市中山港口岸为允许药品进口口岸，授权中山港海关设立发达国家或地区（欧盟、美国、日本、中国香港、中国澳门等）和中山市之间的药品、医疗器械、生物材料快速通关检测平台，试点建设健康医药研究开发活动用物品进出口通关绿色通道。已经在欧美等主流国

家普遍应用，已有数据证明安全有效，但未列入我国《医疗机构临床检验项目目录》的检验技术项目（LDT检测项目），争取在中山指定区域或机构应用。

（三）构建产业创新体系，提升产业发展层级

着力建设好中科院创新药物研究院华南分院、香港大学—广东药科大学中山创新平台、北京中医药大学研究院等项目，积极与清华大学、北京大学、中国药科大学、中山大学、国外知名高校以及以色列魏兹曼研究所等建立合作，以共建研究院、创新中心、技术成果转化中心、孵化加速器等方式，提升中山健康医药创新水平。拓展人才引进渠道，积极对接海内外健康医药高层次创新创业人才，积极落实人才引进落地政策，为高端人才和团队落地中山创新创业提供优良的环境。

（四）加大政策扶持力度，促进产业发展壮大

加快创建健康医药科技国际合作创新区。各镇区、各职能部门紧密配合，以创新发展和国际化发展主题，以具体工作和年度任务为目标，努力实现中山健康医药产业创新水平和国际化发展水平的有效提升，同时积极向省、国家争取促进健康医药产业创新发展的政策条件。加大财政扶持力度，特别项目一事一议扶持引进。在现在健康医药五年行动计划政策基础上，对重大、重点项目的引进可以采用一事一议政策，加大扶持积极引导落户，尽快树立一批标杆性健康医药项目。细化实施已出台的产业政策，务求能落实，能够发挥好引进产业、培育产业、促进创新、提升质量的作用。

（五）加强产业载体建设，提升产业发展空间

做好全市统筹下，通过一区多园或镇区合作，在民众、三角、南朗等镇区规划连片土地，由相关镇区和专业园区开发公司负责开发健康医药产业园区。在民众镇沿横门水道区域规划67~133公顷土地，建设药品生产质量管理规范（GMP）标准工业厂房、孵化加速载体、CMO/CDMO生产平台，整体进行道路、排污、蒸汽、双回路供电等健康医药园区基础设施配套建设，重点引进龙头、骨干及创新加速项目，打造成为中山市健康医药未来5~10年产业加速集聚、骨干龙头企业落地与培育、创新型项目迅速成长的高质量发展示范区。

（六）借助湾区经济优势，力促产业发展

充分利用中山与香港《中山香港联合参与"粤港澳大湾区"经贸合作协议》、中山与澳门《关于共同创建国家生物医药科技创新区合作框架协议》等，积极对标对表，做好"东承"文章，密切加强与港澳联系，进一步营造高标准的投资环境、营商环境和市场环境，主动吸引和承接港澳健康医药行业创新科技、资本人才等高端资源要素，推动资金、技术、人才、项目等要素资源集聚。同时，充分利用丰富的土地资源等，借鉴深汕特别合作区等区域合作模式的经验和做法，进一步创新合作模式和机制，进一步加强与省内广州、深圳的合作联系。

（七）统筹对外合作，建立招商选资模式

进一步加强统筹招商力度，有针对性地引进重点项目，建立重点产业化项目引进落地的统筹机制，对拟引进的健康医药项目和产能升级的项目在全市范围内统筹安排。其中，智慧医疗、精准医疗项目和高端医疗服务项目由负责部门牵头，会同相关部门落实推动。通过体制机制优化，加速一批重点项目落地并尽快形成产能，支持一批重点项目实现产能升级。加大与港澳、深圳、广州等地生物医疗产业的合作，探索与国外健康医药类代表企业的合作机会。引入港澳战略合作方，积极推进健康医药科技创新区的筹备工作。加强对深圳、广州健康产业的承接转移，通过招商大会、意向洽谈等方式吸引深圳前海、广州南沙的优质健康医药企业在中山建厂合作，提供有利的营商配套政策。

韶关市绿色矿山产业生态化研究报告

韶关市工业和信息化局

一、韶关绿色矿山建设及矿产资源开发利用情况

韶关地处南岭巨型纬向构造带中段，国家级重点成矿带南岭成矿带横贯全市，成矿地质条件优越，矿产资源种类较齐全，多种矿产资源禀赋居全省前列，尤其是有色金属矿产，被誉为"有色金属之乡"。截至2020年，全市共发现矿产种类88种，已查明资源储量的矿产56种，查明资源储量矿产地371处，其中能源矿产81处，金属矿产105处，非金属矿产180处，水气矿产5处。矿产资源分布呈现四大特征：一是主要矿产分布相对集中，具有一定区域特色；二是金属矿小型矿床多，贫矿与共伴生矿多，单一矿少；三是有色金属、稀有稀土金属及化工原料等矿产具有较好的资源潜力与开发利用基础；四是铁、铜等主要金属矿床品位低，矿山开发采选工艺要求较高，同时共伴生组分多，综合开发利用难度较大。

目前全市已有28家矿山被广东省自然资源厅评为省级绿色矿山，其中9家矿山被录入全国绿色矿山名录，占全省已建成绿色矿山287家的9.75%，居全省前列。其中金属矿山11个、采石场矿山8个、地热及矿泉水7个、非金属矿山2个，金属矿山占比39%。

二、韶关市绿色矿山与资源开发路径研究

（一）发挥市场在资源配置中的决定作用

产业链上游——整合资源深度开采路径。路径落脚点：整合资源提高矿产开发利用水平。矿产资源开发整合与企业的发展走向一致化，与行业权威专家合作，进

行相应研讨后再做决定。扶持冶炼工艺资源综合利用技术改造、尾矿综合利用矿产回收、生产废水回用技改等新型技术项目，解决尾矿伴生矿难题，可持续循环利用资源。明确矿产资源的产权主权，主要责任人对矿产资源的开发整合以及环境的保护负责。加大矿产开采管理力度，促进矿山资源优化配置，矿产开发科学布局。建立健全的矿产资源监管体系，明确乡镇政府和农村集体经济组织对矿产资源开发秩序的监管责任，形成监控网络有效监管矿产开发。

产业链中游——细化提升产业价值路径。路径落脚点：矿业开发产品与技术调整优化。精细化控制生产，细化产业，提高劳动生产率，降低开采成本，提高附加值。适应市场需求，发展矿产品精深加工，提出精细化的产品方案，改良精细化的回收工艺技术，实现低档产品向中高档产品、单一产品向配套产品、低附加值产品向高附加值产品、高耗能产品向低耗能产品的转化，出口产品由初级产品为主向加工制品为主转换。按照现有矿山开发的特点和现状，进行技术改造，扩大产能，更新采矿设备，改进质量，降低环境污染，提高安全保障和生产效率，使矿产资源开发利用在科技水平、产品结构、工艺性能、经济效益和环境保护等方面从根本上得到改善。淘汰技术落后矿山，关停资源浪费、矿山环境问题突出、安全无保障的小矿山，防止资源破坏、浪费，加强矿山开发的环保、安全、灾害防治、复垦技术开发，保障矿业可持续发展。

产业链下游——定向输出综合利用路径。路径落脚点：矿业产品综合利用提高产品附加值。拓宽资源开发领域的有效途径，加强伴生、共生资源的综合开发利用，加大对废水、废渣、废气等煤化工过程中产生的各种不同产品和副产品加以综合利用。适当控制资源开采强度、延长资源服务年限的战略，在追求规模效益与可持续发展之间寻求一个平衡点，适度开发，保持一定时期内资源生产的相对稳定。对于伴生矿和尾矿等废弃物资源利用出台了一些优惠政策，鼓励企业对其进行开发和利用，减少资源浪费和三废回收问题。加强与珠三角的联系，基于韶关市丰富的旅游业资源，利用韶关市老工业基地固有的钢铁、有色金属等产业基础雄厚的优势，对液压件、矿山机械、铸锻件等机械产业进行升级改造，建设莞韶产业转移园区等多个聚集机械制造专业园区，打造韶关市成为珠三角地区先进制造业配套产业基地、广东省机械装备制造总部经济基地。

（二）发挥政府引领作用

以生态文明理念发展产业兴市。路径落脚点：环保生态打造发展新起点。学习国内外知名的绿色矿山建设，在韶关市建设典型示范点，搭建省级绿色环保平台。政府国土资源部开辟绿色通道在政策方面宣传和鼓励示范点，在基地选拔、资源补偿费减免以及环境恢复治理保证金返还等方面给予相应的倾斜和照顾。在矿产开采规划上，从大局出发利于绿色环保，统一原则，建立奖罚机制，重点突出地方特色。修复大量历史遗留的重度污染区域，确保达到绿化覆盖率标准，例如在大宝山、凡口等矿山周围地区重金属污染严重的地区，清理不符合环保标准的企业，保护合理开发矿产资源。

政策扶持推动有序发展。路径落脚点：争取上级支持调整产业政策路径。我市具有优势地位的稀土和钨属于国家暂停颁发新的探矿和采矿证的限制矿种，资源不能得到有效利用，向上级积极争取支持，批复安排韶关市的探矿权的设置方案。政府研究制定相关鼓励政策，规划稀土开采区域，打造以稀土为主导的采选和深加工产业链，发展稀土资源的上下游产业。推进矿产资源管理改变，落实各级政府的相关责任，对于审批权限和收费标准进行调整，增加矿产资源对于地方经济的贡献值。扶持我市的重点矿产企业，特别是注册地或总部在我市范围的企业，避免税收分流到其他城市。逐步建立矿山环境治理和生态恢复责任机制的指导意见，在开采资源的过程中往往造成环境污染、耕地破坏等问题，企业必须承担相应的责任。

加强产业集聚发展。路径落脚点：矿业产品规模集聚发展。我市矿产行业遵循市场原则，推进化工、冶金、能源等行业的产业整合和兼并重组，打破产业边界，加快推进上下游关联产业的联合兼并重组整合，促进资源型企业跨行业、一体化发展。科学预测未来矿业经济的发展趋势，推行资源节约、技术先进、生态环保，具有资金、技术和管理优势的采矿企业与加工企业联合，引导加工企业收购上游开采企业，形成采选加一体化模式。矿业发展和其他关联产业的发展相协调，注重组合资源的开发，向高科技深加工下游产品延伸，丰富产品品种，提高产品的技术含量、附加值。

三、韶关市矿产资源产业链衍生研究

（一）韶关市矿产资源发展可行方式

通过推进产业技术进步与加强技术创新来提升矿产品精细化生产能力，有效延伸矿产资源产品链，促进韶关市矿产与相关产业共同发展。通过提升价值链上重要环节的经济附加值，实现由初级产品加工到精深产品加工的转移以增加矿产资源产品经济效益。通过发挥部分优势企业的影响力，使产业集群不断向相关上下游产业扩展，有效促进相关行业及企业向集群靠拢并逐渐融入其产业链形成互补之势，充分发挥协同效应，为实现矿产资源产业的可持续发展注入活力。

1. 产业协同

钢铁产业。钢铁产业属于高耗能、高污染、资源性行业，且排放的废气污染物种类复杂，排放量较大。随着我国供给侧改革、去产能、清除"地条钢"等政策的出台，环保督察以及"2+26"城市大气污染防治计划等相关行动。环保+供给双重约束使得我国煤炭、铁矿石、有色等产品全国工业生产者出厂价格（PPI）持续上涨。韶关市应把握好钢铁产业特殊时期的机遇，加强环保方面的整改，同时要整合韶关市钢铁产业集中发展，顺应我国钢铁产业发展潮流。

机械装备制造业。韶关市应利用好现有的铁矿、铅锌矿等机械装备制造业需要的基本原材料，延长产业链，着重针对产业链的薄弱环节进行招商引资。应依托大宝山铁矿、仁化凡口铅锌矿等大型骨干企业，建设"探—采—选—冶—加"一体化特色园区，同时加大技术改造力度，加强自主创新，努力提高采选加工企业的技术装备水平，不断提高加工深度和产业集中度，最大限度地实现优势资源转化增值。并且要鼓励和支持铜、铅、锌重点企业延长产业链条，提高产品加工深度，生产高精铜板、带、箔、管材，生产锌板带等高附加值产品。

新材料产业。针对韶关市现有的矿产资源种类，新材料发展的重点是镁及镁合金材料、新丰和乳源两地的稀土材料及矿石中的碳材料等。要依托现有企业，加大炼镁技术开发力度，提高原镁的合金化比例，形成以高品质原镁为主导产品，以高性能镁合金锭及坯材为潜在主导产品和以变形镁合金材料、压铸件为新产品的梯队发展格局。以本区丰富的稀土材料、碳材料资源为原料，依托高校、科研院所等建立研发机构，发展先进稀土改性材料、石墨烯、碳纤维等国际上比较先进的新材料，同时，进一步考虑延伸下游产业链。

2. 矿产资源促进新兴产业衍生

碳酸钙粉材促进新兴产业衍生。针对韶关现有的碳酸钙粉材，要积极构建"大理石原料—大理石板材和工艺品—大理石边角废料回收—重质碳酸钙超细粉—合成人造大理石"碳酸钙新型产业链；同时碳酸钙产业还可以加强发展造纸、塑料、橡胶、制药等碳酸钙下游产业项目，未来的发展趋势是打造原料开采—加工—销售—应用一体化的碳酸钙产业；与此同时，碳酸钙经过深加工还能促进造纸、油墨化学建材、密封材料、日化、食品、药品等诸多新兴产业发展。

放射性矿产资源促进民用核（中国散裂中子源）产业衍生。发展中国家的首台散裂中子源在东莞建设，目前东莞已经开始着手研究借鉴英国卢瑟福·阿普尔顿国家实验室的成功经验，发挥大科技装置对产业集聚的带动作用。针对韶关市现存的放射性矿产资源，应依托散裂中子源辐射带动作用，展开与东莞散裂中子源项目合作，推进发展新材料、民用核技术、生物医药和科技服务等配套产业，促进散裂中子源的科技成果转化。

有色金属矿产促进新兴产业衍生。韶关市拥有十分丰富的有色金属矿产资源，这也正是新兴产业所必需的原材料。在有色金属行业发展的趋势下，结合韶关市以及珠三角地区新兴产业发展情况，韶关市应加强有色金属在上述提到的新材料领域上的科研创新，提升优势矿产资源的深加工能力。在应用方面，由于珠三角地区的轻工业相对更加发达，因此，韶关市要加强有色金属在新一代信息技术、新能源汽车、节能等领域的应用。

"互联网＋矿产资源"产业。发展"互联网＋"，促进矿产资源产业改造与重构，要使互联网技术逐渐向生产、流通等领域延伸，就必须在大数据、物联网、云平台等新兴技术上倾注更多的人力、物力和财力，利用技术创新来改造或重构生产管理。改造与重构矿产资源企业互联网战略体系企业是互联网的重要主体，发展"互联网＋矿业"必须对矿业企业的互联网战略体系进行改造或重构。

（二）韶关矿产资源发展路线

起步期（2020~2023年）。围绕韶关大型矿山企业进行特色园区的建设，发展倾向于韶关市以及珠三角地区的需求，与相关产业进行产业协同。对于已建成的产业园区（莞韶产业园、曲江特钢产业园、浈江产业园等），针对产业链中薄弱环节以及进一步加大招商引资力度。省市矿产资源产业相关基础设施建设大部分已经建设完成，其余项目在施工中。与此同时，联合高校与相关科研院所，建设矿产资源科技创新和区域发展重大平台。

形成期（2023~2026年）。韶关矿产资源产业园区和相关配套基础建设已基本建成，已经营造良好的园区环境，与珠三角地区之间形成良好的协作模式，引进几家大型上市企业和行业龙头企业，建设重大产业项目，并通过发挥大型优势企业的影响力，使产业集群不断向相关上下游产业扩展，初步形成韶关企业的品牌知名度和产品影响力。科技创新平台已经建成，产学研合作已经开始建立。

成效期（2026～2030年）。科技创新平台推出重大创新技术，通过技术与产品形成韶关矿产资源自己的品牌，矿产资源深加工企业、上游新兴产业企业将韶关矿产资源产业园区作为首选之地。矿产资源深加工配套完善，已经与新兴产业形成完整的产业链，带动韶关市整体经济走上新高度。

四、韶关市绿色矿山资源开发利用生态保护

（一）城市对标分析

综合考虑韶关矿产资源的发展基础和特点，并且结合韶关的地理位置，本报告选取鞍山市作为对标城市。鞍山的生态保护经验：鞍山市的大面积挖损、压占占用了大量土地，给矿区及周边地区土地、生态环境造成了严重影响。从20世纪90年代中期开始，鞍山市委、市政府及国土资源局的有关领导深刻意识到，治理和修复矿山生态环境，迫在眉睫、刻不容缓，为打一场鞍山有史以来规模最大、难度最大、时间最长、意义最深远的矿山环境治理攻坚战做好了准备。鞍山市国土资源局贯彻落实国土资源部、辽宁省的相关文件规定，坚持治理、整理、复垦、开发并举，将节约集约用地与矿山环境治理相结合，努力将先治理的区域建成示范区，为后期该区域进一步治理打下良好基础，最终形成大面积治理，产生规模效益。

（二）韶关矿产资源开发利用生态保护的可行方向

以绿色发展促进矿山环境与经济相互协调。一是建立生态能源矿产新体系。克服在开发利用资源，保护资源方面的盲目性和片面性。必须坚决制止乱采滥挖、破坏环境的行为；杜绝开采回采率低、资源浪费现象的发生。二是前置宏观规划，实施有计划的开发。在一段时期内对管辖区域内各类自然资源的开发、利用、保护、恢复和管理所作的总体安排，目的是从宏观上解决自然资源开发利用与生态保护、当前利益与长期持续发展的矛盾以及资源分配问题。三是优化产业结构。针对韶关现有支柱产业多属矿产资源依赖型产业的基本特点，为避免矿枯业竭、业退城衰的危险，立足于城市创新、集聚，在现有采矿业结构中积极吸引资源要素流入矿区生态产业共生体系。

以共享发展强化矿山环境保护的社会监督。一是切实加大生态环境保护的宣传教育力度，增强全民的生态意识，树立科学发展观和可持续发展的战略思想。二是

充分利用广播、电视、报刊、网络、宣传会和座谈会等，对公众进行有关生态环境的教育。三是公开发布矿山环境保护方面的法律法规、保护规划和计划。

以创新发展推动矿山环境保护技术提升。一是提高开采设备配套能力，促进资源合理开发利用，进一步优化设计，提高生产技术水平，配套匹配的先进开采设备，优化开发手段。在地质及生产技术条件允许的区段内，利用先进技术和设备，简化生产、运输环节，加强高产高效矿井建设。二是强化环保治理，提高资源综合利用程度。强化管理措施，加强建设项目环境保护。贯彻落实环境影响评价法，对新建项目和发展规划进行环境影响评价。严格落实"三同时"制度，做到项目主体工程与环境保护设施同时设施、同时施工和同时投入使用；强化工程措施，加大污染源治理力度。三是加强矿山环境保护的科学研究。着重研究矿业开发过程中引起的环境变化及防治技术，矿业三废的处理和废弃物回收与综合利用技术，采用先进的采、选技术和加工利用技术，提高劳动生产率和资源利用率。

以开放发展丰富矿山环境保护的融资渠道。一是建立资源开发与生态协调建设专项资金。政府对生态环境保护与建设的投资在县财政总支出中的比例要逐年增加，对环境基础设施建设、环境质量监控、农业面源污染治理、水源地保护建设、河道水环境治理等重大生态建设项目，要确保资金到位，按时实施。二是建立和完善投融资机制，制定筹集生态建设资金的政策措施。鼓励不同经济成分和各类投资主体以不同形式积极参与生态建设，调动社会一切力量和不同团体和个人的积极性，多方位、多渠道筹措资金，加大生态建设重点项目的资金投入力度。

五、韶关市绿色矿山资源开发产业发展建议

构建矿产资源产业发展体系是转型升级的必要要求。一是构建矿产资源产业发展体系是规范韶关市矿产资源开发利用工作的重要保障。依托丰富的矿产资源及政府引导力度的不断加强，韶关市矿产资源产业发展迅速，初步形成了较为完整的采选—冶炼—加工体系。把握国家长江经济带、供给侧结构性改革等一系列重大战略机遇，紧抓国家及省市专项政策红利，加紧推进和完善矿产资源产业发展体系建设是规范韶关市矿产资源开发利用工作的重要保障。二是构建矿产资源产业发展体系是提升韶关市矿产资源产业发展水平的重要动力。总体看，韶关市矿产资源产业仍然属于以原材料为主的粗放型经济，优势矿产资源储备并未得到充分的利用和挖潜，资源优势未能充分转化为经济优势。通过构建矿产资源产业发展体系，实现产

业效益强心提升、推动产业机制创新，有利于改善韶关市矿产资源利用不足的劣势，提高矿产资源开采和使用效率，优化矿产资源产业结构，进而推动韶关市矿产资源产业发展水平的提升。

（一）构建矿产资源产业效益强心提升发展体系

1. 引导智能矿业发展，推动产业转型升级

目前，韶关市矿业主体的发展方式落后，产能过剩、资源利用率低、信息化程度不高，矿业也需要智能、需要技术、需要创新。对矿业而言，想要实现高效清洁的智能采矿，需要下大力气去创新，矿业发展的未来目标，就是建设智慧矿山，实现智能采矿。

对于现有矿山，一是依据矿山实际业务特点和支撑配套条件，对企业智能制造基础进行评估，编制总体规划，考虑矿山实际需求紧迫程度、基础条件和资金承受能力等因素制定实施方案，明确任务目标、预期成果及详细的实施计划，分步开展建设。二是开展矿山智能生产系统建设，实现矿山资源数字化、采选生产过程智能控制、安全管理的集成化等，实现矿山固定设施无人值守自动化、采矿装备智能化与选矿流程自动化，实现矿山全流程的少人无人化生产。三是建设工业大数据分析平台，充分挖掘数据潜在价值，结合过程机理实现设备故障智能诊断、过程参数优化、生产流程优化、数字仿真优化、经营决策优化等。

对于新建矿山，依据新建矿山特点和配套条件，根据调研报告、初步设计编制总体规划，考虑先进工艺、先进装备、先进信息技术等因素制定高标准、高起点、高水平的智能制造实施方案，明确阶段任务目标、预期效果及详细的实施计划，分步开展建设。一是基建阶段完成对智能设备的要求，完成工控网络、视频网络、信息化基础设施、物联网等的建设，做到矿山数据通信网络化，构建矿山信息传输、处理、存储平台和集中管控体系。二是基建后期到投产期内，同步开展矿山智能生产系统建设，实现矿山资源数字化、采选生产过程智能控制、智能生产管理与执行等，实现矿山固定设施无人值守自动化、采矿装备智能化与选矿流程自动化，实现矿山全流程的少人、无人化生产。三是投产并实现达产达标后，在积累一定量数据的基础上，开始建设工业大数据分析平台，充分挖掘数据潜在价值，实现设备故障智能诊断、过程参数优化、生产流程优化、数字仿真优化、经营决策优化等。

2. 推进企业兼并重组，促进低效产能退出

充分发挥市场机制和政策引导作用，一是鼓励矿产企业开展行业内上下游及跨行业联合重组，提高产业集中度，加强业务整合、流程再造，构建上下游一体化完整产业链，增强企业实力和竞争力；二是鼓励企业加强管理、内部挖潜、降本增效、开源节流、苦练内功、管控风险，推广先进管理模式，促进企业就能耗、物耗、技术水平、产品质量、全员劳动生产率等与国内外先进企业开展对标，全面提升管理水平；三是辅以必要的经济和行政手段，做好政策引导，强化行业规范管理，加强矿产企业节能、环保、质量、安全等执法力度，经整改仍达不到法律法规和相关标准要求的，依法依规退出。

3. 发展资源循环经济，推动绿色持续发展

韶关市应坚持对现有产能生产，推动改进生产工艺水平，大力发展循环经济和清洁生产，提高共伴生资源的综合回收水平和再生利用水平。一是进行产业生态化改造。按照循环经济的发展要求和低碳经济的理念，通过清洁生产、技术改造、严格准入，组建矿产资源生态产业链，对重点项目进行生态化改造，降低产业能耗、水耗、土地消耗，降低废弃物与污染排放。二是构建符合循环经济的产业体系。从产业层面推进循环经济，利用企业地理上的临近性以及生产工艺的类似性，通过产业集群内的企业和项目的关联配套互补，以及引入"增链补环"企业，形成具有循环特质的产品链和废物利用链，构建符合循环经济的产业体系。三是积极推进节能环保技术开发和推广。依靠科技进步和加强管理推进技术节能、能源转换、减少污染排放和梯级利用。重点发展采选高效节能工艺和设备，自热强化熔炼和电解工艺、设备和自动控制技术，湿法冶金环保技术、矿产资源加工节能技术等。

4. 强化下游产业支撑，延伸产业发展链条

发展有色金属精深加工和新材料是提高韶关市矿产资源附加值和科技含量、实现矿产产业提质增效的必需选择。依托大宝山铁矿、仁化凡口铅锌矿等大型骨干企业，鼓励和支持铜、铅、锌重点企业延长产业链条，建设"探—采—选—冶—加"一体化特色园区，不断提高加工深度和产业集中度，最大限度地实现优势资源转化增值。重点发展镁及镁合金材料、稀土材料及矿石中的碳材料，依托现有企业，依托高校、科研院所等建立研发机构，发展先进稀土改性材料、石墨烯、碳纤维、高性能轻合金材料、有色金属电子材料、有色金属新能源材料、稀有金属深加工材料等国际上比较先进的新材料，同时，进一步考虑延伸下游产业链。

（二）构建韶关矿产资源产业机制创新灵活发展体系

1. 立足科技创新导向，促进资源有序开发

立足韶关市矿产业发展需要，实施人才集聚和自主培养工程，建立以创新为导向的科技人才培育、引进、选拔和流动机制，构建企业、政府、高校、科研机构、中介机构、金融机构等紧密结合的区域创新体系，支持和引导企业和科研机构围绕韶关市矿产产业的共性技术、关键技术进行研究开发，通过提升成果转化水平和应用推广，提高韶关市矿产产业科技创新驱动能力，最终实现依靠技术创新驱动，缓解资源、能源、环境的瓶颈制约。

2. 加大财税支持力度，引导产业发展方向

切实落实国家和广东省已出台的支持矿产产业发展的各项优惠政策，积极争取国家和省有关部门加大财税支持力度。围绕促进循环经济、新材料、精深加工等取得突破性进展，争取省政府给予有针对性的专项财税支持。在整合现有政策资源、充分利用现有资金渠道的基础上，加大财政资金投入，充实现有产业发展专项资金，建立政府主导的矿产资源产业专项投资基金，通过拨款、利率补贴、贷款、贷款担保、参股等多种形式，重点支持重大关键技术研发、重大产业创新发展工程、重大创新成果产业化、重大应用示范工程及创新能力建设等结合税制改革方向和税种特征，针对循环经济和战略性新兴产业特点，加快研究完善和落实鼓励创新、引导投资和消费的税收支持政策。

3. 加强市场监督自律，营造公平竞争环境

遵循法律法规、行业规范、道德规范，运用经济、法律、行政手段加强市场监管，充分发挥市场在资源配置中的决定性作用，力求市场准入、资源配置和审批服务的公平。将常态化的外部监督与内部自律相结合，积极推进社会共治，促进企业自我规范和行业自律，强化企业"信用监管"，引导市场主体自觉遵守诚实信用和公平竞争原则，塑造企业社会信誉，自觉履行社会责任，形成以道德为支撑、法律为保障的公平竞争环境和良好市场秩序。

（三）构建矿产资源产业和谐矿区发展体系

1. 统筹完善人与自然和谐的政策机制

一是完善资源节约集约的调节机制。通过控制性政策，奠定资源节约集约的基础，通过市场激励性手段，加强对矿产资源开发综合利用的宣传推广。二是完善生

态恢复治理的补偿机制。通过控制性政策，强化矿山地质环境保护与恢复治理方案制度，完善矿山地质环境治理恢复标准规范制度，加大对历史遗留矿山环境问题的投入。通过激励性政策，完善矿山地质环境治理恢复保证金制度，持续推进"绿色矿山"建设和矿山复绿行动，建立基于代价核算的矿区生态补偿制度，探索建立市场手段治理历史遗留矿山地质环境问题工作机制。

2. 探索完善人与人和谐的政策机制

一是构建资源开发利益共享的分配机制。完善矿产资源开发利益的初次分配机制，建立基于矿产资源开发投入产出的利益分配机制，充分保障矿产资源的国家所有者权益，明确矿区居民在矿产资源开发中的相邻权、收益权和发展权，科学预留各类投资人的合理回报空间。二是落实企业的社会责任，通过优惠的产业政策和税费政策，鼓励企业制定社会责任计划、颁布社会责任年度报告。三是确保居民收入不断增长。鼓励企业和矿区居民产业共建、村矿共建，借助矿业经济优势，拓宽居民增收渠道，展开矿区居民就业培训，提高矿区群众就业能力。

3. 构建矛盾纠纷协调化解的工作机制

一是落实矿产开发项目社会风险评估和听证制度，凡涉及群众切身利益，影响面广，容易引起社会问题的矿产开发项目，要组织进行合理性、可行性和安全性评估，争议较大的项目，组织听证，充分听取多方意见，维护各方特别是矿区群众的合法权益。二是建立矿区潜在社会风险预警和矿区矛盾纠纷调处机制，视情况设立相应机构，提前布局，对矿区潜在社会风险深入研究，建立年度备案和紧急预警制度，多渠道降低矿区潜在社会风险，加强社区纠纷调处，将矛盾和纠纷在基层化解。

（四）构建矿产资源产业生态保护美丽发展体系

推进资源全面节约和循环利用，推动走深加工路线。新时代矿产资源已经从保障资源供给向促进资源集约节约、提高综合利用效率调查转变，促进能源资源利用减量化，尤其是战略性新兴产业矿产资源的矿山企业，因此，矿山企业必须走高、精、专路线，发展新材料，使矿石资源得到有效发挥，推进资源全面节约和循环利用，支撑产业转型升级。

实施全方位管控，推动资源开发与环境保护相协调。在供给侧结构改革、去产能的政策背景下，不断压缩改编淘汰小矿山，遏制"小、散、乱"矿企，调整矿山开发布局，减少小矿山投放，增加大中型矿山比例，培育集勘查、开采、加工、科研于一体的大型矿业集团，积极推进矿业转型升级。同时，加强环保督察和安全检查，从勘查、开采、加工、运输，一切以环保、绿色、生态为主。

紧抓重点治理项目，推动全面治理工作开展。坚持"以人为本、综合治理"的原则，从长计议、分步实施、突出重点、解决根本，全力实施矿山地质环境治理重点项目，努力为全市经济社会转型跨越发展创造良好的自然环境。加快解决历史遗留问题或责任人灭失矿山因矿产资源开采活动对矿山地质环境造成破坏和影响，促进重点地区矿山地质环境明显改善，统筹兼顾，突出重点，开展重点治理区和重点治理项目的矿山地质环境治理恢复工作，全面推进矿山地质环境治理工作。重点部署凡口铅锌矿区及大宝山矿区的尾矿治理工作。

布局"旅游+"，开辟矿山治理新路径。对矿区进行旅游资源开发是保护矿业遗迹、恢复矿山环境、促进矿山经济转型的重要方式，也是资源型城市落实"经济、政治、文化、社会、生态"五位一体总体布局的重要选择之一，截至2016年，全国已有72家国家级矿山公园和一大批省级矿山公园。矿山公园主要以展示矿业遗迹景观为主，不仅具备研究价值和教育功能，还可供人们游览观赏、科学考察，不仅有利于矿山环境恢复治理，也有利于特色旅游业的发展，是实现经济转型的一个重要契机。韶关市可借鉴国家级及省级矿山公园的成功经验，依托丹霞山等已有的旅游资源，针对区域内废弃矿山及接近资源枯竭的矿区，积极布局"旅游+"建设，在开辟矿区环境恢复新路径的同时，实现矿业遗产保护、矿业旅游开发共赢。

补齐云浮市经济发展短板问题研究

云浮市工业和信息化局

云浮自1994年建市以来，经济社会发展取得了快速进步，其成绩斐然。国内生产总值由建市之初的92.34亿元达到"十三五"期末2019年的921.96亿元，增长接近10倍，人均地区生产总值达到36354元，按年平均汇率折算为5271美元。三次产业结构由建市时的43.6∶30.6∶25.8调整到"十三五"期末2019年的18.7∶31.0∶50.3。先进制造业、高新技术产业、现代服务业发展从无到有，传统产业转型升级速度加快。2019年全市常住人口城镇化率达到42.92%，农民人均纯收入由建市之初的1833.0元提高到2019年的16646元；城镇居民人均可支配收入由建市之初的3666.0元提高到2019年的26807元[①]。云浮聚力打造"两新一前列"[②]取得重要进展。与此同时，云浮经济发展中存在的短板也越来越突出，成为影响云浮经济高质量发展的不可忽视的问题。一是经济结构不合理、转型升级动力不足、新旧动能转换受阻。二是随着经济增长方式由粗放型向集约型转变，而面临体制机制、资源等多方面的限制。三是经济新常态下，加之新冠肺炎疫情影响，之前一些隐藏的问题开始突现出来，从而产生新的问题。

一、云浮经济发展存在的短板

（一）产业结构不合理[③]

云浮市整体经济水平发展滞后，2019年云浮市实现地区生产总值921.96亿元，

[①] 资料来源：2019年云浮国民经济和社会发展统计公报和云浮历年估计年鉴。
[②] 云浮市委六届四次全会提出，努力把云浮建设成为环珠三角经济带发展新引擎、粤北生态建设发展新高地，推动乡村振兴走在全省前列。
[③] 资料来源：云浮市各年统计年鉴和广东省统计年鉴。

在全省排名位居于末位。云浮市三次产业结构从建市到"十三五"期末 2019 年经历了大幅调整，大致可以分为四个阶段。第一阶段为 1994~1998 年，此时三次产业结构为一二三；第二阶段为 1999~2004 年，三次产业结构为一三二；第三阶段为 2005~2016 年，三次产业结构为二三一；第四阶段为 2017~2019 年，三次产业结构为三二一。第一产业、第三产业的比重调整幅度最为明显。第一产业占比从 1994 年 43.5% 调整到了 2019 年的 18.7%，第三产业占比从 1994 年 25.7% 调整到了 2019 年的 50.3%，但是第二产业占比经过多年调整，出现小幅增长后又基本回到建市之初的水平（见图 1）。与广东省三次产业结构演进相比，云浮市第一产业占比始终过高，没有达到全省的平均水平；第二产业的带动作用没有充分发挥，产业比重的提升过于缓慢，比重水平也较全省平均低；第三产业比重提升过早（见图 1）。云浮三次产业结构的特征反映出云浮工业化进程和水平同全省相比呈现双低，工业经过短暂发展后后劲不足，第三产业过早提升在一定程度上对第二产业的发展起到了抑制作用。

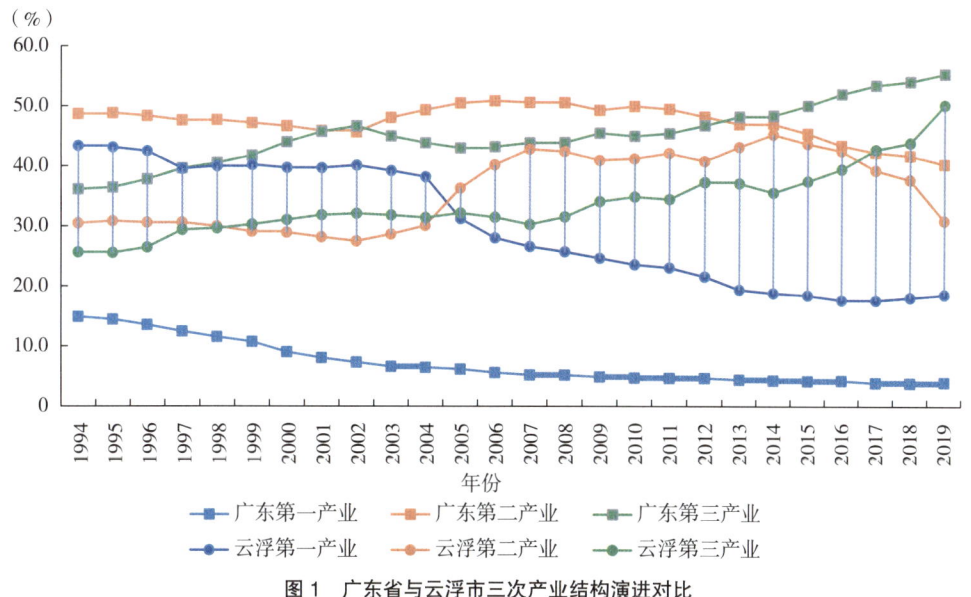

图 1　广东省与云浮市三次产业结构演进对比

资料来源：广东省、云浮市历年统计年鉴。

（二）工业对于经济的拉动作用不强 [①]

工业对于云浮地区生产总值增长的拉动长期低于全省水平，并呈现出巨幅波

---

① 资料来源：广东省、云浮市 2020 年统计年鉴，广东省第四次全国经济普查公报。

动，2017年、2018年更是出现负值（见图2）。云浮工业对经济增长的贡献总体而言是比全省平均水平低的，2019年数据低于GDP排名同样靠后的河源、汕尾等市。一是工业企业总数偏少，2018年第四次经普数显示云浮市工业企业法人单位只有0.41万个，2019年规模以上工业企业只有355家；二是工业企业吸纳就业的能力不强，2018年末云浮市工业企业法人单位从业人员只有10.25万人，在全省各地市中从业人数是最少的；三是工业企业主要经济指标偏低，2018年云浮工业企业法人单位资产总计737.05亿元、负债合计440.55亿元、营业收入指标565.8亿元，各项经济指标在全省排名靠后。

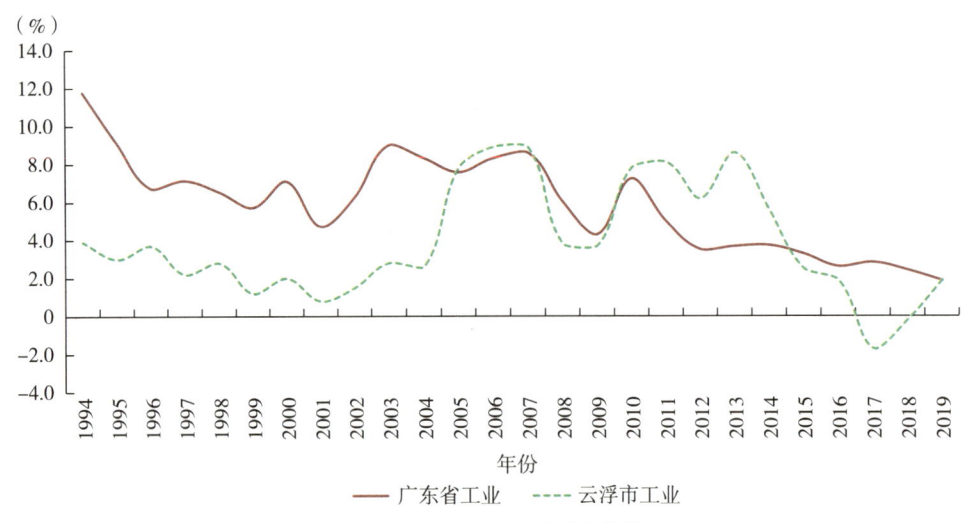

图2 工业对地区生产总值增长的拉动

资料来源：广东省统计年鉴2020年和云浮市统计年鉴2020年。

（三）市场机制在产业转型中的作用有限

一方面云浮市市场主体数量偏少，截至2019年10月云浮市市场主体总数只有108683户[①]，只占全省市场主体数的0.88%，只有河源、汕尾的50%左右，在全省所有地市中是最少的。另一方面市场主体结构不合理。云浮市市场主体中的企业只有21860户，个体工商占比达到了77.8%[②]，和广州深圳等地相比，企业总量和占比过低（见图3）。

---

①② 资料来源：广东省市场监督管理局。

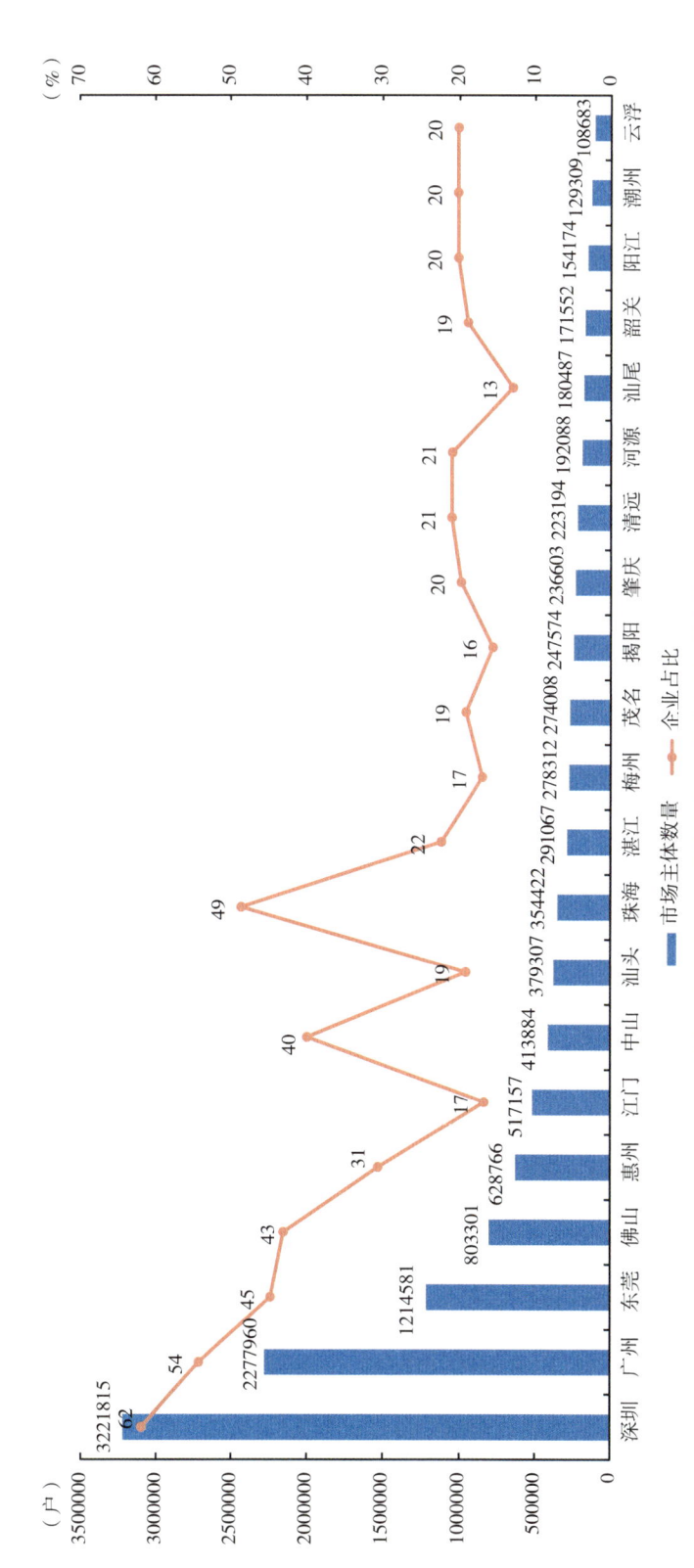

图3 至2019年10月广东省各类市场主体期末实有情况

资料来源：广东省市场监督管理局。

147

（四）传统产业发展受限

云浮现在还处于工业化初期向工业化中期转型的发展阶段，工业发展呈现出传统和粗放的特征。云浮是典型的资源依赖型经济，石材产业、不锈钢产业、硫化工产业、水泥产业等传统支柱产业都是资源密集型加工制造业，传统支柱产业规模以上工业企业产值占工业总产值比例达到了57%（见图4）。传统产业产值占比高，但技术要求低，主要集聚在产业链低端，向上游研发、装备制造和下游品牌销售等高附加值环节拓展程度较浅。同时传统产业发展面临多种问题，以不锈钢产业为例，其存在着产品及市场结构单一、产业链封闭，产业规模相对较小、产业内企业强弱不均，整体竞争竞争力不强等[①]问题。各产业在自身发展过程中暴露出问题在一定程度上限制了产业向上发展的空间。

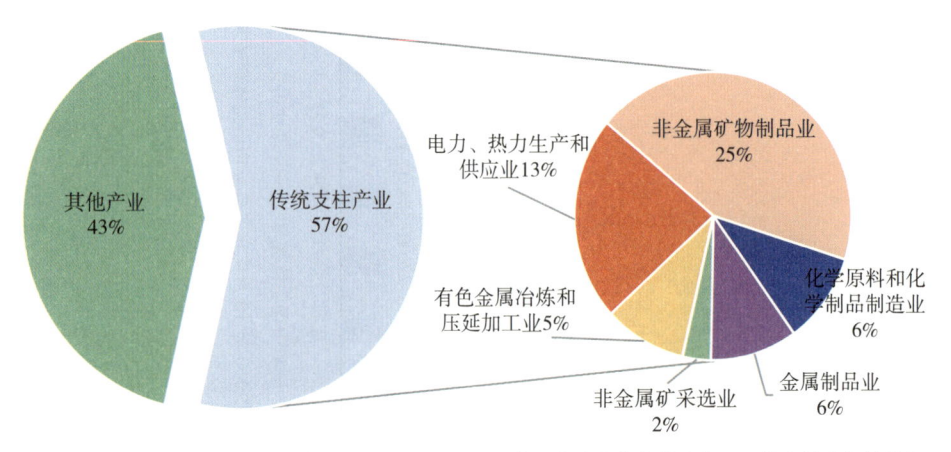

图4 2019年云浮市规模以上工业企业按行业大类分传统支柱产业工业产值占比

资料来源：云浮市统计年鉴2020年。

（五）新兴产业布局进展缓慢

2011年前后云浮市开始引进以电子信息和生物医药为代表的新兴产业，新兴产业起步晚，产值、规模较小。2018年末云浮市高技术制造业企业132家，占全省比重的0.2%，营业收入64.7亿元[②]。云浮市规模以上工业战略性新兴产业企业只有20

---

① 谢磊.新兴县不锈钢餐厨具产业发展研究［J］.商场现代化，2018（4）：28-29.
② 资料来源：广东省统计局。

家，占全省比重为 0.4%[①]。规模以上高技术制造业企业 25 个，占规模以上工业企业比重为 7.33%[②]。云浮市近年来大力推进"产业兴市"，初步形成了金属智造、信息技术应用创新、氢能、生物医药、现代农业、文旅、现代物流七大特色产业集群，七大特色产业集群正处于项目集中落地阶段，部分项目还未投产或刚刚投产。部分产业正处于产业生命周期的初创期，此时进入的企业前期投入、产品研发等各项成本都较高，需要进行大量的投资，而此时市场对于产品的需求还未形成，销售收入较低，一部分企业没有盈利甚至亏损，氢能产业正是这样，受国家产业政策和上下游企业影响尤为明显，短期内较难发挥其经济效益。另一部分产业，如生物医药产业虽然发展具有了产业发展基础和机遇，但是由于其在发展过程中存在着产业布局分散、产业协同度不高、产业发展存在路径依赖、产业配套不足、产业人才供给不足[③]等问题导致了产业规模上不去。

二、云浮经济发展短板存在的原因分析

（一）经济动能转换缺乏创新要素投入[④]

从研发投入数据上看（见图 5），2005 年云浮市研究与实验发展（R&D）经费支出仅有 1451 万元，2013 年达到 44083 万元，从 2014 年起开始呈现下降趋势，2019 年下降到 25800.5 万元，工业企业 R&D 经费支出占研究与实验发展（R&D）经费内部支出比例从 2011 年开始始终保持在 60% 以上，但总体上低于广东全省水平及全国水平，以 2017 年为例，云浮市工业企业 R&D 经费支出占比为 66%，而广东省为 80%，全国为 76%。R&D 经费投入强度（R&D 经费与全市地区生产总值之比）多年来虽有波动却始终低于 1%，并从 2013 年开始下滑，到 2019 年只有 0.28%，远低于广东省 2.88% 及全国水平 2.23%。云浮市规模以上工业企业中有研究机构的有 181 家，占规模以上工业企业总数的 19.2%，低于广东省 35.6%。云浮市的科研机构的数量和质量远远满足不了发展新动能的需求，工业企业部门的研发投入不足、缺乏新型研发机构及成果转化平台和机制导致了创新驱动支撑经济动能转换能力不强。

---

① 资料来源：广东省第四次全国经济普查公报。
② 资料来源：云浮市第四次全国经济普查公报。
③ 谢磊.云浮市生物医药产业发展对策研究［J］.现代商业，2019（21）：55-56.
④ 资料来源：云浮市历年统计年鉴。

图 5 云浮市研发投入数据

资料来源：云浮市历年统计年鉴。

（二）产业载体建设滞后影响产业发展

产业总是趋向于建立在对自己有利的产业载体之上，总趋向于使产业得以生存和扩张的产业载体之上[1]。产业载体建设情况决定了产业的发展质量。云浮市早在2005年就开始了产业园区建设，后续通过产业共建、园区共建等模式，建设了佛山（云浮）产业转移工业园、佛山顺德（云浮新兴新成）产业转移工业园、罗定产业转移工业园、郁南产业转移工业园、云安区产业集聚地，实现了产业园区县域全覆盖。从工业园区的数量上看，工业园区数量明显太少，产业发展平台受限；从园区发展质量上看，云浮市产业园区规模以上工业总产值、基础设施建设投资等指标在全省排名也较后；从园区发展动能上看，园区项目间产业关联度不高未形成产业集中，项目质量偏弱不能形成产业带动。园区产业载体功能建设才刚刚起步，部分园区的基础设施建设和配套服务设施建设还未完成、园区项目建设进展缓慢、用地指标不足等问题严重制约了产业园区的发展，导致产业载体建设还不能够完全满足投产企业对于生活配套、招工、政府服务、生产性服务平台及配套等基本需求。

---

① 孟宪昌.产业载体论[J].河南财经学院报，1991（2）：49-53.

(三)传统产业对新兴产业挤出效应明显

资源型产业在特定的经济发展空间中,对其他产业发展产生一定的挤出效应[①]。云浮市石材、水泥、不锈钢、硫化工等传统支柱产业都是资源型产业,资源型产业在其特定的优势条件下,会吸引经济发展所需的各种生产要素向其聚集,使其他产业发展的空间和条件明显受损。云浮市传统支柱产业对其他产业发展已产生出一定的挤出效应,使得一些新兴产业难以正常发育和发展,主要表现在传统产业对其他行业收入分配和政府公共投资等方面的挤出效应。从传统产业内部发展来看,传统产业发展前期,各产业的平均利润空间都比较高,毛利润率最少都能达到30%~50%,面对繁荣的资源型产业和迅速增加的资源财富,缺乏相关的制度准备和调节机制,导致传统产业在收入分配方面对其他行业产业挤出效应,导致行业间收入分配的严重不公平。从传统产业的外部发展来看,为扶持产业发展,政府在资金、技术、人才、土地等需要公共投资的方面长期给予传统产业大幅度支持,在一定程度上挤占了新兴产业的发展空间。

(四)珠三角虹吸效应明显,导致资源要素的外流

一方面,由于云浮市与珠三角城市之间因发展进程的差异,城市之间存在虹吸效应,云浮的一部分资源要素被珠三角城市吸引过去了。另一方面,云浮市主城区发展偏弱,县域经济发展不均衡,形成了"小牛拉大车"的局面,导致有限的资源未能被集中利用,进一步降低了云浮对于资源要素的吸引,在一定程度上助推了资源要素的外流。

三、补齐云浮经济发展短板的对策建议

(一)坚持走高质量发展之路,加快转变发展方式

云浮市经济从建市以来已取得不少成绩,但也面临着发展质量和效益低下的问题。经济发展主要还是靠增加物质资源消耗来实现的粗放型增长,产业转型升级效果不明显,节能降耗、污染防治的压力还比较大,对于新兴、高端经济要素的吸引力不够,内生动力不强等问题长期存在。这些问题的存在说明,云浮加快转变发展

[①] 刘亚州.青海资源性产业的挤出效应分析[J].青海经济研究,2009(4):38-40.

方式、推动高质量发展刻不容缓。在发展理念上，要坚持新发展理念，改变唯GDP论，将发展的焦点聚集到发展质量、创新创业、民生、环保、协调发展等体现新发展理念的目标上，做好基础性前瞻性系统性工作，夯实经济高质量发展的基础。在发展着力点上，要围绕现代化经济体系建设，支持实体经济发展，激发市场主体活力，推进制造业高质量发展，培育壮大"七大特色产业集群"，加强对科技创新的投入和支持，大力实施乡村振兴走在全省前列。在发展机制上，通过建立完善供给侧结构改革长效机制、产业发展激励机制、重大风险防范机制、促进民营经济发展机制、绿色评价机制等制度安排，为高质量发展保驾护航。

（二）构建现代化经济体系，推动工业高质量发展

坚持"产业兴市"战略，坚持把经济发展的着力点放在以制造业为主体的实体经济上，以构建现代化产业体系为重点，坚持供给侧结构性改革，推动产业转型升级。

一是大力发展制造业。贯彻落实省委省政府"坚持制造业立省不动摇，坚定不移推动制造业高质量发展"的战略部署，大力发展云浮市制造业。聚焦石材机械、农牧机械、生物医药、农产品深加工、不锈钢餐厨具、汽车零配件等产业，通过引进头部企业、龙头项目，强化产业链协同发展，打造三产融合发展，形成综合比较优势。加快制造业质量提升，促进小微工业企业上规模发展，支持高新技术企业成长，鼓励企业向"专精特新"方向发展。推进实施工业企业技改倍增计划，引导企业进行技术改造，推动工业企业"上云上平台"。大力发展智能制造，推进先进装备制造产业发展和先进装备示范应用，鼓励企业建设智能制造项目升级制造模式。

二是加快培育新兴产业。紧盯产业发展风向，加快培育壮大金属智造产业、信息技术应用创新产业、氢能产业、生物医药产业、现代农业、文化旅游产业及现代物流业；大力发展数字经济，推动共享经济、线上教育、直播经济等新技术新模式的拓展应用。

（三）坚持全域融湾，加强产业对接

抓住"双区驱动""双核联动"的重大机遇，立足"一核一区一带"区域发展新格局，充分利用粤港澳大湾区产业优势，发挥云浮沟通珠三角、辐射大西南的区域联通优势，积极推进云浮全域融湾。一是加强交通基础设施建设，打通与湾区的交通阻碍；二是积极承接湾区制造业外溢，对接湾区产业所需，加强产业融合协同

发展，深化佛山产业共建机制；三是依托湾区产业链，错位、补位布局产业，提升产业价值；四是积极引进湾区技术，加快布局特色新兴产业。

（四）优化营商环境，激发市场主体活力

进一步推进城市建设和更新，加强城市风貌和公共服务体系建设，打造宜商宜居宜游城市，增强城市魅力和幸福感。持续深化"放管服"改革，加快"数字政府"建设，不断提升政务服务效能，加强清新型政商关系建设，全面降低市民办事难度。

（五）加强创新能力建设，加强人才、创新供给

进一步优化创新布局，加强与广深港澳科技创新走廊的合作交流。加快培育一批新型研发机构，建设一批高水平协同创新平台，建设一批科技企业孵化平台。充分发挥云浮国际创新院作用，积极拓展与俄罗斯、白俄罗斯、乌克兰等"一带一路"沿线国家科技项目交流合作。加强企业创新能力建设，培育一批企业工程中心、企业技术中心。建立完善高端人才引育交流机制，加强高层次、高技能人才的引进和培育。

人工智能与实体经济深度融合应用研究

——以深圳市人工智能先导区为例

工业和信息化部电子第五研究所

作为新一轮科技革命的重要代表，人工智能正由技术研发走向行业应用，形成从宏观到微观各领域智能化新实践，逐步渗透到制造、交通、医疗、金融、零售等多个行业领域，具有超强的"头雁效应"，催生了一批新技术、新产品、新业态、新模式，为产业变革带来了新动力，为新阶段经济发展注入新动能。2017年10月18日习近平总书记在党的十九大报告中指出，要推进人工智能和实体经济深度融合。实体经济是我国国民经济发展的重要基石，推动人工智能与实体经济深度融合发展，是加快实体经济创新转型和提升能级的必然选择，是促进产业变革及新旧动能转换的重大战略，也是我国实现科技跨越发展、产业优化升级、供给侧结构性改革的重要引擎。

深圳作为我国改革开放最前沿城市，是中国特色社会主义先行示范区，依托其产业链完整、数字经济发达、创新氛围浓厚等环境优势，积极布局人工智能领域新型基础设施建设，出台一系列促进人工智能产业发展政策，推动人工智能规模化应用。目前，深圳已形成人工智能业态繁荣、技术创新活跃的发展态势，打造出了具有国际竞争力的人工智能产业集群，并以突破核心关键技术为路径，以构建开放共享平台为支撑，加快人工智能与实体经济深度融合，探索培育了一系列人工智能与实体经济融合的特色应用示范场景，综合实力走在全国前列。

一、内涵与意义

（一）实体经济与人工智能内涵

1. 实体经济

实体经济目前尚无严格定义，一般来说，实体经济是指物质的、精神的产品和服务的生产、流通等经济活动，从产业内涵上看，主要包含制造业、现代服务业、农业等。实体经济是经济发展的根基、国家经济增长的核心载体和国民生产生活需要的主要供给，也是赢得国际经济竞争主动权的根基。以深度学习为代表的人工智能重点在于推进技术突破和应用深化，突出与其他产业的融合，将人工智能技术与不同产业、场景深度融合，最关键的是其技术的产业化与商业化。

2. 人工智能

人工智能与新一代人工智能区别与界定。人工智能（artificial intelligence，AI）是指使用机器代替人类实现认知、识别、分析、决策等功能，包括由AI芯片、传感器、数据要素、算法模型等构成的基础层，由语音识别、计算机视觉等构成的技术层、行业应用场景构成的应用层。人工智能最初定义起源1956年达特茅斯会议，至今人工智能经历过三次热潮，即1950~1969年、1980~1987年、1993年至今，每次热潮的发展都极大地推动了人工智能的技术发展。尤其是最后一次浪潮中，在大数据、云计算等信息技术迭代演化的背景下，神经网络、机器学习、人机交互等算法取得实质性突破，由大数据、云计算、边云协同等技术构成了人工智能新的技术基础，由机器学习、神经网络、人机交互等算法构成了人工智能新的算法基础，为人工智能快速发展提供了坚实的技术基础和算法基础，推动人工智能取得质的飞跃。为区别诞生之初的人工智能，当前发展阶段被称为新一代人工智能。但本质上，新一代人工智能是在数据积累及算法精度的基础上，对人工智能技术的进一步演化。严格意义上讲，新一代人工智能是技术环境变化态势下的技术演化，本质上对人工智能的定义没有改变，为此本文中不严格区分新一代人工智能与人工智能之间的区别，将其统称为人工智能。

3. 人工智能与实体经济融合

人工智能与实体经济深度融合实质上是将人工智能技术广泛应用于实体经济各环节，将人工智能产品及设备广泛应用于实体经济各行业领域，从而大幅提高社会生产力、改善人民生活。2019年，政府工作报告首提"智能+"，并明确指出要拓展"智能+"，为制造业转型升级赋能。2017年10月18日习近平总书记在党的十九大报告中也明确提出，要推动互联网、大数据、人工智能和实体经济的深度融合，在中高端消费、创新引领、绿色低碳、共享经济、现代供应链、人力资本服务等领域，培育新增长点，形成新动能。2019年3月19日，中央全面深化改革委员会第七次会议审议通过了《关于促进人工智能和实体经济深度融合的指导意见》，会议指出，促进人工智能和实体经济深度融合，构建数据驱动、人机协同、跨界融合、共创分享的智能经济形态。"智能+"已经开始接棒"互联网+",成为传统行业改造升级的新动力。2020年2月23日,习近平总书记在统筹推进新冠肺炎疫情防控和经济社会发展工作部署会议上的讲话中指出,"智能制造……等新兴产业展现出强大成长潜力。要以此为契机,改造提升传统产业,培育壮大新兴产业。"

(二)人工智能与实体经济融合意义

实体经济是我国国民经济发展的重要基石,在新一轮产业革命背景下,人工智能与实体经济融合成为技术突破、模式创新、业态培育的重要途径,更是加快实体经济创新转型和提升级的必然选择,已成为我国重要的经济战略。

1. 人工智能与实体经济融合是加快实体经济转型升级的必然选择

当前,我国经济进入以服务业为主导的工业化后期,实体经济对经济增长的贡献有所下滑,且我国制造企业在国际产业分工体系中仍处于价值链中低端。作为新一轮科技革命的重要代表,人工智能正由技术研发走向行业应用,形成从宏观到微观各领域智能化新实践,逐步渗透到制造、交通、医疗、金融、零售、金融等多个行业。人工智能催生出的一批新技术、新产品、新产业、新业态、新模式,为产业变革带来新动力,为新阶段经济发展注入新动能。凭借高融合性、强赋能性,人工智能有望成为我国经济实现供给侧与需求侧协同改革的重要引擎,助推我国经济社会实现高质量发展。

2. 人工智能与实体经济融合是持续保障和改善民生的关键抓手

伴随着人脑仿生技术和机器人的开发和应用,智能机器人将越来越多地应用于人类生产生活中,不仅有助于解决未来老龄化社会结构下生产力发展的重大瓶颈问题,也将在老人、病人、残障人士的生活中扮演重要角色,大大改善医疗、教育、交通等民生领域的智能化程度,提升民生服务效率水平。新冠肺炎疫情的产生为人工智能发展创造了更多"潜在"的新场景,推动教育、医疗、零售、办公等进一步向线上转移,在线教育、远程医疗、在家办公等数字化新模式加速崛起,后疫情时代,人工智能也将深深嵌入人们日常生活中,成为日常生活不可或缺的一部分。

3. 人工智能与实体经济融合发展是深化供给侧结构性改革的必由之路

当前,我国社会主要矛盾已经转化为人民日益增长的美好生活需要和不平衡不充分的发展之间的矛盾,发展实体经济是助力解决主要矛盾的重要手段之一。实体经济涉及范围广且与人民群众的生活密切相关,其丰富的应用场景是加快人工智能技术发展的重要动力,也是体现人工智能技术价值的理想场所。人工智能在实体经济中的应用不仅能够提高实体经济供给侧产品的质量，也能够有效的助力实体经济按照需求侧的需求进行生产，推动实体经济做到精准把握需求侧的同时，也能够切实提高供给侧的产品质量。

二、国内外发展概述

（一）国际情况

1. 战略规划

人工智能是引领新一轮科技革命和产业变革的战略性技术，具有较强的"头雁"效应。近年来，美国、欧盟、日本、英国等国家及地区已相继发布了人工智能战略，并将其作为赢得全球竞争主动权的重要战略抓手。

我国已经连续三年将人工智能写入政府工作报告中，在政策利好牵引和市场需求拉动的双向刺激下，我国人工智能产业发展迅速，从产业"加快"与"加强"阶段，推进至"深化"阶段，即将进入快速发展时期（见表1）。

表1　　　　　　　　　　世界主要国家及地区人工智能规划

序号	国家及地区	年份	战略规划
1	美国	2018	未来5年投入20亿美元开发下一代人工智能技术，国防部成立联合人工智能中心，新版国防战略
2		2019	人工智能倡议，加速美国在人工智能领域的领导地位，国防部人工智能战略概要，非隐私政府数据开放
3	日本	2018	综合创新战略，未来投资战略2018
4		2019	日本携手美国投资人工智能等科学人工智能研究，2020年京东奥运会机器人计划
5	欧盟	2018	人工智能合作计划，数字欧洲计划，人工智能伦理革命，微电子联合创新项目
6		2019	21个国家合建AI需求平台，拟建量子通信网络基础设施
7	英国	2018	现代工业战略
8		2019	人工智能人才计划、投资开发未来微型机器人
9	德国	2018	德国人工智能战略
10		2019	加强对科学数据机构的资助与管理，加强支持区块链、人工智能等技术发展
11	中国	2018	政府工作报告，高等学校人工智能创新行动计划，新一代人工智能产业创新重点任务揭榜工作方案
12		2019	政府工作报告，人工智能和实体经济深度融合，人工智能工程技术人员职业认定

资料来源：根据《上海人工智能与实体经济融合发展研究报告（2019）》数据整理。

2. 产业发展

产业规模方面。人工智能是引领新一轮科技革命和产业变革的战略性技术，随着人工智能技术与传统产业的加速融合，人工智能的应用空间逐步延伸，全球市场规模在近几年呈现出几何式的爆发性增长。据中国电子学会统计数据，2018年，全球人工智能产业核心规模已超过555亿美元，预计2018~2022年年均增长率为31.6%；2018年我国人工智能核心产业市场规模超过83.1亿美元，相较于2017年同比增长约48.4%，占全球将近15%市场规模，预计到2020年可达200亿美元，我国年均复合增速达65%，超过全球增速的60%。

产业融合方面。人工智能成为科技巨头企业战略布局的重点，国内外人工智能企业近年来均加大"智能+"融合发展，旨在建立从人工智能技术、整体解决方案、开源平台到硬件和产业应用的完整生态体系，保持与上下游的软硬件企业广泛合作，加速人工智能与智能物流、无人驾驶、智能医疗、智能交通、智能家居等实体经济领域的融合。在国际，谷歌（Google）着力发展自动驾驶和智能家居，部署了全球排名第一的自动驾驶公司Waymo，收购了智能家居领军企业Nest Labs。在国内，百度侧重发展自动驾驶和智能语音，发布了自动驾驶阿波罗（Apollo）开放平台、前端对话式人工智能系统；阿里巴巴则采用分散式布局，涉及智慧零售、智慧医疗、智能制造、城市治理等；腾讯重点发展智能医疗、智能安防和智能零售，发布了AI医学产品腾讯觅影、腾讯慧眼、腾讯云智慧零售解决方案等。

3. 人才发展

Element AI发布的《2019年度全球AI人才报告》报告显示，人工智能专家分布前五大国家分别是美国、中国、英国、德国和加拿大，这五大国家占据了全球人工智能人才的72%，是世界人工智能人才的主要集聚地（见图1）。

（二）国内情况

1. 总体发展

国外人工智能的商业化运营总体上依靠技术进步推动的，技术研发上具有短期内难以超越的优势和资源，国内在实现人工智能与实体经济融合方面发展迅速，人工智能应用的场景优化及其相应的商业布局方面走在世界前列，是全球人口最多、移动通信用户最多、手机应用下载和在线用户最多、制造业规模最大的国家，多种因素共同支撑我国成为全球最大的人工智能应用市场。就国内布局来看，我国人工智能产业呈现东强西弱，集聚态势明显，京津冀、长三角、粤港澳等为代表的几大集聚区，约占企业总数的85%。其中，北京、上海、深圳、杭州等城市领跑优势明显。

图1 人工智能专家分布情况

资料来源：《上海人工智能与实体经济融合发展研究报告（2019）》。

2. 城市比较分析

通过比较北京、上海、深圳、杭州等城市人工智能企业发展情况发现，北京在独角兽企业、活跃企业、商业落地等方面有着绝对的优势，而深圳的独角兽企业与上海、杭州实力相对均等，但在活跃企业及商业落地方面，深圳与上海有明显的差距（见图2）。

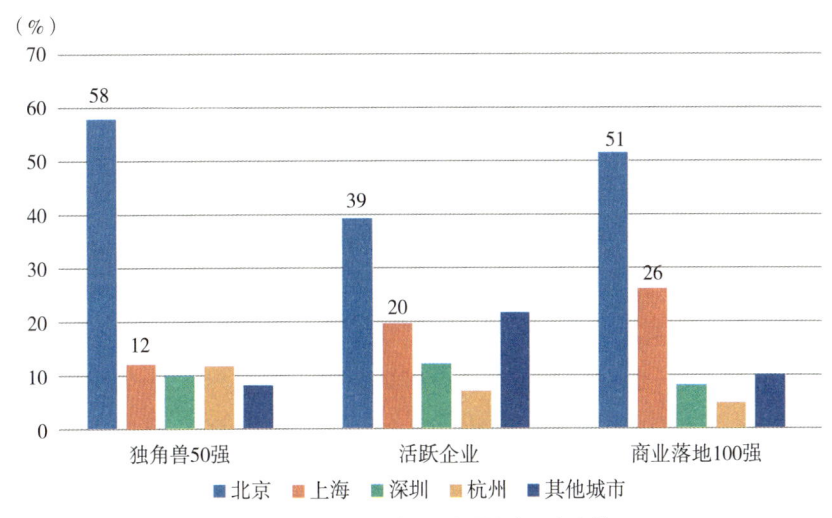

图2 各城市人工智能企业数量在全国占比情况

资料来源：《上海人工智能与实体经济融合发展研究报告（2019）》。

三、深圳产业基础环境分析

（一）政策环境

深圳已形成全国最为完善的战略性新兴产业扶持政策体系。2018年出台《深圳市关于进一步加快发展战略性新兴产业的实施方案》，将人工智能列为十六个关键领域之一；发布《深圳市人工智能等新兴产业空间布局规划》，引导各区按照因地制宜、特色集聚、协同发展的原则，加速推动人工智能技术落地和产业化；2019年5月出台《深圳市新一代人工智能发展行动计划（2019~2023年）》，提出打造成为我国人工智能技术创新策源地和全球领先的人工智能产业高地。《中共中央国务院关于支持深圳建设中国特色社会主义先行示范区的意见》中提出，要加快实施创新驱动发展战略，大力发展战略性新兴产业，构建现代产业体系。

（二）经济基础

深圳是国内重要的战略性新兴产业基地，产业规模大、聚集性强。2019年，深圳GDP高达26927.09亿元，稳居全国前列。以新一代信息技术为代表的战略性新兴产业增加值达10155.51亿元，占GDP比重接近40%，其中，新一代信息技术产业增加值5086.15亿元，增长6.6%；数字经济产业1596.59亿元，增长18.0%[①]。依托新兴产业集群发展的坚实基础，深圳已成为全球电子信息产业软硬件整合、供应链和产业链最为完整的区域，为人工智能技术的商业化落地提供了丰富的应用场景和强有力的集成创新条件。

（三）创新能力

深圳重视创新投入、企业培育和人才引进，构建了完善的创新生态体系。2019年，深圳全社会研发投入超千亿元，占GDP比重达到4.9%，专利合作条约（PCT）国际专利申请量连续16年居全国第一。截至2019年底，深圳国家级高新技术企业超过1.7万家，居全国大中城市第二；拥有国家、省、市级重点实验室、工程研究中心、企业技术中心等各类创新载体2260家，覆盖了国民经济社会发展主要领域，成为集聚创新人才、产生创新成果的重要平台。落地建设深圳网络空间科学与技术广东省实验室（鹏城实验室）、生命信息与生物医药广东省实验室（深圳湾实验

---

① 资料来源：深圳市统计局。

室)、人工智能与数字经济广东省实验室(深圳)等广东省实验室。通过实施鹏城英才计划、鹏城孔雀计划、珠江人才计划，大力引进高端人才。

四、深圳人工智能产业生态分析

(一)人工智能产业发展

深圳已形成完整的人工智能产业链，涵盖基础层、技术层和应用层三个环节，构成梯次接续的企业生态体系。据统计，截至2020年6月，深圳市聚集了1053家的人工智能企业，位居全国第二[1]，有商汤科技、进化动力、云天励飞、优必选等知名AI企业，以及腾讯、华为、中兴、平安科技等人工智能巨头企业，逐步形成覆盖设计、开发、制造、服务、应用等环节的人工智能产业生态。以华为、腾讯、中兴为代表的IT产业巨头纷纷抢占人工智能产业技术制高点；以富士康、华星光电、比亚迪为代表的制造业企业转型升级促进了人工智能技术与传统产业的深度融合；以"后发优势"为特征的大疆科技、商汤科技、云天励飞、优必选等领军企业逐渐成为人工智能行业标杆。深圳人工智能企业中有12%的企业布局在基础层领域，重点聚焦在云计算领域，代表企业有腾讯、网心科技等；有26%的企业布局在技术层领域，重点聚焦在计算机视觉领域，代表企业包括云天励飞、精锐视觉、极视角等；62%的企业局在应用层领域，重点聚焦智能机器人等智能硬件产品、智能医疗、智能教育等垂直应用场景，代表企业有平安科技、优必选、大疆科技、裹动智驾、元戎启行等[2]。

(二)人工智能示范园区

深圳充分发挥各区资源禀赋和比较优势，优化人工智能产业布局，正加快形成"总部基地＋研发孵化＋高端制造"的"一轴两廊多节点"的空间格局。目前，深圳拥有深圳湾科技生态园、金地威新软件科技园2个省级人工智能产业园区，以及南山机器人产业园、宝安区碧桂园(深圳)机器人产业园、龙华区锦绣科学园、宝能产业园等多个人工智能相关产业集聚示范区(见表2)。园区依托人工智能领域领军企业辐射带动产业链上中下游企业发展，形成了以产业应用为引导、以技术攻关为核心、以基础软硬件为支撑的完整产业链。其中，深圳宝能科技园作为深圳中部

---

[1] 资料来源：深圳市人工智能行业协会。
[2] 资料来源：深圳市人工智能行业协会，《2020人工智能产业发展白皮书》。

发展最大的科技产业服务综合体，经过7年的发展，已形成了较为完善的人工智能产业生态。目前，园区从事人工智能相关领域的企业有100余家，在智能芯片、智能硬件、算法和硬件结合方面独具优势，人工智能业务在政务、医疗、安防、金融、教育、物流等应用领域已达到国家先进水平。

表2　　　　　　　　　　　　　深圳人工智能产业示范园区

园区名称	功能定位
深圳湾科技生态园	围绕底层关键技术、应用创新及算法研发、产品成型及系统集成、应用场景落地等全产业链模式，引进并培养一批人工智能骨干企业
金地威新软件科技园	园区以人工智能、芯片等为主导产业，吸引全球人工智能尖端企业入驻，重点打造人工智能全产业链生态圈
南山机器人产业园	园区以突破智能传感、智能控制、智能制造、信息处理等共性关键技术为支撑，计划建成国内一流的机器人及智能装备产业基地
深圳宝能科技园	围绕大数据、智能医疗、智能安防、智慧城市等应用细分领域，重点打造人工智能全产业链创新生态圈
深圳高新区深圳湾片区和南山园区	重点推动自主无人系统智能技术、虚拟现实智能建模技术等研发创新，建设超级计算中心、基础数据与安全检测平台等，打造人工智能总部基地
深港科技创新合作区	开展多领域人工智能创新应用试点示范，探索建设精准化智能服务丰富多样、社会治理智能化水平高、社会运行安全更高效、就业岗位质量和舒适度更高的人工智能社会
罗湖人工智能产业基地	重点发展人脸识别、语音识别、区块链与金融人工智能、智能医疗等领域，建设人工智能公共技术平台等创新载体，打造人工智能研发孵化基地
盐田人工智能产业基地	依托骨干企业，重点发展人工智能技术资源开放平台、人工智能视觉应用、人工智能医疗、智能装备研发等，打造人工智能技术研发、转化和应用的集聚区和深港人工智能产业创新中心
宝安立新湖智能装备未来产业集聚区	依托骨干企业，重点发展机械、汽车、电子、航空、军工等关键领域成套技术装备，打造全国知名的激光设备和智能装备制造产业基地
坂雪岗科技城	依托龙头企业，鼓励向中小企业和中下游企业赋能，开放人工智能和大数据能力，重点发展智能制造成套装备和系统、高端软件、智能终端为主的新一代信息产业，打造人工智能研发孵化基地
龙华人工智能产业基地	布局国际科技成果转移转化区、国家级智能制造示范区和深圳人工智能产业集聚区，瞄准人工智能价值链高端制造环节，推动智能机器人、智能终端、智能装备、智能医疗等行业领域应用，打造人工智能高端制造核心基地
坪山人工智能产业基地	依托机器人和智能制造领域骨干企业，重点发展智能制造产业，打造全球知名的机器人产业集聚基地
光明人工智能产业基地	以光明科学城为中心，在智能服务机器人、智能无人机、医疗影像辅助诊断系统等重点领域，加快部署支持建设一批应用创新平台，促进人工智能核心技术的研发突破，重点发展高性能服务器、存储设备、工业控制计算机、电子制造成套设备、自动化物流成套设备等智能制造产业
深汕湾机器人小镇	以机器人、人工智能等高科技产业为主导，打造集机器人研发设计、孵化加速、生产制造、系统集成、终端应用、展示展览等功能于一体的机器人全产业链特色小镇

资料来源：根据深圳市新一代人工智能发展行动计划（2019~2023年）及相关资料整理。

（三）人工智能场景应用

深圳不断推进人工智能在产业经济、市民生活、智慧城市等领域融合应用，拓展搭建一系列智慧城市运行及智能化产业融合应用场景，打造成为国际领先融合应用先锋区。积极推动医疗影像辅助诊断系统、智能诊疗系统、智能健康管理等产品化及临床辅助应用。开展智能教育试点示范学校建设，开展机器人编程与应用、机器视觉开发、数据挖掘等课程的精准教学；支持发展以货物自动盘点、商品识别、自动结算等技术应用为核心的无人门店解决方案，推进无人门店加速布局；汇聚城市公共、交通管理、运营商和互联网等数据，实现智能化交通疏导和综合运行协调指挥等，"AI+ 产业经济""AI+ 市民生活""AI+ 智慧城市"等人工智能应用场景正在不断丰富。

（四）人工智能创新能力

深圳人工智能技术快速发展、应用加速推进，形成了以研发机构为支撑，龙头企业为引领，中小微企业蓬勃发展的技术创新格局。集聚了一批人工智能创新载体，拥有鹏城实验室、人工智能与数字经济广东省实验室（深圳）、深圳量子科学与工程研究院、深圳人工智能与机器人研究院等创新平台，正加快建设深圳国家超算中心、国家未来网络重大基础设施等人工智能领域重大科技基础设施。以华为、腾讯等龙头企业为引领，围绕人工智能发展技术需求，设立了华为诺亚方舟实验室、腾讯优图实验室、中兴通讯云计算及 IT 研究院等一批人工智能研发中心，大力推动关键核心技术攻关。获批华为公司基础软硬件人工智能开放创新平台、腾讯集团医疗影像人工智能开放创新平台、平安集团普惠金融人工智能开放创新平台、商汤公司智能视觉人工智能开放创新平台 4 个国家级人工智能开放创新平台。中小企业在技术创新方面表现优异，深圳进化动力数码科技专注于深度神经网络视觉算法和知识图谱技术，开发火焰、烟雾识别算法，食物识别算法，衣物识别算法，语音降噪算法等为代表的多种算法应用，把自主研发的人工智能技术应用在白家电市场。商汤科技开发包括人脸识别、图像识别、文本识别、医疗影像识别、视频分析、无人驾驶和遥感等在内的一系列创新技术，应用于多个行业，与国内外 700 多家世界知名企业和机构建立合作。

（五）产业发展存在的问题

深圳人工智能产业起步较早，并依托其完备的产业链条、丰富的应用场景、强劲的技术创新能力等产业生态优势，推动人工智能产业迅猛发展，但在基础理论算法、芯片及算法平台、高端人才集聚、产业支撑能力等方面，仍存在一定差距。基础理论算法方面，深圳专注人工智能基础研究的顶级科研机构和研究成果较少，在神经网络、类脑智能、量子计算等基础理论和前沿理论研究方面尚未有重大的原始创新，而北京在类脑计算方面已研发出"天机芯"，中科大与浙江大学正在研制50个量子比特以上的量子处理器等（仅滞后谷歌1~2年）。芯片及算法平台方面，深圳人工智能企业所使用的人工智能训练芯片及推理芯片高度依赖英伟达、英特尔等企业，技术受制于国外企业的现象明显，同时，企业也高度依赖国外开源的算法框架，尽管当前华为、腾讯等龙头企业正在积极发展人工智能计算框架，但尚未建立成熟的开源平台和社区。高端人才集聚方面，深圳人工智能国际顶尖学者数量少，其中中国人工智能学会会士仅2名，占全国总量的3%，远低于北京（31名）、上海（5名）、合肥（4名）等地，更鉴于其居住成本高昂、教育医疗资源紧张等公共服务能力问题，高端人才吸引能力不足。产业支撑能力方面，公共服务平台滞后于产业发展，人工智能所需的数据难以有效共享，尤其是政务大数据资源尚未对企业开放，训练算法的基础数据库成为产业发展的掣肘；在人工智能产品检验检测上，深圳本土的自动驾驶检测实验室和测试设施不完备，且人力成本较高，迫使部分企业到武汉、上海等地进行测试。医疗智能机器人缺乏综合性实验平台及美国食品和药品管理局（FDA）、国家药品监督管理局（NMPA）认证前的评估与测试体系。

五、深圳人工智能与实体经济融合重点领域情况

在科技和产业高度耦合、深度迭加的新一轮变革中，深圳将人工智能作为变革的风口，大力发展人工智能产业，驱动科技系统创新转变，助力传统行业实现跨越式升级。重点在制造业、医疗健康、农业种植、海洋科技、商贸物流等多领域，推动人工智能与实体经济深度融合。2018年工业和信息化部发布的人工智能与实体经济融合创新项目名单中，深圳4家人工智能企业入选。2019年新一代人工智能产业创新重点任务入围揭榜单位名单中，深圳共计9家单位13个项目入选。

（一）AI+ 制造业

1. 电子信息产业

深圳积极推动电子信息制造业与人工智能融合发展，以工业机器人、智能装备、检验检测设备研发为突破口，以搭建产品可靠性试验环境为保障，充分发挥深圳机器人企业已有基础，面向通信设备和智能终端、电子元器件等深圳重点制造业行业领域开展智能制造示范，助力制造业实现数字化、智能化生产。在工业和信息化部2015~2018年智能制造试点项目中，深圳市共入选企业项目7个。在2016~2020年智能制造试点项目中，深圳市入选企业项目61个，占到项目总数的16%，入选的项目大都分布在电子信息制造业等深圳市重点制造领域。

深圳优必选，将传统机器人和人工智能技术融合，打造系列消费级和服务级机器人，提供智慧防疫、智慧电力、智慧教育等系列智慧解决方案，已成为全球顶尖的人工智能和人形机器人研发、制造和销售为一体的高科技创新企业。富士康、华星光电等企业，积极推进数字化生产线改造，探索应用机器学习技术分析处理生产数据，实现产品质量控制、安全生产的智能化管理。创维、雷柏科技、比克动力等企业，通过采用智能机器人、推进工业数据互联互通等，增强人工智能指引下的人机协作与企业间协作研发、设计与生产能力，大幅度提升智能制造水平。其他部分企业积极发展个性化定制服务平台，提高对用户需求的深度学习和分析能力，优化产品个性化组合方式和设计能力。

案例一：人工智能在智能制造领域的应用

华星光电智能制造应用案例。华星光电全面布局智能制造领域，携手国际商业机器公司（IBM）、格创东智、腾讯云等企业，合力开展自动缺陷分类（auto defect classification，ADC）项目，共同为"华星智造"保驾护航。该项目通过导入 IoT 收集生产线数据，运用大数据分析和 AI 技术，建立具备自主学习能力的新模型，对超29万组模型进行训练，目前模型准确率达90%以上，同时通过导入产品检测智能管控，自动分析监控实现良率异常自动检知、异常设备自动停线/风险产品自动管控，在业内首创无间断、高精准的自动缺陷判别功能，相较于传统的人力判片方式，AI 识别速度提升10倍，缩短生产周期40%，缩减人力50%，全面保障了每一片面板产品的品质，提升智能制造质量。

深圳优必选科技智慧电力机器人案例。深圳优必选科技打造智慧电力机器人解决方案，以智能机器人为载体，AI管理后台为核心，为发电厂、变电站、配电室及售电大厅等提供包含业务咨询、业务办理、安全巡检、访客管理、灾害预警等功能，有效降低人为因素造成的问题，有力保障电网系统的智能高效运行。

大疆无人机电力巡检案例。大疆依托飞行平台和智图软件，将无人机技术与电力应用紧密结合，针对危险、紧急、重复性任务设计一系列解决方案，可快速采集地理信息，提供精准的二维、三维模型，直观展示实景，对电网设施和环境进行自动化、精细化巡检，为电力系统建设、运维等工作提供高效保障。

2. 智能网联汽车产业

传统汽车制造业正加快与人工智能等新一代信息技术融合，新的汽车生态正在形成。深圳紧抓人工智能与汽车产业的融合机遇，积极引导智能网联汽车产业发展，坚持技术引领和应用示范的发展路径，加大对通信技术，机器视觉、毫米波雷达、激光雷达等环境感知技术，高精度地图、高精度定位等导航技术，算法设计、处理芯片、操作系统等决策规划技术的智能网联汽车产业关键核心技术的支持力度，并在全球范围内悬赏技术创新人才，支持技术研发。同时，深圳加大智能网联汽车的应用示范，利用已有的国家级无人驾驶示范区，采用定点定线的形式在细分领域先行开展智能网联汽车应用示范，包括载人、城市环卫作业和载货及其他专项作业应用示范。并在前期开放124公里道路进行测试的基础上，深圳将由点及面逐步开放更多更复杂道路环境，开展多场景多模式示范应用，逐步实现深圳智能网联汽车技术落地及商业化运营。深圳坪山区与华为签订智能网联汽车产业深度合作协议，全力打造集测试、认证、全生命周期监管、区域运营于一体的综合平台，探索亚热带气候条件下的数字化道路分级标准体系，真正实现5G网联协同驾驶、远程驾驶及多源信号协同决策的车、路、网、云合作机制，打造具有国际影响力的智能网联产业创新高地。目前，华为推出全新一代智能驾驶计算平台移动数据中心（MDC），并和50多家主机厂、一级供应商（Tier1）、应用算法、传感器、执行器等客户及生态合作伙伴，在乘用车（L2+）、商用车（智能重卡、港口物流）、作业车（无人矿卡、无人配送）等领域，都搭载了基于华为MDC的智能驾驶解决方案。

腾讯充分发挥游戏引擎，虚拟现实和云游戏技术等优势，利用高精度地图、模拟仿真、数据服务三大平台，能够为车企缩短开发时间，并降低测试成本，其开发的"AI in car"系统，打造出行场景下的智能交互模式，实现人与智能汽车的自然对话，用语言表达更复杂的出行意图。目前，腾讯已吸引广汽集团、比亚迪等成为首批合作伙伴，旨在自动驾驶领域推动人工智能技术的应用和产业化。

比亚迪与新加坡科技研究局（A*STAR）通讯研究院（I2R）签署合作协议并建立联合实验室，整合双方在电动车领域和无人驾驶领域的强大优势联合研发无人驾驶电动汽车技术，打造下一代智能化电动车。大疆科技，利用其在机器视觉方面的积累进入自动驾驶领域并开始测试车载设备，与代工生产（OEM）厂商合作布局自动驾驶技术。南方科技大学、密歇根大学、前沿科技产业管理有限公司签署合作协议，三方共同宣布在深圳联合建设无人驾驶示范基地，借助该示范基地打造无人驾驶汽车小镇，实现未来中国无人汽车产业的"硅谷＋底特律"，同时，南方科大学也将成立无人驾驶研发中心，为示范基地提供技术人才支持。

案例二：人工智能在无人驾驶领域的应用

深圳佑驾创新科技有限公司（MINIEYE）无人驾驶应用案例。MINIEYE自主研发的视觉感知系统，可基于庞大的数据积累及对实际路况的分析，能对车辆、行人、车道、信号灯以及交通标志等道路目标和可行驶区域进行精确描述与定位。基于道路环境感知技术以及车辆运动状态的分析，对车辆进行纵向和横向的控制，实现在高速、主干道等场景下的自动紧急制动、自适应巡航、车道中心保持辅助以及交通拥堵辅助等L2自动驾驶功能。通过基于神经网络的视觉感知以及多传感器技术，进行眼睑检测、视线追踪、头部姿态识别、肢体检测以及物体检测，智能分析驾乘人员的状态及行为，为智能安全驾驶提供支撑。

3. 纺织服装产业

服装行业经过长期的发展已经确立了固有的产业性质，但人工智能技术正在改变服装行业的各个环节，如设计、制造、物流、营销和销售。智能化的纺织服装图案设计平台能够推动企业简单完成时装产业上游的设计工作，且能通过学习流行趋势研究成果的情感主题概念和关键色彩，计算框架与绘画生成新的模型。另外，人工智能技术自动提取时尚色彩信息、智能匹配流行服装款式、流行面料，并能自动化分析流行趋势。

深圳40年的发展历程中，深圳服装行业产值超过2400亿元，在国内处于行业领军地位，发展出上千家品牌企业。目前，深圳有2万多名服装设计师活跃在时尚设计舞台，并拥有将近600家原创设计师品牌。随着新一代信息技术的发展，深圳充分发挥其在工业互联网、人工智能、大数据等新一代技术的应用方面具备的产业优势，积极推动纺织服装产业向技术高端化、创意多元化、产品时尚化、品牌国际化的方向发展。深圳中纺云科技作为国内最大的纺织服装产业生态服务平台，成立了"AI设计实验室"，AI智能分配引擎分别通过能力优先、时间优先、人员效率优先的算法模型，将性别、年龄段、款式、风格等需求标签与设计师的能力标签进行匹配并自动实现远程派单，将设计需求及时派送给最优的设计师或工作室，将海量的设计资源在智能化的数据管理下变得高效和精准。

（二）AI+医疗健康

AI赋能医疗健康主要是指将人工智能这一项新兴技术运用于医疗服务主体、医疗机构和医疗服务对象上，实现更广阔、更精准、更低成本的医疗技术覆盖。智能医疗应用领域主要包括临床决策支持或辅助诊疗系统、患者和医疗机构管理、辅助手术或者智能照护设备、新药研发等。

深圳市依托大数据资源管理中心、市超算中心的机房和硬件资源，建立以居民健康档案为核心的全民健康数据中心，积极推动人工智能与医疗健康领域的融合发展，促进深圳市智慧医疗的快速推广和发展。深圳积极推进智慧医院标杆工程，开展基于计算机视觉技术的医学影像图像处理、手术机器人视觉系统、药店及医院面部识别、单据识别等智能图像处理应用，以及基于自然语言处理技术的病历/文献分析和虚拟助理咨询导诊等工作，重点在北京大学深圳医院、深圳市人民医院、深圳市妇幼保健院、深圳市罗湖区人民医院等三甲医院和重点医疗机构开展试点示范，打造形成智慧医院标杆。华大基因将人工智能技术与生物技术融合，在临床检测、体外诊断、司法服务等方面推出了一批设备、仪器和解决方案，提升智能化服务水平。腾讯推出腾讯觅影新一代国家人工智能医学影像开放创新平台，作为腾讯首款将人工智能技术运用到医学领域的产品，腾讯觅影由图像识别、大数据处理、深度学习等领先技术与医学跨界融合研发而成。自2017年8月发布以来，腾讯觅影已经跟十多家三甲医院建立了人工智能联合实验室，并与上百医院达成合作意向。其中，针对食管癌、肺结节、糖尿病性视网膜病变等病种的筛查已进入临床预试验，每月处理上百万张医学影像，不但大大提升了医疗效率，且对于偏远地区提高医疗水平有极其重要的价值。深圳碳云智能围绕消费者的生命大数据、互联网和人工智能创建数字生命生态系统，拥有国内首个专业度最高的百万健康数据收集平台。

案例三：人工智能在医疗健康领域的应用

深圳迈瑞智慧医疗案例。深圳迈瑞医疗坚持深耕医疗领域，注重推动人工智能等新一代信息技术与医疗技术的融合创新，涌现出系列创新应用。在生命信息支持方面，依托融合智能技术的设备，通过完整、灵活、符合科室业务特点及工作流的产品组合，并辅以信息化、智能化手段，帮助各科室改善医疗安全、提升医疗效率。尤其是重症整体解决方案则以"智慧ICU（重症加强护理病房）"为方向，利用智能化技术辅助重症临床决策及治疗，并利用信息化技术实现床旁信息、科室内信息及全院信息的高效互联，打造安全科室。在医学影像方面，结合来自美国硅谷的图像处理技术，迈瑞高效整合全球研发资源，实现了多项超声影像技术的突破。新一代MX7便携超声基于前沿的域光平台，能快速获得更理想图像，搭载更多智能工具，满足临床快速诊疗需求。4K内窥镜摄像系统，采用先进光学技术与深厚图像算法，全面掌握腔内动态变化，实现卓越图像显示。

（三）AI+农业种植

智慧农业是充分应用新一代信息技术成果，集成计算机与网络技术、物联网技术、音视频技术、3S（遥感技术、地理信息系统、全球定位系统）技术、无线通信技术及专家智慧与知识，实现农业可视化远程诊断、远程控制、灾变预警等智能化管理的新型农业模式。

深圳是高新技术产业的聚集地，凭借其互联网产业、电子信息产业的强大优势推动其在智慧农业领域先行先试，促进深圳农业向数字化、智能化转型升级，且发展势头与应用效果良好。在水稻育种方面，深圳利用新一代信息技术培育出的优良种子在广东的水稻种植面积中已经占据50%以上，已经逐步走入全国市场，并逐步向国际市场迈进。农业转基因技术，深圳农业转基因技术已经走在其他城市的前列，深圳的农业用地有2000公顷左右，虽然面积不大，但是在高科技育种方面却是取得了很亮眼的成绩，深圳的农业科技已经为解决世界的水稻安全作出了贡献。基因组工程，深圳华大基因与云南农业大学、中国农业科学院等研究机构通力合作，在国际上率先完成草地贪夜蛾染色体级别的基因组测序和组装。

案例四：人工智能在农业领域的应用

大疆无人机应用案例。大疆于2015年创立DJI大疆农业，致力于为用户提供基于无人机技术的智慧农业解决方案，推动全球农业的发展革新和进步。依托植保无人飞机、农田监测设备、大疆智图、农田大数据管理平台，提供农业综合解决方案，实现对水稻、小麦、玉米、棉花、柑橘、苹果等粮食和经济作物种植进行数字化、精准化、智能化管理，为农业从事者提供更便捷高效的田间管理方案，降低运营成本，提产提质增收。如采用植保无人飞机进行农药喷洒作业，以提高农药利用率；搭载播撒系统的植保无人飞机可在山地、丘陵、梯田、平原实现全自主水稻直播和扬肥作业，帮助种植者解决人工播撒不均匀、费时费力等难题；通过精灵4多光谱版对作物生长情况进行多光谱采集，使用大疆智图进行长势指数实时分析，生成处方图，进行变量施肥和施药，帮助种植户进一步降低运营成本，提高亩产值；通过采集果园地理信息，对果园进行二维建图后，可自动快速识别果树，统计果树棵树，计算果园面积。

（四）AI+ 海洋科技

智慧海洋被称为信息与物理融合的"海洋智能化技术革命4.0"，是应用智能化信息技术与先进的海洋装备技术和海洋活动相结合，以自主安全可控的海洋云环境为支撑，将各类海洋信息资源整合在一起，实现对海洋全面立体感知、广泛互联互通、海量数据共享、知识分析与决策。建立"AI+ 海洋"模式，推动人工智能赋能海洋产业，是改变信息难以覆盖广域海洋的现状，提高海洋产业数字化、智能化发展的重要路径。

海洋产业是深圳重点支持的未来产业之一，深圳积极推动人工智能技术与海洋产业的发展，率先布局智慧海洋体系，聚焦5G、人工智能、大数据、区块链等新一代信息技术与海洋经济的深度融合，并设立海洋经济发展专项资金，重点支持海洋电子信息、海上风电、海工装备、海洋生物、天然气水合物、海洋公共服务业创新发展。深圳先后培育了邦彦技术、海能达、云洲创新、汇川技术等一批战略性新兴产业企业，在船舶电子、海洋观测和探测、海洋通信、海洋电子元器件等海洋电子信息领域不断取得关键技术突破，掌握自主核心技术。华为海洋网络有限公司已累计交付98个海缆项目，海缆建设长度将近6万公里；中兴通讯带来海洋宽带卫星通信解决方案，是国内唯一拥有自主知识产权的电信级卫星通信整体解决方案，填补深海覆盖盲区的空白。

（五）AI+ 商贸物流

商贸物流是支持我国国民经济和社会发展的基础性、战略性产业之一，随着新技术的不断发展，商贸物流与大数据、物联网、人工智能等新一代信息技术深度融合，智慧物流逐步成为推进物流业发展的新动力、新路径，也为经济结构优化升级提供了原动力。AI赋能商贸物流是指在人工智能技术及智能产品应用的基础上，实现商贸物流系统各环节的智能化与自动化，从而降低社会成本、提高效率。

深圳商贸物流体系发达，是亚太地区重要的交通枢纽和物流中心，拥有世界第三大集装箱港口、亚洲最大的陆路口岸，是中国四大航空港口之一。在数字化浪潮下，智慧仓储、无人配送、便捷配送、在线调度、全流程监测和货物追溯等等技术不断被创造、应用，加速了传统物流体系变革，带动深圳物流企业逐渐从劳动密集型向技术驱动型转变。2019年深圳港开通国际集装箱班轮航线211条，集装箱吞吐量2576.91万标准箱，位居全球第四，物流业增加值2739.82亿元，同比去年增长7.5%[1]。目前，深圳已培育了新能源运力共享、同城货运运力调配平台、社区共享冰箱、无人货架等行业发展新业态，与此同时，以现代供应链为代表的新模式加快发展，商贸物流企业相继通过聚焦整合资源、优化流程、协同创新，向供应链服务商转型。据统计，总部在深圳的供应链管理企业已超千家，占全国的80%以上[2]。深圳物流与供应链行业"独角兽"企业已达4家，分别为菜鸟网络、丰巢科技、越海全球、货拉拉，其中顺丰已获得及申报的现代物流专利共有2634项，专利持有量在国内快递行业排名第一[3]。

六、深圳经验与借鉴

深圳高度重视人工智能与实体经济深度融合，积极推动智能制造、智能网联汽车、智能医疗等新业态、新产品、新模式，并在人工智能产业顶层规划、技术创新、产业融合、应用示范及营商环境等方面采取了一系列先行先试举措，推动其人工智能与实体经济融合发展取得显著成效。

---

[1] 深圳市商务局.现代物流业［OB/DL］.［2020-06-12］. http://commerce.sz.gov.cn/tzly/zdcy/sdzzcy/content/post_7784764.html.
[2] 深圳商报.深圳将打造全球供应链管理中心［N/DL］.［2018-08-13］. http://szsb.sznews.com/MB/content/201808/13/content_438174.html.
[3] 深圳商报.深圳打造全球供应链管理中心［N/OL］.［2020-09-21］. http://finance.eastmoney.com/a/202009211641734493.html.

（一）强调顶层规划，合理引导产业发展

深圳高度重视人工智能产业发展，相继出台《深圳市关于进一步加快发展战略性新兴产业的实施方案》《深圳市人工智能等新兴产业空间布局规划》《深圳市新一代人工智能发展行动计划（2019~2023年）》等人工智能产业政策，构建完整的产业政策体系，明确人工智能发展重点方向和目标，凝聚全市力量大力推进人工智能发展，积极夯实人工智能发展基础。充分发挥政府引导新兴产业快速发展的作用，为推进深圳经济社会高质量发展提供新动能，为建设中国特色社会主义先行示范区和社会主义现代化强国城市范例提供强有力的支撑。

（二）注重基础研究，积极推动协同创新

深圳结合人工智能基础，正视核心技术差距，关注全球人工智能发展动态和前沿技术，聚焦人工智能重点技术问题和薄弱环节，前瞻布局可能引发人工智能重大变革的基础研究，推动人工智能创新水平快速提升。在人工智能基础算法、高端芯片、关键器件和底层软件领域分批开展重大装备及核心零部件专项研制计划。从政府层面支持人工智能企业、高校、科研机构开展产学研深度合作，探索人工智能共性技术、人工智能和垂直行业协同创新模式，搭建人工智能资源攻关平台。例如，推动鹏城实验室与微众银行联合建立"AI金融联合实验室"，发力联邦迁移学习、新一代人机交互领域；推动腾讯人工智能实验室（AI Lab）和港中大（深圳）联合成立机器智能联合实验室，共同攻克机器学习、计算机视觉和自然语言处理。

（三）发挥产业优势，全面推动产业融合

经济基础雄厚，电子信息制造业产业发达，服务业能力突出是深圳改革开放以来长期积累的重要成果，为能够发挥其基础产业优势，深圳积极推动人工智能与实体经济的深度融合，拓展人工智能产业的应用边界，加速人工智能技术的商业落地，合理引导人工智能技术及产品与医疗、制造、交通等领域相结合，激发市场对人工智能的潜在需求。如率先在制造业领域实施技术改造"倍增计划"，推动机器换人相关的政策补贴，自2014年起至2020年，深圳市财政每年都将安排5亿元，连续7年补助机器人、可穿戴设备和智能装备产业。

（四）引领龙头企业，加快技术应用示范

深圳专门出台支持龙头企业发展的激励政策，鼓励头部企业发起并建立产业

联盟，支持龙头企业开展产学研合作、标准制定、市场对接、新品发布等，并支持头部企业自主推荐认定人才、高校定向人才培养等方式，解决头部企业人才缺乏问题，同时以"一链一策""一链一负责"方式为头部企业提供定制化、专业化、贴身化政务服务。深圳人工智能龙头企业扶持效果突出，腾讯、华为、平安科技、大疆科技、商汤科技、云天励飞、优必选等几家人工智能企业几乎占据了深圳人工智能产业规模的半壁江山，成为国内人工智能企业发展的标杆。其中仅大疆科技无人机产品，占据了全球72%的市场份额，国内超70%，合作客户已经遍布100多个国家[1]，其无人机创新的力量也在为传统产业赋能，极大地推动航拍、旅游等产业的发展。

（五）优化营商环境，营造创业创新氛围

近年来，深圳不遗余力为企业发展创造更好营商环境，将营商环境优化行动确定为深圳"十大行动"之首，列入"九大战略任务"之一，更是将其定为"一号改革工程"，用一系列直指痛点堵点的改革行动，为深圳人工智能发展奠定了坚实的产业基础。截至2019年底，深圳每千人拥有商事主体247.3户，创业密度居全国大中城市第一[2]。据统计，2019年我国有711个人工智能项目拿到了新一轮投资，其中总部位于深圳的项目有57个，投资案例数仅次于北京，自2017年至今，深圳的人工智能企业获得的投资案例数量稳居全国前二[3]，人工智能创业创新、融资投资等营商环境得到快速提升，已经培育和涌现出一批人工智能领军企业。

七、对策建议

深圳作为我国改革开放最前沿城市，是中国特色社会主义先行示范区，依托电子信息产业链完整、数字经济发达、创新氛围浓厚等优势，在推动人工智能与实体经济融合走出了"深圳经验"，并走在全国全列。为此，有必要立足"深圳经验"，谋划我国下一步推动人工智能与实体经济深度融合发展的对策。

---

[1] 资料来源：前瞻产业研究院。
[2] 深圳特区报.深圳营商环境居全国前列 创业密度居全国大中城市首位［N/DL］.［2020-03-12］. http://sz.people.com.cn/n2/2020/0312/c202846-33869605.html.
[3] 深视新闻.深圳人工智能面向新高地［N/DL］.［2020-03-30］. http://static.scms.sztv.com.cn/ysz/zx/zw/28478167.shtml?isApp=true.

（一）发挥政府引导作用，激发产业融合活力

充分发挥政府引导作用。鼓励政府部门将人工智能产品及服务纳入政府采购目录，推动人工智能在公共服务和政府治理中发挥"头雁"效应，增强社会大众对智能产品及服务的体验感，引导人工智能更多智能产品融入社会生活。合理使用政府产业基金优先支持人工智能产业，引导民间资本和社会资本进入人工智能产业，为产业发展树立信心。

支持开展各类先行先试。以人工智能创新应用先导区为产业融合发展试点地区，加速智能网联汽车、智能机器人、无人机、智能可穿戴设备等新一代人工智能产品研制及产业化，提速语音识别、图像识别、自然语言处理等人工智能技术在制造、医疗、零售、物流等领域示范试点，通过示范试点全面推广，激发实体经济对人工智能的融合需求。

（二）厚植基础科学研究，提高创新应用效能

以应用为牵引，加大研发投入力度，推动人工智能产业向价值链高端延伸。支持建设人工智能开源算法框架平台、开放的基础数据集合等基础平台，夯实人工智能产业基础技术，破除"路径依赖"，引导人工智能企业由强调技术应用转向重视基础研究，为人工智能持续发展与深度应用提供强大技术支持。

以创新为目的，坚持开放合作创新，引导企业提升人工智能科研成果转化。建立企业、科研院所、政府、金融机构联动的政产学研金用的人工智能技术创新体系，鼓励高校、科研院所人工智能专家到企业从事科研及其成果转化活动。支持高校及科研院所以突破人工智能应用基础理论瓶颈为重点，超前布局可能引发人工智能范式变革的基础研究。

（三）促进体制机制完善，激活市场消费主体

建立市场化的数据开放共享机制。从政府部门着手实施政务数据的开放共享，引导企业、行业协会、科研机构、社会组织等主动采集并开放数据。构建安全有序的数据交易环境，推动地方政府建立数据交易平台，规范交易流程，把控交易数据质量。

建立人工智能技术及产品监督机制。建立人工智能产品检验检测标准体系，切实加强管理，严格监督人工智能产品及服务各个环节，监督人工智能过度收集用户

信息，加大对数据滥用、侵犯个人隐私、违背道德伦理等行为的惩戒力度。

（四）创新人才培养机制，完善人才培养体系

探索复合型人才培养机制。推动高校由只重视人工智能技术研究转向以产业融合应用为目的的人才培训观念，重视多学科多领域交叉的人才培训。利用好科学院、工程院以及全国知名院校人工智能领域专家的人才资源优势，充分发挥对产业链的带动作用，在国内建立"候鸟"人才工作站，灵活高端人才使用机制。

加大人工智能人才引进力度。加强人工智能领域的国外顶尖科学家、高水平技术团队、有产品研发经验的工程师等人才引进。加强人工智能领域优秀人才特别是优秀青年人才引进工作，从创业、落户、置业等多方面给予激励政策。

（五）营造有序产业环境，提升产业支撑能力

加强人工智能法制法规建设，持续开展人工智能安全、伦理、就业、法律等各个方面问题的预测和研判，加强人工智能对经济社会综合影响及对策研究。统筹各方力量，加强人工智能伦理相关研究，明确人工智能在安全、隐私、公平等方面的伦理原则，制定人工智能伦理指引性文件。

加快人工智能等新型基础设施建设。以应用需求为导向，加快5G商用步伐，加快物联网、互联网协议第6版（IPv6）、工业互联网等新型基础设施，打造集融合感知、传输、存储、计算、处理于一体的智能化信息基础设施体系，为人工智能与实体经济融合展提供基础支撑。

02
创新驱动篇

加快"强核强链"建设，推动广东省先进制造业高质量发展

广东省制造强省建设专家咨询委秘书处

为做好广东省制造业高质量发展"十四五"规划编制工作，在省工业和信息化厅的指导与支持下，省制造强省建设专家咨询委员会秘书处（秘书处由工信部电子五所承担）联合赛迪顾问、华南理工大学等智库机构于2020年5月下旬对珠江西岸的广州、珠海、佛山、江门、湛江和珠江东岸的深圳、东莞、惠州、汕头、潮州10个重点城市进行了实地调研，中山、肇庆等11个地市工业和信息化主管部门有关负责同志也分片区参与了座谈，并于6月完成了对全省42家战略性产业集群典型企业的问卷收集。现将调研情况进行梳理，形成本报告。

一、广东省先进制造业核心零部件、制造业链现状和存在的问题

调研发现，广东省以电子信息、智能家电、汽车制造、高端装备、绿色石化、机器人六大先进制造业为代表的战略性产业都存在严重的产业链安全问题，上游的核心基础材料和零部件短缺以及自身生产的软硬件依赖进口。疫情期间，虽然除汽车制造业之外，其他五大先进制造业零部件备件相对充足没有出现由于零部件供应不足而停产，但是这些短板已经随着中美关系的日益复杂而浮出水面，亟待解决。

（1）在电子信息制造业方面，电子信息制造业是广东省第一支柱产业，2019年实现销售收入3.86万亿元，约占全国34%，产值规模连续28年居全国第一[①]，但其上游产业链仍存很多短板。一是智能终端的上游零部件制造业的卡脖子问题在于芯片制造，如华为、中兴通讯、深圳创维-RGB短期仍对进口芯片有着大量需求，尤

---

① 资料来源：广东省统计年鉴。

其是14纳米以下的高端数字芯片，国内仍处实验、试生产或应用融合阶段，在质量稳定性、产业链工艺配套和产能方面仍需一个不短的产业化过程。二是上游零部件企业的短板在于高端原材料、半导体和高端装备。这些原材料和高端装备大多被国外厂商垄断，国内厂商缺乏竞争力，国产替代比例小。例如，胜宏科技、越亚的高端原材料来要来自台系、日韩系为主；TCL华星光电的有机电激光显示器（organic light-emitting diode，OLED）的发光材料、光掩膜（mask）材料、阴极材料、阵列面板（array）材料、柔性面板材料，液晶显示器（liquid crystal display，LCD）的光学膜片（cell）、阵列面板（array）、彩膜（color filter，CF）和模组的部分材料如光刻胶、碘化丙啶（propidium iodide，PI）液等都依赖进口；龙旗电子元器件和显示屏来自海外；瑞声科技、越亚的半导体和高端装备大都依靠进口。

（2）在智能家电制造业方面，广东智能家电制造业（格力）主要有四大短板：一是关键基础材料，如高端晶圆、高端钨制品、合成酯冷冻机油、环保冷媒等大量依赖进口，有些不能自行生产，有些无法突破专利壁垒，需缴纳大量专利费用。二是漆包线的绝缘漆主要生产商均为国外品牌。三是电容制造企业上游厂家集中在江浙、西北一带，运费高。四是在工业领域几乎所有的仿真计算软件都依赖进口，拥有自主知识产权、掌握核心仿真代码的产品几乎为零，这导致我国大型企业依赖国外仿真软件，中小型制造业企业已经不仿真而完全依赖"山寨"的窘境。

（3）在汽车制造业方面，广东汽车整车龙头企业受国际疫情影响仍在持续，国产上游零部件供应仍存"卡脖子"问题。比亚迪海外电子产品供应不足，包括芯片、电容、电阻、电感、精密金属件、接插件等零部件，这些电子产品主要分布在日本、韩国、菲律宾、马来西亚、新加坡、美国、意大利等国，其中德国、美国、意大利、马来西亚、菲律宾等国已大面积停工停产。由于这些电子产品都是以月度为周期，几个月的停产已经造成电子产品短缺。汽车零部件生产企业受疫情的影响不大，但是卡脖子问题不少。新能源汽车动力电池由于能量密度低，导致电池续航里程及安全性能不足，如亿纬锂能、冠宇电池；汽车上游零部件生产材料还需要进口，如精电（河源）；电子元器件、生产工具和软件都需要从国外进口，如德赛西威的核心芯片、高频印制电路板（PCB）、半导体及阻容感、核心域控制器操作系统等，以及软件白盒测试的编译工具，底层测试工具、测试系统，射频测试工具。

（4）在高端装备制造业方面，广东高端装备企业的"卡脖子"问题不一。例如，星联精密的原材料（钢材），南兴装备的数控系统核心技术，大族激光上游30%的芯片、高精度导轨、传送设备、高端设备配件及生产设备，华大智造的镜头、振荡器、电机等部件和光学等精密原料，金银河的加工精度水平、热处理能力、核心零部件都依赖进口。迈瑞医疗的小体积高压绝缘栅双极型功率管（IGBT）、高压小体积快恢二极管、高压薄膜电容［主要是高温超薄高压聚丙烯（PP）膜］等高压器件受限严重，基础器件供应问题风险很大；涡轮、音圈电机、流量传感器、比例阀等器件核心物料依赖进口，疫情期间尤其是涡轮和音圈电机供应严重不足；摄像系统中光学冷加工，特别是镀膜方面仍然落后于日本和欧洲，电子的高端图像传感器、高性能现场可编程门阵列（FPGA）只能选择日本或美国公司的产品，光学及装配工艺的硬管内窥镜是一个难点，还需要时间摸索；生产的软件和高端装备都需要进口；麻醉深度监测技术、组织血氧监测技术、氧传感器技术、血流动力学监测技术等部分高级生理参数测量技术，存在"卡脖子"现象。

（5）在绿色石化制造业方面，广东绿色石化制造业的短板主要在于生产工艺、专利技术和原材料落后。中海壳牌具体提出了六大问题：一是国内乙烯装置主要以石脑油为裂解原料，与中东和北美等以轻烃和乙烯为裂解原料的装置相比，存在能耗高、原料成本高等问题。二是乙烯生产的专利技术主要由国外四大专利商所控制，国内虽然也已开发出成套的乙烯生产专利技术，但由于实际应用案例较少，技术的可靠性和能耗水平还需时间来验证。三是压缩机、低温冷箱等关键设备的国产化虽然取得了长足进步，并已在部分新建项目得到应用，但可靠性和效率还需要时间验证。四是乙烯装置中所用的国产关键催化剂，在长周期、运行稳定性和选择性等方面与进口催化剂还有一定差距。五是装置所使用的精密在线仪表、集散控制系统（DCS）控制系统等仍然依赖进口。六是部分化学品、催化剂、原料需要引进且来源单一。

（6）在机器人制造业方面，广东机器人制造业以工业机器人制造为主，已经产生了位列世界机器人50强的大疆无人机（中国只有两家入选，另一家是北京极智嘉Geek+）。然而，大疆在各类芯片的开发与研制，上游半导体元器件、芯片制造、电子设计自动化（EDA）软件等方面，还存在很多短板。拓斯达的减速机等核心零配件还需要进口。优必选的元器件、部分高端芯片来自英特尔（Intel）、部分高端传感器来自韩国和日本。大族激光的机器人手臂主要从日本进口。

二、对策及措施

实施"强核强链"工程是增强产业链安全的根本途径，是实现广东省"十四五"制造业高质量发展的重要抓手，针对调研过程中各先进制造业行业所提出的问题，应提起高度重视并采取相应的措施加以逐步解决供应链安全问题。

（一）支持企业加强关键核心零部件的研发

企业生产离不开关键核心零部件，对关键核心零部件的技术标准也了解最深，因此企业是研发关键核心零部件的核心力量。根据收集的问卷调查结果显示，99%的企业都有研发（个别纯外资的企业是引进原有的技术除外），而且85%企业的研发投入都占主营业务收入比重达到3%以上。因此建议大力支持企业开展关键核心零部件的研发。这里的研发不仅仅指硬件的研发，也包括软件的研发，因为在调研过程中有10%的企业都提到软件落后，如仿真软件。一是人才支持。这是企业在研发过程中遇到最多的问题，55%的企业都提出这是它们创新研发的短板。先进制造业是智力密集型制造业，人才是发展的根本。建议进一步加强对高端人才和骨干技术人员人才的培养，尤其是集成电路制造、封测环节人才，协调推动在粤高校设立集成电路等先进制造业相关专业；面向全球针对关键核心零部件引进一批科技领军人才和团队，为他们不仅仅提供优越的硬件（工作环境和待遇），还要在软件上与国际上接轨，如便利的出入境审批和国际互联网互通。二是资金支持。调查中有23%的企业都有创新经费不足的问题，而且关键零部件及核心技术需要长时间的研发及庞大资金投入。政府可以以重大专项、财政补贴、低息贷款、基金投资、支持企业上市、根据项目固定资产投资按照一定比例给予资金扶持奖励，尤其是设立广东省集成电路制造业专项基金等方式来支持企业进行创新研发。三是用地支持。调查有24%的企业都存在用地需求，需要扩大生产和研发的企业都反映有用地指标不足和基础设施配套不到位的问题。省政府和各地市亟需设立关键核心零部件专项用地指标或创新产业用地类型如M0来解决企业用地难问题；并尽快完善正在建设的先进制造业企业的基础设施配套需求，如格力的高栏港出口生产基地周边配套设施建设。

（二）促进企业加强关键核心零部件合作研发

由于企业的研发力量和精力有限，主要任务还是生产和销售，因此还需要依靠社会力量共同参与研发。调查中19%的企业认为现有的创新成果转化机制还不健全，政府应为企业搭建各种桥梁，促进社会各界力量共同参与关键核心零部件的共同研发，加强科技成果转化力度。一是促进企业与高校或研究机构合作研发。这是一种最普遍最有效的合作方式，实际上调研的企业中已经有76%采取这种合作方式进行研发，但还是有部分企业没有开展合作研究，政府可以为这部分企业和高校或研究机构合作研发牵线搭桥，促进它们的合作。二是提供技术交流平台或渠道。36%的企业都表示，在企业的创新活动过程中缺少技术交流的平台和渠道，在调研过程中发现成立公益性研发机构是一种非常有效的公共科技创新平台，如华中科技大学在广东省和东莞市政府的支持下建立的由领军人士牵头、专职团队为主、海外团队充实的人才队伍体系的广东华中科技大学工业技术研究院、广东省智能机器人研究院和华科城，已经孵化高科技企业635家。三是提供大科学装置支持。在调研过程中，很多企业都反复强调在东莞设置的中国散裂中子源大科学装置对广东省原材料有很大提升作用，因为33%的企业都存在原材料进口问题。广东省应积极向国家争取更多的大科学装置为核心关键零部件及其所需上游的元器件和原材料的研发提供必要的科学装备。四是优化创新环境。有24%的企业回答在企业创新活动中的问题是不了解相关政策，因此各级政府还需要继续优化创新环境，尤其是科创委（局）需要提升数字政务能力，为企业提供实时的创新活动咨询。

（三）加强核心关键零部件精准招商

解决先进制造业企业所需的关键核心零部件除了研发途径，政府还需要加强对制造此零部件的企业进行招商引资。一是做好核心关键零部件招商顶层设计。与企业共同梳理各先进制造业行业所短缺的核心关键零部件名录，分类整理哪些是必须研发的，哪些是可以招商引资的，并对需要招商引资的核心关键零部件分时段分层次有序招商，以减少研发的时间和资金投入。二是建立强大的招商工作机制。向江苏和浙江学习，每个先进制造业行业核心关键零部件都要引进高水平国际化招商人才，建立由一个省领导牵头、一支招商队伍、一套工作班子、一个决策咨询机构"四个一"的招商工作机制。三是优化营商环境。充分发挥全省的自贸区、国家级高新区、中国特色社会主义先行示范区、综合性国家科学中心等高科技平台作用，加强科技园区基础设施建设，建设一流数字政务环境，营造与国际接轨的营商环境。四是加强精准招商。针对在调研过程中一些企业提出的上游零部件由于分布在西北导致运输成本增加、因疫情导致湖北和国外关键核心零部件断供的问题，建议政府招商引资时首先针对这些关键核心零部件企业进行有针对性的招商。

粤港澳大湾区视野下校企联动推动创新成果产业化的广州策略

广州市工业和信息化局 *

习近平总书记2018年9月10日在北京出席全国教育大会并发表讲话中强调，推进产学研协同创新，积极投身实施创新驱动发展战略，着重培养创新型、复合型、应用型人才。高校和企业是推进产学研一体化的中坚力量，也是推动地方经济高质量发展的重要载体，以校企联动的模式推动产业创新发展，不仅可以优化高校人才培养和科研模式，还可以促进产学研一体化发展，打通创新成果产业化通道"最后一公里"。本文以广州市为样本，简述粤港澳大湾区建设背景下校企联动推动创新成果产业化的实践和策略。

一、以问题为导向，从全球成功案例的视角剖析广州校企联动的现实紧迫性

近些年，在穗高校为地方经济社会发展作出突出贡献，但科技成果转化相关指标同北上深杭等地相比差距较大。据中国科技成果管理研究会、国家科技评估中心等发布的《中国科技成果转化2018年度报告（高校篇）》显示，中国高校科技成果转化金额排行榜前50名中广州高校仅2家入围。广州虽然集中了全省77%的科研机构和2/3的高等院校，但研发成果本土转化率较低，规模大、影响大、贡献大的成果转化项目屈指可数，知名校办企业更是少之又少。广州如何发挥中山大学、华

---

* 作者介绍：王玉印，广州市工业和信息化局综合与政策法规处（审批管理处）处长，一级调研员。

南理工大学、暨南大学等全国优质高校资源的力量推动产业高质量发展，是一个亟待解决的现实问题。

从国外来看，成功的校企联动模式几乎拥有一个共同的经验：高校周边建设产学研一体化的综合性科技产业园，推动教育科技创新产业，重塑城市空间和产业结构。例如，美国"斯坦福大学—硅谷"的校企联动模式，打造了以企业为主体、市场化运作的世界技术创新中心，硅谷三成的创业者来自斯坦福大学，硅谷不仅为斯坦福大学提供了实践平台和创业机会，其产业化财富也反哺滋养了斯坦福大学的科研力量，形成产学研良性循环。再如，日本筑波大学—筑波科学城，打造了以科研机构和高校为主体的世界级国家科研中心；印度班加罗尔—班加罗尔大学，打造了以软件外包企业为主体的世界级信息科技中心。

从国内来看，北京中关村坐拥清华大学、北京大学等高校，武汉"光谷"集聚武汉大学、华中科技大学等高校，浙江大学半径5公里圈层式集聚了紫荆城创意产业园、杭州软件园、西溪科创园、骆家庄工业园等近200家创新产业园。又如，上海张江高科从阡陌农田发展为尖端创新产业园，集聚了复旦大学、南洋理工大学、美国杜兰大学商学院等知名高校，设置了"教育+创新+产业+生活"四个主功能区，打造中国"硅谷""药谷""医谷"联动的创新产业集群。最引人注目的就是深圳，尽管自身大学资源匮乏，但却秉承"不为我所有但为我所用"的思路，在南山区打造了一座虚拟大学产业园，聚集了北京大学、清华大学等53所国内外知名院校，按照"一园多校、市校共建"模式建设国家级创新型产学研结合示范基地。

从广州来看，全市拥有83所高校，在校大学生总量居全国第一，中山大学、华南理工大学等高校综合实力排名全国前列。但是，广州市高校整体空间规划和产业规划还存在"两张皮"现象，没有足够重视高校在新兴产业空间构建中的参与和贡献。例如，大学城一期因土地扩张有限、空间结构调整难度大等历史原因，产业规划缺失已成定局；大学城二期尽管预留了未来创新产业的承载空间，积极探索融入城市的开放街区式高校建设模式，但在高校间联动、校企联动、学科设置、产业链整体布局等方面尚欠思路和规划，校城融合有余但校产联动不足，尤其缺乏新技术、新模式、新业态的先进制造业的整体布局，难以催生高校教育、科技创新、产业集群之间的化学反应，导致高校在城市产业发展中贡献不大。

二、以纲要为契机，抢抓粤港澳大湾区建设为广州校企联动带来的发展机遇

《粤港澳大湾区发展规划纲要》明确提出，支持粤港澳高校合作办学。近年，国际知名高校联合广州办学呈加速趋势，如近年陆续引进了知识城南洋华中学校、广州黄埔修仕倍励实验学校、爱莎国际学校广州科学城校区等国际知名高校（广州分校）。特别是，香港科技大学在广州南沙设立分校，将为广州和粤港澳大湾区的教育科研和校企联动注入强劲的发展动力。大发展必须要有大规划，南沙新校区规划不能重走老路。

（一）突出顶层设计，统筹新校区空间规划和产业规划

规划方案应坚持空间规划、产业规划等多规合一，有机融合教育、创新、产业、生活等多元功能，在高校及其周边集中规划设置产业用地并刚性约束一定比例，形成高校科研成果就地转化的集聚效应。充分运用好广州2019年出台的新型产业用地（M0）在配套、地价等方面的优势，集聚土地、资金、人才要素。同时，从该地区产业现状出发科学布局产业发展，香港科技大学分校区毗邻南沙人工智能价值创新园（庆盛枢纽区块），该园区目前已集聚中电数据国家健康医疗大数据中心、海尔卡奥斯（COSMOPlat）工业互联网平台、庆盛"智谷"创新总部集群以及科大讯飞、云从科技、小马智行等项目，新校区规划应综合考虑产业布局，带动产学研一体化快速发展。

（二）聚焦产业前沿领域，科学设置新校区学科建设资源

针对广州产业转型升级和技术创新的痛点，以企业需求为导向推进南沙新校区学科生态建设，对标国内外前沿战略性新兴产业和先进制造业，紧密对接广州正在大力发展的新一代信息技术、人工智能、生物医药（IAB）、新能源、新材料（NEM）、集成电路、超高清视频、工业互联网和生产性服务业、数字经济等新兴产业，瞄准区块链、量子通信、太赫兹、石墨烯、干细胞与再生医学等未来产业，建立和完善汽车、电子、石化等与本土支柱产业紧密融合的工科专业体系。抢抓粤港澳大湾区机遇借力香港在生物医药、电动汽车、环保科技、物联网等方面具备技术领先优势，科学配置学科建设资源，构建校企合作、产教融合、协同育才的应用型人才培养体系，提高学科的产业协同力、创新力、贡献力。

（三）加强校校合作，培养和集聚一流产业人才

目前，粤港澳大湾区中广东省拥有151所高等院校（其中，中山大学和华南理工大学为国家"双一流"大学），香港有5所高校进入全球百强（含香港科技大学）。广州应抓住优质高校资源，弥补产业创新平台建设中高端人才缺失的短板，主动建立大湾区高校人才联盟组织，聚合现有世界名校、强校开展校校合作活动，畅通高端人才流动渠道，有序推动人才跨地域、跨行业、跨身份、跨学校流动。以香港科技大学来穗办学为纽带，吸引更多港澳优质高校来穗开展多领域合作，与广州本地高校深化交流合作，加快集聚和培育一批战略科学家、现代企业家创业家、产业领军人才和团队、专业技术人才和高技能人才。

（四）发挥港属高校的独特优势，推动三地智库协同发展

"一国两制"下构建粤港澳大湾区现代产业体系，涉及的问题方方面面，亟须建设一支强有力的智库队伍，而高校智库占据了人才高地，更容易致力于应用决策研究与基础理论研究，形成覆盖三地的智库支持网络。香港科技大学的多元性、开放性、互鉴性和世界认可度赋予高校新型智库得天独厚优势，既能准确把握"一国两制"基本方针，又能立足香港、着眼全球，整合跨国境、跨地区、跨部门、跨体制集聚研究资源和学术资源，发挥"超级联系人"作用，使三地高校智库建设从单打独斗变成一个综合型且能凝聚方方面面力量的智库智囊，协同成为粤港澳大湾区发展研究具有核心竞争力的权威智库团队。

三、以产业为导向，创新广州校企联动的工作模式和平台机制

据资料显示，2018中国高校"科研规模"排行榜，广东的中山大学位居第七名，但全国高校"成果转化"排行榜前十中广东高校却集体缺席。当前，高校、科研院所普遍存在科技与产业脱节问题，要扭转"科研论文多、转化应用少"的空转现象，必须以市场为牵引，以企业需求为主体，促进高校、科研院所技术能力向产业发展转移转化，加快中试熟化、工程化培育和成果落地，解决"最后一公里"障碍。

(一)政府搭台,以市校合作的方式推动校企联动

完善市领导班子联系高校制度,健全在穗高校联席会议制度,定期互相开展走访、调研和座谈,研究解决在穗高校及校地合作、校企合作中遇到的问题和困难,共同规划高校建设、人才引进和培养、科技创新、成果转化和产学研协同创新、"中试"孵化、融资渠道等重大事项,开通政府服务高校的"绿色通道"。2019年3月13日,广州市人民政府与华南理工大学、博世互联工业签约设立工业4.0创新技术中心,为校企联动开启了新的实践模式。

(二)校企共建,设立创新成果产业化中心

针对广州重点产业发展重大需求和企业共性、关键性技术难题,聚焦推动在穗高校创新成果产业化,突出政产学研融协同发展,充分发挥各区政府积极性,采用成果+产业+人才+资本+市场"五位一体"架构,重点依托产业集群、价值创新园区运营机构和高校力量设立创新成果产业化中心,鼓励和支持高校创新成果向中心转移转化,加快广州大学城、科学城等港澳青年创新创业基地建设。争取国家和省支持,在穗开展科研成果转化创新特别合作区试点。

(三)信息为媒,构建校企信息共享机制

以产业方向和企业需求为导向,着眼解决广州高校院所科技成果向企业转移转化中的供需双方"信息不对称""资本对接难""科技成果定价难"等痛点和难点,利用大数据信息技术,建立产学研协同创新大数据平台、科技服务平台、技术交流交易平台,建立科技成果转化信息库,构建技术交易市场体系。依托广州(国际)科技成果转化天河基地、华南(广州)技术转移中心、广州大学城创新创业服务中心,共建粤港澳科技成果转化基地,搭建"线上+线下"的科技成果转移转化服务综合体。

(四)维护权益,强化知识产权保护和运用

粤港澳大湾区拥有众多一流的高校、科研机构,知识产权数量大、质量高,但三地共同保护知识产权的机制缺乏,咨询服务、代理服务等业务互利互通和开放性不够。应充分广州市知识产权法院和仲裁院知识产权保护和促进科技创新的职能作用,主动加强对新技术、新产业、新模式、新业态司法保护,强化对大湾区重点工

程、重点项目、重大科技专项，以及支持名优品牌做大做强。同时，应积极推动建设中国（广东）知识产权保护中心，打造全国性知识产权交易中心，建立大湾区知识产权服务联盟，加强穗港、穗澳合作，引入优质知识产权服务资源，为企业开展海外知识产权维权提供便利化服务。建设一批重点产业专利数据库，推进粤港澳大湾区高价值专利技术在广州转移转化，支持服务机构开展产业专利导航，为产业发展提供全链条知识产权服务。

关于提升江门市产业链供应链稳定性和竞争力的调研报告

江门市工业和信息化局

为有效应对新冠肺炎疫情对江门市的影响，扎实做好"六稳"工作，全面落实"六保"任务，推进江门市企业全面复工达产，近期，江门市工信局开展关于提升市产业链供应链稳定性和竞争力的专题调研，查找影响江门市产业链供应链稳定性的原因，并提出对策建议。

一、江门市产业链、供应链基本情况

根据2020年6月底梳理的77家重点企业的需求清单显示，涉及产业链供应链配套的诉求和建议有13项，占总诉求的8.55%。由此可见，随着国内疫情的减缓以及各项扶持政策的兑现，江门市企业在复工复产期间遇到的上下游产业链配套不齐、关键材料或零部件供应不足等问题得到有效缓解，但依旧存在一些影响江门市产业链供应链稳定性和竞争力的因素。归纳分析如下：

（一）少数企业原材料供应相对紧张

根据各市区收集到的重点企业问题需求清单，在13项产业链供应链诉求和建议中，有4项是关于原材料供应相对紧张的问题。例如，世昌纸业指出由于受到贸易战和疫情的影响，上游供应商在其自身产业调整与扩张中，对中下游产业有一定程度上影响，造成原材料供应价格上涨且供需一定程度紧张；科世得润则表示国外疫情影响导致原材料从国外运输进口成本比疫情前高。此外，彼迪药业表示上游部分原料受到控制；越好水产同样表示原材料相对短缺。

（二）龙头企业带动作用不强、本地配套不够

根据各市区收集到的重点企业问题需求清单，在13项产业链供应链诉求和建议中，有6项是关于本地配套企业不足的问题。例如，中车在广东省内的供方数量只占供方总数10%，希望政府提供更多招商引资的政策，推动先进轨道交通的产业配套；海信空调希望政府帮忙引进印刷件厂家，完善其上游配套产商；天地壹号希望政府统筹园区的各企业资源以共享产业链、供应链配套；芳源环保则希望能在公司附近建液碱配套工厂。此外，无极限反映目前在江门只有1家本地配套企业，希望政府给予引导支持。

（三）产业链条不够健全

2019年，江门市规模以上工业企业有2390家，但产值超过10亿元的龙头企业仅有59家，其余大部分为中小企业，生产的产品多处于原材料供应、中间加工等产业链的中上游环节，产品结构单一，产业链竞争力较弱。此外，虽然我市形成具有地区特色的产业集群，但是在产业集群内部产业链条不够完善。例如，江门市的崇达电路、奔力达等电子企业只生产印制电路板（PCB），为海康威视、TCL、富士康、华为等红外测温仪、平板电脑生产企业配套。

二、江门市保障产业链供应链稳定性的工作措施及成效

2020年伊始，突如其来的疫情严重冲击我国经济，造成前所未有的影响。鉴于此，中央及时作出新的安排，在扎实做好"六稳"的基础上，提出了"六保"的新任务，形成了"六稳"加"六保"的工作框架。市委、市政府高度重视"六保"工作，市主要领导多次召开专题会议进行研究布置，确保江门市产业链供应链稳定，推动江门市企业加快复工复产。

（一）制定工作方案和清单

根据市政府工作部署，江门市工业和信息化局牵头联合相关单位制定印发了《关于保产业链供应链稳定的工作方案》及相关工作清单。同时，部署开展重点企业名录和问题需求清单梳理建立工作，确定重点企业77家，涉及核心配套中小微企业258家，其中市内配套企业112家，市外配套企业146家；制定印发了《江门

市重点企业问题需求分解表》，涉及诉求和建议144项，并积极协调各有关单位有针对性地开展强链补链稳链工作。

（二）解决产业链供应链难题

疫情初期，江门市防疫物资保障小组各成员单位采取"一企一策""一事一议"的方式，全力协调解决防疫物资生产企业产业链不畅通问题，千方百计推动上下游产业链企业复工复产。为加快推动江门市防护服压条机、胶条生产企业复工复产，市工业和信息化局牵头全面梳理以上两类企业涉及的全国主要供应商100多家，帮助盈丰等13家重点企业协调解决问题300多个，想方设法推动产业链市内外相关企业复工复产，加快配件供应，为全国防护服生产作出了积极贡献，得到国家及省市有关领导的高度表扬。同时，市工业和信息化局先后摸查重点工业企业1000多次，协调解决企业复工达产过程中遇到的产业链、供应链诉求和建议98项，有效地推动了江门市重点企业复工复产。此外，江门市根据省指挥办的要求，积极协调解决省重点企业在江门配套的28家企业的生产问题，有力推动了省重点企业加快复工复产。

（三）落实暖企安商行动

2020年以来，市主要领导密集带队前往中车、无限极、海信、大长江等重点企业开展"暖企安商"活动90余次，交办后续工作清单155项。其中，针对大长江、无限极、海信、中车等龙头企业提出的协助企业开展产业链招商，发挥龙头企业引领作用，带动上下游产业链中小企业发展壮大等诉求和建议，各责任单位和属地政府及时响应，制定工作清单，明确责任分工，开展针对性的招商服务活动，推动龙头企业充分发挥带动作用，完善上下游产业链，提高本地配套率。

（四）推进重点产业强链补链

召开全市推动制造业高质量发展暨中小企业（民营经济）发展大会，出台《江门市推动制造业高质量发展行动方案》，成立市推动制造业高质量发展领导小组，通过集群强链等八大行动全力推动我市制造业高质量发展。制定印发五大新兴产业培育工作方案，加快推动新材料、新能源汽车及零部件、大健康、高端装备制造、新一代信息技术五大新兴产业实现千亿产业集群目标。结合省"双十"产业集群培育行动计划，加大力度支持我市重点产业和重大项目建设。例如，广东轨道交通产业园项目列入省高端装备制造产业集群重点项目，利和兴公司智能检测检验设备及智能机器人项目、上海通用机器人及焊接自动化材料的研发与制造项目列入省智能机器人产业集群重点项目，并积极争取将富华重工、得润电子等项目纳入相关产业集群重点项目。

（五）开展产业链招商引资

加强龙头企业服务，先后赴大长江集团、海信电子、富华重工、亚太森博、威立雅等多家龙头企业上门服务，了解企业经营状况，增资意愿，送政策助企纾困，及相关产业链上下游核心企业引进事宜。加大产业链招商引资力度，先后赴深圳、广州、佛山、东莞、大连、苏州等地开展敲门招商。2020年1~6月，江门市引进"5+N"产业投资超1亿元项目49个，投资总额193.37亿元。举办2020江门市"云招商"推介活动，促成15个项目现场签约，涉及总投资超85亿元，通过云招商平台，发布90个对外招商项目、200平方公里产业招商地图以及56项与投资相关的政策。

（六）优化产业链金融服务

积极推广中小融平台及中征应收账款融资服务平台，制定《关于推动江门市接入广东省中小企业融资平台的工作方案》，目前江门市企业在中小融平台注册企业742家，累计入驻金融机构7家，发布金融产品超过100款，应收账款融资服务成交27笔，涉及金额2.97亿元。推动供应链金融发展，江门粤财普惠融资担保为我市建筑龙头企业广东聚源建设有限公司及其上游供应商开展的区块链融资担保项目"粤链通"，是江门首单、也是广东省首个区块链+供应链融资担保上链业务。

三、提升江门市产业供应链稳定性和竞争力的意见和建议

由于国外疫情的持续蔓延，整体经济形势依旧严峻，为做好"六稳"工作，落实"六保"任务，提升江门市产业供应链稳定性和竞争力，提出以下几点意见和建议。

（一）全力保障产业链供应链稳定

深刻认识到保产业链供应链的重要性，积极落实《江门市落实"六保"工作任务清单的通知》及《关于保产业链供应链稳定的工作方案》要求，根据重点企业名

录和问题需求清单，明确责任分工，压实主体责任，积极协调解决企业核心诉求。持续开展制造业企业情况综合数据采集工作，动态掌握企业生产经营情况，及时了解企业产业链、供应链需求，有效支持保障产业链供应链稳定工作。

（二）持续推进先进制造业集群强链

结合省"双十"产业集群培育行动，坚持传统产业与新兴产业并重，打造具有江门特色的"5+N"先进制造业集群。加快落实《江门市推动制造业高质量发展行动方案》，深入开展"集群强链""创新强核"等八大行动，推进产业基础高级化、产业链现代化。推动亚太纸业、华生电机、优美科二期等制造业重大项目加快建设，深入落实"珠西战略"，推动重大技术装备首台套研发、使用和产业化，开展智能制造生态合作伙伴行动计划，培育一批大型骨干装备企业。

（三）不断加强本地企业协同配套

建立大中小企业融通发展产业生态，鼓励产业建设行业协会并发挥作用，积极推动本地产业链相关企业建立紧密协作关系，通过相互采购、配套集成、抱团发展，依托骨干企业带动本地中小企业向产业链上下游延伸。强化龙头企业带动作用，鼓励支持大企业以资源共享、合作运营等方式扶持带动中小企业发展，引导支持中小企业对接配套行业龙头企业，走上"以小补大""以专配套"和"专精结合"的发展道路，促进大中小企业集群式融通发展。

（四）加快推动传统产业转型升级

加快5G网络建设和应用推广，推动各电信运营商建设5G应用体验中心，培育一批5G+垂直行业应用示范场景。实施新一轮技术改造计划，在5G、五大新兴产业集群及产业链等重点领域，支持企业加大设备更新和技术改造投入，推动5G、工业互联网、人工智能、大数据等新一代信息技术与制造业深度融合应用，提升智能化水平，建设"数字产业链"。大力发展工业互联网，发动相关企业加入我市工业互联网联盟，鼓励更多企业"上云上平台"，继续培育一批工业互联网标杆示范项目，打造工业互联平台体系。深入实施园区循环化改造，推进绿色制造示范体系创建。

（五）加大中小企业财政扶持力度

从财税支持、复工复产、降低企业经营成本等领域精准帮扶，实施社会保险单位缴费部分、租金、电价等一系列优惠政策，把对中小微企业的扶持举措真正落到实处。全面落实阶段性减免社会保险费政策，及时兑现"政银保"保费补贴等真金白银的政策。持续推进"小升规"，兑现"小升规"奖补资金。落实非急需非刚性支出压减 50% 以上，同时结合疫情防控情况和上半年预算执行情况，清理收回一批资金，加大扶持经济发展，对冲疫情影响。

（六）进一步推进产业链招商引资

围绕"5+N"产业企业名录，加强与本地重点企业沟通，围绕中车、海信、大长江、中集等重点企业及其产业链诉求，增加与企业联动，开展精准招商活动。围绕精密机床、高端通信器件、智能交通、智慧建筑等项目，以深圳、东莞、广州、佛山等粤港澳大湾区城市为重点，开展产业链招商，积极拓展与深商联等第三方投资促进机构的合作。下半年，策划在深圳举办一场大型招商推介活动；联合新会区做好银湖湾滨海新区的招商推介。重点跟进宝能集团合作协议，推动项目合作，尤其是高端制造类项目合作，取得实质性进展。保持与广海湾新材料高端产业集聚区投资方的密切联系，积极争取上级支持，促使项目有新进展。

（七）强化产业链企业金融支持

推动江门市企业加强对广东中小企业融资平台、中征应收账款融资服务平台应用。鼓励和引导市商业银行针对江门市产业链供应链特点开发供应链金融产品，强化金融对产业链企业支持。完善本地金融业态，探索成立政府性融资担保公司。推进设立"江门市支持企业融资专项扶持资金"，制定印发《江门市支持企业融资专项扶持资金管理暂行办法》，为江门市中下企业发展提供资金支持。积极向人民银行推荐优质中小企业名单，协调配合各金融机构落实好国家新增 1 万亿元支农、支小再贷款优惠政策，缓解企业资金压力。用好"政银保"扶持政策，切实降低企业融资成本。

（八）持续抓好企业服务工作

继续落实总部经济发展扶持办法，加快形成总部集聚效应。落实重点企业高质量发展倍增计划，对入库企业进行精准培育，力争通过 3 年时间培育，推动一批重点企业实现主营业务收入倍增。深化"小微双创"工作，大力推动"小升规"，促进更多小微企业上规模。继续做好"暖企业、促投资"行动的扩面延伸工作，及时解决企业诉求。

江门市医疗物资产业链研究报告

江门市工业和信息化局

新冠肺炎疫情发生以来，全国各地在抗疫医疗产品的需求暴增，口罩、防护服等成了紧俏的"战略"物资，拥有完整的、稳定的医疗物资产业链、供应链在关键时刻凸显重要性。在有关部门的积极协调下，江门的医疗物资和生活必需品企业及时组织了复工复产、扩产、转产，使口罩、酒精、消毒液、防护服等易耗品得到快速恢复供应，一批批"江门制造"产品源源不断驰援各地，为抗疫贡献了江门力量。为此，国家和省多次发来感谢信，高度点"赞"江门市政府及相关部门以及有关企业，这彰显了"江门制造"的医疗物资产业链实力，也体现了江门担当。

一、医疗物资产业发展概况

据统计，2019年江门市药品及医疗器械产业实现规模以上工业总产值29亿元，拥有规模以上企业24家[①]，基本形成了一般公共卫生事件防控工作所需的应急医疗物资产业链，主要包括以迈德非织造、瑞兴无纺布、德弘纺织、南大机器人、舒而美等企业为主的口罩产业链；以盈通新材料、盈丰装备、铁金刚机械、宏健医疗等企业为主的防护服产业链；以恒健制药、广悦电化、新时代制剂、水滋润等企业为主的消杀品产业链；以恒健制药、特一药业等企业为主的制药产业。

（一）口罩产业链

面对疫情防控期间口罩需求缺口大的问题，江门市各级部门通力合作，舒而美公司于2020年1月23日率先复产，诚辉医疗、宁瑞医疗、开平远博等企业积极响

---
① 资料来源：项目编写组整理。

应转产医用口罩，南大机器人自主研发实现口罩机生产零的突破，迈德非织造、德弘纺织、瑞兴无纺布、狮特龙、永悦实业等口罩产业链上游原材料生产企业也复工达产保供应，以解口罩生产企业的后顾之忧。仅用短短1个多月时间，全市口罩生产企业从最初的1家增加到16家，日产能从不到10万只到现在超过440万只，有效保障了江门市疫情防控工作需求，更出色完成了国家和省级口罩收储任务，共计向省提交各类口罩720.83万只[①]。目前，江门市已形成无纺布、熔喷布、熔喷母粒、耳带、鼻梁条、口罩机、医用口罩等口罩生产全产业链，但企业规模普遍较小，基本以中小企业为主（见表1）。

表1 口罩产业链重点企业

口罩成品代表生产企业				
地区	企业名称	产品	日产能（万只）	备注
蓬江	广东康美芝医疗用品科技有限公司	一次性使用医用（非无菌）口罩	2	疫情期间，应急转产口罩
江海	康迈斯（广东）医用品有限公司	一次性使用医用（非无菌）口罩	18	疫情期间，应急转产口罩
	广东嘉美生物科技有限公司	一次性使用医用（非无菌）口罩	30	疫情期间，应急转产口罩
	江门市欧溢光电科技有限公司	一次性使用医用（非无菌）口罩	20	疫情期间，应急转产口罩
	广东金优贝健康用品有限公司	一次性使用医用（非无菌）口罩	25	疫情期间，应急转产口罩
新会	江门市舒而美医疗用品有限公司	医用护理口罩	30	全省重点医用口罩生产企业之一，国家和省级口罩收储任务承担单位。疫情发生以来，生产线由原来的4条增加至8条，日产量提高至90万只。完成省级口罩收储任务，共提交各类口罩598.43万只
		医用外科口罩	20	
		医用防护口罩（灭菌）（N95）	20	
		一次性使用医用（非无菌）口罩	6	
		儿童口罩	15	
	广东互爱健康产业科技有限公司	一次性使用医用（非无菌）口罩	25	疫情期间，应急转产口罩
		儿童口罩	5	
	新会江裕信息产业有限公司	一次性使用医用（非无菌）口罩	9	疫情期间，应急转产口罩

---

① 资料来源：项目编写组整理。

续表

口罩成品代表生产企业					
地区	企业名称	产品	日产能（万只）	备注
新会	维达纸业（中国）有限公司	一次性使用医用（非无菌）口罩	14	疫情期间，应急转产口罩
^	^	儿童口罩	5	
^	广东百生医疗器械股份有限公司	一次性使用医用（非无菌）口罩	25	疫情期间，应急转产口罩
台山	广东诚辉医疗科技股份有限公司	一次性使用医用（非无菌）口罩	60	疫情期间，该企业投资600万元建设车间和购置设备，转产生产医用外科口罩、医用护理口罩、一次性医用口罩（非无菌）、非医用劳保口罩等，承担了市级调配给工商企业复工复产的部分口罩生产任务
^	^	儿童口罩	50	^
^	江门市宁瑞医疗用品有限公司	一次性使用医用（非无菌）口罩	100	疫情期间，该企业共投入1000多万元建设车间和购置设备。目前，企业拥有一次性防护口罩及一次性使用医用口罩（非无菌）生产线12条，日产能达到100万只
开平	江门远博日用品有限公司	一次性使用医用（非无菌）口罩	50	疫情期间，企业积极建设无尘车间转产医用口罩并配合政府部门调控调度，向省提交口罩（省级收储任务）122.4万只，并承担市级调配口罩用于工商企业复工复产的生产任务
^	广东龙心医疗器械有限公司	一次性使用医用（非无菌）口罩	20	疫情期间，应急转产口罩
鹤山	鹤山市意达电子薄膜器件有限公司	普通医用口罩	10	疫情期间，应急转产口罩
^	鹤山市舒柏雅实业有限公司	普通医用口罩	30	疫情期间，应急转产口罩

口罩原材料代表生产企业					
地区	企业名称	产品	日产能	备注
蓬江	江门市蓬江区瑞兴无纺布厂	熔喷无纺布	0.8 吨	该企业是一家生产卫生无纺布、包材无纺布、防寒无纺布、家具无纺布、防草布以及口罩无纺布产品的企业。2020年3月17日顺利转产熔喷布。截至目前，已为各口罩企业提供熔喷布约237吨，普通无纺布超过700吨
^	^	普通无纺布	4.5 吨	^
^	江门市恒通无纺布有限公司	纺粘无纺布	2 吨	
江海	江门市迈德非织造材料有限公司	熔喷无纺布	1.2 吨	该企业主要生产KN95、BFE99高效过滤用熔喷无纺布的。自2020年1月27日以来，已为各类口罩生产企业提供KN95熔喷布约17吨，BFE99熔喷布约135吨

续表

口罩原材料代表生产企业				
地区	企业名称	产品	日产能	备注
新会	江门市雄远无纺布有限公司	热风棉无纺布	5吨	
新会	江门多美无纺布有限公司	口罩纺粘无纺布	16吨	
开平	开平市众盈无纺布科技有限公司	口罩粘贴无纺布	15吨	
江海	江门市德弘纺织有限公司	口罩耳带	160万米	该企业主要生产织带、弹力带。疫情发生后，企业积极研发扩产，口罩耳带的产量由原来的1.2万米/天逐步提升至160万米/天，保障了江门市口罩生产企业需求
鹤山	广东狮特龙实业有限公司	口罩耳带	5吨	该企业主要生产橡胶片、橡胶丝、松紧带、沙发带、止血带等
江海	广东永悦实业有限公司	口罩用鼻梁条	57万米	永悦实业是一家塑料单丝制造厂家。疫情发生后，该公司增设自动化生产线，转产口罩用鼻梁条，日产全塑鼻梁条约57万米，可满足570万只口罩的生产需求
鹤山	广东东沁新材料科技有限公司	驻极母粒	15吨	

口罩设备代表生产企业				
地区	企业名称	产品	月产能	备注
江海	广东南大机器人有限公司	口罩机	5台/月	南大机器人是江门市省级新型研发机构企业。疫情期间，该企业加强对全自动口罩生产线的研发，于2020年2月23日完成了第一批全自动口罩生产线的研发、生产。目前，该公司生产的全自动口罩生产线把一般口罩生产线30片/分钟的产能，提高到63片/分钟；已向省内近20家企业提供了超50套全自动口罩生产线，还有10套正在研发优化中，目标将产能提高到120片/分钟
江海	江门立佳洋机械制造有限公司	口罩机	4台/月	

资料来源：项目编写组整理。

（二）防护服产业链

从医用防护服生产环节的产业链来看，主要包括纺粘无纺布、防护服胶条、防护服压条机和防护服成品生产等。疫情期间，江门市企业积极转产，已基本形成防护服生产全过程的产业链（见表2）。其中，江门市的纺粘无纺布代表企业有恒通无纺布、瑞兴无纺布等。江门市热封胶条产业的基础较好，拥有盈通新材料、信必达两家热封胶条日产能超200万米的企业，以及多快好省、铁金刚机械等日产能20万~50万米的企业。截至2020年7月17日，江门市企业向全国各地提供防护服胶条超过12亿米，可满足1.2亿~1.5亿套医用防护服的生产需求。其中，盈通公司可自主生产高品质热熔胶原材料和热封胶条，防护服胶条产量全国第一，日产防护服胶条超过1100万米。防护服生产设备代表企业有盈丰装备、铁金刚机械等多家企业，截至7月17日江门市企业累计提供防护服压条机7196台[1]。防护服成品制造方面，疫情防控工作初期，面对防护服严重紧缺且难以补供的情况下，宏健医疗率先转产医用防护服，弥补了江门市防护服成品生产的空白，日产医用防护服3000件、隔离衣1000件，有效保障一线医护人员的疫情防控工作需求。

表2　　　　　　　　　　防护服产业链重点企业

防护服生产企业					
地区	企业名称	产品	日产能	备注	
江海	广东宏健医疗器械有限公司	医用防护服	3000件	该企业主要生产医疗导管、引流容器等一次性医用材料，具备生产二类医疗用品生产资质。该企业在2020年2月6日成功转产生产医用防护服，是江门市第一家防护服生产企业	
^	^	隔离衣	1000件	^	
防护服上游原材料重点生产企业					
地区	企业名称	产品	日产能	备注	
蓬江	广东盈通新材料有限公司	防护服胶条	300万米	盈通新材料是一家专门研发、生产、销售热封胶条、热熔膜与装饰膜的民营高新技术企业，也是全国第一（产量约占全国50%）、全球第二的热封胶条龙头企业，在防护服胶条细分领域处于全球领先地位。疫情发生以来，盈通公司作为省重点防控物资生产保障单位，将生产线从6条扩产至8条，产能由200万米提升至1100万米。截至2020年7月17日，盈通公司累计生产供应热封胶条超过8.7亿米（其中输向省外超过8.3亿米），满足了超过8700万套医用防护服的生产需求	
江海	江门市多快好省机械有限公司	防护服胶条	30万米	多快好省公司是一家生产热封胶带、热封胶带生产线、塑料机械、五金、塑料制品及配件企业。疫情发生后，为完成国家、省级紧急调度任务，该公司采取边技改、边采购、边培训的方法快速提升产能。目前，该企业已生产防护服热封胶条超过7000万米，可满足超过700万套医用防护服生产需求	
^	江门市圣亚缝制科技有限公司	防护服胶条	20万米		

---

[1] 资料来源：项目编写组整理。

续表

防护服上游原材料重点生产企业					
地区	企业名称	产品	日产能	备注
江海	江门市铁金刚胶粘科技有限公司	防护服胶条	20万米	
鹤山	鹤山市信必达新型环保材料科技有限公司	防护服胶条	300万米	信必达公司的产品广泛应用于防水功能性服装、装备等，生产的防护服热胶条全部自主研发，日产能200万米。疫情期间，该公司累计生产供应热封胶条超过1.2亿米，出色完成了国家和省级多项调度任务
	广东花坪卫生材料工业有限公司	医用防护服无纺布透气复合膜	10吨	该公司主要研发生产流延膜、打孔膜、高档磨砂膜、透气膜、防护服专用透气膜、卫生材料专用透气膜等。疫情防控期间，该公司为省内外多家企业提供医用防护服无纺布透气复合膜，其中向广州兴世电子公司提供多种型号的包膜，完成中联办下达的生产任务

防护服生产设备重点企业				
地区	企业名称	产品	月产能	备注
蓬江	江门市盈丰智能装备有限公司	防护服压条机	10~20台（套）	该公司是广东盈通新材料有限公司的全资子公司，主要生产防水服装机械设备、防水帐篷机械设备、防水鞋机械设备。该公司自疫情发生以来，已累计供货到河北、河南、安徽等地近1700台防护服压条机，占广东省一半以上
	江门蓬江区达源机械有限公司	防护服压条机	20~40台（套）	
	江门市蓬江区益有机械厂	防护服压条机	11台（套）	
	江门市蓬江区弘腾机电有限公司	防护服压条机	20~30台（套）	
江海	江门市维兴机械有限公司	防护服压条机	10台	
	江门市江海区铁金刚机械有限公司	防护服压条机	250台	该公司主要生产服装机械及防水热封胶带、防水服装辅料，国家重点防护服压条机生产指定企业之一。疫情发生以来，该公司累计向国内外发送防护服压条机超过2600台
	江门市江海区俊百机械有限公司	防护服压条机	10台	
	江门市江海区业伟成机械厂	防护服压条机	50台	

资料来源：项目编写组整理。

（三）消杀用品产业链

江门市的消杀用品产业链企业主要有以广悦电化为代表的次氯酸钠溶液生产企业，恒健制药为代表的75%酒精消毒液生产企业，水滋润公司、维达纸业等消毒湿巾生产企业，新时代制剂为代表的免洗手消毒液生产企业，广明源为代表的灭菌器生产企业，以及腾益塑胶、壹达纸塑制品等灯消毒产品外包装生产企业（见表3）。疫情期间，广悦电化主动发挥国资企业的强大支撑作用，一方面提高次氯酸钠生产量，由日产量500多吨快速增加到峰值1200多吨，另一方面调整工艺生产84消毒液优惠销售，极力保障了江门市及周边地区的消毒液供应，累计生产次氯酸钠消毒液近5万吨，向湖北省和江门市多个单位捐赠了260多吨。恒健制药利用现有的碘酒、双氧水生产线紧急转生产75%医用酒精产品，极大缓解了江门市医用酒精紧缺的状况。广明源向湖北省16家医疗机构、孝感市红十字会以及雷神山医院捐赠了4488套紫外线杀菌灯具。维达纸业向湖北捐赠了3080箱消毒湿巾。谦信化工从生产原材料中抽调100吨食用级酒精产品捐赠给有关单位生产医用酒精或用于其他消毒用途[①]。

表3　消杀用品产业链重点企业

地区	企业名称	产品	日产能
江海	江门市广悦电化有限公司	次氯酸钠	1000吨
	广东恒健制药有限公司	75%酒精消毒液	20000瓶
	江门市今朝日用品有限公司	医用75%酒精	
	江门市江海区丽荣生物科技有限公司	医用75%酒精	
	江门市新时代外用制剂有限公司	免洗洗手液	20000瓶
新会	江门市水滋润卫生用品有限公司	消毒湿巾	199万片
	维达纸业（中国）有限公司	消毒湿巾	1200万片
台山	台山超明日用化工厂有限公司	酒精消毒产品、次氯酸钠溶液	3吨
鹤山	鹤山市舒柏雅实业有限公司	医用消毒酒精	5万瓶
	广东欧蝶兰高新科技日用品有限公司	免洗手消毒液	80吨
	广明源光科技股份有限公司	紫外线杀菌灯、杀菌器	
	雅图高新材料股份有限公司	消毒酒精、消毒液	
蓬江	江门市壹达纸塑制品有限公司	纸箱、包装材料	
新会	江门市腾益塑胶包装制品有限公司	医用无醇免洗手消毒液瓶/泵头	

资料来源：项目编写组整理。

---

① 资料来源：项目编写组整理。

（四）医药及器械制造产业。

生物医药方面，已拥有特一药业、恒健制药、美环健、彼迪制药、罗赛洛等龙头企业，在生物制药、现代中药、中草药保健食品等领域具有较强的实力。医疗器械方面，江门市拥有汉宇集团、西铁城精电科技（生产打印机、电子体温计、电子血压计）、龙心医疗器械（生产输液器类、注射器类、药用瓶类、医用特种导管）、百生医疗器械（生产医用电极、高频电刀主机、高频手术电极）、尔德康明医疗器械（生产红外线额温枪）、金龙辉电器（生产测温仪）等一批国内知名医用器械类企业。

（五）其他防疫相关生产企业情况

除上述口罩、防护服、消杀用品及药品外，江门市还有不少其他防疫物资配套生产企业，如崇达电路、奔力达、精诚达等企业生产用于测温仪、智能会诊平板系统的线路板；绿岛风公司主要生产经营电风扇、换气扇、暖风机、加湿机、除湿机等，疫情期间先后向火神山、雷神山医院分三批捐赠了247台（套）医用通风产品；来纳公司有超过20年的生产和销售救护车经验，是世界领先的救护车和救护车设备生产商之一，救护车月产能为45辆，疫情期间共有29台医疗救护车已驰援省内及浙江、湖南等地医疗机构，目前该企业投资6500万元的年产500辆专用（改装）车建设项目获得中央财政直达资金（应急物资保障体系建设）600万元；海鸿电气有限公司向省内多家医院改扩建工程输送了20多台的卷铁心变压器；德塑集团为雷神山医院建设捐赠近10万元塑料管材及管件产品；欧普公司全力支持火神山、雷神山医院建设所需的专业照明灯具及相关产品；映美控股公司向湖北和省内多家医院捐赠了超过1500多台医疗用的专用打印机[①]。

二、疫情中"江门制造"的几点思考

得益于江门市相对成熟的医疗物资产业链基础，"江门制造"在这次战"疫"中表现出色，多家企业在短时间内就实现了复产、达产、转产、扩产，产业链上下游协同推进，为全国提供大量"江门制造"防疫产品，既保障了全市疫情防控工作的顺利开展，又为全省、全国疫情防控物资供应作出贡献。在这次抗疫过程中，国

---

① 资料来源：项目编写组整理。

务院联防联控机制（医疗物资保障组）、省疫情防控物资保障一组多次发来感谢信，感谢江门市政府部门、企业"主动担当、积极作为"。江门市盈丰公司还荣获全国抗击新冠肺炎疫情先进集体。因此，江门的制造业特别是医疗物资的现状及未来发展方向值得我们重新审视、认真思考。

（一）江门制造业基础扎实，关键时刻发挥作用

在省下达的20批次疫情防控重点物资生产及配套企业复工复产名单中，江门市企业共有48家（部分已提前紧急复工的企业不在名单中），产品类型遍及口罩、口罩机、防护服、消毒液、测温仪、救护车、呼吸机、汽车设备等多个领域；在各防疫物资的生产环节，小至一根口罩的松紧带，大至整辆医疗救护车，江门市都有企业参与其中。一批"隐形冠军""小巨人"企业更是纷纷走进大家的视野，擦亮了"江门制造"的招牌。例如，舒而美是全省八家医用口罩生产企业之一；盈通新材料是全国第一、全球第二的防护服胶条生产企业；盈丰装备公司每年生产的防护服压条机占全国市场份额超过三成；海鸿电气公司是世界最大的立体卷铁心变压器生产企业，曾参与港珠澳大桥建设；来纳公司生产的医疗救护车占据全省30%以上的市场份额。同时，舒而美、狮特龙、德弘纺织、恒健制药、鹤山舒柏雅、开平彼迪等一批企业在短时间内迅速实现应急物资的转产扩产，实现了从最初"十分紧缺"到"紧平衡"再到"基本满足"的转变，应急产能加速曲线凸显"江门制造"的实力，为打赢抗"疫"狙击战储备了充足的"粮草"。

（二）传统产业需重新审视，产业发展仍具优势

传统产业是制造业的重要组成部分，为其他产业提供基础性资源、原材料、中间品，是维持制造业发展的基础性力量。改革开放40多年来，机电、纺织服装、食品、电子信息、造纸及纸制品、建材六大传统支柱产业为江门经济发展和腾飞奠定了坚实的基础。而从此次防疫阻击战来看，纺织、化工、机电等传统产业企业快速转产、扩产，更为我市防疫物资保供生产发挥了"稳定器"的重要作用。由此可见传统产业的重要地位不能忽视，仍将是维持江门经济可持续发展的基础性力量。

片面地视传统产业尤其是劳动密集型产业就是低技术夕阳产业或落后产业是不科学的。"只有夕阳的企业，没有夕阳的产业"，关键是如何把传统产业向优势产业过渡。如广东省提出的培育发展战略性支柱产业集群，现代轻工纺织、现代农业与食品产业等属于由传统产业改造提升和衍生成长的。因此，随着传统产业的基础支

撑作用不断加深，应重新审视和调整产业发展政策，实施深度工业化战略以推进产业升级，进一步增强产业竞争力，为江门经济高质量发展谋取更大的战略利益。

（三）产业链发展不够健全，短板问题亟待补齐

江门市医疗物资生产企业多为中小企业，部分企业甚至没有上规模，生产的产品大多处于原材料供应、中间加工等产业链的中上游环节。以此次防疫物资生产为例，江门市的崇达电路、奔力达等电子企业只生产PCB板，为海康威视、TCL、富士康、华为等红外测温仪、平板电脑生产企业配套；虽然江门市拥有多家压条机生产企业和胶条生产企业，但疫情发生前没有生产防护服的企业；江门市虽有一批熔喷布、无纺布、松紧带等口罩原材料生产企业，但疫情发生前全市只有1家医用口罩生产企业，而且规模不大，年营业收入只有约900万元。这些情况反映出江门市以往对医疗物资产业重视程度不够，大部分企业生产附加值较低的原材料、初级产品、中成品，缺乏生产高附加值的终端产品企业，产业链发展存在诸多"短板"。因此，江门市医疗产业链发展除了要补"短板"、提高产品附加值抢"话语权"外，更要思考产业融合、开放合作，把整个产业链串联成"珠"。如疫情期间，盈通公司通过"小手"牵"大手"，最大限度发挥自主研发技术优势和国企央企强大的加工生产能力，实现了产量倍增，这就是一个合作共赢的成功例子。

（四）工业互联网价值凸显，平台建设及早谋划

由于此次新冠疫情暴发突然，迅速呈扩散态势，形势异常严峻。一方面，防疫物资产业链信息不对称，防疫物资紧缺、医用资源告急、社会需求庞大；另一方面，医疗物资生产流通急需"战时"管控，资源配置亟待精准优化，这充分考验各级政府及社会的应急管理与综合治理保障能力。而工业互联网具备工业全要素、全产业链、全价值链全面连接的功能，能够有效实现资源调度优化和精准决策，尤其在这场抗疫战中发挥了重要作用。目前，江门市的工业互联网仍处于创新创业及产业化发展的初级阶段，传统产业对工业互联网平台仍缺乏清晰的认识，大部分制造业企业对平台应用还持观望态度，平台发展的市场牵引力不强。

根据此次新冠疫情暴发对医疗物资产业链、供应链所产生的巨大影响，同时考虑到未来重大疫情防控的常态化应急工作需要，再延伸到可能发生的特殊行业"经济脱钩"甚至战时状态需求，江门市应加强工业互联网的规划与建设步伐，利用大数据技术在产业链供应链乃至全价值链中渗透作用和融合创新能力，注重提高平台

的整体支撑能力、专业服务能力、应用示范能力和生态建设能力。

(五)企业"扎堆转产"背后,审视产能过剩问题

新冠疫情暴发以来,由于医疗物资紧缺、上游原材料供应不足等问题,江门市诸多企业紧急购置设备转产涉足防疫物资产业,在短时间内迅速提升江门市防疫物资生产供应能力。但很多转产的企业,特别是口罩生产企业都是服装厂、机电厂等临时跨界转产的,紧急状态下缺乏详尽的产业规划,没有无菌车间,而且相关设备、技术也达不到国际标准。随着疫情防控工作趋于稳定、防疫物资库存相对充盈、市场需求下降,加上口罩行业标准逐渐提升,达不到标准的产品就会被淘汰,过剩产能将加剧市场竞争,给生产企业带来巨大的压力。疫情过后,这些转产企业"何去何从"、如何避免转产企业"昙花一现"成为迫切需要解决的问题。

现阶段来说,新冠疫情的全球蔓延,导致全球口罩、防护服需求仍处于高位,生产企业转向出口,是对冲产能过剩的有力手段。因此,应加强产业分工协作,指导企业产品质量、增加技术含量,积极申请欧盟合格认证(CE)、美国食品药品监督管理局(FDA)等认证注册,发挥海外各级商会、侨领和外贸企业渠道优势,帮助企业"走出去"开拓国际市场。未来,应聚焦专业医疗物资产品,引导相关企业在保留应急产能储备的同时,也进行产品结构、客户结构调整,树立品牌,打造核心竞争力,促进整个行业优化升级。

三、相关建议

(一)强化培育,实施产能储备

通过此次疫情,我们要居安思危,增强危机意识,以底线思维促进医疗物资传统产业发展,按照"平战结合,统筹平衡"的原则,发挥"别人所短,我有所长"差异化竞争优势,在防护物资、消杀用品、医疗仪器和装备、医用耗材等公共卫生重点领域和熔喷布、无纺布、胶条、透气膜和高端医疗装备关键零配件等产业链关键环节培育一批医疗物资产能储备项目、企业,提升江门市应急保障能力,在关键时刻可以随时调动起来,为全市社会经济平稳运行保驾护航。加快广东中科健康创新生物技术研发项目、广东弘和健康产业集团有限公司、中科院新会健康医疗大数据中心、中科院新澳开物生物医药装备项目等一批健康医疗项目建设。发挥财政资

金引导作用，加强狮特龙和来纳特种车等应急物资保障体系建设补助资金（中央直达资金）项目督查，落实应急物资产能储备。鼓励大企业以资源共享、合作运营等方式扶持带动中小企业发展，引导"多元化"+优势单品的深度产业融合的产业链发展模式，走"以小补大""以专配套"和"专精结合"的发展道路，培育大中小企业集群式融通发展，提升整体服务与产业链的能力。

（二）多措并举，提升产业能级

鼓励传统产业企业开展技术改造，以智能制造示范、"机器人应用"、工业互联网等为重点，支持企业建设完善智能生产线、智能生产车间、智能工厂，推动生产方式向柔性、智能、绿色、环保转变，保障稳定产能和稳定质量。提升产业核心关键技术水平，结合大健康产业集群的打造，加大对各类应急物资尤其是医用防护物资生产企业开展科研项目的支持，引导企业联合高校、医疗机构、实验室等开展技术攻关，提高相关产品的研发力度。鼓励有条件的企业对标欧美、日韩等国际标准和认证体系，在海外独资或合资设立研发机构、生产基地，建立国际营销渠道，提高国际竞争力。引导企业在非国内公共卫生应急时期，对口国外要求，生产多功能、多用途的民用、工业用出口防护产品，扩大国际市场占有率。落实"小升规"奖补政策，推动更多小微企业上规模，壮大企业梯队中坚力量。强化金融扶持，完善"政银保"政策和优化审批方式，推动金融机构加大对中小企业的融资贷款额度。大力推动仿制药一致性评价工作，支持特一药业等提升仿制药质量水平，保障药品安全性和有效性。实施商标战略，协助指导企业注册商标，积极引导企业完善商标管理制度、规范商标使用行为，树立商标品牌和商标保护意识，引导行业健康发展。

（三）精准招商，延伸产业链条

部门间加强纵横联动、跟踪服务，搭建行业龙头企业数据库，梳理符合江门市产业规划发展的项目线索，找准产业链的薄弱环节。依托市领导联系跨国公司直通车机制和招商引资联席会议机制，瞄准各产业链短板和国内国际优秀企业开展精准招商，大力引进一批国内外具有影响力的龙头企业，补齐产业链短板，拓展产业的下游、终端，引导相关产能匹配发展，提升产业链完整度和适配度，增强产业发展后劲。例如，依托盈通新材料、盈丰装备等行业龙头企业，引进和串联上下游配套产业；利用江门市基础配件多、组装能力强等装备制造业优势，引入医疗装备、机器人等领域企业，加快向高端装备制造及精密制造产品拓展；围绕江门市现有的精细化工、金属制品、纺织服装等产业基础，引入生物化工、金属复合材料、功能性纺织材料等企业，发展各类高性能功能材料产品，提升新材料产业集群的发展速度。

（四）融合创新，打造数字经济

要发挥政府投入的引导作用，整合利用政府数据资源建立支撑工业经济发展的公共服务平台，为工业企业的设计、生产、采购、销售、库存、物流、资金和技术等业务提供公共信息服务，提供重大疫情应急和战时状态下企业的运营辅助支持。大力推进工业互联网发展战略，创新工业互联网＋供应链的发展模式，支持企业引入大数据管理系统，加强企业内部、上下游企业、跨领域生产设备与信息系统的互联互通，将需求端数据与生产端进行对接，促进数据资源协同与共享，指导生产和供应；以产业联盟等组织为依托，推动本土工业互联网企业"走出去"；深化"5G+工业互联网"应用融合，推动5G在工业互联网的应用不断由生产外围环节向生产内部环节延伸，壮大工业互联网产业生态圈。

03
集群培育篇

深圳市积极推进先进制造业集群培育，打造多点布局、特色鲜明的集群体系

深圳市工业和信息化局

国家、省集群战略部署以来，深圳市认真领会集群培育的战略意义、先进理念和关键路径，在我市优势产业领域布局培育世界级先进制造业集群，从产业组织变革的角度，以培育世界级先进制造业集群的高度，结合粤港澳大湾区和中国特色社会主义先行示范区建设，积极探索集群培育方式，突出重点，在工作理念、产业布局、政策支持、协同创新、应用示范、平台服务以及对外合作交流等方面围绕集群建设实现全方位聚焦、转型和提升，初步形成多点布局、特色鲜明的先进制造业集群体系，集群培育工作取得良好进展。主要做法如下：

一、以改革的高度，深刻领会把握贯彻集群培育理念

培育若干世界级先进制造业集群是党的十九大报告明确提出的，同时也是国家、省推动制造业高质量发展的核心战略抓手和重点改革措施，其落脚点是提高区域产业竞争力和影响力。集群培育的核心在于柔性的"织网"，而非简单的物理集聚，依托集群发展促进机构集聚各类要素资源，密切产学研金介各方联系，加强研发合作，引导集群内知识和先进技术的外溢，推进国际交流等，形成以集群为单位的区域品牌。深圳市认真贯彻落实国家、省推进世界级先进制造业集群培育的战略部署，从产业组织变革的角度，强化竞争合作的产业组织模式变革对集群发展、创新、合作、交流的促进作用，立足粤港澳大湾区协同发展，以提升区域产业竞争力为落脚点，重点培育深圳新一代信息通信、先进电池材料、高端医疗器械等优势产业集群，在智能装备、智能网联汽车等集群领域探索与广州、东莞、佛山、惠州等

城市开展联合培育，共同促进集群高质量发展。以集群发展促进机构为重点依托，强调集群发展促进机构的中枢和平台地位，积极引导集群发展促进机构转变理念，建立符合集群发展需求的管理体制，快速适应角色转换，从单纯地服务会员转向服务集群成员、促进产业发展，鼓励集群发展促进机构开展集群成员共需、非排他性的活动，当好集群发展的"织网人"。

二、突出特色，打造多点布局、特色鲜明的集群体系

结合深圳产业发展实际，以增强产业链韧性、提高区域产业竞争力为导向，在若干优势产业领域布局培育世界级先进制造业集群。一是结合产业融合趋势和增强产业体系韧性的需要，积极推进新一代信息通信产业集群发展。集群产业呈现出较强的韧性，根据深圳市统计局数据显示，2020年1~11月，深圳电子信息制造业增加值同比增长1.6%，占全市规模以上工业增加值近六成，行业和企业加速恢复。5G基站等新型基础设施建设全国领先，累计建成超4.6万座5G基站，基站密度国内第一；工业互联网发展迅猛，深圳宝安区成功获评工业互联网专项国家新型工业化产业示范基地，大力引导"5G+工业互联网"公共服务平台和示范应用园区建设；人工智能快速推进，大力推动人工智能创新应用先导区建设，积极创建人工智能公共服务平台，加快推进人工智能创新发展和应用赋能。二是依托深圳制造业的特点和电子信息产业优势，加快培育深圳高端医疗器械集群。深圳高端医疗器械集群产业特色明显，诞生了迈瑞、理邦、圣诺、麦科田、开立等一批民族品牌，多个细分领域产品引领全国。根据深圳市医疗器械协会统计，2019年深圳市医疗器械产业生产总值为500亿元，其中高端医疗器械产值225亿元，超过全国同类产品总产值的1/3。2020年4月，国家高性能医疗器械制造业创新中心成功落户深圳，在制造业创新中心的加持下，深圳高端医疗器械集群的技术创新能力和创新体系有望进一步提升，带动全市医疗器械产业高质量发展。三是加快补齐行业短板，主动布局先进电池材料集群。深圳作为我国新能源汽车的发迹之地，不仅拥有比亚迪等新能源汽车龙头企业，而且在上游先进电池材料领域基本形成了从正负极材料、隔膜、电解液等电池关键材料生产，到电芯和电池模组生产装备、制造及后端新能源汽车、消费类电池、储能市场的应用开发、电池回收等完善的产业链，成长起来贝特瑞、翔丰华、德方纳米、欣旺达等一批在行业内具有行业龙头地位的电池材料、装备制造、电池生产和应用企业。布局先进电池材料产业集群，能够加快夯实深圳上游材料产

业基础，促进下游新能源汽车产业的应用发展。

三、发挥政府作用，全方位引导资源要素向集群集中

深圳市加快实施集群培育系统工程，在政策支持、空间保障、人才支撑、金融服务等方面以及集群培育全方位的资源要素保障。一是加大政策支持。2019年以来，为大力推动集群产业发展，深圳陆续出台了《深圳市进一步推动集成电路产业发展行动计划（2019~2023年）》及若干措施、《深圳市关于率先实现5G基础设施全覆盖及促进5G产业高质量发展的若干措施》、《深圳市推动超高清视频应用和产业发展若干措施（2019~2021年）》、《深圳市促进生物医药产业集聚发展的指导意见》及相关配套文件、《关于进一步促进深圳市新材料产业发展行动计划（2021~2025年）》等多项政策措施，明确各个集群发展路径，为集群培育提供政策支撑。二是加强空间保障。为进一步盘活产业空间，促进集约发展，深圳市于2020年6月出台《关于加快打造高品质产业发展空间 促进实体经济高质量发展的实施方案》，提出保留提升100平方公里工业区、整备改造100平方公里产业空间的"双百产业空间计划"，为集群培育提供高品质的产业空间。同时，按照市领导关于促进区域集聚和垂直集聚的要求，以战略性新兴产业为引领，以集群为导向，摸查企业用地需求，研究制定《产业空间直供计划实施方案》，探索通过立体式多渠道的产业空间供给集中解决一批企业的空间需求。三是强化人才支撑。深圳一直以优越的人才政策、服务和环境吸引国内外人才。2017年11月深圳开始实施《深圳经济特区人才工作条例》，设定每年的11月1日为"深圳人才日"，建成人才公园，成立国有全资的人才集团，探索开展产教融合型企业建设培育试点，为深圳的产业创新发展提供支撑。深圳先进电池材料集群在人才培育方面也在积极开展探索，集群内各领先高校单位与集群龙头企业开展深入合作，每年为集群企业输送技术及创新人才超过400人，其中近半为具备研究生学历的技术创新人才，协助集群龙头企业如欣旺达、星源材质等建立研究生、博士后联合培养基地，共同开展创新型人才培养。四是增强金融服务集群能力。深化金融供给侧改革，在产融结合领域重点发力，积极推进上市企业培育，根据深圳证券局数据显示，截至2020年10月31日，深圳市境内外上市企业合计440家，其中境内上市企业324家，境外上市116家。发挥市民营企业平稳发展基金作用，纾解优质中小企业的短期流动资金风险；积极推进创业板注册制改革，促进全市资本市场发展迈上新台阶，为企业融资需求提供多样化渠

道。市属国有企业积极参与集群建设，例如，"世界 500 强"企业深圳市投资控股有限公司，着力构建投资融资、产业培育、资本运行三大核心功能，主动与集群发展促进机构对接，探索在集群产业培育、金融服务等方面的联系合作。新一代信息通信集群积极为集群企业提供投融资、上市辅导等系列咨询对接服务，联合招商银行、中国银行、华兴银行等金融机构，开展金融暖企政策解读对接活动，与深圳证券交易所合作，为集群拟上市企业提供政策规则解读、上市辅导等服务。

四、积极推进产学研用协同创新，部分集群项目取得突破性进展

研发合作和技术创新是集群建设的关键环节，也是促进集群发展、提升集群竞争力的关键手段。针对集群产业协同创新需要，深圳市工业和信息化局在战略性新兴产业扶持计划中实施"创新链＋产业链"融合专项，以项目为纽带，促进产业内各方开展产学研合作。新一代信息通信集群以集群发展促进机构为枢纽，针对集群建设的需求和战略发展方向，积极构建产学研用结合的产业协同创新生态，与华为、中兴、腾讯等知名企业建立稳定的创新合作，2019 年以来，新签委托合同超 50 余项，合同额超亿元，与企业共建联合实验室近 20 个，部分集群开展的协同创新实体项目取得突破性进展。例如，化讯半导体等企业实施的"面向超薄芯片制造的临时键合材料产业化"项目，按计划完成激光响应临时键合材料实验室研发、量产转化前期评估等各项工作，为华为等国产芯片企业超薄芯片/器件制造设备的国产化提供系统解决方案；深圳先进技术研究院与华为合作组织实施的"基于自主研发鲲鹏及昇腾的全栈智能大数据平台"项目，初步在华为的鲲鹏处理器、昇腾芯片为基础的系统上实现内存大数据处理程序的性能优化，有效推动鲲鹏产业发展。先进电池材料集群积极对外开展科研合作，集群发展促进机构与深圳市科技创新资源共享平台签订战略合作协议，共同推动大型科学仪器设施资源开放共享，激活闲置仪器、降低企业创新成本，引导集群企业充分利用仪器共享、检验服务、研发合作、技术培训等科技创新服务，促进集群企业的可持续科技创新和科研合作。

五、持续推进新技术、新产品应用推广，带动产业升级发展

深圳持续在新一代信息技术、新材料、重大技术装备等领域积极推进新技术、新产品的应用推广，加快行业应用示范。在新一代信息通信集群领域开展 5G 应用

示范工程，认定"双十"示范项目，选取医疗、教育、交通、警务、能源等10个领域开展政务应用示范，在超高清视频、工业互联网、智能家居、智慧园区等10个行业领域开展典型应用，并在2020年8月17日举行的"点亮深圳,5G智慧之城"发布会上，集中为"双十"应用示范项目进行授牌。集群发展促进机构与深圳市5G应用创新联盟共同举办了"2020深圳湾5G应用创新大会""5G+视觉""5G+直播"等论坛活动，组织开展5G示范园区建设项目征集等工作，扩大集群在5G应用领域的影响力。在新材料、重大技术装备等领域，印发《深圳市重点新材料首批次应用示范指导目录（2020年版）》《深圳市首台（套）重大技术装备推广应用指导目录（2020年版）》，指导新材料、重大装备应用示范，目前，正在积极研究制定支持首台套重大技术装备、首批次重点材料、首套软件等创新产品示范应用政策，进一步加大装备、材料、软件的应用推广力度。针对国家工业和信息化部首台（套）重大技术装备推广应用保险补偿机制、重点新材料首批次应用保险补偿机制等政策，先进电池材料集群发展促进机构积极开展政策宣贯、产业推广、意见征集、技术服务等公共服务，为集群上下游新材料、新设备研发生产企业充分享受政策支持提供保障服务，调动产业链上下游对新技术、新产品、新材料普及应用的积极性。

六、关注集群发展共性需求，强化公共服务平台支撑

公共服务平台建设是集群发展、技术创新、检测验证、专家咨询的有效支撑，是工信部集群竞赛支持的战略重点。为促进集群产业转型升级发展，深圳也在抓紧实现关键核心技术平台、共性技术服务平台的精准对接，构建全覆盖的产业综合服务体系、生产高效配套支撑体系，为集群发展提供基础平台和公共服务支撑。新一代信息通信集群在集成电路、5G、新型显示、AI及机器人等行业打造了"新一代移动通信开放验证公共服务平台"等4个产业创新生态平台，加速行业内新产品研发验证，构建材料和产品的可靠性评价标准，为集群企业提供智能制造供应链综合服务，有效支撑核心技术的自主研发。例如集群组织深圳先进电子材料国际创新研究院建设的"电子材料与器件服役可靠性检测与仿真平台"，已经初步构建电子材料与器件产品的可靠性评价标准体系，为国产芯片封装材料进入市场创造技术条件。先进电池材料集群组织集群发展促进机构、清华大学深圳研究生院、石墨烯创新中心、欣旺达等高校、研究机构、龙头企业承担集群内多个公共服务平台项目建设，促进集群产业公共服务体系进一步完善，有效提升集群的产业链服务能力。高

端医疗器械集群聚焦产业基础研究和共性关键技术开发投入力度较弱、重大产业支撑平台建设欠缺、产业生态服务体系缺乏系统布局等瓶颈问题，着力补齐产业发展短板，统筹布局了高性能医疗器械产业共性技术服务、生化检测应急诊断系统技术攻关等公共服务平台，着力提升研发和生产服务能力。

七、广泛开展对外合作交流，打造集群区域品牌

开展对外合作交流是提升集群品牌影响力和竞争力的有效手段，特别是开展国际交流合作，是集群走向国际化的必然要求。2019年起，新一代信息通信集群就积极组织开展各种论坛、展览等公共服务活动，加强集群内技术对接、人员培训、集中展览等。截至2020年6月底，集群共组织举行了"2020深圳湾5G应用创新大会"等近30场产业技术交流活动，组织开展了德国巴登州先进制造集群交流活动和法国勒科市"中法科技创新产业集群合作论坛"等国际活动，各项活动参与总人数超50万人，显著增强了集群成员间的协作互动。为集中展示了深圳新一代信息通信集群阶段性建设成果，打造区域集群品牌，新一代信息通信集群展首次亮相2020年第八届中国电子信息博览会，并以"变局中的大湾区信息与通信技术（ICT）产业发展"为主题举办院士论坛，邀请国内外知名院士专家、政府人士、著名企业家共同探讨大湾区新一代信息通信产业的未来发展，集群展也得到深圳市高端医疗器械、深圳市先进电池材料、天津信息安全、广佛惠超高清视频和智能家电等"兄弟集群"的支持响应。先进电池材料集群在集群建设以来积极组织集群企业参加业内展会，组织完成多场公共服务活动，持续开展集群发展白皮书调研，为进一步增强集群软实力建设，集群正在积极筹备开展集群网站暨全媒体信息平台建设。此外，在疫情期间，应集群发展需要，先进电池材料集群积极开展线上大讲堂系列讲座，截至目前，共计开展了百余场线上大讲堂，涵盖产业沙龙讲座、线上研讨会、检测检验、标准化、知识产权、教育培训、人才服务等系列课程。

深圳市新一代信息通信产业集群培育情况

中国科学院深圳先进技术研究院

一、深圳市新一代信息通信产业集群基本情况

当前,以互联网、大数据、云计算、人工智能等为代表的新一代信息技术正在迅速发展,并快速融入其他行业。新一代信息技术产业具有技术变革快、领域宽、下游应用多、产业组成多样性的特点。深圳作为全国重要的电子信息产业集聚基地,拥有从传感器、芯片原件、终端设备到交互解决方案的完整产业链。2019年,深圳市电子信息制造业完成工业总产值22538.6亿元,同比增长3.8%,约占全国行业规模的1/6,占全市规模以上工业增加值近六成[1],支柱产业地位明显。2020年,深圳市新一代信息技术产业增加值4893.45亿元,同比增长2.6%[2]。全市多种电子信息产品产量居全国前列,拥有华为、中兴、比亚迪、大疆、康佳、创维等一批新一代通信领域龙头企业,带动作用明显,中小微企业蓬勃发展。深圳新一代信息通信产业基础雄厚,细分领域优势明显,构建了较为完善的产业链和优良的产业发展环境,具备培育世界级先进制造业集群的良好基础。

深圳市新一代信息通信产业集群(以下简称"新一代集群")总促进机构深圳先进技术研究院(以下简称"深圳先进院"),是中科院与深圳市合作共建的国立新型科研机构。自工信部集群战略部署以来,深圳先进院积极响应深圳市培育世界级先进制造业集群布局,2019年6月在深圳市工信局指导下,作为集群总促进机构联合集群相关企业和协会联盟,代表深圳市新一代集群参加2019工信部先进制造业

---

[1] 资料来源:深圳经贸信息委.深圳数字经济产业规模居全国大中城市首位[EB/OL].[2020-6-17]. https://www.sohu.com/a/402449040_487444.

[2] 资料来源:深圳统计局.2020年深圳经济运行情况[EB/OL].[2021-02-02]. http://tjj.sz.gov.cn/zwgk/zfxxgkml/tjsj/tjfx/content/post_8533118.html.

集群竞赛，以分类第一的成绩中标先进制造业集群项目，成功入围工信部先进制造业集群决赛。经过一年多以来的集群培育建设工作，2020年12月，深圳先进院作为集群总促进机构代表新一代集群参加先进制造业集群决赛，深圳先进院促进新一代集群高质量发展的典型模式、做法和成效获得工信部及众多评审专家一致肯定。2021年3月，新一代集群在工信部公示的先进制造业集群决赛优胜者名单中名列前茅[①]。

集群总促进机构自参与工信部先进制造业集群竞赛以来，在工信部专家和深圳市工信局指导下，积极发挥国立新型科研机构国家队的创新引领作用和产学研资四位一体发展模式的优势，积极响应深圳市对新一代信息通信产业的重点培育工作。根据深圳市工信局出台的《深圳市新一代信息通信产业集群培育工作实施方案》，重点瞄准3+1的产业集群模式，培育5G产业、集成电路产业、新型显示产业以及人工智能、机器人、智能装备、智能穿戴等联动产业的融合创新发展。按照工信部集群建设的要求，努力打造"1+N"的集群促进体系，构建了"总促进机构为引领、细分产业促进机构为重点，网络化促进网络群为支撑"的三级层面集群促进机构体系，成立了集群促进机构领导小组，设立了集群促进中心及5个相关部门，组建了工作团队；子集群促进机构建设方面，在5G、集成电路、新型显示等领域培育了5家子促进机构，为行业提供技术支持和产业创新资源；集群促进网络建设方面，组织了20多家金融服务、科技服务、人才与培训、产业园及行业协会联盟等组成的集群服务网络，积极为集群提供创新支撑、构建协同发展生态。

二、集群培育工作开展情况与成效

深圳先进院围绕集群长期发展的全局性、根本性、关键性重大需求，结合新一代信息通信产业的多样性特点，积极推进集群发展促进体系、龙头企业战略合作、产业链上下游对接合作、实体项目和平台项目、集群产业公共服务等方面建设，产学研用协同创新不断优化，推动集群产业转型提升，构建产业协同创新生态。

针对深圳市新一代信息通信产业龙头企业在拓展市场、研发新技术新产品、提升质量的挑战，集群促进机构先进院充分发挥产业组织"织网人"作用，在以下几

---

① 资料来源：中国工业和信息化部.先进制造业集群决赛优胜者名单公示[EB/OL].[2021-03-22]. https://www.miit.gov.cn/jgsj/ghs/gzdt/art/2021/art_c59a0995a34d4c26a850faae580f0544.html.

个方面积极开展了相关工作。

（一）发挥创新引领作用，推动集群协同创新

2019年以来，集群促进机构深圳先进院共成立了超过45家联合实验室（累计企业联合实验室已达150家），企业委托合作到款金额超过1.6亿元，成为了集群产业链协同创新发展的重要创新资源。其中，组织13个研究中心团队，跟集群龙头企业华为开展了21项合作项目，合同额超3600万元，成为企业的"备胎"。截至2020年，促进机构累计向近千家企业提供了科研信息、产业信息等服务，开放了共享总价值超过7.7亿元的科研设备，总共享机时超过了140000小时[①]，同时也协同国家集成电路设计产业化基地、广东省5G中高频器件创新中心、深圳龙岗智能视听研究院等开放资源，共同推动集群协同创新和技术转移。针对国产芯片产业制造中电子封装材料这一"卡脖子"问题，深圳先进院承担了深圳市投资15亿元的深圳先进电子材料国际创新研究院的建设任务，并且在此基础上建立了全国近百家相关企业参与的粤港澳先进电子材料的技术联盟，努力为国产电子材料企业进入5G、半导体等核心的新一代信息技术产业铺路、解决核心、共性技术问题。

（二）布局集群实体项目，突破关键技术，支撑强链补链

新一代集群已经推进六大实体项目的开发与推广，引导与产业链上的协同创新，打破国际技术垄断，形成自主知识产权，解决产业技术"卡脖子"问题。在集群的培育过程中，六大实体项目进展顺利，亮点频出。

集群与华为合作组织实施"基于自主研发鲲鹏及昇腾的全栈智能大数据平台"项目，初步在鲲鹏处理器、昇腾芯片为基础的系统上实现内存大数据处理程序的性能优化，满足鲲鹏生态产业发展对计算机体系结构与系统软件等的迫切需求，支撑了华为云大数据产品的优化，帮助产品性能提高了超过25倍，获得企业的高度评价，同时积极推进"鲲鹏生态研究院"的筹建，充分利用深圳市在区域、科技、产业、资金和需求等方面的有利条件，形成政产学研合作共赢的机制，推动鲲鹏产业发展。

在集成电路产业领域，集群组织先进院孵化的创业企业化讯半导体实施"面向超薄芯片制造的临时键合材料产业化"项目，作为半导体晶圆生产关键材料，按计

---

① 资料来源：中国科学院深圳先进技术研究院院企合作与创新发展处提供。

划完成激光响应临时键合材料实验室研发任务等工作，已经实现了小批量量产，获得了长电科技、中国电科等龙头企业的批量订单，真正实现了"备胎转正"，支撑华为海思鲲鹏920等芯片生产已经超过了20万片，为国产芯片企业超薄芯片、器件制造设备的国产化提供系统解决方案。

在5G通信及芯片领域，集群组织深南电路和厦门云天实施的"研究砷化镓、氮化镓芯片的先进基板封装技术"项目，完成声表面滤波器（SAW）三维晶圆级封装技术开发和可靠性研究、5G基板核心的埋入式玻璃基板扇出全套工艺的可靠性的测试等，实现了稳定的三维声表面滤波器封装工艺，已经开始批量生产，解决超小型三维封装技术难题和晶圆级先进封装技术，为客户企业实现晶圆级、芯片级5G射频芯片先进封装技术量产打下关键基础。

在新型显示领域，组织华星光电等企业实施"超大尺寸光阻间隔物集成到陈列基板（POA）曲面技术研发"项目，已完成在G8.5代线上的工艺路线规划，确定了项目设备选型，并对关键材料供应商进行筛选，完善了相关工艺，并且实现了超大规模POA曲面显示生产技术的突破，形成了本项目的整体技术方案及项目发展规划，推动了超大尺寸曲面产品开发、显示品质提升、降低生产成本，提升产品市场竞争力。

在AI应用领域，集群组织"小巨人"企业商汤科技合作实施"面向智慧城市的超大规模分析的关键技术研发及产业化"项目，研发线上的快速人脸识别技术，研发复杂环境下超大规模人脸识别技术、视觉信息融合深度挖掘等多项关键技术，已经在深圳公安系统上上线使用。组织招联金融实施"人工智能风控系统则为行业征信评估"项目，完成风控变量中心搭建，对计算结果进行落库、分析、监控，把人工智能和金融科技结合形成了自有的信用评分体系，也已经在业务中间开展了应用，将提供全新的AI与大数据行业典型示范。

（三）组织建设集群平台项目，构建产业服务平台，提升产业创新能力

集群促进机构联合行业龙头企业，在集成电路、5G、新型显示、AI及机器人产业相关行业打造的4个产业创新生态平台进展顺利，初步起到了支持集群企业创新能力提升的作用。

深圳先进电子材料国际创新院负责建设的"电子材料与器件服役可靠性检测与仿真平台"，以先进电子封装材料中试技术开发与工艺应用为重点，初步构建电子材料与器件产品的可靠性评价标准体系，为封测材料的评估和进入半导体生产领域

提供了关键验证平台，已为7家企业提供了20余次技术服务，积极为国产材料企业进入半导体制造业铺路。

在5G通信产业领域，由广东省5G产业创新中心汇芯通信负责建设的"新一代移动通信开放验证公共服务平台"，目前已完成项目整体规划和系统建设，搭建了下一代移动通信功率放大器、滤波器的性能测试环境，具备了基本测试能力和对外开放能力，正在探索建立新的测试服务模式。项目加速了5G产业链上核心器件企业的新产品研发验证过程，支撑了"未来通信高端器件创新中心"建设。

在新型显示产业领域，集群组织TCL等企业建设的"量子点表征检测平台"初步构建完成，为国产材料进入新型显示行业建立质量标准打下了良好的基础。

在智能制造产业领域，组织云点公司建设的"智能制造产业综合服务平台"，已经完成了系统开发，入库了800万个以上的零部件信息，服务了25000余家客户，下载次数超过了65万次，在工业互联网平台上为集群企业提供智能制造供应链综合服务[①]。

集群促进机构先进院开放公共技术平台，提供超过7亿元的技术设备共享服务，以及各科研机构的科研信息和产业信息对外开放共享。通过深圳先进院和机器人协会开放机器人智能制造与机器人公共服务平台，构建智能制造产业链服务平台，联合深圳市知识产权保护站联盟提供知识产权专利服务，初步形成了涵盖研发设计、技术转移、知识产权等在内的科技服务体系。

（四）"联盟的联盟、平台的平台"，促进跨界、跨域和国际产业合作

在构建集群协同生态方面，集群总促进机构以"联盟的联盟、平台的平台"的理念，联合七大行业协会共同发起成立了"新一代信息通信产业联盟"。

在竞争者合作和国际产业交流方面，集群促进机构一方面联合业内头部企业和协会，中标建设工信部"面向制造业重点领域的创新成果产业化及公共平台"，还与工信部国际交流中心合作，组织首次中法产业集群对接交流；建设广东省智能制造与机器人公共服务平台，组织企业与德国巴登州产业集群进行交流。

（五）积极组织交流、传播，打造"新一代信息技术产业集群"品牌

在集群启动建设以来，促进机构积极组织集群的交流与传播，努力打造新一代

---

① 资料来源：深圳市云点工业科技有限公司提供。

信息技术产业集群品牌，共组织各种跨界跨域50场集群交流活动，参与的人数超过了75万，被央媒喻为集群的"织网人"，累计获得报道媒体超两千条，受到了产业、社会的关注，初步实现了集群品牌推出和传播[①]。

通过一年的建设，集群促进机构初步构建了一个创新引领产业增长，集群"织网"协同生态的集群促进模式，为深圳新一代信息通信产业克服"疫情"影响，作为深圳主导产业的创新成长做出了有效贡献。

三、集群下一步工作思路及举措

集群促进机构下一步将持续创新引领，推动集群产业链协同创新，构建多维度、多层次的集群协同创新生态，加强子促进机构和子集群的培育，同时加强国际化、网络化跨域跨界的交流，推进国内国际双循环中产业资源的对接，更好地实现产业技术资源共享和跨界融合发展，全面完成先进制造业集群建设目标。

---

① 资料来源：中国科学院深圳先进技术研究院院企合作与创新发展处统计提供。

广东省先进电池材料产业集群示范建设

深圳市清新电源研究院

一、产业基础

近年来,全球消费电子、新能源汽车、电化学储能市场发展迅速,电池制造产业迎来发展的绝佳机遇期。先进电池材料产业尤其是锂电池产业持续高速发展,根据国际市场研究机构(Markets and Markets)发布的报告透露,2019~2025 年全球锂离子电池产业链市场复合年增长率将超过 15%,到 2025 年锂离子电池市场需求将从 2018 年的 374 亿美元增至 980 亿美元,全产业链将超过 1500 亿美元。当前,我国成功超越了日本和韩国,成为全球最大的锂离子电池出口国,是全球锂电池市场增长的主要驱动力。氢燃料电池汽车具有零排放、燃料加注快、续航性能强的优势。在新能源汽车领域,燃料电池汽车可凭借氢能高能量密度的特点与纯电动汽车形成良好的互补。预计到 2030 年,燃料电池车达到 200 万辆,燃料电池的年复合增长率有望达到 81.87%。在国际市场日趋紧张的竞争压力下,我国各大龙头企业和科研院所积极开展合作,解决消费者对电池安全性和能量密度的客观需求,近年来各类新型电池技术和新材料蓬勃兴起。

二、先进电池材料产业集群基本情况

先进电池材料产业集群已经形成了完善的先进电池与材料产业链,锂电池从正负极材料、隔膜、电解液等电池关键材料生产,到电芯和电池模组生产装备、制造及后端新能源汽车、消费类电池、储能市场的应用开发、电池回收再利用等产业链上下游配套都十分完善。氢燃料电池从上游制氢到下游氢燃料电池汽车产业链完整,汇聚了多家氢燃料电池企业及研发机构,部分关键技术处于世界领先水平。氢燃料电池关键核心零部件已满足新能源汽车和储能产业发展需求，系统及电堆已经实现示范应用，达到国际先进水平。

其中，比亚迪是国内新能源汽车产业链最完整的企业之一，德方纳米是动力电池正极材料领跑者，贝特瑞是全球最大的锂电池负极材料生产商之一，新宙邦是国内主流的电解液厂家之一，星源材质则是隔膜市场的国内龙头，赢合科技、先导科技有限公司是国内锂电生产设备头部供应商，中兴新材、翔丰华、格林美等骨干企业也占有很高的市场份额。同时，以深圳先进电池材料为产业核心，辐射带动粤港澳大湾区、福建、湖南、浙江、北京等广大区域，诞生了一大批优秀的先进电池与材料企业，包括东莞新能源（ATL）、广东光华、广汽时代、鹏辉、东莞凯金、惠州亿纬锂能、珠海泰坦新动力、珠海冠宇、宁德时代、厦钨新能源、华兴达新材料、福建巨电、宸宇富基、科达铂锐、天能集团、清陶能源等一大批行业内头部优秀企业，其发展均离不开先进电池材料产业集群的支撑和带动作用。燃料电池和其他新的电池技术创新如火如荼，氢蓝时代、鸿基创能、长盈精密、雄韬电源、凯豪达在积极布局燃料电池相关技术，珈伟股份在全固态电池方面也已取得长足进展。

三、集群培育工作开展情况与成效

（一）建立集群网络化协作枢纽

集群建立了网络化协作机制，实现跨主体、跨组织、跨领域、跨区域的全方位网络化协作，将企业、大学及研究机构、政府部门、金融机构、中介组织等主体依据专业化分工和协作关系形成集群网络化发展命运共同体，为集群内部协作网络以及"超越集群"的合作网络等综合构建和协作创新提供枢纽机制，培育世界级先进电池材料产业集群。

集群在合作拓展平台设立了集群区域协同中心，根植深圳，重点与粤港澳大湾区、福建省、长三角三大区域相关集群等社会组织，开展了深入多层次的交流合作，包括中国化学与物理电源行业协会、中国电子节能技术协会、中关村石墨烯产业联盟、北京先进碳材料产业促进会、湖南省先进电池材料及电池产业技术创新战略联盟、深圳市氢能与材料燃料电池协会、广东省新能源汽车动力蓄电池回收利用产业联盟、惠州市清洁生产协会、福建省新型电池产业技术创新联盟、福建省石墨烯产业技术创新促进会、奥途智能网联汽车创新中心、深圳新一代信息通信产业集群、世界低碳城市联盟等。以本集群为核心打造竞争合作型的社会组织网络，构造出一个世界级的协同创新生态群。基于集群的组织形式为案例范本，集群发展促进机构正积极配合参与广东省"双十"战略性产业集群建设，重点打造一个支撑粤港澳大湾区新能源汽车产业集群发展的科技服务平台，参与筹建的"广东省大湾区新能源汽车产业技术创新联盟"已正式获得广东省科技厅批准建设。

（二）开展公共服务网络化协作

集群大力推动产业向数字化、网络化、智能化转型升级，推动互联网、大数据、人工智能、公共服务与制造业深度融合。通过建设工业互联网基础设施，支持集群企业运用工业互联网新技术和新模式。促进集群单位开展公共服务平台项目建设9项，建设集群数字化信息服务平台，提升集群网络合作效率。依托工信部工业节能与绿色发展评价中心，开展相关节能与绿色服务15次，作为节能诊断服务机构入选工信部《2020年度首批工业节能诊断服务任务清单》。已联合发布5项国际标准和10余项国家地方标准，在研和参与制修订标准超过30项。

集群发展促进机构积极参与建设清华大学深圳国际研究生院材料与器件检测技术中心、深圳石墨烯创新中心检测平台、福建永安市永清石墨烯研究院检测技术中心，与深圳普瑞赛思检测技术有限公司、深圳市计量质量检测研究院、华测检测技术股份有限公司、天目湖先进储能技术研究院、深圳市大型科学仪器共享平台等单位深度合作。目前所汇聚的集群检测分析认证服务机构设备资产超过10亿元。以集群公共服务平台的开放合作理念和运作模式为基础，将这些资源进行合理定位和资源配置，已经初步形成了服务于全产业链"标准—检测—计量—评价—认证"一条龙全国性服务网络平台。一方面提升了大型仪器装置的使用效率，另一方面为集群技术和产品研发保驾护航，提供质量保障，从而整体上提升了集群的科技服务水平。

（三）强化产学研合作成果示范

集群围绕高比能/高安全储能材料制备技术、动力电池及其系统集成、氢燃料电池前沿关键技术、固态电池产业化核心技术、废旧动力电池绿色高效回收技术五大重点方向，以龙头企业为牵引，积极协调统筹集群相关单位开展关键技术产学研协同创新。已开展实体项目建设7项，承担国家、省市级重点项目10余项，促进企业高校间产学研合作20余项。开展"退役磷酸铁锂电池全组分绿色回收与高值化利用技术及装备研发""固态动力电池系统研发及产业化"等产业重点研发计划项目，促进产业关键技术突破。开展工信部"强基一条龙"，深圳市工信局"创新链+产业链"等产业链条重点强链补链项目，促进产业结构优化。其中，"锂离子电池组装智能制造生产线的自主研发及应用""200 Wh/kg 动力电池系统的研发及产业化"和"报废新能源汽车动力电池生态产业链项目"，三个双链项目形成了从基础原材料到电池智能制造到报废动力电池回收完整闭环的产业链协作。2019 年联合惠州豪鹏等企业合作开展产业技术攻关，并获得惠州市"蓝火计划"支持。2019 年联合雄韬股份等企业，开展新型电池的开发及产业化技术推广。与华为等行业上下游龙头企业开展技术创新合作，进一步提升产业内循环及竞争力。促进集群企业产业链上下游开展纵向分工协作。促进各集群企业间开展横向联动融通，以各类产业集聚区为载体，推动产业跨行业合作和分工协同。

依托集群成员间的产业项目合作，集群在先进电池材料全产业链积累储备了一系列具有国际领先的共性和关键产业化技术。持续的产学研合作也获得了国家和行业的认可，由清华康飞宇团队开发的"高性能锂离子电池用石墨和石墨烯材料"荣获国家技术发明二等奖。相关专利技术成果已在翔丰华等单位实现了规模化生产和应用。相关产品与技术已应用于宁德时代、比亚迪、东莞新能源等国内锂电龙头企业和美国加利福尼亚州锂电池公司。比亚迪主导完成的"磷酸铁锂动力电池制造及其应用过程关键技术"和格林美主导完成的"电子废弃物绿色循环关键技术及产业化"项目均荣获国家科学技术进步二等奖。比亚迪经过 15 年的研发、转移与孵化，构建了具有自主知识产权的磷酸铁锂动力电池技术体系，在新能源汽车和储能工程系统中得到了广泛的应用。格林美攻克了电子废弃物循环利用过程关键技术及工程实践难题，发明了短流程再造金属合金产品和梯级分离回收新技术；创建了"互联网+分类回收"运营模式；开发了物联网全程可追溯信息化平台，将其用于动力电池回收，可以打造新能源全生命周期价值链，保障钴镍稀有金属资源回收循环利用。

（四）产业技术体系保持领先

先进电池材料产业集群已形成了完善的先进电池材料产业技术体系。锂离子电池生产及技术从正负极材料、隔膜、电解液等电池关键材料，到电芯和电池模组生产装备、制造及后端新能源汽车、消费类电池、储能市场的应用开发、电池回收等，产业链上下游产业技术完善。氢燃料电池生产及技术从上游制氢到下游氢燃料电池汽车产业链完整，氢燃料电池关键核心零部件已满足新能源汽车和储能产业发展需求，系统及电堆已经实现示范应用，达到国际先进水平。集群龙头企业加大研发力度，相继推出创新技术产品，涌现出一批国际领先水平的产业技术。比亚迪弗迪电池的刀片电池技术、宁德时代的电池无模组化（CTP）技术等先进电池制造和系统集成技术一方面大幅度改善了电池包的安全性，也同时提升了电动汽车的续航里程。2020年蜂巢能源发布的无钴单晶高电压正极材料，目前也已投产使用。续航性能比肩高镍三元材料（NCM811）水平同时，相应电池制造成本可下降15%左右。集群这些先进电池技术涌现，极大地提升了我国电池产品的国际竞争力，推动了新能源汽车的普及。氢蓝时代、国鸿氢能、鸿基创能、雄韬电源等氢燃料领军企业在氢燃料电池关键材料和系统集成创新方面取得了长足的进步，已逐步实现低铂无铂催化剂、膜电极、无油空压机等相关核心零部件及材料的国产化，薄弱环节不断减少。

（五）产业布局与金融资源集聚

深圳市已成为全国重要的股权投资和创业投资的聚集地，基金管理规模约占全国1/5。2020年9月，深创投新材料基金揭牌，总规模275亿元，是国家制造业转型升级基金的特定投资载体。该基金有限合伙人包括国家制造业转型升级基金、深圳市政府投资引导基金、鲲鹏投资、罗湖引导基金和深创投，基金管理人为深创投全资子公司——深创投红土股权投资管理（深圳）有限公司。国家制造业转型升级基金此次在深创投新材料基金中认缴出资225亿元。

集群参与并促进欣旺达智能制造产业园区、乾泰电池回收产业园区、宝安智能显示产业园区、永安石墨和石墨烯产业园区、鹤山清华创新中心产业园5个产业园区建设规划工作，引导相关项目进入园区落地，逐步引导集群成长为多个千亿级产业规模园区。协助省、市开展"广东省人民政府关于培育发展战略性支柱产业集群和战略性新兴产业集群的意见""广东省氢能技术路线图""深圳市新材料首批次应用指导示范目录"等4份政策文件编制，加快产业布局速度，提升产业创新集中度。与深圳市力合科创创业投资有限公司、深圳交大众创基金管理有限公司等基金公司合作，深化合作模式，引入金融资源，孵化创新项目。

未来先进电池材料集群将继续以集群区域工作组为抓手，以国际化交叉融合为横轴，以规范化体系建设为纵轴，以智能工业互联网为平台，搭建产业、技术、数据等多维度集群网络。推动集群信息化、数字化、智能化、网络化升级转型。建设数字化金融服务平台和电池制造数字化等平台，促进大数据、金融服务、互联网、人工智能与电池材料集群深度融合，打造世界级先进电池材料集群。

广州市创建国家级智能网联汽车产业集群工作总结报告

广州市智能网联汽车运营中心

2019年5月，工信部启动"2019年先进制造业产业集群"的竞赛培育工作，广州市积极响应，委托广州市智能网联汽车示范区运营中心作为集群促进机构参与集群竞赛的工作，于2019年8月参与初赛并获得"智能网联汽车"分包的第一名。

2020年8月，广州、深圳、惠州三市在广东省工信厅的指导下，联合发起成立"广深惠智能网联汽车产业集群"，广深惠产业集群在"整车制造+网联技术+汽车电子"上有效构建起智能网联汽车产业发展的良好基础，广深惠三市紧紧围绕"做好中国方案、作出广东贡献"的战略定位进行智能网联汽车集群培育，抢抓汽车产业变革的重要机遇，构建新型汽车产业生态链，加快推进我国智能网联汽车产业创新发展，打造具有国际竞争力的智能网联汽车产业集群，下面就产业集群产业基础梳理、网络化协作、技术创新、要素集聚、开放合作、组织保障六个方面进行总结汇报。

一、产业基础

（一）集群主导产业规模实力国内领先

2019年广深惠汽车产量340万辆，约占美国、日本汽车产量的1/3，德国的2/3。集群总产值达7341.36亿元，主导产业总产值占全国比重9.08%，是广东省重点培育的十大战略性支柱产业集群之一[①]。

---

① 资料来源：根据三市统计局数据及网上公开资料整理。

（二）主导产品知名度和市场占有率国内领先

集群培育了一批智能网联汽车整车、汽车电子等主导产品，引导国产品牌智能网联功能搭载率不断提升。整车制造方面，比亚迪秦 EV、广汽 Aion S 等均在全国新能源汽车中长期保持销量领先，比亚迪新能源汽车全球市占率 10.4%，2020 年广汽 Aion LX、比亚迪汉、小鹏 P7 等新车型上市，均代表了国内智能网联新能源汽车的最高水平；汽车电子方面，2019 年集群车载导航和车载娱乐系统产量近 1000 万台，产值超 150 亿元，位居全国前列，广州市卫星导航定位企业数量占全国同类企业总量的约 20%，其中泰斗微电子是国内首个集成了射频、基带与闪存的"三合一"解决方案的厂家，目前在车载北斗导航领域占据了约 70% 的市场份额；华为长期致力于 C-V2X 车联网解决方案研发，具有完全自主知识产权 C-V2X 芯片（4G/5G+PC5）能力，也是全球唯一一家可以提供端到端 C-V2X 解决方案的供应商，并且已向众多车企提供了 5G 车载模组 MH5000、5G 车载终端 T-Box 平台等产品和技术。德赛西威、华阳电子 2019 年车载电子系统产品居全国同类企业第 1 位、第 2 位[①]。

（三）企业结构向智能网联化不断升级

集群基本完成了整车、零部件及配套、汽车电子、新能源系统、智能网联解决方案等领域全产业链布局。集群企业数量为 4847 家，其中规模以上企业数量达 670 家，拥有广汽集团、东风日产、比亚迪、小鹏汽车、北汽广州等 20 家整车厂，聚集了金溢科技、高新兴集团等车联网龙头企业，带动全球汽车零部件一、二级配套供应商达 4000 多家，吸引国际知名自动驾驶企业小马智行、文远知行、AutoX、元戎启行等落地，形成大中小企业融通发展格局[②]。2020 年广州引进百度阿波罗华南总部基地、广州华为研发中心等智能网联汽车和车联网头部企业，赋能集群车路协同建设和应用示范，进一步提升集群在智能网联优势领域的聚集度。

（四）先进制造水平位居世界前列

集群企业以智能制造为核心，绿色发展为准则，实现可持续性发展，广汽新能源生态工厂拥有数字化决策、互动式定制、能源综合利用等全球领先优势，土建投

---

① 资料来源：根据企业提供资料整理。
② 资料来源：根据统计局数据及企业提供资料整理。

资削减 8%，综合能耗降低 15%；2020 年小鹏汽车智能网联汽车制造基地在广州知识城智能装备区动工，预计年产可达 10 万辆[①]。推动汽车制造商向汽车服务运营商转型，广汽集团与腾讯、广州公交集团、滴滴等联手打造"如祺出行"全新智能移动出行平台。东风日产布局智能车辆、车路协同以及智能交通体系下的出行服务云平台等前瞻技术，在花都区投放第一批 200 台电动分时租赁汽车；小鹏汽车利用旗下智能电动车 G3，上线"有鹏出行"网约车服务，与高德地图紧密合作，积极探索未来城市智慧出行生活模式。

二、网络化协作

（一）集群发展促进机构形成良好协同运作机制

三市促进机构是由行业龙头企事业单位牵头发起的民非机构及行业协会，发起及会员单位汇聚了粤港澳大湾区绝大部分的产业核心资源，集群核心企业已超过 1000 家，覆盖了汽车产业的电动化、智能化、网联化等领域，实现产业链核心技术和资源的要素集聚。在三市合作成立集群领导小组基础上，运营中心与深圳、惠州促进机构签署战略合作协议，共同推动广深惠智能网联汽车产业集群发展培育促进工作，与集群成员形成每月召开 1~2 次讨论会的机制，为集群成员构建合作交流的平台。

（二）整合产业链上下游创新力量，集群网络化协作生态向好发展

集群通过三市优势互补，构建了较完整产业链，提升了集群产业链上下游企业间协作水平。在战略合作方面，目前广汽研究院有战略合作伙伴/联合研发机构共 26 家，其中包括腾讯、华为、中国移动、科大讯飞等国内一流企业；2020 年 9 月广汽集团与华为在广州签署深化战略合作协议，共同打造有竞争力的产品。在产品研发方面，中兴与东风日产签署了车载操作系统的开发合作协议，后续将成立联合项目组共同开发；搭载华为 Hicar 的华阳车机产品首次在北京国际汽车展览会上亮相，通过新的手机互联映射方案，提供"人—车—家"全场景体验，助力车厂打造更智能的汽车产品；文远知行与联通达成 5G 战略合作，实现全国首个 5G MEC 及 C-V2X 等 5G 网络下 L4 级自动驾驶应用开发。

---

① 资料来源：根据企业提供资料整理。

（三）产学研合作紧密度进一步提升

集群企业与斯坦福大学国际研究院、清华大学等在智能驾驶、智能芯片等领域开展战略合作。2019 年、2020 年深圳、广州分别投入 20 亿元建设人工智能与数字经济广东省实验室，由优势科研机构和龙头企业协同建设，提升人工智能、网联汽车等技术原创能力和应用转化能力。广汽、小鹏、德赛西威等企业在海外建立 20 余个研发机构，布局依托全球资源的产学研合作项目，不断提升产业价值链创新链水平。2019 年底由广汽集团牵头，联合小马智行、科大讯飞、南方电动及运营中心等发起人共同出资成立广东省智能网联汽车创新中心，打造开放的创新平台，支撑产业良性发展，形成智联协同新模式。

（四）集群成员共同积极开展活动

三市促进机构组织和支持开展超过 50 次各类公共服务活动，加强推动政企对接、企业间技术交流、产学研合作等。组织集群企业与省、市、区政府部门开展 10 余场交流沟通会，集群召开 2020 广深惠智能网联汽车产业集群协同发展论坛，共同探讨产业发展存在的问题和解决方法。

三、技术创新

（一）坚持"聪明的车 + 智慧的路"的"中国方案"技术路线

在技术先进性方面，集群在智能制造、技术创新、整车创新上有较强优势，小鹏汽车的新车型 P7 所搭载的自动驾驶辅助系统，整体水平达国际先进；华为推出的基于自研 AI 芯片昇腾 310 的 L4 级别自动驾驶能力的计算平台—MDC600 等达到国际领先水平。在技术完整性方面，集群已经基本覆盖智能网联汽车解决方案、环境感知与决策系统、算法与芯片、汽车执行与控制系统、智能座舱、高精度定位系统、车联网（V2X）通信网络与网联通信系统、新型智慧交通系统、新型交通基础设施、配套测试验证等关键环节，在车路协同智能化领域的技术创新与应用示范方面全国领先。广汽与华为、腾讯、科大讯飞、德赛西威等强强联合，有望率先构建我国第一条完整的自主可控智能网联生态链。

（二）科研转化和创新资源居世界前列

集群科技创新要素吸引力强，广深惠三地集聚了广东省98%的国家重点学科、80%的高校等资源，25家国家重点实验室和16家国家工程中心，国家级技术创新载体数量39家，集群企业平均研发强度1.92%。集群创新能力强，2019年集群新增发明专利授权量2750件，广汽集团新增专利1454件，同比增长20%，其中发明专利占比40%（远高于国内车企31%的平均水平），国际专利整体布局102项；小鹏汽车累计申请专利1306项，在造车新势力企业中处于领先地位[①]。

（三）创新创业与开展应用示范活跃度提升

在国家示范区建设和道路测试推进方面，广深两地发放的自动驾驶路测牌照数量、开放道路测试路端长度均居全国前列。2019年美国加州自动驾驶路测成绩排名TOP10中，有2家是广深本土企业。广州是国内单车封闭测试成本最低、推进远程驾驶测试进度最快的城市，也是国内首个认可其他地方地区智能网联汽车道路测试许可的城市，对自动驾驶商业化的探索也走在全国前列。

四、要素集聚

（一）海内外高端人才聚集

产业人才培育体系完善，三市出台了《广州市高层次人才服务保障方案》、《广州市产业领军人才奖励制度》、深圳"孔雀计划"、"促进人才优先发展81条"等政策，引进产业紧缺人才近千名，集群核心企业聚集智能网联汽车产业相关人才超过10万人。

（二）金融服务融入产业发展

2019年集群上市和挂牌企业数量95家。集群已建立全面完善的科技金融体系，吸引全球资本对集群企业开展投融资业务。小马智行在2020年连续获得日本丰田集团4亿美元B轮注资和加拿大安大略省教师退休基金会领投的C轮2.67亿美元投资，小鹏汽车今年也完成了5亿美元的C+轮融资以及在美上市募集15亿美元

---

① 资料来源：根据企业提供资料整理。

资金。速腾聚创完成迄今为止国内激光雷达最大单笔融资，金额超过 3 亿元。各大银行持续推进汽车金融服务，其中，中信银行广州分行开展汽车金融"双千工程"，实现主机厂服务全覆盖，为各汽车主机厂累计融资超 500 亿元[①]。

（三）基础设施建设投入应用

集群正加速推进网络基础设施建设，推动 5G 网络、技术、产品与应用深度融合，全面构建通信和计算相结合的车联网体系架构。2019 年广东 5G 基站 3.69 万座、数量全国第一，实现重点区域 5G 网络全覆盖，深圳市已实现全域覆盖；集群积极建设车路协同智能化应用试点，2019 年 4 月 2 日南沙大桥正式通车营运，是新一代国家交通控制网和智慧公路试点工程（广东）的首个通车营运项目；广汽、高新兴、广州公交集团等企业也率先在车路协同智能化创新上实现突破；集群不断推进智慧城市应用，住建部将广州纳入城市信息模型（CIM）平台建设试点工作，探索建设智慧城市基础平台；全球首例无人驾驶公交"阿尔法巴智能驾驶公交系统"在深圳福田保税区的开放道路上试运行。

（四）公共检验检测平台水平提升

聚集了工信部电子五所、中国电器院、中汽中心等拥有智能网联汽车和车联网领域国家级公共检验检测平台的机构，数量居全国前列，能力覆盖智能网联整车软硬件系统、零部件、汽车电子等全链条，以及可靠性、功能安全、信息安全等全面性能检测。

五、开放合作

（一）开展高水平国际化合作

集群企业已在海外 16 个国家（含"一带一路"沿线国家）成功布局，遍布非洲、欧洲、中东、东南亚、南美五大区域。集群企业已与本田、丰田、菲亚特克莱斯勒等国际汽车公司合资成立 6 家汽车和摩托车整车企业，与丰田、日野、电装等成立 40 家汽车零部件企业。集群企业建立德国、美国、日本、广州、北京、上海等海内外 20 余个研发生产中心和生产基地。

---

① 资料来源：根据企业提供资料整理。

（二）吸引海内外项目落地

2019年采埃孚落户广州市花都区，将投资7亿元在花都建立在中国第三家、华南地区的首家研发中心；日本爱信公司与广汽集团共同投资21亿元建设其在华首个合资自动变速箱项目，达产后将形成40万台/年的生产规模。

（三）"一会一赛一展一课程一报告"打造集群国际化品牌形象

集群积极承办汽车领域有重大影响力的国内外会议、论坛和展览，每年举办智能汽车电子技术创新大会和自动驾驶汽车大赛，培育成为集群新名片。在2020年国际光博会、世界智能汽车大会等大型国际会议上共同组织2场集群协同发展论坛，组织集群成员参加广州电子消费品及家电品牌展（CE China）、深圳国际未来汽车及技术展2019（EVAC 2019）、第二届国际汽车智能共享出行大会等国内外知名会议会展，联合中国汽车报线上推出41期的"2020智能网联汽车精品课"，编制了《广州市智能网联汽车于智慧交通产业发展报告2020》，集中展示集群形象和加强对外交流。

六、组织保障

（一）构建高效区域协同的集群领导及工作推进机制

省工信厅和三市政府联合成立广深惠智能网联汽车产业集群建设工作领导小组（以下简称"领导小组"），协调开展集群培育的各项工作。领导小组下设办公室，设在广州市工信局。为高效推进集群培育工作，广深惠三地工信局各派1名业务骨干作为集群建设联络人，负责与集群促进机构的日常工作对接，共同推进集群创建各项工作。

（二）出台系列产业规划和政府政策

省委省政府印发《关于推动制造业高质量发展的意见》，省政府出台《广东省人民政府关于培育发展战略性支柱产业集群和战略性新兴产业集群的意见》，提出培育包括智能网联汽车产业在内的20个集群。三市累计出台25项扶持智能网联汽车发展的相关政策。省、市、区政府按比例对集群进行资金配套。三市编制了10多项支持产业发展的实施方法，覆盖了开展测试和应用示范的应用场景，给企业一个完整的开展规范化、规模化应用的操作指引。三市正在积极开展政策法规层面的协同研究，规范与统一各市道路测试与应用示范的有关标准。

（三）政策落实居全国前列

国务院办公厅发布《关于对 2019 年落实有关重大政策措施真抓实干成效明显地方予以督查激励的通报》，广东省共获督查激励措施 18 项，其中广州市获得 9 项，深圳市获得 2 项，广州市数量居全国同类城市首位，创历史最好成绩。三市在智能网联汽车产业的政策法规、行业监管，以及基础设施建设与应用推广方面，都起到了极其重要的支持保障作用，同时极大地推动支持自动驾驶等未来新应用的智能网联汽车关键技术研发。

广佛惠超高清视频和智能家电产业集群培育工作情况

广州市超高清视频促进会

为贯彻落实党的十九大报告"促进我国产业迈向全球价值链中高端，培育若干世界级先进制造业集群"的重要举措，实现习近平总书记对广东提出"四个走在全国前列"的明确要求[①]，在广东省工业和信息化厅的指导下，广州、佛山、惠州三地市政府以"开放协同、创新驱动、统筹协调、互惠融合"为原则，联合推动"广佛惠超高清视频和智能家电产业集群"的培育发展。广佛惠超高清视频和智能家电产业集群是全国首个跨区域跨领域共建的先进制造业产业集群。自初赛以来，集群在治理模式创新和机制创新等方面率先探索、率先突破，争取尽快形成可复制、可推广的改革试验成果。

一、同绘"一张蓝图"，强化集群共建的顶层设计

广州、佛山、惠州同处粤港澳大湾区腹地，三地互联、交通通畅、协作紧密。三地政府联合印发了《广州市、佛山市、惠州市联合培育发展超高清视频和智能家电先进制造业集群实施方案（2019~2025年）》，强化顶层设计，明确发展目标和重点任务，推动广佛惠三地共绘"一张蓝图"，确保集群培育工作的前瞻性和可行性。一是明确发展目标。以超高清视频先进技术为引领，促进黑电和白电融合发展，带动智能家电转型升级，到2025年广佛惠超高清视频和智能家电产业集群总规模突破1.5万亿元，空调器、冰箱、4K超高清电视、电饭锅、微波炉等产品产量规模实现全球第一，4K/8K超高清电视终端占比超过80%，形成一批具有国际影响力的

---

① 2018年3月7日，习近平总书记亲临十三届全国人大一次会议广东代表团审议时提出。

世界一流品牌，质量技术支撑能力明显提高，高质量产品供给能力不断提升，标准质量创新体系逐步完善，培育形成全球最具竞争力的超高清视频和智能家电产业集群，打造产业高质量发展典范，为国家先进制造业产业价值链向中高端跃升提供广东经验。二是明确六项重点任务。（1）率先建立跨行政区域协同联动的集群治理机制，打造具有国际竞争力的集群发展顶层设计框架。（2）优化产品供给结构，实施补链强链聚链，打好产业基础高级化和产业链现代化攻坚战，探索"白+黑""硬+软"的产业综合发展之路，着力构筑自主可控融合发展的产业发展高地。（3）加快功能载体建设，支持企业平台集聚，推动重大项目落地，加快提升世界级产业集群重要载体的发展能级。（4）聚焦基础前沿技术，加快创新载体建设，营造开放创新生态，大力打造具有全球引领力的产业创新策源地。（5）推动"一都双城"产城融合，促进跨区域协同互惠发展，提升集群国际化发展水平，加快形成协同融合开放合作的集群发展格局。（6）智造未来、绿色引领、质量优先，持续推动先进制造模式赋能集群产业转型升级。

二、合建"二套机制"，推动集群治理模式创新和组织变革

（一）建立集群领导小组及专家委员会决策机制

成立广佛惠超高清视频和智能家电产业集群建设工作领导小组，由广东省工业和信息化厅、广州市政府有关领导担任领导小组召集人，广佛惠三市工业和信息化部门主要负责人为成员，领导小组办公室设在广州市工业和信息化局。领导小组负责产业集群重大事项的决策部署，统筹推进广佛惠超高清视频和智能家电产业集群的建设工作，研究制定集群建设过程中的重大决策，推动重大项目实施，明确各成员单位的职责分工，指导督促落实各项工作任务，协调解决工作推进过程中的重大和突发问题。同时，成立以丁文华院士为带头人，由45名行业专家组成的超高清视频和智能家电产业集群专家委员会，支撑重要政策、重大专项的研究论证，为集群治理和行业发展提供分析建议。

（二）构建以促进会为核心的集群运行机制

结合集群建设和产业发展需要，广佛惠三地政府共同委托广州超高清产业视频促进会（以下简称"促进会"）作为集群发展促进机构，统一代表集群对外负责。

为保证三地培育工作有效开展，分别成立了佛山和惠州的集群促进机构，形成了以广州总促进机构为核心，佛山、惠州为分支促进机构的"三位一体"协作模式，确保各项工作在总促进机构的指导下统一开展。并根据广东省产业分布特点，联动深圳、珠海、中山产业核心区协同发展，在广东省各级领导的见证下，共同签署了"促进广东省超高清视频和智能家电战略支柱产业集群联动发展合作协议"。为保证集群培育工作高效融合开展，总部促进机构负责人分别在另外两地促进机构担任主要负责人，从而确保各项工作统一在工作领导小组的指导下开展，总部会长按每两年一个任期三地企业轮值担任，充分保证三地政府和企业的利益。

三、实行"三个统一"，擦亮交流合作的金字招牌

（一）统一资金管理

按照《工业转型升级（中国制造2025）资金管理办法》和《广东省培育国家级先进制造业集群发展促进机构专项资金实施细则》，广州、佛山、惠州三地共同商定《广佛惠三地配套资金安排计划》。整合各级财政扶持资金，省和市分别按1:0.6和1:1配套国家制造业集群的扶持资金，支持集群促进机构自身建设、开展公共服务活动，建设公共服务平台和实体项目。在公共服务平台建设初期以共性能力建设为主，兼顾差异化能力建设，确保兼顾各地产业协同发展。以集群促进机构为纽带，主动研究制定集群专项资金实施细则及项目管理办法，自我规范集群各成员在建设实施期内专项资金的分配、使用和监督管理，充分发挥专项资金杠杆撬动作用，切实提高资金使用效益，支持产业集群实施咨询服务、举办论坛展会、开展对外交流、实施技术联合攻关等活动。

（二）统一专项行动

广佛惠三地政府签订合作协议，三方结合产业发展实际，推动集群企业实施补链强链聚链行动，打好产业基础高级化和产业链现代化攻坚战。一是积极抗击疫情，稳住发展基本盘。面对突如其来的疫情冲击，政府主动分析研判"新冠疫情"对集群重点企业和项目的影响，积极协调调拨防疫物资、支持组织外籍技术人员包机入穗、搭建政企"云沟通"平台等精准服务，推进企业加速复工复产，保障乐金光电8.5代有机发光二极管（OLED）等重点项目的建设进度。建立区域联动专项沟

通机制，保障企业供应链，积极协调解决 TCL、美的等重点企业上下游供应商复工复产困难，推动超高清显示企业参与远程医疗等抗疫活动，将疫情对企业发展影响降到最低，规模以上制造业企业在 2 月底复工率已超过 99.8%，2020 年 3 月底已全部复产。二是精准强链补链，提升发展韧性。实施"强芯"行动，提升以集成电路为核心的产业基础能力，推动半导体及集成电路产业补短板、强长板。研究实施重点领域生产企业工程研发及产业化扶持专项，促进乐金、视源、美的、TCL 等产业链"主导型"企业做大做强，构建以"链主型"企业为主体、产业链上下游企业互动循环的核心技术全产业生态。推动树根互联、库卡、美云智数等智能制造、工业互联网企业与集群企业联合开展智能制造试点示范，支持企业上云上平台，提升智能制造水平。三是实施载体聚链行动，打造领先产业集群。围绕产业链各环节，实施分层分类培育策略，实现大中小企业融通发展。加强对超高清视频及智能家电行业领军企业的跟踪服务，强化市区联动，打造国内领先、世界一流品牌。加大对创新型中小微企业的扶持力度，促进企业快速发展壮大，引导企业向专业化、精细化、特色化、新颖化方向发展，培育形成国内外细分行业"单项冠军"。

（三）统一品牌形象

按照广佛惠超高清视频和智能家电产业集群的统一名称，以"联结湾区、着眼世界"为目标，积极利用各类媒体加大集群宣传力度，三地联合策划举办系列活动，提升集群的知名度和影响力，集中打造对外展示品牌形象和外界识别我国超高清视频和智能家电产业的窗口。例如，促进会先后举办"中国智能家电技术发展论坛暨超高清视频和智能家电产业集群推进会"、超高清小镇显示企业展览会和"六稳""六保"供应链专家与企业交流会等系列产业推广活动。积极对接行业资源共同打造国际超高清视频和智能家电交流中心，举办 2020 世界超高清视频（4K/8K）产业发展大会、广东（顺德）国际家用电器博览会、中国慧聪家电展、中国国际 OLED 产业大会和中国显示学会等国际性产业交流盛事，集聚要素资源，推动集群成员同国内外开展交流合作，提升集群国际形象。聚焦产业创新发展和先进技术成果推广，促进智能家电和超高清产业的高质量发展。集群企业频繁亮相全球规模最大的消费类柏林电子展，开展 5 次印度尼西亚和巴西等海外市场准入赋能活动，与粤港澳大湾区对外合作联盟等单位签订战略协议，推动集群国际化合作和交流，提升品牌美誉度，拓展和巩固国际市场。

四、强化"四个协同",力促产业集群协同创新和产业联动

(一)强化政策协同

在工业和信息部超高清视频和智能家电集群建设的基础上,广东省也将此纳入战略性支柱产业集群予以重点支持,与工业和信息化部的支持政策形成延续和叠加效应,为促进集群发展壮大营造了良好的政策环境。广州、佛山、惠州三地围绕集群建设,加强信息互通、沟通交流、协调管理、项目推进,研究出台支持培育世界级超高清视频和智能家电产业集群发展若干政策文件,在财税、用地、融资、招商引资等领域为超高清视频和智能家电产业优势企业、项目、平台提供支持,利用三地产业特点发挥各自的产业优势错位发展,全面形成合力。广州市出台《广州市加快超高清视频产业发展行动计划(2018~2020年)》,在超高清视频产业制造端、内容端、应用端精准发力,打造全国首个超高清视频产业小镇花果山小镇。佛山市实施《佛山市推动机器人应用及产业发展扶持方案(2018~2020年)》,从智能家电延伸到智能家居,推进培育超万亿的泛家居先进制造业产业集群,培育了美的、格兰仕、海信科龙等一批行业龙头企业。惠州市印发《惠州市推进省市共建超高清视频产业基地建设三年行动计划(2018~2020)》,以仲恺高新区为超高清视频产业发展主体核心区,推广超高清视频应用示范社区建设,创建超高清视频产业基地。

(二)强化产业协同

加强三地在超高清视频和智能家电产业链上下游的配套协作,推动广佛惠超高清视频和智能家电产业"白+黑""硬+软""一体两翼"整合发展,加快产业链、创新链、人才链、资金链、政策链相互贯通。广州市生产性服务业、金融业、科教人才资源与佛山、惠州庞大的制造业相辅相成,广州超高清技术在惠州千亿级黑电产业率先落地应用,惠州建设首个省市共建超高清产业基地,惠州市黑电产业与佛山市白电产业资源共享、信息互通,共同构建完整的智能家电生态体系。三地联合推动建设50个以上超高清视频应用示范项目,形成完善的超高清视频产业链体系,产业链各环节相互促进、协同发展。但是在具体产业发展方面,广佛惠又各有侧重。广州市以"双核、一轴、两带"布局为依托,全方位构建5G+4K/8K+AR/VR产业发展生态,打造建设世界显示之都、国家超高清视频应用示范区、国家超高清视频产业内容制作基地。佛山市打造以广东工业设计城为主体的现代服务业集聚区,

继续完善顺德工业设计园、国际设计中心、人因工效学实验室、美的全球创新中心等项目，加快聚集和培育优秀设计企业、设计人才，带动家电产业创新升级。惠州市依托国内重要的液晶电视生产基地，不断提升与广州的超高清视频产业协同，加强惠州当地的超高清视频产业园区建设。

（三）强化创新协同

深化实施创新驱动战略，强化企业创新主体地位和主导作用，聚焦关键共性技术、前沿引领技术、现代工程技术，持续推进国家级制造业创新中心建设，构建覆盖全产业链的制造业创新支撑体系，打通科技创新成果转移转化渠道。广州与佛山制定科技创新合作工作方案，共建粤港澳大湾区国际科技创新中心，广州与惠州合作创建区域协同创新共同体。将超高清技术攻关项目列为省、市重点领域研发计划，聚焦产业链前端短板和内容制作薄弱环节，组建广东省超高清视频前端系统创新中心，打造首套国产"5G+4K/8K"广播级超高清转播系统。积极优化创新集群生态，认真落实省政府制造业高质量发展人才支撑的意见，组建超高清视频产业投资基金、广东省集成电路产业发展基金，努力为集群高质量发展创造良田沃土。

（四）强化要素畅通协同

深度融入"一带一路"、粤港澳大湾区建设等国家战略，主动参与全球产业分工合作，用好国际国内两种资源，推进产城融合、业态融合、集群协作，打造开放、包容、合作、共赢的集群命运共同体。例如，在人才方面，探索汇聚智力人才柔性引才模式，利用产业集群以广州为人才资源核心区，与华南理工、广东工业大学等签订人才培养合作协议，为集群吸纳高端人才。与广州职业学院、佛山科技学院、惠州学院等技术院校建立长期合作，满足集群对职业技能人才需求。在金融服务方面，促进机构与浦发银行、华兴银行等金融机构建立合作关系，为集群企业开通融资需求绿色通道。利用广州市设立超高清基金为契机，为产业发展提供稳定高效的金融服务。鼓励搭建"产业+互联网+金融"产业链整合服务平台，积极推广众陶联平台模式，为企业提供供应链集成服务。鼓励大企业发展供应链金融，为上游原材料和零部件供应商、下游客户尤其是中小企业客户提供应收账款融资、库存融资、预付款项融资等多类型融资服务，帮助上下游中小供应商提高融资效率、降低融资成本。

构建"三链一网"产业集群生态
推动智能终端产业自主可控

——东莞市智能移动终端产业集群高质量发展促进模式

广东华中科技大学工业技术研究院

《粤港澳大湾区发展规划纲要》（以下简称《纲要》）提出，东莞是国家在珠江东岸打造具有全球影响力和竞争力的电子信息等世界级先进制造业产业集群的核心城市之一。广东省全面贯彻落实《纲要》要求，出台《广东省人民政府关于培育发展战略性支柱产业集群和战略性新兴产业集群的意见》，并制定了《广东省发展新一代电子信息战略性支柱产业集群行动计划（2021~2025）》。依托电子信息制造业基础，东莞市智能移动终端产业已呈现了显著的规模优势，拥有华为、OPPO、vivo三大世界级终端企业，智能手机制造规模全球第一，承担打造具有全球影响力电子信息世界级产业集群的重任。与此同时，也面临着中美贸易摩擦和技术封锁新挑战。

广东华中科技大学工业技术研究院（以下简称"华中科大工研院"）是东莞智能移动终端产业集群发展促进机构，探索了"三链一网"集群促进模式（"打造技术创新链""优化产业发展链""建设人才引育链""构建开放合作网"），通过实施集群示范建设实现产业自主可控，抢占新一轮科技革命和产业变革的制高点。

一、集群促进机构简介

华中科大工研院是由华中科技大学和广东省合作、采用全新体制建设的公共科技创新平台，是"三部两院一省"（工信部、科技部、教育部、中科院、工程院、广东省）产学研结合示范基地，形成了"团队建设专职化、平台运营实体化、服务产业链条化、体制机制新型化"的特色。

（一）团队建设专职化

华中科大工研院目前拥有800余人的研发团队，其中包括国家千人计划专家4人，长江学者7人，国家杰青6人，海外创新人才70余人。共获批国家重点领域创新团队1支（2019年全国50家之一）[1]、广东省创新团队7支（占东莞市18.4%）[2]。由长江学者特聘教授、国家重点领域创新团队带头人、国家万人计划科技创新领军人才张国军教授担任院长，华为前高级副总裁李晓涛担任副院长，北京机床所产业公司原总经理倪明堂担任副院长，佛山市委组织部原副部长刘元新担任副院长。

（二）平台运营实体化

华中科大工研院是省属事业单位，拥有3.8万平方米研发基地，52万平方米产业园区。先后获批国家创新人才培养示范基地（2018年全国30家之一）[3]、4个国家级科技企业孵化器、国家专业化众创空间（全国首批17家之一）、国家技术转移示范机构，作为股东发起单位联合建设了国家数字化设计与制造创新中心（全国第8家）[4]。

（三）服务产业链条化

华中科大工研院构建了"技术创新—技术服务—产业孵化—投资融资"的产业服务链条。牵头建设了广东省智能机器人研究院，拥有2个研发基地，打造了"华科城"品牌系列孵化器，已建成10个孵化园区（国家级科技企业孵化器4家）。其中，松湖华科产业孵化园连续5年获评国家级A类（优秀）科技企业孵化器。累计孵化企业1081家，创办投资企业73家，其中创业板上市企业2家，上市后备企业10家，新三板挂牌企业8家，服务企业超20000家。联合东莞市产业投资母基金、广东省粤科松山湖创新创业投资母基金及其他社会资本发起成立了规模10亿元的长劲石智能制造专项基金，致力于发展、投资并服务以粤港澳湾区为核心区域的智能制造产业。

---

[1] 资料来源：《科技部关于公布2018年创新人才推进计划入选名单的通知》。
[2] 资料来源：东莞市科学技术局统计数据。
[3] 资料来源：《科技部关于公布2017年创新人才推进计划入选名单的通知》。
[4] 资料来源：工业和信息化部关于国家制造业创新中心建设的系列批复文件。

（四）体制机制新型化

华中科大工研院积极进行科技体制机制创新尝试，形成了"事业单位、企业化运作"平台体制，其特色可以用"三无、三有"概括，即"无级别、无编制、无运行费"，但是"有政府支持、有可持续发展能力、有激励机制"。

华中科大工研院在我国制造领域国家重大工程中发挥了重要作用。牵头发起了国家数控一代机械产品创新应用示范工程，完成数控系统推广10000多台，成果获吴邦国委员长批示。建设了全国电机能效提升示范点，注塑机改造全国占有率领先，东莞占有率60%[①]，成果获广东省科技进步特等奖。建设了国家首批智能制造示范点并被选为交流会唯一示范现场，在前两批152项国家智能制造专项（新模式）中有58项采用华中科大工研院产品，占比38.16%[②]。建立了吉利、格力等示范车间，成为国家首批先进制造业集群发展促进机构，助力东莞培育智能移动终端先进制造业集群。

华中科大工研院建设成果形成了良好的社会影响，被《人民日报》《焦点访谈》誉为全国新型科研机构的典型代表。得到刘延东（时任国务院副总理）等国家领导人关注，广东省省长马兴瑞等省领导人多次现场考察指导。刘延东在刊登有华中科大工研院建设成效和体制机制创新工作的《2011计划简报》（2012年10月5日）上批示"华中科大面向区域重大需求与广东、东莞合作，推进高端制造业发展，这些经验值得推广"。

二、"三链一网"集群促进模式

华中科大工研院以打造世界级智能移动终端先进制造业集群为目标，以"用规模优势打造创新力量，用创新力量保障产业安全"为工作思路，探索设置了"集群规模优势—质量效益强势—自主可控稳势"的发展路径，即，从发挥现有产业基础优势，做大产业规模、做强产业基础能力，到推动产业向高端化迈进，提高发展的质量效益，再到充分发挥龙头企业和产业链关键企业作用，开展核心技术攻关，确保供应链安全，不断增强国际话语权。探索了"三链一网"集群促进模式，采取"打造技术创新链""优化产业发展链""建设人才引育链""构建开放合作网"等举

[①] 资料来源：东莞市科学技术局统计数据。
[②] 资料来源：根据工业和信息化部公布的数据统计。

措，打造高质量集群产业生态圈，促进集群创新发展。

（一）打造技术创新链，突破了系列关键技术

在技术创新方面，华中科大工研院按照"规划牵引—问题导向—协同攻关"的思路开展工作：

（1）规划牵引。华中科大工研院以联盟智能移动终端领域专家咨询委员会为核心，开展了全球智能手机、智能可穿戴设备、服务机器人、智能网联汽车等产业调研，支撑集群制定产业规划，发布了《世界智能移动终端产业发展白皮书》《东莞市5G产业调研分析报告（2019）》。并以此为支撑，推动、参与制定系列行业政策10余项，为打造世界级集群提供政策保障。

（2）问题导向。针对基础材料、芯片、通信模组、软件开发等技术短板，华中科大工研院规划实施了技术攻关项目。一是支撑东莞市开展产业整体规划布局，初赛以来围绕应用基础研究、核心技术攻关、产业技术改造、重点平台建设、重大公共活动等累计推动实施529项项目，总投入72.27亿元[1]。二是规划了集群促进专项，实施自身条件建设、公共服务活动、服务平台、实体项目4类项目，总投资2.6亿元，其中自筹资金2.12亿元，国家960万元，广东省576万元，东莞960万元[2]。

（3）协同攻关。华中科大工研院联合基础研究平台、工程技术平台及企业创新平台，围绕产业技术短板开展核心技术协同攻关。在新材料领域，全国第一覆铜板制造企业生益科技，完成了5G通信用高频覆铜板的研究及产业化，可完全替代美国罗杰斯同类产品，已应用于华为、中兴、铁塔等5G建设核心企业的基站建设工程。在芯片制造领域，国内第一存储芯片制造企业记忆存储开发了逻辑存储芯片，填补国内存储器封测技术空白。产品已应用于联想、惠普等知名品牌手提电脑及OPPO、小米等智能手机中。在核心器件领域，国内mini/microLED领域领军企业中麒光电，开发了mini/microLED超高清显示模块，开发出国内首款板上芯片（COB）封装微间距miniLED显示面板。在终端整机领域，全球高端无线耳机/虚拟现实（VR）头显设备第一制造商歌尔集团开发了智能无线耳机及VR头显设备，研发成果应用于苹果AirPods和索尼PS4VR设备的设计制造中。

---

[1] 资料来源：东莞市工业和信息化局、东莞市科学技术局统计数据。
[2] 资料来源：工业和信息化部先进制造业集群项目合同书。

（二）优化产业发展链，建设了高质量公共服务平台

在产业发展方面，华中科大工研院按照"服务强链—投资补链—升级优链"的思路开展工作：

（1）服务强链。华中科大工研院组织东莞服务机构、产业资源为集群企业提供工业设计、产品检测、品牌营销、产业孵化等产业综合配套服务，2020年1~11月服务企业3135家。例如，工业设计方面，协调组织国内第一原始设计制造商（ODM）企业华勤牵头建设了智能移动终端工业设计研究院，获批广东省首批工业设计研究院资格，并成为全国首批8家培育国家级工业设计研究院之一。检测方面，建设的智能终端产品验证平台获批国家信息技术设备质量监督检验中心，开展产品检测服务，获得5项国家质量监督检验中心认证，162项认可标准授权，194个检测对象，1982个参数，高温变速检验能力华南地区首位，支撑华为5G网络建设元器件制造，出具1050份检测报告[①]。

（2）投资补链。一是壮大本土龙头，打造世界领先品牌。东莞通过引进投资推进重大项目落地的方式支持龙头企业的持续性发展，如推进歌尔股份华南智能制造生产中心规划落地，用于虚拟现实、智能穿戴、智能耳机、智能音箱等产品研发、生产。二是招引关键环节，补齐产业短板。2020年举办的东莞全球先进制造招商大会上，推进签约紫光国微高端芯片封装测试、阿里云华南区总部项目等重大项目216项[②]。三是成立投资基金，培育中小企业。华中科大工研院联合粤科创投、OPPO、vivo成立10亿元产业基金，投资的达瑞电子（OPPO、三星等柔性电路板供应商）已于2021年4月在创业板上市，华为、OPPO电子电芯供应商冠宇股份，华为、三星等散热方案核心供应商天脉科技已进入上市环节。

（3）升级优链。一是实施智能制造，提升产业效率。东莞开展了4个国家级智能制造示范项目，10家企业项目创建省级示范，21家企业项目创建市级示范，华中科大工研院联合长盈精密、华贝、德普特、生益电子等龙头企业建设了智能工厂。二是开发云上平台，实现网络协同。例如，集群研发机构广东省智能机器人研究院开发的"广智云"，服务华贝电子等集群企业89家。三是推广绿色制造，推动工业节能。累计推动1452家企业清洁生产验收，产生综合经济效益约19亿元[③]。

---

① 资料来源：集群促进机构广东华中科技大学工业技术研究院统计数据。
② 资料来源：东莞市工业和信息化局。
③ 资料来源：东莞市工业和信息化局、东莞市科学技术局统计数据。

（三）建设人才引育链，营造了招才引智良好产业环境

在人才引育方面，华中科大工研院按照"环境引才—政策聚才—平台育才"的思路开展工作：

（1）环境引才。充分发挥东莞智能移动终端集群产业规模大、产品配套全、龙头企业强的优势，推动引进高校资源，吸引高端人才落地，营造招才引智良好产业环境。

（2）政策聚才。服务智能终端相关产业，推动政府相关部门探索建立分类精准施策的人才政策体系，形成"1+N"人才政策机制，参与制定10余项人才政策，如"十百千万百万人才工程""东莞市高层次人才""东莞市特色人才"等。

（3）平台育才。参与人才培育平台建设，推动院校落地，完善本科生、研究生人才培养链条，培育本土高层次创新人才队伍。目前正在推动大湾区大学、香港城市大学（东莞）、华中科技大学大湾区研究生院的规划建设。

（四）构建开放合作网，树立了集群良好品牌

在开放合作方面，华中科大工研院按照"平台布点—联盟连线—活动织网"的思路开展工作：

（1）平台布点。整合高校、科研院所、企业优势资源，重点布局产业合作交流平台，推动新增建设产学研院士工作站8个，累计建设国家技术转移示范机构数量4个，海外人才工作站数量8个。

（2）联盟连线。成立产业联盟，推动终端整机、供应商、基建运营商及服务机构等优势整合、能力互补、互利共赢。累计推动建立、联动19家行业、产业协会联盟参与到集群建设工作中来，覆盖智能终端、智能装备、5G信息技术等领域。

（3）活动织网。举办了行业展会、对外考察、产业交流、技术论坛等交流互动，提升集群开放合作水平。如中国（东莞）智能终端产业博览会、湾区智能终端设计论坛、粤港澳大湾区院士峰会等。

三、集群促进成效

华中科大工研院探索的"三链一网"集群高质量发展促进模式应用于推动东莞智能移动终端产业集群发展，在技术创新、产业服务、人才引育、开放合作等方面

取得成效：

（一）核心技术有突破

华中科大工研院联合基础研究平台、工程技术平台及企业创新平台，开展了 5G 移动通信 PCT 基介电复合材料、5G 高效 PCT 基天线材料、5G 通信用高频覆铜板研发、3D 曲面玻璃屏和陶瓷精密构件研制、mini/microLED 显示模组制造、逻辑存储芯片分装和高能量密度及快充锂电池等技术攻关，研发出可替代美国罗杰斯公司向我国禁售的同类产品覆铜板，开发出我国首款 miniLED 微间距显示模组 mini/microLED 显示模块，性能指标媲美三星、索尼等同类产品。

（二）产业服务上水平

联合广东省智能机器人研究院、广东省东莞市质量监督检测中心和广东湾区智能终端工业设计研究院有限公司搭建了智能移动终端人才培训基地、智能移动终端智能制造协同创新中心、智能终端工业设计公共创新平台、智能移动终端验证平台，以及面向智能移动终端先进制造产业的工业大数据服务平台五大公共服务平台，为集群企业提供检测、设计、技术咨询、大数据等服务，年度服务企业 3135 家。

（三）人才引育成规模

对接高校资源，引进人才落地，新增引进 4000 名硕士以上集群人才，引进技术人才总数约 18.84 万人。参与人才培育平台建设，推动院校落地，正推动大湾区大学、香港城市大学（东莞）、华中科技大学大湾区研究生院的规划建设。

（四）开放合作树品牌

联合举办了行业展会、对外考察、产业交流、技术论坛等 19 项集群公共活动，提升集群开放合作水平。如中国（东莞）智能终端产业博览会、湾区智能终端设计论坛、粤港澳大湾区院士峰会等。

四、下一阶段工作方向

（一）技术创新往深处走，实现自主可控

深入实施创新驱动战略，依托国家和省的支持推动集群内部协同创新，探索组建产业链协同创新中心，以实现自主可控为目标，围绕芯片制造、第三代半导体、软件系统等技术短板开展产业链核心技术攻关。

（二）平台建设往强处走，打造产业生态

紧抓大湾区综合性国家科学中心先行启动区（松山湖科学城）建设机遇，积极争取国家和省的重大创新平台、国家重点工程化平台布局支持，重点推进基础研究平台、技术创新平台、产业服务平台、人才培养平台的规划建设。

（三）开放合作往远处走，推动内外循环

持续推动集群网络协同组织向外拓展，从融合广州、深圳科研创新以及惠州产业配套等区域资源，到协同长三角集成电路、京津冀人工智能等国内优势产业集群，再到深度参与国际产业合作分工，由内及外提升产业开放合作水平。

深圳市争创国家高性能医疗器械创新中心工作情况报告

国家高性能医疗器械创新中心

我国 14 亿人民的生命健康是实现中华民族伟大复兴的中国梦的基石。然而，我国高端医疗器械和设备长期主要依赖进口，核心技术无法自主可控成为心腹之患。因此，大力发展我国自主高端医疗器械与设备制造业，实现核心技术自主可控，对保障国民健康、先进制造产业乃至国家安全均有重大意义。2020 年 4 月 28 日，国家高性能医疗器械创新中心（以下简称创新中心）获工业和信息化部批复组建。创新中心的建立，将突破长期制约高端医疗器械制造业发展的前沿技术和共性关键技术，带动龙头企业做大做强，全面提升医疗器械行业的整体竞争力，为我国医学诊疗技术进步、引领医学模式转变提供动力，为实现健康中国的宏伟目标提供关键保障。详细情况如下。

一、背景情况

2019 年 8 月 9 日，《中共中央、国务院关于支持深圳建设中国特色社会主义先行示范区的意见》中明确提出支持深圳在高性能医疗器械等领域创建制造业创新中心。据中央广播电视总台中国之声《新闻和报纸摘要》报道，习近平总书记 2020 年 3 月 2 日在北京考察新冠肺炎防控科研攻关工作，在清华大学医学院主持召开座谈会时指出：" 生命安全和生物安全领域的重大科技成果也是国之重器。疫病防控和公共卫生应急体系是国家战略体系的重要组成部分。要完善关键核心技术攻关的新型举国体制，加快推进人口健康、生物安全等领域科研力量布局，整合生命科学、生物技术、医药卫生、医疗设备等领域的国家重点科研体系，布局一批国家临床医学研究中心，加大卫生健康领域科技投入，加强生命科学领域的基础研究和医疗健康关键核心技术突破，加快提高疫病防控和公共卫生领域战略科技力量和战略储备能力。要加快补齐我国高端医疗装备短板，加快关键核心技术攻关，突破技术装备瓶颈，实现高端医疗装备自主可控。"为加快落实习近平总书记重要指示精神和党中央、国务院的工作部署，广东省、深圳市不断加快高性能医疗器械领域创新平台建设。

作为中国特色社会主义先行示范区、粤港澳大湾区核心引擎，深圳已成为我国最具影响的医疗器械产业集聚地之一。据众成医械大数据平台统计，截至2019年底，深圳市医疗器械产值规模达525.67亿元，同比增长21.6%；现有医疗器械各类生产经营企业超过17000家，医疗器械产品注册量共计7535件，专利授权累计12634项。2017~2019年，深圳市医疗器械发明专利数量平均保持48.36%的增速。

疫情期间，创新中心核心成员单位深圳迈瑞及上海联影等行业龙头就以专业的能力和情怀担当，驰援武汉支援全球，已累计向海外提供超过4万台呼吸机、监护仪、电子计算机断层扫描系统（CT扫描）和数字化X射线（移动DR）等医疗设备，同时联动全球专家的近百场线上研讨与来自118个国家的数万名医护，共享中国经验。联影的车载CT在今年4月"驶进"了海外疫情重灾区，凭借高效优异的表现，赢得了国际赞誉。

先进医疗设备研发是多学科交叉融合与系统集成，要想破解高端医疗装备创新发展科技难题，需要的是战略部署，多方资源联动，需要前沿技术和共性关键技术协同研发。充分发挥深圳的医疗器械产业优势，加快医疗器械产业核心技术突破，提升我国医疗器械产业竞争力，使得组建创新中心的这项重要战略举措呼之欲出。

二、主要做法

根据制造强国战略部署，深圳市在2018年布局建设高性能医疗器械创新中心，而后获广东省工信厅批复同意该中心升级为省级制造业创新中心。该中心由中国科学院深圳先进技术研究院、深圳迈瑞生物医疗电子股份有限公司、上海联影医疗科技有限公司、先健科技（深圳）有限公司和哈尔滨工业大学等单位联合牵头组建成立，并成立深圳高性能医疗器械国家研究院有限公司进行实体运营。对标国家制造业创新中心建设要求，创新中心采用"公司+联盟"的方式，以市场化模式运行，有效整合了医疗器械产业链龙头企业和高校科研院所、行业协会等创新资源。

参与组建创新中心的成员单位，是来自广东、北京、上海、山东等地，在医疗器械领域业绩突出、研发能力强的优秀企业和研究力量，这为国家创新中心提供了强大的产业支撑和技术创新导向。其中，中科院深圳先进院是医疗器械领域国内规模最大、实力最强的研究力量之一；迈瑞医疗去年实现营收逾165亿元，成为中国最大的医疗器械企业；联影医疗则是国内在高端医学影像装备领域的领军企业。

（一）打造"中国制造"医疗器械创新中心，发展制造强国

为应对变革，发达国家着眼于全面提升制造业核心竞争力，抢占未来竞争制高点。例如，美国积极构建制造业创新网络，英国加紧建设"产业技术创新中心"，都是力图弥补技术创新与产业发展之间的断层，促进实验室技术向实际产品转移转化。深圳高性能医疗器械创新中心深刻洞察这一变革趋势，将创新中心建设提升到国家战略的高度上，力求缩小与发达国家的差距，在未来竞争中赢得有利地位。当前，传统的创新体系已难以适应经济社会发展需要。因而，创新中心将努力实现三个深刻的转变：

（1）打造新型创新链，实现由引进技术为主向自主创新的转变。技术引进是后发国家在工业化中前期实现追赶发展的主要途径。国际经验表明，进入工业化后期之后，必须扬弃这种发展模式，构建满足产业内生发展需求的技术供给体系。

（2）打造新型产业链，实现由单项技术产品攻关向全要素汇聚的产业链转变。全球竞争正由产品竞争转向产业链竞争，基于全产业链的创新要素整合能力决定了制造业整体竞争力水平。我国长期以来存在比较严重的"技术孤岛"现象，创新资源要素在产业链各环节上的多头部署和分散投入，导致一些重点领域迟迟无法实现整体突破发展。

（3）打造创新生态系统，实现由关注单一企业局部创新环境改善向重视营造产业跨界协同创新环境转变。我国制造业创新过去长期遵循从部署科研项目到技术研发突破，再到产品产业创新的线性模式，这一模式已难以支撑技术和产业跨界融合发展的新需求。亟须打造涵盖技术、人才、平台、政策以及国际合作等要素互动融合的制造业创新生态系统。

（二）建设医疗器械新型创新载体，任务紧迫而艰巨

改革开放以来，我国在高速发展中解决了"大"的问题，但"强"的问题仍十分突出，根子在创新能力不强上，突出表现为对外技术依存度高、关键核心技术依

赖性强、产业共性技术供给不足、创新成果产业化不畅等。造成这些问题的原因主要包括缺乏实现实验室技术向产品技术转移的创新平台和中试系统，产业共性技术供给体系缺失，以及产业发展的基础材料、基础工艺、技术基础较为薄弱等。实现由大变强，建设新型创新载体，构建全新的医疗器械创新生态网络，是全面提升持续竞争力的重要途径。

从定位上看，医疗器械创新中心是创新平台的一种形式，是由企业、科研院所、高校等各类创新主体自愿组合、自主结合，以企业为主体，以独立法人形式建立的新型创新载体；同时，也是面向医疗器械业创新发展的重大需求，突出协同创新取向，以重点领域前沿技术和共性关键技术的研发供给、转移扩散和首次商业化为重点，充分利用现有创新资源和载体，完成技术开发到转移扩散到首次商业化应用的创新链条各环节的活动，打造跨界协同的创新生态系统。

在创建方式上，医疗器械创新中心的建设要以企业为主体，依托已有产业技术联盟，或引导鼓励企业、科研院所、高校，尤其是转制院所，自愿选择自主结合，构建各类产业技术联盟，发挥各自优势，整合相关资源，探索机制和模式创新，创建创新中心。同时，发挥地方政府积极性，在有条件、地方综合实力较强的省市，鼓励开展制造业创新中心建设。

（三）明确医疗器械创新中心功能，形成优势创新体系

医疗器械创新中心的功能于五个方面进行了界定：

（1）加强产业前沿和共性关键技术研发，面向战略必争的重点领域，开展前沿技术研发及转化扩散，强化知识产权战略储备与布局，突破产业链关键技术屏障，支撑产业发展；面向优势产业发展需求，开展共性关键技术和跨行业融合性技术研发，突破产业发展的共性技术供给瓶颈，带动产业转型升级。

（2）促进技术转移扩散和首次商业化应用。打通技术研发、转移扩散和产业化链条，形成以市场化机制为核心的成果转移扩散机制。通过孵化企业、种子项目融资等方式，将创新成果快速引入生产系统和市场，加快创新成果大规模商用进程。

（3）加强医疗器械业创新人才队伍建设。集聚培养高水平领军人才与创新团队，开展人才引进、人才培养、人才培训、人才交流，建设人才培训服务体系，为制造业发展提供多层次创新人才。

（4）提供医疗器械业创新的公共服务。提供技术委托研发、标准研制和试验验证、知识产权协同运用、检验检测、企业孵化、人员培训、市场信息服务、可行性研究、项目评价等公共服务。

（5）积极开展国际交流与合作。广泛开展国际合作，积极跟踪国际发展前沿，通过项目合作、高水平技术和团队引进、联合研发、联合共建等形式，促进行业共性技术水平提升和产业发展。探索国际创新合作新模式。

（四）贯穿创新链条各环节，引领医疗器械行业发展

作为目前工业和信息化部在医疗器械领域唯一布局的国家级创新平台，创新中心将持续围绕与医疗健康密切相关的预防、诊断、治疗、康复领域的高端医疗设备需求，着力提升我国高性能医疗装备研发和制造能力，为生物医疗战略新兴产业和万亿医疗市场提供创新技术和设备，完成技术开发到转移扩散到首次商业化应用的创新链条各环节的活动，打造贯穿创新链、产业链和资金链的高性能医疗器械产业创新生态系统。

三、经验启示

作为产学研融合的平台，创新中心通过在市场化运行、创新协同、知识产权运营和人才团队等方向采用富有活力的机制，利用技术创新与工程化来填补学术与产业之间的鸿沟，实现国家重大产业创新平台对于医疗器械行业的引领、带动与辐射，同时在创新中心的建设中积累了一些经验启示。

（一）要充分发挥创新中心的整合作用，促进链条各主体间的有效协同，遵循市场规律，优化创新资源配置，推动创新要素集聚

一要把控创新政策，整体布局与设计协同创新网络，持续推进高性能医疗器械业的建设。考虑各方要素，统揽全局，创新政策、配置资源；重视研究型大学在行业协同创新中的地位与作用，整体推进区域大学—产业的协同发展。

二要健全人员激励机制。在给予科研人员物质激励的同时，进一步强化精神激励，大力培育尊重知识、尊重人才的社会环境，并且建立一套科学评价技术人员工作成果的考核机制。在此基础上，引进人员流动机制，建立专职协同创新研究队伍。基于"协同的需要"，创新弹性灵活的人员流动机制，建立规模适中、结构合理的专职协同创新研究队伍。

三要完善成果评估体系。加快建设知识产权法庭，加大执法、执行力度，从

法律法规模以上保障科技活动顺利开展；建立科学公正、适合我国国情的评价体系，为科研人员提供良好的学术及人文环境，充分调动其主动性；对评审标准、评审专家、评价结果等信息全程公开、公示，有效维护科技成果评价的客观公正和权威性。

四要创新考核办法，构建适应协同的绩效评价体系。按照"目标导向、自主管理、阶段评估、注重贡献"的要求与"过程"和"结果"相结合的原则，根据重大需求和重大创新任务，重点考核各中心的规划实施情况和重大标志性成果的产出及影响力；改变过去重论文轻实效的状况，注重考核科研成果的转化、转移情况、对经济社会发展的实际贡献；改变过去重结果轻过程的现状，关注协同体制机制改革成效的考核；改变传统人才培养注重就业率等量化指标，关注人才培养的质量、用人单位的满意度、对区域经济发展的贡献度等；对创新中心实施全程绩效考核办法，开展对各创新主体的考核，动态跟踪，建立激励约束和退出机制。

五要构建信息共享平台。充分利用现代化的通信系统和信息技术手段，构建面向全社会的产学研信息收集和发布网络平台；建立产学研深度融合项目评价数据库，为企业、高校和科研院所提供合作项目的技术咨询和市场报价资料；在政府的引导下，打造集咨询、检索、申请、评估、审批、交易、投融资等功能于一体且具有权威性的产学研服务平台。

（二）要充分重视创新中心在推动产学研深度融合过程中的主体作用，推动各方资源实质参与协同创新

一是强化创新中心协调作用。创新中心承担着开发、转化、应用和推广的职能，需进一步强化医疗器械业各方深度融合，全面提升行业的自主创新能力，提升高新技术成果。

二是主动贴近市场，准确把握科技发展趋势。采取切实有力的措施引导更多创新资源集聚，建立健全的产业技术研发创新的体制机制，充分发挥创新中心在技术创新决策、研发投入和成果转化中的主体作用以及在创新目标、资源配置、组织实施过程中的主导作用。

三是发挥创新中心国家级公共平台支撑作用。积极支持企业与高校、科研院所的联合创新，重点支持公共技术研发平台、中试基地和成果转化基地的建设。

创新中心的历史使命是为我国生命安全和生物安全领域打造医疗器械国之重器。深圳已经迎来历史性"双区驱动"发展机遇，各方"赋能"助力深圳在全球价值链走向高端。创新中心落地深圳,成为深圳首家国家制造业创新中心,这是深圳建设先行示范区的重大实践,是对深圳建设综合性国家科学中心的有力支撑。未来,创新中心将为公共卫生应急体系和疫病防控国家战略体系提供技术保障,为最终实现"健康中国2030"宏伟目标提供坚实的物质与技术支持,成为国家在高性能医疗器械领域具有突破、引领、协同创新平台一体化能力的战略科技创新力量。

广深佛莞联合创建国家智能装备产业集群有关情况

集群发展促进机构：广东省机械工业质量管理协会

粤港澳大湾区建设是国家重大发展战略，培育若干世界级产业集群是党中央赋予大湾区的历史使命。智能装备是制造业的基础，是带动工业技术整体水平提升的关键，支撑着广东省14万亿元工业生产体系。为此广东省集聚优势资源，推动广、深、佛、莞四市联合打造万亿级、世界先进水平的"广东省广深佛莞智能装备产业集群"，力争突破一批卡脖子关键零部件及整机核心技术，培育百家单项冠军和专精特新"小巨人"企业，打造6~8家百亿元规模的智能装备龙头企业，成为全球智能装备重大技术创新成果策源地之一。

一、集群建设发展的重要性和必要性

（一）培育世界级智能装备产业集群的重要性

1. 党中央赋予大湾区的历史使命、责任担当

粤港澳大湾区建设是国家重大发展战略，培育若干世界级产业集群是党中央赋予大湾区的历史使命。中共中央、国务院印发的《粤港澳大湾区发展规划纲要》要求，要围绕加快建设制造强国，完善珠三角制造业创新发展生态体系，推动互联网、大数据、人工智能和实体经济深度融合，大力推进制造业转型升级和优化发展，加强产业分工协作，促进产业链上下游深度合作，建设具有国际竞争力的先进制造业基地。目前，广州、深圳、佛山及东莞市智能装备产业已经实现了很好的集聚发展优势，有责任、有能力打造出世界级的智能装备产业集群，从而有力推动我国工业整体水平跃升，提高我国高端制造话语权。

2. 智能装备产业是制造业的支撑、经济发展新动能

智能装备是集成和深度融合先进制造技术、信息技术和智能技术的制造装备，是社会消费品生产制造的重要基础支撑，是支撑形成以国内大循环为主、国内国际双循环相互促进发展新格局的基础核心产业，是带动工业技术整体水平提升的关键，支撑着广东省14万亿元工业生产体系。我国经济发展进入新常态，深化供给侧结构性改革任务非常艰巨，必须加快培育壮大智能装备产业，为我国经济发展注入新动能。为此广东省集聚资源优势，推动广州、深圳、佛山、东莞四地联合打造万亿级、世界先进水平的智能装备产业集群。

（二）培育广深佛莞世界级智能装备产业集群的必要性

1. 四市地域紧密相连、集聚效应明显

广州、深圳、佛山、东莞四市分别构建了"广深双城联动""广佛同城""深莞惠联动"等政府间合作机制，在基础设施互联互通、产业分工合作等方面取得了丰硕的成果。广州、深圳都是粤港澳大湾区中心城市，是大湾区联系内地、辐射全国的最佳桥梁和纽带。佛山、东莞作为粤港澳大湾区重要节点城市，通过强化与中心城市的互动合作，共同提升城市群发展质量。广州、深圳、佛山、东莞四市地处大湾区核心腹地，交通网络四通八达，已经形成1小时生活圈，四市地域紧密相连、集聚效应明显。

2. 四市产业链布局实现差异化、特色化、协同化发展

广东地处改革开放前沿，市场开放程度高，广州、深圳、佛山及东莞市智能装备企业以民营企业为主，集聚了上万家产业链上中下游企业，已经形成了从上游关键零部件、中游整机及成套装备，到下游应用集成的各具优势、各有特色、有机集聚、相对完善的智能装备产业链，四地产业链有序竞争、错位发展，同时形成良好的企业梯队和产业生态，上下游企业互动活跃。

3. 四市资源要素丰富、协同效应显著

广州、深圳、佛山及东莞市集聚了珠三角最为丰富的科技资源、人才资源与金融资源，拥有一批高水平科研机构和大学，产学研深度合作机制已经形成，产业融合发展的格局已经形成并取得了显著协同效应。

二、集群建设发展情况

（一）产业规模国内领先，产业链完整

根据广东省统计局网站发布及相关地市报送数据，2019 年集群工业总产值 7388 亿元，总体规模全国领先。装备企业数量超 1 万家，其中规模以上和高新企业分别为 4310 家、3877 家，形成了上游关键零部件、中游整机及成套装备，下游应用集成以及公共技术支撑服务，以自主品牌为特色，相对完善的智能装备产业链。

（二）产业布局有序，高效协作有韧性

广州布局智能成套装备和关键零部件，深圳布局无人机和激光加工装备，佛山布局轻工和金属加工装备，东莞布局电子制造装备和工业机器人，实现差异化、特色化、协同化发展。疫情暴发后，组织企业转产扩产口罩机、压条机，集群内上下游协同效果显著，短短两个月口罩机、压条机产量分别达到全国 70%、80%，为全国乃至全球抗疫作出重大贡献，体现了广东担当。

（三）资源要素高度聚集

根据广东省统计局网站发布及相关地市报送数据，集群从业人员约 72 万人，专业技术人才超 40 万人；国家级技术创新载体 81 家，高等和职业院校超百所，区域创新能力强；集聚各类创业投资等投融资机构 8000 余家，金融支撑土壤肥沃；基础设施互联互通水平领先，建有广州超算中心、国家级工业互联网平台、粤港澳大湾区大数据中心等，5G 基站数量稳居全国第一。

（四）多个细分领域领跑全国

集群拥有众多行业细分领域"冠军"企业，关键零部件领域，有大族、汇川、昊志、广数控等自主品牌企业；无人机、陶瓷、包装等装备领域涌现了大疆、科达、东方精工等世界知名企业。拥有上市企业 83 家，呈现"满天星斗、共托银河"的发展格局。

（五）市场高度开放，营商环境全国最优

根据广东省统计局网站发布及相关地市报送数据，2020 年新登记市场主体超 130 万户，资源要素市场化配置水平国内领先。集群主导的智能装备产业年实际

利用外资近70亿美元，年出口额超300亿美元，产品与服务覆盖100多个国家或地区。

三、集群建设发展举措

认真学习贯彻党的十九届五中全会精神，以广东省制造业高质量发展"十四五"规划为引领，以国家工信部集群竞赛为契机，集群所在四市政府及主管部门协同发力，全力创建世界一流的智能装备产业集群。

（一）做好顶层设计，统筹集群发展

2020年，广东省出台了"1+20"产业集群政策，其中智能装备产业集群涵盖高端装备制造、智能机器人、精密仪器设备3大领域，是广东省产业集群建设的重中之重，与国家工信部的支持政策形成叠加效应。广、深、佛、莞四市政府共同编制了集群实施方案，签订了城市间战略合作协议，成立了集群建设工作领导小组，细化落实任务分工，推动产业错位发展、高效协同。创新推动以广东省机械工业质量管理协会为主体、四市促进分支机构高效联动的一体化工作机制，探索建立"市场＋政府＋社会组织"的集群共建共享模式。

（二）强化财政支持，激发内生动力

落实国家集群资金配套，广东省、集群所在四市分别以1:0.6和1:1的比例进行扶持；集群所在四市高度重视装备产业发展，出台首台（套）、技改补贴等持续性、针对性的政策，近3年共投入超40亿元专项资金支持装备产业发展；集群所在四市将延续并加大装备制造领域的财政资金投入，着力搭建公共服务平台，培育一批百亿级龙头与单项冠军企业，打造"星月争辉、银河璀璨"的产业生态。

（三）集聚创新资源，实现产业链自主可控

发挥粤港澳联合实验室等创新载体的作用；引进有专业特色的国内外知名高校及新松、精雕、库卡、发那科等知名企业落户；支持共建制造业创新中心，推动跨地域、跨行业协同攻关；聚焦关键零部件及整机核心技术，不断突破技术瓶颈，推动产业基础高级化。制定产业标准引领战略路线图，积极参与国际和国家标准制修订。

（四）加大要素供给，推动产业链向高端跃升

通过金融强链，发挥政府引导基金与资本市场的协同优势，增强企业发展动力；通过土地固链，布局若干装备制造产业园，打造智能制造生态圈；通过人才活链，落实19项人才创新举措，增强企业发展活力。

（五）塑造集群品牌，推动企业拓展市场

培育深圳高交会，中国（广州）国际机器人、智能装备展，东莞智博会，佛山珠江西岸先进装备制造业投资贸易洽谈会等专业展会，搭建"双循环"合作交流平台。组织企业参加汉诺威工业展等国内外知名展会，推广集群品牌，拓宽企业市场。

四、集群发展促进工作及成效

在国家工信部的指导和广东省工信厅、集群所在四市政府部门的支持下，促进机构作为"产业集群高质量发展的助推器"，积极培育创新生态、支撑政府决策、强化协同合作、推动融合发展，助推跨越广东省四个经济最发达区域的广深佛莞智能装备集群向世界级产业集群迈进。

（一）建立跨区域协同机制，推动集群高质量发展

在政府支持下由促进机构统一代表集群对外开展工作，以促进机构为核心，在广深佛莞四个城市设立了分支机构，同时联合专业公共服务机构形成了"1+4+N"协作服务模式，高效协作、统一行动，确保了各项工作能按计划有序推进。

（二）促进产业链协同，增强集群发展内生动力

积极促进集群产业链协同，在广州、深圳、佛山、东莞四个地市差异化、特色化、协同化的产业链布局基础上，集群支持的17个实体项目分布在四个城市，覆盖关键基础零部件、整机与成套装备、系统集成应用全产业链，5个公共服务平台按专业分工、资源共享进行布局和开放服务。

（三）推进技术创新融合，构建集群自主可控创新生态

广东省在资金配套、政策扶持等方面全力支持集群建设工作，促进机构积极参

与了 2020 年广东省产业集群行动计划的编制，并被列入广东省战略支撑机构。围绕建成万亿级智能装备产业集群的总目标，集群制定了产业技术发展路线图，按照锻长板、补短板的原则，对集群产业未来技术发展进行了规划，目前集群在高速电主轴、激光加工装备、植保无人机等方面掌握了一批行业领先技术，部分实现了国际领先。集群内已经形成企业与高校、科研院所之间的产学研合作机制，如广东工业大学联合深圳大族激光等企业研制的高速精密电子装备，关键技术指标达到国际一流品牌，获得了 2019 年国家技术发明二等奖，通过产学研合作，共同支撑智能装备的自主可控、持续创新，实现跨越。

（四）开展合作交流，助推集群品牌与质量提升发展

积极组织集群企业参加深圳高交会等专业展会和技术论坛，促进集群成员间的交流合作。通过举办各种层次企业工程技术人员技能提升培训班，有效提升了企业一线人员的技能水平。积极推动集群企业与华南理工大学、广东工业大学等高校签订人才培养合作协议，联合培养高素质人才。积极对接金融机构，为集群企业提供科技金融服务，助推企业发展壮大。充分调研集群企业的国际合作需求，近两年组织集群企业 20 多次到德国、瑞士、法国等开展技术交流及项目合作。积极对接德国、瑞士、日本、意大利等国外知名产业集群，学习借鉴集群培育做法，推动昊志机电、长盈精密、弘亚数控等集群企业以收购、合资建厂等方式引进国外先进技术，进一步增强企业的竞争力、拓展升级产品链。

（五）第一阶段集群培育发展成效显著

根据国家工信部与广东省统计局网站发布及相关地市报送数据，集群 2020 年前 3 季度主导产业总产值增速为 2.92%，高于全国机械工业 1.4% 的增速，新增规模以上企业 478 家，新增授权发明专利 2968 件，新增投资金额亿元以上项目 69 个、投资总额 454.50 亿元，获得国家科学技术奖 5 项，新增上市和挂牌企业 25 家，入围绿色制造名单 7 个，获评专精特新"小巨人"企业 54 家，集群培育发展成效显著。

五、下一步发展思路与计划

下一阶段，主要围绕"四个行动"开展集群培育工作：

（一）实施"产业链融合"行动，大力推动产业链国内国际双循环

围绕产业链、供应链的需求，通过组织企业参加国内外展会，引导企业"走出去""引进来"，积极推动集群产业链的国内外融合，完善产业链健康生态，增强企业的抗风险能力，提升产业链供应链的稳定性和竞争力，形成国内大循环为主、国内国际双循环共同促进的态势。

（二）实施"资源集聚"行动，大力推动产业链全要素融通发展

进一步发挥好"集群助推器"的作用，用好政府扶持资金，围绕市场、资本、技术、人才等产业链要素，通过促进机构内设的成果转化中心、信息服务中心等部门，依托资深的专家团队和专业服务机构，为集群企业提供检验检测、技术培训、知识产权等专业化、全方位的服务。做好专业展览、技术论坛等各类公共服务活动的组织策划、品牌推广，推动龙头企业向中小企业开放、共享资源，促进大中小企业合作交流，实现融通发展。

（三）实施"数字化"行动，大力推动集群数字化升级发展

以"数字化赋能，推动产业链现代化"为目标，围绕装备的全生命周期，开展装备产品智能化、装备生产数字化、售后服务信息化等技术创新工作，建设集群区域数字化服务载体，搭建产业生态。从"广东省工业互联网产业生态供给资源池"选准专业服务供应商，推动集群企业上网上平台，实现数字化升级发展。

（四）实施"质量品牌"行动，大力推动集群品牌建设

通过制定集群品牌质量工作方案，组织开展企业质量提升交流、用户满意产品评选、企业品牌培育等活动，推动集群龙头骨干企业发展成为世界知名企业，集群成为世界知名的产业集群。

04

转型升级篇

关于区域率先布局发展工业互联网的研究

广东省工业和信息化厅工业互联网处

广东省积极谋划以工业互联网为关键支撑和有效手段,推动制造业高质量发展,加快建设制造强省,剖析了广东制造业运用工业互联网新技术、新工具、新模式加快转型升级的优势、劣势、机遇和挑战,梳理了制造业重点领域的行业需求和应用方向,提出广东要"早部署、强联动、分阶段、分类别、分路径、聚生态",制定出台相关政策措施,以工业互联网为抓手推动制造业加速向数字化、网络化、智能化发展。

一、工业互联网是促进制造业优化升级的新引擎

广东作为制造业大省,遭受发达国家制造业"回流"和东南亚等国低成本吸引制造业转移的"双重夹击"。工业互联网是新一代网络信息技术与现代工业融合发展的新产业和应用生态,是工业经济数字化、网络化、智能化的重要基础设施,是互联网从消费领域向生产领域、从虚拟经济向实体经济拓展的核心载体。工业互联网融合了最先进、成熟的新一代网络信息技术,通过构建开放、协作、共享的技术创新体系,推动工业全价值链、全要素、全生命周期互联互通和数据共享,实现生产高效协同和资源精准配置,极有可能成为广东制造业"换道超车"的"第四条道路"。

二、广东率先布局发展工业互联网的形势分析

运用SWOT(strengths, weaknesses, opportunities, threats, 即优势、劣势、机遇和挑战)分析法,剖析广东发展工业互联网的优劣势和机遇挑战如下:

（一）优势

广东发展工业互联网的最大优势，是拥有工业互联网应用的广阔场景和制造业升级的庞大市场需求，也是吸引国内外优秀工业互联网资源扎堆落地广东的最关键因素。制造业体量大、场景多、优化升级需求大，信息通信和互联网产业支撑能力强，工业互联网产业生态加速集聚。

（二）劣势

广东制造企业转型主动性不强、关键共性技术支撑和服务应用能力不足等，成为制约工业互联网发展关键因素。制造企业主动转型意识不强，企业"不想""不敢""不会"数字化，关键共性技术支撑不足，面向工业应用的产品和服务有待加强。

（三）机遇

国家战略统筹推进，与发达国家基本同步部署，是广东抢占工业互联网发展高地、力争与国际先进水平"并跑"甚至"领跑"的最大机遇。国家战略高度重视并出台顶层设计，目前广东与发达国家基本同步部署，制造业亟须转换增长动力，产业链供应链亟须整体提升。

（四）挑战

广东工业互联网发展面临着国外工业互联网平台及服务商凭借技术领先优势加速向全球规模化扩张，以及国内其他先进省市引进创新资源加快布局发展工业互联网等诸多挑战。全球领军企业正效仿苹果 iOS 操作系统构建工业互联网平台，发达国家正加速推动工业互联网向全球拓展，国内先进省市推进工业互联网发展动作迅速。

未来 2~3 年是工业互联网规模化扩张发展的战略窗口期，机遇稍纵即逝，发展迫在眉睫。广东应抓住机遇，精心谋划，提前布局，力争主动，充分发挥市场主导和政府引导作用，借鉴消费互联网的成功经验，推动制造业加速向数字化、网络化、智能化优化升级，形成"互联网+制造业"深度融合的叠加效应、倍增效应和聚合效应，实现工业互联网领域率先发展、领先发展。

三、广东制造业重点行业工业互联网应用需求及应用方向

以企业需求和工业互联网应用场景为区分，确定了电子信息与家电、先进装备、汽车、时尚消费品、食品医药、轻工材料6大产业，运用工业互联网技术实施数字化、网络化、智能化升级的需求最为迫切，并具有一些共性特点。电子信息与家电行业升级需求主要体现在：快速应对消费端需求升级、改善提升供应链管理水平等。先进装备行业升级需求主要体现在：开展设备的远程监控和运维、应对服务化转型趋势等。汽车行业升级需求主要体现在：提高研发设计的能力和效率、应对智能网联汽车等新业态新模式等。时尚消费品行业升级需求主要体现在：快速应对消费端需求升级、实现小批量多批次和个性化定制等。食品医药行业升级需求主要体现在：优化提升产品质量管理水平。轻工材料行业升级需求主要体现在：优化设备管理和工艺参数、实现产品提质和节能降耗等。

六大重点行业运用工业互联网实施数字化、网络化、智能化改造的核心和共性需求，主要体现三个方面：一是生产管控透明化和设备远程运维。通过生产状态可视化实现设备预测性维护、参数优化调整、生产管理改善；通过装备产品远程监测、诊断和运维实现服务化转型。二是供应链的高效协同。通过制造业龙头企业带动上下游配套企业生产数据上云，实现质量有效监控、库存精准管理、生产智能排程、供需精准匹配。三是研发设计协同。通过按需付费的模式，使用云化的计算资源和研发设计软件，大幅降低一次性购买的投入成本；借助云平台推动研发设计协同，实现工具库、模型库、数据库等行业资源共享，以及多地多用户研发设计任务的统筹协同，提升研发效率水平。

四、对策建议

广东应紧紧抓住未来3年工业互联网发展的关键战略机遇期，以网络为基础、平台为核心、安全为保障，把加快建设和发展工业互联网作为推进供给侧结构性改革、推动制造业高质量发展的主抓手，充分发挥市场配置资源的决定性作用和政府引导作用，激发企业创新活力，以制造业数字化、网络化、智能化发展的现实需求为导向，在供给侧和需求侧两端同时发力，率先布局发展工业互联网，力争"并跑世界，领跑全国"。

（一）尽早部署政策支持

省政府加快制定出台扶持政策，科学做好定位、统筹把握重点、精准明确目标，突出政策的功能性、普惠性，营造国内最优的工业互联网发展环境。一是聚焦中小微企业，支持企业"上云上平台"实施数字化网络化智能化升级。降低中小微企业信息化构建成本（采取公有云平台大幅降费的方式）、降低工业企业数字化网络化智能化升级成本（采取服务券后补助方式）、降低工业企业网络使用成本（鼓励电信运营商降费方式）、完善企业"上云用云"安全保障等。二是聚焦企业需求导向，开展工业互联网标杆示范应用推广。以财政奖补、金融支持的方式，支持应用标杆项目建设、示范基地建设、新型金融服务试点示范；以市场化方式，梳理灯塔式标杆并进行专业化推广。三是聚焦新经济培育，促进工业互联网产业生态创新发展。坚持"以用促建"促进产业生态构建，以工业企业市场需求拉动为主导，推动资源向优质企业和产品集中，着力培育形成具有竞争力的特定行业、特定领域工业互联网平台，促进优秀供应商加快培育发展。支持工业互联网平台建设（对平台研发费用事后奖补）、支持网络和安全共性技术研发（在省重大科技专项设立专题支持）、奖励"广东省工业互联网产业生态供给资源池"企业、"一事一议"方式支持创新中心建设等。

（二）加强部省市区四级统筹联动

发挥政府引导作用，提升工业互联网发展的整体效应。一是争取国家工业和信息化部支持。精准对接国家部署，发挥广东区位优势，先行先试，共同推进工业互联网建设发展。二是强化全省一盘棋工作机制。加强省级统筹指导，统一遴选发布"广东省工业互联网产业生态供给资源池"，统一制定发布企业"上云上平台"服务目录和奖补标准、标杆项目和示范基地建设标准等。三是省市县（区）协同推进。各地市因地制宜，结合自身产业发展特点制定落实方案和配套政策，以"1+N"顶层设计形成政策合力，营造适应不同区域、不同行业特点的政策环境。四是推动省外合作开放。促进省外工业互联网企业与广东企业投资合作，明确与广东省内企业享受同等普惠性政策待遇。

（三）分阶段推进

在前期推动工业企业实施自动化、信息化技术改造基础上，将推动工业互联网创新应用作为新一轮技术改造的"升级版",推动工业企业"上云上平台",以应用促发展,分阶段推进企业数字化、网络化、智能化升级。第一阶段为2018~2019年,主要围绕企业最为关注的成本、效率、品质等问题,推动相关业务系统上云。通过工业互联网提供低成本、模块化、简单易用的工具和手段,重点解决企业信息化部署成本、生产效率、经营成本、产品品质等单个问题,让企业先广泛用起来。第二阶段为2019~2020年,主要围绕企业内部打破信息孤岛的目标,推动企业的核心业务系统上云。通过数据集成共享,实现企业内部互联互通,高效协同,提质增效,大幅提升企业效率。第三阶段为2020~2022年,主要围绕企业之间的业务数据互联互通,实现产业链、供应链企业协同的目标,推动企业核心业务系统以及生产设备和产品上云。通过设备互联、人机互动、数据分析,实现生产资源优化配置、制造能力精准交易,让供应链企业高效协同起来。

按照"实事求是,循序渐进""并行推进,跨越发展",推动具备条件的工业企业直接向第二阶段、第三阶段的目标迈进。同时推动工业企业数据在工业互联网平台连接、汇聚、集成、融合,加快构建广东特色的"工业操作系统",吸引海量第三方开发者,形成相互促进、双向迭代的工业互联网生态体系,打造具有国际竞争力的本土工业互联网平台。

(四)分类别施策

针对广东企业数量庞大、发展阶段不同的特点,分类组织实施工业互联网应用推广。一是推动广大中小微企业加快普及应用"公有云"。未来3年,通过"云网"降费方式,推动20万家中小微企业使用公有云平台提供的计算、存储、数据库等信息技术基础设施,推动协同办公、会议系统、行政管理、电子商务、市场营销、客户服务等业务系统上云,降低企业信息化一次性投入成本。二是重点支持工业企业"上工业互联网平台",实施数字化、网络化、智能化升级。加大财税金融政策支持力度,省财政以服务券事后奖补的方式,未来3年支持1万家工业企业,围绕研发设计、生产管理、市场营销等环节,重点解决生产管控透明化和设备远程运维、供应链高效协同、研发设计协同等关键共性需求。建设企业上云上平台奖补系统,针对工业企业最终客户按需发放服务券,促进工业企业积极运用工业互联网实现降本提质增效和产业链协同。三是支持制造业龙头企业与工业互联网服务商合作,打造标杆示范。建设工业互联网行业性平台带动行业企业实施数字化升级,主动挖掘和引导培育灯塔式标杆,以市场化方式加快新模式新应用推广。未来3年,在六大重点行业领域打造 200 个左右标杆示范项目并组织推广。

（五）分路径实施

更好发挥政府作用，从制造业龙头企业、特定行业产业集群切入，以示范为牵引，探索推进工业互联网创新应用的不同路径。一是以制造业龙头企业带动产业链企业"上云上平台"。发挥广东产业链条长、配套能力强的特点，支持制造业龙头企业建设企业级工业互联网平台，并从龙头企业对供应链企业的订单拉动入手，带动上下游中小企业以及供应链企业"上云上平台"，促进产业链高效、高质协同，形成具有推广价值的典型经验，分行业予以大力推广。二是以产业示范基地为重点带动区域企业"上云上平台"。发挥广东产业集群特征明显的优势，依托产业集群，从行业共性需求入手，省市区（县）共建工业互联网产业示范基地，通过示范基地的示范效应带动全省各地快速复制推广。三是发挥集群效应带动集群企业"上云上平台"。精选具有一定基础产业集群深耕，开展"工业互联网进产业集群"行动，加强线下精准对接，推动集群内企业集中有序"上云上平台"，提升资源共享、产业协同整体水平。

（六）聚生态发展

围绕数据采集、平台服务、应用服务等核心关键环节，以用促建、用建并重，加快构建科技、产业、金融相互融通，政府、企业、联盟、科研院所等多方力量协同，具有广东特色的工业互联网产业生态体系。一是建设"广东省工业互联网产业生态供给资源池"。培育和引进一批优质工业互联网服务商，为制造业企业提供一站式解决方案。支持服务商与制造企业精准对接和跨界合作，带动制造业企业"上云上平台"，建立以资源池为主体、市场为导向、制造业企业与服务商跨界融通的工业互联网产业生态。二是建设工业互联网创新中心。引进国内外工业互联网创新资源，建设广东省工业互联网创新中心，打造协同研发、测试验证、数据利用、交流合作、创业孵化等公共创新服务载体。三是组建广东省工业互联网产业联盟。汇聚制造业、互联网、信息技术等各领域、全产业链各类企业，打造工业互联网供应商与工业企业需求方、产业生态合作伙伴、工业企业产业链上下游之间的对接平台。建立工业互联网专家委员会，提供人才智力支撑。四是补工业互联网发展短板。推进企业内外部网络建设，补工业网络设施短板；发展工业互联网软硬件产品，补产业支撑短板；建设工业互联网安全保障体系，补安全短板。五是加快工业互联网人才储备。开展数字化转型人才培训试点，探索面向制造业高质量发展所急需的数字化转型复合型、工程型新工匠人才的培训、资质认证、标准建设，推动产教融合。

广东省制造业数字化转型的路径政策研究

广东省工业和信息化厅工业互联网处

制造业数字化转型，是指制造业广泛运用云计算、互联网、物联网、大数据、人工智能、5G等新一代信息通信技术实施数字化改造，实现生产全流程、产品全周期的数据链打通，进一步提升全要素生产率和综合竞争力，形成以新一代信息通信技术为核心要素、以平台为基础支撑、以数据应用为典型特征的制造业新趋势新业态。

一、广东制造业数字化转型基本情况

省委、省政府高度重视制造业数字化转型工作，推动广东制造业在面对国内外复杂多变的经济形势中保持稳定发展，并加快数字化转型的步伐。企业数字化转型稳步推进。根据工业和信息化部发布的《中国信息化与工业化融合发展水平评估报告》，广东信息化与工业化融合发展水平指数为57.9，居全国第3。制造业数字化水平整体处于工业2.0向3.0过渡阶段。其中：处于工业1.0阶段的约占9%，处于工业2.0阶段的约占24%，处于工业3.0阶段的约占67%，接近工业4.0阶段、实现智能制造的仅个别示范工厂。电子信息与家电、先进装备制造、纺织服装家具、金属材料等行业自动化、信息化基础较好，行业数字化转型进展较快。龙头企业数字化转型带动效应明显。华为、美的、富士康、格力等综合实力领先的制造业龙头企业率先开展数字化转型探索实践，同步建设工业互联网平台，将数字化转型经验形成行业解决方案对外输出，先行赋能供应链配套企业，产业供应链的质量管控、协同水平显著提升。产业集群数字化转型的探索取得初步进展。广东省产业集群具有产业链协同的良好基础，从集群切入推动制造企业整体数字化转型是最有效的路径之一。一批优秀的数字化转型服务商深入集群，联合集群内及处于集群产业链上游或主导地位的行业骨干企业,为集群企业定制开发解决方案,帮助企业降本提质增效。制造业数字化转型呈现若干典型应用场景。广东省制造业数字化转型的应用场景既包括工业企业进行信息化改造,也包括少数有基础有实力的企业将物联网、大数据、人工智能等技术深度应用于供应、制造、销售、服务等环节。主要有制造企业运用工业互联网新技术新工具"上云上平台"降本提质增效、5G 在工业领域的应用、工业人工智能的应用等场景。

二、全球发达国家和国内先进地区制造业数字化转型经验

全球发达国家和地区高度重视虚拟经济和实体经济的协调发展,从自身制造业特点和优势出发,引入信息技术创新应用,加快推动制造业数字化转型,抢占未来产业竞争制高点,深刻影响了全球制造业生产方式、组织方式、商业模式、价值链分布和竞争格局;国内先进地区结合本地产业特点,纷纷加大力度探索制造业数字化转型新路径。主要有:加强战略总体布局,发布促进制造业数字化转型相关政策,各项措施延续性及关联性较强,并成立由产学研用各方组成的跨部门、跨领域统筹机构,协调相关推进工作。加大资金投入力度,将发展制造业创新作为主攻方向,纷纷加大研发投入,鼓励技术创新应用。侧重中小企业数字化转型能力,高度重视培育在细分领域占据优势地位的中小制造企业数字化转型能力,出台众多优惠政策支持中小企业发展。重视基础环境建设,重视对制造业发展环境注入社会力量,在标准、财税、融资及人才培育等方面加大扶持力度等。

三、存在问题及原因分析

对标国际国内先进水平,广东省制造业总体上仍处于全球价值链中低端,数字化转型仍处于初级阶段,主要存在以下问题:

(一)供给侧产业支撑不足

工业数字化转型服务商能力不足,无法满足行业企业的个性化需求。数字产业关键环节缺失,核心元器件、高端芯片、集成电路、基础软件等方面与国外仍存在较大差距,关键自主工业软件自给率低。平台化构成"生态效应"壁垒,数字化转型软硬件整合解决能力较弱。

（二）需求侧制造企业数字化基础薄弱

缺乏成熟应用场景。仅有部分实力较强的龙头企业、行业领军企业探索数字化转型取得初步成效，未形成规模效应和网络效应。制造企业"不敢、不想、不会"数字化现象普遍存在，"数字化转型服务商热、制造企业冷"。企业级应用市场不足，工业企业"联网"和"上云"占比明显偏低。

（三）发展环境不完善

缺乏行业通用的标准体系，设备互联互通难。网络基础设施无法满足快速、稳定、大流量的工业数据传输需求，工业互联网标识解析系统建设仍处于起步阶段。工控存在安全隐患，缺乏数据立法导致数据使用权、归属权争议。缺少相应的金融服务手段，人才供需矛盾较突出。

四、政策措施建议

广东应发挥制造业和信息化发展的基础优势，紧紧抓住未来3~5年世界经济数字化发展的战略机遇期，把加快推进制造业数字化转型作为推进供给侧结构性改革、推动制造业高质量发展的重要抓手，以建设粤港澳大湾区为契机，坚持政府引导、市场主导，坚持问题导向、顺势而为，坚持质量优先、正向激励，加强制造业数字化转型工作的顶层设计，加大政策支持力度，突破制约制造业数字化转型的体制机制障碍，提升供给侧能力、激发需求侧活力，营造良好发展环境，推动结构性问题与总量性问题"双向"破局、技术模式与商业模式"双轮"创新、市场化服务与公益性服务"双位"互补，夯实制造业转型动力，促进制造业加速向数字化、网络化、智能化发展，打造国家制造业数字化转型示范区、工业互联网先导示范区。

（一）强化数字化转型产业支撑能力

发展数字化支柱产业，建设国家和省级制造业创新中心，重点突破高端芯片、工业协议解析等一批关键器件及技术瓶颈。加快实施工业技术软件化和工业软件突破工程，重点推动国产云化、软件服务化（SaaS）企业管理软件大范围应用，培育工业互联网手机软件（APP）等新型应用软件。加快研发设计、仿真类软件推广应用。

（二）培育优秀数字化转型服务商

支持数字化转型服务商开展技术研发，实施省"网络协同制造与工业互联网"重点科技专项，重点支持自动感知、边缘计算、虚拟现实、人机智能交互等关键技术的研发和集成应用。完善广东省工业互联网产业生态供给资源池。培育一批优秀数字化转型服务商，建设一批工业互联网平台。进一步放宽规模效益类指标门槛，建立资源池服务商评价指标体系。深入产业集群组织供需精准对接。

（三）推动工业企业"上云上平台"实施数字化转型

延续并深化"上云上平台"普惠性政策，建立全流程透明可控的工作机制。聚焦生产制造环节和核心业务系统，进一步完善"上云上平台"目录，促进更多工业企业运用工业互联网技术软硬一体开展数字化转型。

（四）促进产业集群整体数字化转型

在重点产业集群实施产业链协同创新试点，采取"政府政策＋龙头企业＋融资担保＋产业链中小企业"的模式，推动中小企业实施"生产线装备智能化改造"。鼓励数字化转型服务商、协会、产业集群龙头企业、科研机构等建立联合体，推动集群企业整体实施"工业互联数字化转型"。

（五）推进"5G+工业互联网"融合发展

加快 5G 网络基础设施建设，支持制造企业应用专用频谱资源自建 5G 通信网络。加快 5G 在工业互联网领域的应用拓展，以虚拟现实/增强现实（VR/AR）、机器视觉（4K/8K+AI）、工业控制等为主要场景，建设一批"5G+工业互联网"示范项目及应用示范园区。

（六）开展数字化转型试点示范

建设制造业数字化转型试点示范项目，编制电子信息、先进装备等重点行业数字化转型路线图，开展工业互联网、智能制造、两化融合管理体系贯标试点示范。深化人工智能技术在制造业全流程的应用，建设推广一批工业人工智能示范项目和省级人工智能产业园。

（七）夯实网络和安全基础

加快建设工业互联网标识解析顶级节点（广州），推动标识解析二级节点在重点行业领域的应用推广。进一步推动基础电信企业面向中小企业网络降费提速。打造"工信部—广东省—基础电信企业＆云平台"三级工业互联网安全管理体系，加快发展工业信息安全产业，突破一批工业自动化和工控安全领域的重大关键技术，推动国产系统和安全产品替代。

（八）创新金融服务渠道

引导各类投资基金、民营资本、融资性担保机构支持制造业数字化转型，选择政府性金融机构设立产业链协同创新资金池，针对重点产业集群的工业企业开展数字化转型金融配套服务。鼓励制造业产业链核心企业进入银行间市场，探索发行产业链融资票据。制定数字经济产业发展目录，积极推动初创期服务商与社会资本的对接，择优推荐纳入科创板上市后备企业并予以专业辅导。

（九）加强复合型人才培养

鼓励企业与学校、科研院所等合作探索符合未来产业需求的课程、职业资质体系及新型工作岗位。支持数字化转型领域相关职业资质认证体系和标准上升成为联盟标准、行业标准，省有关部门按程序纳入新职业目录予以全面推广。

（十）构建良好产业生态

强化制造企业数字化转型顶层设计，实施数字化转型"一把手"工程。围绕产业链部署创新链，围绕创新链配置资金链，改革技术创新成果发展评价和转化机制。积极引导开源，推动设备、应用、数据互联互通。支持制造业企业、服务商、行业协会参与制定相关国家、地方标准，加强制造业数字化转型知识产权保护。积极利用国际以及港澳创新资源共同推动制造业数字化转型。开展制造企业数字化转型能力评估，研究制定制造业数字化转型评价指标体系。

肇庆市高新区金属材料产业转型升级研究报告

肇庆市工业和信息化局

肇庆高新区金属加工产业转型升级实践在区域经济发展和产业转型升级比较中具有了典型意义。在肇庆高新区发展的初期，只是一个传统制造企业相对集中的工业园区，相较于分布在珠三角地区其他高新区或产业园区，其产业集聚效应和竞争优势均不明显，之后通过对园区未来发展的重新定位和战略布局的调整优化，确立以金属加工产业集群为重点打造的核心产业之一，并着力推进由传统金属加工业向现代金属材料产业转型升级的发展通道。

一、肇庆高新区产业发展状况

肇庆高新区位于粤港澳大湾区西北部、广东省中部、珠江三角洲西北、肇庆市最东部，处北江与绥江交汇处，东隔北江与佛山市三水区相望，西与四会市相邻。全区总面积98平方公里[①]，是广东省重要的产业发展平台，是肇庆融入粤港澳大湾区、珠三角核心区的重要产业集聚区。近年来，通过创新体制机制和招商方式，以新能源汽车、汽车零部件、金属材料、装备制造、电子信息、生物医药等产业为方向，加快园区产业更新，加快传统制造业向先进制造业转型升级，吸引先进制造企业进园集聚，产业发展取得重大突破。

---

① 资料来源：肇庆新区官方网站。

二、肇庆高新区的区域竞争压力及企业发展弱势

在广东省内的高新区中，肇庆高新区土地要素资源排在前列，但相关指标总体上处于第三梯队，其资源优势尚未得到充分发挥，追赶超越依然面临着很大困难和挑战。高新区周边分布众多的同类开发区，诸如佛山高新区、清远燕湖新区、江门大广海新区等与肇庆高新区趋于同质化竞争，在产业选择方面有许多共同点，不少园区具有投资条件较好、投资环境更加成熟等优势，因而对肇庆高新区形成较大的竞争压力。

在以往发展中，肇庆高新区以传统制造业为主，龙头企业带动效应不强。在原有的四大主导产业中，除金属材料外，装备制造、电子信息、生物医药企业龙头带动力较弱，规模效益不明显，大型龙头企业大多产业链不长，对上下游形成的集聚和带动作用不强。现有大部分企业属于加工制造环节的中小企业，企业间的关联度不高，尚未形成真正的产业链和产业集群。新引进的制造企业，多数投资规模不大，龙头效应欠缺。

三、肇庆高新区金属加工产业集群优势

近十年来，高新区作为产业转移工业园，由于拥有区位、交通优势，且紧靠广州、佛山、东莞等金属制品主要消费地区，园区金属制品业得到快速发展。园区在亚洲铝业集团、东洋铝业、新中亚铝业、华云铝业、达旺铝业、江南金工科技等龙头企业的带动下，引入了一批金属制品加工企业，形成了铝板带箔材、铝型材、铝制品深加工及其他金属制品加工产业集群。高新区电热联产项目的建成投入使用，为金属制品业的能源使用升级提供了极大便利。

同时，高新区对周边地区产生明显的辐射带动作用，发挥了产业协作联动效应。高新区金属加工产业与肇庆四会金属再生资源产业、高要小五金制造产业之间，高新区汽车零部件产业与肇庆市直、四会、高要、端州、鼎湖的汽车零部件产业之间，形成了紧密的配套协作和产业联动效应，带动了周边地区相关产业协同发展。特别是高新区金属加工产业与四会的再生金属资源加工基地形成了上下游配套产业链，在园区周边形成一个年产值超1000亿元以上的金属加工产业集聚基地，带动数倍产值的相关产业聚集，吸引了大批相关上下游配套产业落户周边园区，初步形成了"龙头企业拉动、配套企业跟进、产业集聚发展"的格局。高新区由此被

授予"国家火炬计划肇庆金属材料产业基地"称号,园区金属材料产业列入"广东省创新型产业集群试点"之一。园区主导产业中,金属加工产业与省支柱产业对接最为紧密,在省内高新区中具有相对优势。

四、肇庆高新区金属材料产业转型升级的发展路径及关键措施

(一)金属材料产业重点应用领域

金属材料在交通运输、航空航天、管道运输等领域广泛应用。在交通运输领域有轨道列车用大型多孔异型空心铝合金型材,车辆用高品质铝合金车身板、型材及宽幅板材等重点产品;在航空航天领域有高强、高韧、高耐损伤容限铝合金厚、中、薄板,大规格锻件、型材,大型复杂结构铝材焊接件、铝锂合金、镁合金等重点产品;在管道运输领域有液化天然气储运用铝合金板材等重点产品。

(二)金属材料产业发展路径

肇庆高新区充分利用了珠三角核心区创新资源的溢出效应和粤港澳大湾区的辐射作用,主动承接了珠三角核心区及国内重点产区的金属新材料产业转移。以国家金属材料产业基地为依托,在原有金属材料产业发展基础上,优化提升和大力发展金属新材料产业,培育了产业链完整的金属新材料产业集群,可归纳为以下四个方面:

一是加快发展了特种金属功能材料。优化提升了铝银浆涂料产业,发展阻燃、保温等功能涂料,拓展铝银浆应用领域。大力引进了一批金属功能材料企业入驻,通过原始创新、集成创新和引进消化吸收再创新,加快开发金属功能材料产品,重点发展了耐高温、耐腐蚀铝铁铬金属纤维多孔材料、热防护梯度功能材料等领域,在金属功能材料领域取得突破,打造了金属功能材料生产基地。

二是重点发展了高端金属结构材料。依托现有铝型材企业产业基础,以宏旺金属、亚洲铝业、华云铝业、江南金工科技等企业为龙头,瞄准国内市场和国际铝加工先进技术,加快技术改造和产品升级换代,不断拓展铝材应用领域,紧紧围绕新能源汽车、航空航天、轨道交通等高端装备制造领域,重点发展了新型高性能铝合金、大型铝合金型材加工工艺及装备等,积极培育发展了以镁合金、钛合金为代表的轻质合金材料,形成了工业型材、航空航天、交通运输、电子电器、建筑装饰等

领域用材制造基地。

三是优先发展了太阳能材料。配合先进装备与新能源汽车整车制造，优先发展太阳能转化材料制造产业，打造成为节能和新能源汽车制造基地。重点发展了硅基薄膜太阳能电池关键设备、其他类型薄膜太阳能电池核心设备及中试线、高效晶体硅太阳能电池核心设备、制太阳能光热发电核心设备、太阳能玻璃等新型材料。

四是支持骨干汽车零部件制造和轻量化材料制造企业快速发展。依托肇庆汽车零部件产业基础，围绕如小鹏汽车等整车生产项目发展上游关键零部件配套产业，支持汽车关键零部件研发。重点培育了一批车用新材料等核心零部件领域具有较强研发生产能力的骨干企业。鼓励金属材料企业与汽车零部件生产企业组成产业技术创新联盟，拓展技术应用领域。

（三）金属材料产业发展措施

首先，加快建设了高新区金属材料科技园。该园位于北江大道以东、滨江路以西、工业大街以南，面积约 100 公顷，推进了科技转化企业进园，重点发展了金属新材料深加工等产业。

其次，以高新区现有布局的金属加工、铝基材料、工业型材，轨道交通、汽车制造、电子电器、通信科技等特种铝型材为基础，以百汇达材料产业园项目为带动，引进了国内外知名的高性能复合金属材料研发机构。整合提升原有的"金属加工联合实验室""金属加工模具中心""金属材料加工继续教育学院"等服务平台，以及"亚洲雄略建材检测中心"等检验检测平台资源；重点谋划建设了金属材料国家重点实验室，建成五个公共检测平台：材料性能检测平台、物理模拟系统平台、物质结构分析平台、材料制备与加工平台以及高性能计算模拟平台，为整个珠三角金属材料加工企业提供公共服务。

再次，深入推进"一区多园"战略，改善产业空间布局，在分园区中规划建设了若干个金属材料产业园，与主园区的金属材料科技园产业链配套互动，形成金属材料产业网状布局、集群创新发展态势。同时加大了金属材料产业链招商力度，面向全国和全球招商，着力引进了具有一定科技含量、与产业发展方向相符的一大批大、中、小企业，快速形成产业集聚效应。

最后，建立完善的金属材料"研发+生产+检测+销售+金融+服务"的完整产业链条，打造立足珠三角、面向全国的金属新材料产业基地。

（四）金属材料产业与汽车零部件产业协同创新发展

1. 金属材料与汽车产业发展的协同效应

汽车产业的发展离不开金属材料产业的支撑，汽车产业与金属材料制造业之间存在着相互作用、互为依赖、协同发展的共生关系。金属材料制造与汽车产业的共生合作不仅提升了汽车行业的生产效率、专业化水平和市场竞争力，反之也形成了对金属材料更高的要求，带动了金属材料产业的发展。

当前，汽车与金属材料二者发展的产业边界逐渐模糊，企业组织、产品特性等趋向融合。肇庆高新区引导两大产业通过发挥各自产业优势并将两大产业优势逐步融合发展，最终释放出了产业集群的整体协同效应。

2. 建立创新型产业集群

创新型产业集群可以理解为以创新型企业和人才为主体，以知识或技术密集型产业和品牌产品为主要内容，以创新组织网络和商业模式等为依托，以有利于创新的制度和文化为环境的产业集群。它不仅存在于高新技术产业，也存在于传统产业。集群中的创新不仅包括产品创新、技术创新，还包括商业模式创新、渠道创新、品牌创新、网络创新。肇庆高新区不断探寻金属材料与汽车产业融合发展、协同创新的新思路、新方法，逐步形成了"双轮驱动"的产业增长模式。其主要做法可以归纳为三点：

一是设立"肇庆高新区金属材料与汽车产业协同创新发展引导基金"。成立专门领导小组，进一步修订了《肇庆高新区金属制品产业扶优扶强暂行办法》，研究出台了针对金属材料与汽车产业协同创新发展的专业化扶持政策，鼓励引导园区传统金属加工企业向汽车产业配套转型，鼓励金属材料企业与汽车企业在技术上密切配合，吸引国内外更多的金属新材料企业入驻高新区及周边区域，逐渐形成了集聚效应。

二是完善高新区商业生态系统，实施汽车、先进装备制造、金属材料三大主导产业协同创新平台战略。高新区实施平台战略的精髓在于打造一个完善的、成长潜能强大的"生态圈"，它连接汽车、先进装备制造、金属材料和生产性服务业等行业群体，并打碎和重构既有的产业链，构建独树一帜的精密规范和机制系统，有效激励多方行业群体之间互动，实现多主体共赢，达成平台企业愿景。促进生产性服务业与三大主导产业互动融合、协同创新，是推动肇庆高新区产业结构调整、全面提升经济发展质量和水平的重要途径。肇庆高新区产业协同创新平台分析框架如图1所示。

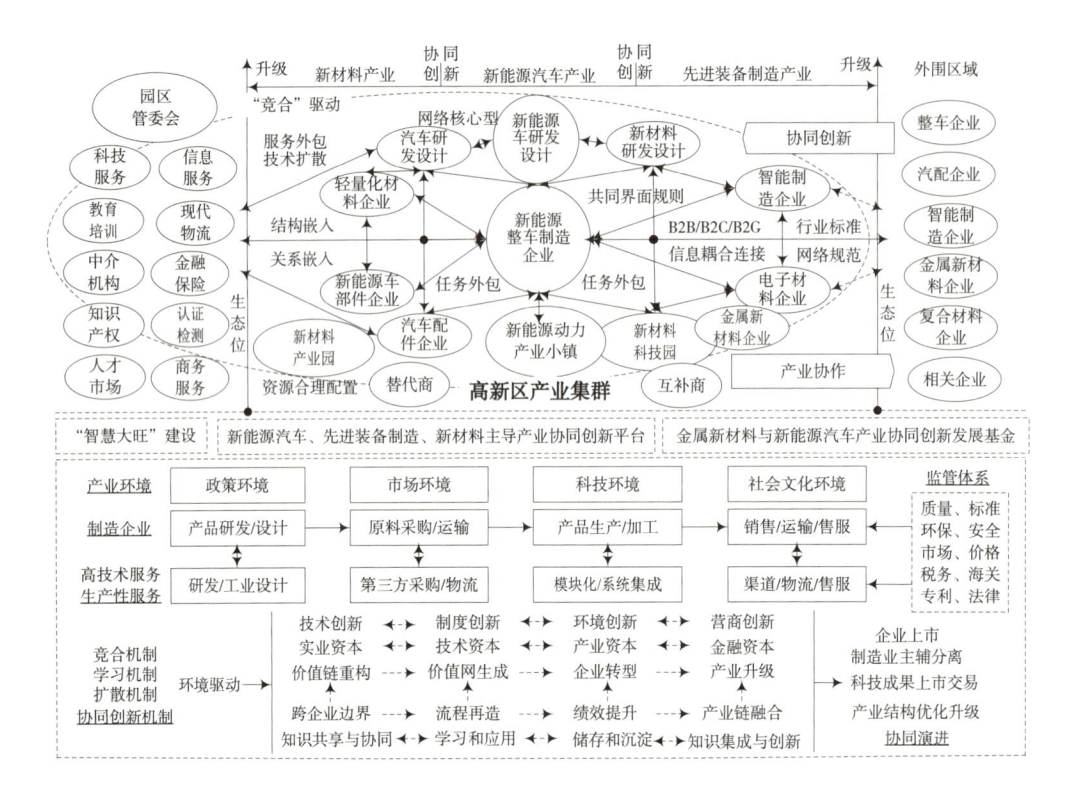

图 1　肇庆高新区产业协同创新平台分析框架

注：电子商务 B2B（企业—企业）/B2C（企业—顾客）/B2G（企业—政府）。
资料来源：笔者编制。

三是加快建设"智慧高新区"。为了切实走"科技、金融、产业、城市"一体互动的新常态发展之路，肇庆高新区管委会对"智慧高新区"建设给予了高度重视。"智慧高新区"建设的核心是构建智慧型园区运行生态系统、园区产业生态体系和园区产业协同创新平台。为此，肇庆高新区加快实施了五项基础工程：物联感知工程、网络互通、数据中心工程、信息资源工程、安全防护工程。通过"智慧高新区"建设，最终将实现园区经济、社会、产业和环境相协调的可持续发展，建设新时代下的产业发达、社会和谐、资源节约、环境友好、生态宜居、文化繁荣的"现代工业科技高新区"。

五、小结

肇庆高新区是广东省重要的产业发展平台，是肇庆融入粤港澳大湾区、珠三角核心区的重要产业集聚区。高新区周边分布众多同类开发区，形成了强大的竞争压力。在高新区原有主导产业中，除金属材料外，装备制造、电子信息、生物医药龙头企业带动力较弱，产业链不长，对上下游形成的集聚和带动作用不强。相对而言，高新区金属加工产业具有集群优势，对周边地区产生明显的辐射带动作用，形成了肇庆金属加工产业集聚基地，发挥了产业协作联动效应，而且与省支柱产业对接最为紧密，在省内高新区中具有相对优势。新能源汽车和汽车零部件产业已成为肇庆先进装备制造业中最有基础和优势的支柱行业。肇庆高新区作为肇庆新能源汽车和零部件产业的新战场，具备土地、交通、物流优势。

汽车产业链上各相关企业正致力于轻量化研发，以金属新材料应用的车身轻量化有助于延长汽车续驶里程，汽车产业的发展离不开金属材料产业的支撑，汽车产业与金属材料制造业之间存在着相互作用、互为依赖、协同发展的共生关系。肇庆高新区引导两大产业通过发挥各自产业优势并将两大产业优势逐步融合发展，最终释放出了产业集群的整体协同效应。

肇庆高新区金属材料产业转型升级发展路径是在原有金属材料产业发展基础上，优化提升和大力发展金属新材料产业，培育一批骨干企业，带动一大批中小微配套企业，形成布局合理、特色鲜明、产业链完整的金属材料产业集群。金属材料产业发展措施有三点：首先是加快建设了高新区金属材料科技园。其次是引进了国内外知名的高性能复合金属材料研发机构，重点谋划建设了金属新材料国家重点实验室，建成五个公共检测平台（材料性能检测平台、物理模拟系统平台、物质结构分析平台、材料制备与加工平台以及高性能计算模拟平台），为整个珠三角金属材料加工企业提供公共服务。最后是深入推进"一区多园"战略，在分园区中规划建设了若干个金属材料产业园，与主园区产业链配套互动，形成金属材料产业网状布局、集群创新发展态势。同时加大金属新材料产业链招商力度，面向全国和全球招商，着力引进了一批大、中、小企业，快速形成了产业集聚效应。

肇庆高新区不断探寻金属材料与汽车零部件产业融合发展、协同创新的新思路、新方法，逐步形成了"双轮驱动"的产业增长模式。其主要做法：一是设立"肇庆高新区金属材料与汽车产业协同创新发展引导基金"；二是优化和完善高新区商业生态系统环境，制定实施新能源汽车及汽车零部件、先进装备制造、金属材料三大主导产业协同创新平台战略；三是加快建设"智慧高新区"，核心是构建智慧型园区运行生态系统、园区产业生态体系和园区产业协同创新平台，推进高新区在新时代背景下实现三大主导产业的跨越发展。

肇庆市加快传统优势制造业转型升级专题调研报告

肇庆市工业和信息化局

为深入推动肇庆市委、市政府《进一步加快优势传统产业转型升级的实施意见》决策部署，坚持产业第一、制造业优先，打造西江先进制造业走廊，肇庆市成立专题调研组，赴端州区、高要区、肇庆高新区等地实地走访调研，赴佛山市、东莞市考察学习制造业转型升级先进经验，取得良好成效，现将情况报告如下。

一、发展现状

肇庆市传统制造业经过历史的沉淀与转型，已形成金属加工、建筑材料和食品饮料三大产业为支柱的传统优势产业体系。近年来，肇庆市优势传统产业明确了以"调转促"为主线，走新型工业化发展的路子，加速推进优势传统产业转型升级、提质增效。2017年，肇庆市出台了《进一步加快优势传统产业转型升级的实施意见》，明确了优势传统产业发展路径。

（一）产业规模持续增长，产业结构不断优化

肇庆市立足产业发展实际，全面梳理自身要素禀赋，瞄准制造产业细分领域，不断推动传统优势产业发展。2019年，肇庆市金属加工、建筑材料、食品饮料三大传统优势产业工业增加值达240.9亿元，占全市工业的比重约35.1%，同比增长10.4%；优势传统产业完成技术改造投资76.32亿元，占全市工业技改投资的57.9%，同比增长51.6%[1]。肇庆市先后引进宏旺金属、亚洲铝厂、华润水泥、鸿图

---

[1] 根据肇庆市工信局内部资料整理。

科技、达利食品等一批影响力强的传统优势产业骨干企业，以科技创新、工艺提升、业态融合等方式促进产业转型升级。例如，广东鸿图坚定不移地走专业化道路，坚持智能制造和创新驱动，从单一的汽车零部件业务发展成四大板块业务——压铸板块、内外饰板块、专用车板块和投资板块，成为华南地区规模最大的压铸企业；鼎湖山泉积极推广"新水厂、新工业、大健康"概念，投资5亿元建设鼎湖山泉水健康技术创新研发中心项目；动力金属着手建设集数字化、智能化、绿色化于一体的汽车及新能源洗车精密成形的生产基地，推动制造业与新一代电子信息技术融合发展。

（二）产业链条更加完善，资金扶持力度显著增强

肇庆市传统优势产业围绕宏旺金属、风华高科、华润水泥、达利食品等龙头企业实施产业链上下游进行精准招商和垂直整合，补齐延伸产业链的薄弱、缺失环节，强化壮大产业链条。如金属加工产业，以宏旺金属、中亚铝业、亚洲铝厂、鸿劲金属为龙头，依托高要五金制造小镇、四会电镀环保产业园等优势载体，重点发展先进金属材料、高端金属制品、表面处理加工，形成了较为完备的产业链条。2019年，全市金属加工产业共有规模以上企业199家，实现产值约650亿元，约占全市工业总产值的25%。肇庆市充分利用政府技术改造、技术创新、珠西装备、产业共建等方面的资金扶持政策，通过事后奖补、贷款贴息、股权投资等方式，支持企业转型升级。2019年，共为市内159家企业争取各类扶持资金1.93亿元。肇庆市落实推广贷款风险补偿基金、应急转贷资金，截至目前，市级风险补偿资金池到位资金达1.1亿元；银行累计已发放贷款项目251个，金额7.28亿元，为企业节约融资成本543万元；鼓励企业利用资本市场进行直接融资，肇庆市拥有上市公司8家，新三板挂牌企业17家，区域股权市场注册挂牌企业119家[①]。

（三）创新体系建设不断强化，数字化水平持续提升

肇庆市积极开展创新体系建设，驱动传统产业转型升级。2019年，全市高新技术企业544家，同比增长37%，增速位于全省前列；传统优势产业共有省级企业技术中心18家，占全市总数40%。2019年，全市共有市级以上新型研发机构20家，其中省级以上新型研发机构5家；共有省级以上创新平台214家，规模以上工业企业研发机构覆盖率达46%；全市科技企业孵化器40家，其中国家级3家、省级3

---

① 根据肇庆市工信局内部资料整理。

家、市级 20 家①。西江高新区已获批省级高新区，高要金利正有序推进申请省级高新区，四会市已获批建设国家创新县（市），岭南现代农业科学与技术广东省实验室分中心落户肇庆，实现我市重大科学基础设施建设"零"的突破。肇庆市鼓励和支持传统优势产业开展工业互联网创新应用，树立示范标杆，推动产业集群全面信息化、数字化转型。2019 年，肇庆市在传统优势产业打造工业互联网标杆示范项目 7 个，扶持资金总计 1845.5 万元；支持工业企业上云上平台项目累计 103 个，获得省上云上平台服务券奖补资金共计 1649.47 万元；推动两化融合管理体系贯标试点工作，肇庆市共有 60 家企业成为省两化融合管理体系贯标试点企业，其中 6 家成为国家两化融合管理体系贯标试点企业；成功通过两化融合管理体系贯标评定的企业共有 11 家。

（四）低效产能有序清退，绿色发展取得新突破

近年来，肇庆市以"没有落后的产业，只有落后的企业、落后的产能、落后的产品"为传统制造业整治理念，扎实整改一批、坚决淘汰一批、兼并重组一批、整治提升一批。通过进一步优化产业结构和区域布局，提升了工艺装备、污染防治和清洁生产水平，维护生态环境安全，促进了行业健康、规范和可持续发展。2019 年，全市关停（引导）退出传统低效企业 15 家，整治提升企业 24 家，全面完成 2019 年传统低效产业退出和整治提升工作目标。已退出的 15 家企业共涉及用地面积约 10.31 公顷、电耗 303.67 万千瓦时、水耗 4992 吨，为推动传统产业转型升级和培育发展战略性新兴产业提供了发展空间②。对列入整治提升目标的 24 家企业，通过升级改造生产设备和工艺、增加环保设备、拆除冲天炉、安全生产整改和清洁生产审核等多种措施整治提升，减少了污染排放，改善了环境质量，提升了工业经济发展的质量。

二、问题和挑战

（一）传统产业转型升级步伐缓慢

受经济下行、政策倾向差、原材料及劳动力成本上升等因素影响，肇庆市传统

---

①② 根据肇庆市科技局内部资料整理。

制造业企业发展较为困难。2019年,全市电子及通信设备制造产业工业增加值下降7.0%,食品饮料产业工业增加值仅增长1.6%[①]。此外,传统制造业企业普遍存在企业规模小、科技创新意识不足、融资引智难、产品附加值低等痛点,严重制约其转型升级进程。如肇庆市电子信息产业虽拥有行业龙头企业风华高科,但因地缘劣势、产业配套差等瓶颈,难以引入高端技术人才;金属加工产业普遍存在小、散、弱现象,低端产品过剩与高端产品不足并存,可持续发展能力较弱;家具制造产业创新意识不足,缺乏品牌意识,只注重家具的"物理价值",忽视家具的"精神价值"。

(二)招商引资存在"重婿轻儿"现象

近年来,招商引资已成为肇庆市经济发展转型升级的重要手段,但同时也产生了一系列问题,如引进产业结构不合理、空间布局较乱、质量效益偏低、对引入企业缺乏深入调研等。有些外地企业徒有虚名,却成为地方政府座上宾,而对本地企业不能一视同仁。究其原因,是当前政府在绩效考核中,招商引资占了较大比重,导致当地领导干部急于求成引入外来投资者,不可避免地出现优惠政策向外来投资者倾斜,忽视本地企业发展诉求。例如,高要区某公司是当地纳税大户,计划向区政府申请6.66公顷土地增资扩产,但区政府一直未满足其要求,导致企业难以扩大生产规模。

(三)产业园区重牌子轻建设

肇庆市部分产业园区普遍存在重牌子申请,轻内容建设现象。有些园区存在"拿了牌子就是终点"的"一劳永逸"观念,缺乏内涵建设推进督促机制,很多国家级牌子徒有其表。例如,肇庆高新区2017年被确定为国家知识产权示范园区,拿牌之后并未充分重视知识产权示范区建设工作,目前全区仅有一人从事知识产权工作,知识产权政策宣传不够深入,目前尚未开展知识产权执法工作。

(四)企业转型升级资金压力凸显

近年来,肇庆市各项贷款虽然得到快速增长,但传统产业融资难问题没有明显改善。2019年末,肇庆市制造业贷款余额130.41亿元,仅占肇庆市各项贷款余额的5.77%,增速1.42%,落后各项贷款增速16.73个百分点[②]。由于传统产业行业市场前

---

① 根据肇庆市工信局内部资料整理。
② 根据2019年肇庆市金融局内部资料整理。

景不明朗、部分企业诚信不足，银行对企业贷款授信谨慎、审批严格，加上企业抵押物不足、融资渠道不畅，导致银行信贷退出传统产业。而传统产业科技型企业大多是轻资产企业，这类企业有效担保抵押物不足、初期财务表现不佳、经营风险较大、缺乏可靠信用记录，不符合银行传统的授信标准，难以为企业提供资金支持。同时，肇庆市也缺乏开展知识产权质押融资业务的配套机制和中介机构，缺乏知识产权的评估、流转机制以及相应的中介服务机构。

（五）制造业发展空间受限

随着端州区、肇庆高新区等地日益发展，园区规划建设用地指标不足，形成"项目等地"的地荒局面。如2020年端州区有用地（厂房）需求的工业企业31家，其中租赁厂房需求达38.8万平方米，用地需求约36.4公顷；但目前全区可供利用的工业用地仅有看守所侧约10公顷地块，全区闲置厂房建筑面积仅有9.36万平方米、闲置用地总面积仅13.76公顷，远远无法满足企业发展需求[①]。

（六）人才政策竞争力差

2016年以来，肇庆市先后出台了"1+10+N"系列人才政策，制定出台包括资助资金、创新创业、金融服务、教育培训、税收、医疗保障、配偶安置、子女入学和休闲福利等各项服务配套政策。但在调研中发现，大多数企业表示该套政策存在力度小、覆盖面窄等诸多弊端，一是该政策基本面向非肇庆籍人才，对本地人才没有配套，不利于肇庆籍人才回流；二是该政策定位偏高、受众面偏小、力度不足，与粤港澳大湾区其他地市相比毫无竞争优势；三是尚无针对外籍人士（如长期居肇外籍企业家、外籍技术人员等）的人才激励政策。

三、措施和建议

肇庆市作为粤港澳大湾区主体城市之一，应抢抓发展机遇，坚持"产业第一、制造业优先"，固本培新、创新驱动、提质增效、优化服务，全力推动肇庆市传统优势产业转型升级，推动制造业高质量发展，主要建议如下：

---

① 根据2019年肇庆市工信局内部资料整理。

（一）以产业为基，育新提旧，强链补链争发展

产业集群与产业链的形成和发展，离不开政府的推动和政策领导，肇庆市应在"4+4"产业发展格局的基础上，固本培新，做大做强做优主导产业。一是做大做强传统优势产业。传统优势产业聚集了我市最优秀的企业家、最雄厚的科研力量和最勤劳的产业工人，应加快推动传统优势产业转型升级，促进金属加工、家具制造、食品饮料等传统优势产业由传统低端领域向精密装备、先进金属材料、智能家具、高端康养、智慧食品等高端领域应用，提升产业价值链水平，以产品结构优化推动产业升级。二是培育战略性新兴产业。发展战略性新兴产业是实现产业升级转型的必经之路，是支撑肇庆市未来发展，实现"变道超车"的关键。应依托小鹏汽车智能网联科技产业园、肇庆（高要）汽车零部件产业园等产业发展载体，加快打造新能源汽车及零部件产业千亿集群；加快建设端州双龙半导体产业园、端州风华高科祥和产业园高端电容生产基地等专业园区，着力发展电子信息产业链；全力推进肇庆高新区国际兽医兽药产业园、肇庆（德庆）粤港澳大湾区南药健康生产基地等载体建设，加快构建生物医药产业链，重点发展兽用兽药、中医药、医药原料药的研发和生产。三是创新招商工作体制机制。树牢"将专业的事交给专业的人做"理念，创新招商工作体制机制，建立"小而精"的企业化招商队伍，实现由传统政府招商向市场化招商的格局转变，让市场化招商成为搅动政府招商系统这池活水的"鲶鱼"。围绕新能源汽车及汽车零部件等主导产业，着力引进一批大项目、好项目，切实提升招商引资实效。四是大力培育制造业骨干企业。应加强肇庆本地骨干企业扶持力度，借鉴东莞"倍增计划"，谋划实施"肇庆领航"骨干企业培育计划，建立规模优势明显、产业链整合能力强的本地制造业骨干企业培育库，力争用3~5年时间，推动在库企业实现规模和效益倍增。鼓励和促进企业开展增资扩产。建立重点工业项目跟踪服务联动工作机制，对全市重点项目进行跟踪服务，促进工业投资、技术改造投资持续稳定增长。围绕小鹏汽车、大华农等龙头企业实施产业链上下游精准招商，促进龙头企业与区内拥有配套能力的企业合作，不断强化和完善产业链、配套链，充分发挥龙头企业对全市经济的支撑和拉动作用。引导中小骨干企业走路专业化、精细化、特色化、新颖化发展道路，使其成长为专精特新"小巨人"企业、单项冠军企业、"独角兽"企业、"瞪羚"企业。

（二）以园区为本，提质增效，智慧赋能保发展

工业园区是制造业发展的主要载体，也是实施创新驱动战略、打响制造业转型升级战役的主要抓手。一是深化"一区多园"模式。肇庆高新区、高要金利等地目前面临着工业用地匮乏、产业规模扩张困难的发展困境。如何做好开源节流，努力提高土地节约集约利用水平是破解发展困境的关键。应发挥国家级高新区辐射带动作用，实施"一区多园"模式，带动端州、鼎湖、四会三个分园协同发展。提请市委、市政府牵头，成立"一区多园"领导小组，负责统筹配置全市资源；采用半建设主导性管理模式，与分园所在县（市、区）协调沟通，共同注资成立管理开发公司，负责日常公司管理运作，建立完善的利益协调机制，实现火炬数据统计和财税分成"名""利"双收。二是加快建设产业聚集基地。学习东莞、深圳等先进地市做法，加快出台新型产业用地（M0）管理暂行办法，鼓励发展万洋众创城等产业集聚基地，打造投资规模小、占地面积小、配套功能完善的微型产业园区。三是加快建设智慧园区。积极争取省工信厅"上云上平台""5G+工业互联网"等资金扶持，优先推动5G在肇庆高新区、肇庆新区、高要金利等地的布网和应用，支持小鹏汽车"5G+智能汽车测试跑道"、现代筑美5G+VR展示、万洋众创智慧灯杆、云数据平台等5G应用场景建设；推动禄智科技、华工能源等工业互联网项目发展，引导制造业企业利用工业互联网加快产品、业态、模式和服务创新。四是扎实推动园区平台建设。强化"拿牌子只是起点不是终点"的观念，谋划重点平台建设推进工作长效机制，以实践创新代替纸面造词造字，积极推动西江高新区、国家安全产业示范园区等"金字招牌"发展建设。五是创新园区管理模式。以机构改革为契机，推动肇庆高新区等地人员精简、干部人事制度改革。学习先进地市行政管理先进经验，打破传统"章鱼"型管理模式，探索扁平化管理，让园区党政领导到基层局下沉管理，减少中间管理层级，提高上传下达效率，实现园区党政领导与基层员工"同频共振"。进一步深化国有公司改革，针对新能源汽车、生物医药等主导产业，设立若干市属产业公司。各市属产业公司按市场化模式独立运作，负责主导产业招商引资、产业基地建设。不但能实现市属国企"造血"，还能实现行政机构"瘦身"。

（三）以科技为核，创新驱动，争先进位促发展

科技创新是破解肇庆市制造业发展瓶颈、深层次矛盾的关键力量，应围绕主导

产业进行科技招商,不断优化完善科技创新体系。一是抓好高企提质增量。切实做好高新技术企业扶持政策宣讲工作,深度挖掘存量企业,加大高新技术企业整体搬迁扶持力度,引进培育孵化一批制造业高新技术企业。学习东莞市先进做法,建立"局领导—责任科室—片区"挂点督导工作机制,各园区、镇街压实高企认定的目标责任,强化对重点企业的跟踪服务,多措并举确保高新技术企业数量稳定增长。二是优化创新平台建设体系。以新能源汽车、安全应急等主导产业为主题,鼓励企业、科研院所、政府三方共建新型研发机构、制造业创新中心、工程技术中心、企业技术中心等创新平台,健全企业创新体系。扎实推进"岭南现代农业科学与技术广东省实验室肇庆中心"等高水平科研平台建设。学习东莞等地先进做法,修订完善新型研发机构提质增效专项政策,推动新型研发机构以突破卡脖子核心关键技术,承担国家、省和市重大科技计划项目为主要任务,加高新型研发机构准入门槛,完善新型研发机构绩效指标体系和专项办法,形成比学赶超的竞争格局;加强与新型研发机构及其合作共建单位的对接研讨,协助新型研发机构解决历史遗留问题。三是优化科技成果转化体系。着力引入科技产业资本机构,设立科技成果转化引导基金;学习佛山市先进做法,制定实施科技特派员计划的专项政策,从高校院所、科研机构征集一批科技特派员,建立相应的工作机制,通过科技特派员促进高校与企业、产业的对接合作。加快推动肇庆市知识产权运营公共服务中心、知识产权交易平台建设,积极争取粤港澳大湾区高水平科技成果在肇庆市转移转化。四是深度对接广深港澳科技创新走廊,充分利用与国家发改委国际合作中心、深圳国家高技术产业创新中心、香港城市大学等协同创新基地,围绕重点领域研发计划、人才团队、创新型企业培育、R&D统计等重点工作,在新能源汽车、电子信息、生物领域等产业领域开展协同创新,争取更多创新资源落地,打造高品质的产业联动集聚区。

(四)以人才为先,聚集要素,优化服务谋发展

肇庆市要实现制造业高质量发展,一定要不断加强人才、金融等创新要素支撑,持续优化提升营商环境。一是强化人才要素供给。对标粤港澳大湾区发达地市,优化肇庆市各类人才引进政策,深入落实"西江人才计划"人才引育工程,抓实抓好"广东技工 肇庆工匠"工程,完善制造业人才培育引进、评价激励和服务机制。大力推进博士科创小镇、海创园、人力资源服务产业园等综合性人才平台建设,为各类人才提供更多的拎包入驻、拎包生产的综合性发展载体。学习东莞市先

进经验，设立海外研究生联合培养（实践）工作站、海外人才工作站，组织海外创新创业项目落户来肇对接，着手引进国内外高水平高校分校落地，补齐高端人才集聚短板。加快出台《肇庆市人才专项住房实施方案》，逐步建立起"购租并举"的人才住房保障体系，以低价住房吸引人才，以"重资产"留住人才。二是强化土地供给。坚持制造业优先供地，明确制造业用地保护红线和产业保护区块。降低优质产业项目土地成本，优先保障重大产业项目落地。积极推行先租后让、租让结合供地方式，探索建立混合用地制度。提高土地储备资金的利用效率，加强熟地供应工作。三是积极优化金融体系。金融是科技发展、产业升级转型的重要驱动力，应谋划打造金融大厦，吸引境内外优质金融机构落户我市设立产业投资基金，通过产业基金扶持积极支持新能源汽车等产业发展。充分发挥"粤信融"肇庆分平台的融资撮合作用，设立制造业信贷补偿基金，积极推动优化"政银保""政银担"合作机制，着力解决制造业中小微企业融资难、贵、慢问题。通过设立科技型中小企业创新基金、争取省创新券支持引导中小企业创新发展，推动科技型中小企业数量和质量的快速提升。对进一步优化创新型企业的融资服务，推进我市骨干企业到主板、中小板、创业板、科创板等资本市场上市融资。四是持续优化制造业营商环境。深化"放管服"改革，加快"数字政府"改革建设和企业服务平台建设。扎实开展"产业招商落地年"活动，深入践行一线工作法，落实企业首席服务官制度，全力为企业争取国家、省、市各级扶持资金，及时协调解决制约企业高质量发展的突出问题。

大湾区背景下中山市传统产业转型升级研究

中山市工业和信息化局

中山市地处珠三角腹地，北接广州市和佛山市，西邻江门和珠海市，东隔珠江口伶仃洋，与深圳和香港相望，是"粤港澳大湾区""珠江—西江经济带"的重要组成部分。改革开放以来，中山坚持工业立市，成效显著，目前拥有38个国家级产业基地、18个省级专业镇，形成了五金、家电、灯饰、家具等一批特色优势产业，为中山经济发展作出了重要贡献。随着国内外环境的变化，中山传统产业发展方式较为粗放、产品科技含量低等问题不断凸显，亟待转型升级，这就要求中山必须加快推进传统产业转型升级，培育传统产业新的增长点。当前，面临粤港澳大湾区建设、深圳建设中国特色社会主义先行示范区"双区驱动"的重大历史机遇，中山应站在更高的视野，立足于自身的实际，抢抓机遇，把握规律，进一步探索传统产业转型升级的新路子，推进中山经济高质量发展，致力建设成为珠江东西两岸融合发展的支撑点、沿海经济带的枢纽城市、粤港澳大湾区重要一极。

一、中山市传统产业发展基础

面对错综复杂的国际环境和艰巨繁重的改革发展稳定任务，在中山市委、市政府领导下，中山经济保持平稳健康发展，为中山市传统产业转型升级夯实基础。

（一）中山市经济发展情况

1. 综合实力明显提升

2019年，全市实现地区生产总值3101.10亿元，同比增长1.2%，总量在全省排名第9位，处于中上游水平，2016～2019年地区生产总值年均增长5.3%，呈现总体平稳、稳中有进的发展态势[①]。

2. 产业结构持续优化

2019年，三次产业结构比调整为 2.0∶49.1∶48.9。全市规模以上先进制造业增加值占全市规模以上工业比重提高至 45.5%，规模以上装备制造业增加值占全市规模以上工业比重提高至 31.6%，规模以上高技术制造业增加值占全市规模以上工业比重提高至 16%[②]。

3. 自主创新能力显著增强

截至 2019 年底，全市拥有国家工程实验室 1 个；国家级工业设计中心 1 家、省级 14 家，省级工程中心 361 家（含公示数），国家级孵化器 6 家，国家级众创空间 5 家，省级国际众创空间 2 家，省级孵化器 11 家，省级众创空间 12 家[③]。

4. 民营经济发展良好

2019年，全市实现民营经济增加值占 GDP 比重为 56.3%[④]。涌现出华帝、大洋电机、明阳智慧能源等一批优秀民营企业。

（二）中山市传统产业发展成效

1. 产业基础雄厚

2019年，中山优势传统工业增加值占全市规模以上工业比重为 32.7%。淋浴房、五金锁具、灯饰光源、红木家具、游艺设备的国内市场占有率分别达 30%、40%、60%、60% 和 70%[⑤]。

2. 产业集聚水平不断提高

经过长时间的发展，中山形成了以五金、灯饰、家电、服装、家具等为主的一批产业集群，集群经济初具规模。全市拥有 38 个国家级产业基地，18 个省级专业镇，11 个百亿级产业集群[⑥]。

3. 信息化水平不断提升。

目前中山已建成智能制造公共服务平台 3 个，工业互联网公共服务平台 11 家，累计为企业提供智能改造方案 3000 余套，被企业采纳实施 1200 余套，并为 200 多家企业提供"上云上平台"服务。东区、西区成功申报为省级"互联网+"小镇，69 家企业被认定为全省两化融合贯标试点企业，火炬大数据产业园被认定为第二批

---

①②④ 资料来源：中山统计年鉴 2020 年。
③ 资料来源：中山市科学技术局工作总结。
⑤⑥ 资料来源：中山市工业和信息化局工作总结。

省级大数据园区[①]。

（三）中山市传统产业发展存在问题

1. 经济下行压力大

2019年，中山市GDP总量排位比2018年（在全省排名第六位）下降三位，增速仅1.2%，不仅低于全省增速（6.2%），且远远低于前三年的增速[②]。

2. 工业形势严峻

2019年，全市工业投资下降27.8%，远远低于全省工业投资增长率（6.3%）。全市规模以上工业增加值下降2.0%，位于全省倒数第一[③]。

3. 综合竞争力不强

多年来以镇为主导的发展模式，导致企业多属中小企业，多数企业创新研发能力较弱，缺乏核心竞争力。目前，全市亿元以上工业企业800多家，10亿元以上企业60多家[④]。缺乏产业规模大、产业链条长、带动能力强的大型龙头企业。此外，品牌建设滞后，大多品牌价值较低，品牌杂而不亮，缺少一批具有国际影响力的自主品牌。

4. 产业链不完善

虽然中山传统产业初步形成产业集群，但大多数产业仍处于产业链中低端，先进工艺、产业技术基础能力薄弱，关键材料、核心零部件严重依赖进口，部分产品和技术标准不完善、实用性差，真正体现综合实力和国际竞争力的高精尖产品和重大技术装备生产不足，低端产能过剩、高端产能不足。

5. 土地制约瓶颈严重

中山是全省唯一减量规划的地级市，土地开发强度较大，全市土地开发强度达39.3%[⑤]，超过30%的国际土地开发强度警戒线，在全省仅次于深圳、东莞。半数以上的工业用地集中在社区和私人业主名下，严重影响土地的集中开发、连片开发，导致工业大项目难以落地。

6. 金融支持传统产业发展不足

目前，中山金融发展仍不充分，资本市场发展较为缓慢，加之贷款结构不尽合理，房地产业是单位贷款投放的主要领域，金融支持传统产业发展不足。

[①] 资料来源：中山市工业和信息化局工作总结。
[②][③][④] 资料来源：中山市科学技术局工作总结。
[⑤] 陈鑫.中山市2019年度建设用地节约集约利用评价结果位居全国前列[N/OL].南方Plus，2020-05-13.

7. 人才短缺问题突出

无论是在数量和质量上，中山高等院校发展均不足。相对其他发达城市，人才培养的平台和载体不多，导致人才培养，尤其是高端人才培养较为困难。留住人才的软硬件设施、配套仍不具备竞争力。

二、中山市传统产业发展的环境分析

（一）国内外传统产业发展趋势

当前，全球正出现以信息网络、智能制造、新能源和新材料为代表的新一轮科技革命浪潮，将加快推进生产方式、发展模式的深刻变革，对产业发展产生日益深刻的影响。随着国内人力、土地等资源成本的增长，传统产业原有的低成本优势正逐渐消失，传统产业深度转型已经迫在眉睫。随着新一轮科技革命的纵深发展，可以预见新的科学技术将是未来中国传统产业深度转型升级的重大引擎，未来传统产业的发展趋向智能化、绿色化、服务化、个性化和信息化。

（二）中山市传统产业发展机遇

目前，国内外平稳向好的发展环境、新一轮科技革命方兴未艾、全方位对外开放格局、全面深化改革举措、"双区驱动"等重大历史机遇，为中山传统产业转型升级创造了有利条件。

（三）中山市传统产业发展面临的挑战

当前，世界经济增长动力匮乏，保护主义纷纷抬头，中美经贸摩擦存在变数，中国经济进入高质量发展阶段，"脱实向虚"问题突出，国内区域竞争更加激烈，新冠肺炎疫情带来负面影响等问题都给中山传统产业转型升级带来巨大的挑战。

三、中山市传统产业转型升级的总体思路

以习近平新时代中国特色社会主义思想为指导，全面贯彻党的十九大和十九届二中、三中、四中全会以及中央经济工作会议精神，坚决贯彻党的基本理论、基本路线、基本方略，深入贯彻落实习近平总书记对广东重要讲话和重要指示批示精

神，以粤港澳大湾区建设为"纲"，以支持深圳建设中国特色社会主义先行示范区为牵引，深入落实省委"1+1+9"工作部署，围绕聚力建设"湾区枢纽、精品中山"的目标，加快推进传统产业转型升级，坚持以创新为第一动力，以民营经济为主力，以大平台大园区为载体，积极培育发展产业链龙头企业和配套企业，打造更长更宽产业链，推动中山传统产业品牌化、高端化、智能化和绿色化发展，提高产品附加值和市场竞争力，打造成为粤港澳大湾区传统产业转型升级的标杆城市，助力中山重振中山虎威、加快高质量崛起，建设成为珠江东西两岸融合发展支撑点、沿海经济带枢纽城市、粤港澳大湾区重要一极。力争到2025年，中山优势传统工业增加值占全市规模以上工业增加值比重不低于35%。

四、中山市传统产业转型升级的重点方向

在粤港澳大湾区全面建设的背景下，中山传统产业转型升级势在必行，必须有规划、有重点、有层次的推进传统产业转型升级，促进优势传统产业做大做强。

（一）中山优势传统产业筛选

结合中山传统产业发展基础，通过产业多维筛选方法，得出家电、灯饰、美妆、五金、家具产业是大湾区背景下中山传统产业转型升级的重点产业。

（二）重点发展产业

结合家电、灯饰等重点产业的发展基础、发展趋势，提出该重点产业的发展思路、发展方向和主要任务。

1. 家电产业

适应市场需求变化，把握技术发展趋势，综合运用新技术、新材料、新工艺、新装备和新商业模式，以南头镇和黄圃镇为核心，加快培育发展产业链龙头企业和配套企业，做强智能家电产业链条，提高产品附加值和市场竞争力，努力将中山建设成为具有全球影响力的千亿家电产业集群。

2. 灯饰产业

以"中国灯饰之都"古镇镇、"中国照明灯饰制造基地"横栏镇、"中国半导体智能照明创新基地"小榄镇等灯饰制造重镇为载体，加快布局智能照明、健康照明、智能电工产品，致力于产品的迭代升级和新产品的研发，推动中山灯饰照明产

业向智能化、高端化发展，打造全球灯饰产业照明中心。

3. 美妆产业

以三乡镇、南头镇等为依托，以市场为导向，以聚产业、育品牌为核心，以创新为动力，着力支持本土企业提质升级，大力引进化妆品企业总部、行业龙头、研发机构等，努力打造成为粤港澳大湾区的美妆谷。

4. 五金制品产业

以提升品质、树立品牌、提高效益为重点，以提高五金产业自主创新能力为核心，以新材料、新技术、新装备和新产品为发展方向，大力实施高端化战略，深度推动五金产业转型升级，力争在智能制造、数字制造上取得新的突破，培育出一批在国际、国内高端市场具有竞争力和影响力的品牌企业，打造成为中国五金制品产业转型升级示范区。

5. 家具产业

充分利用物联网等信息技术，大力推动传统家具向智能家具、定制家具、生态家具转变，以智能家居产品为核心，以研发、生产、管理、服务的全流程智能化为特点，整合产业链上下游相关企业与资源，打造区域品牌，建设集生产、研发、展示、销售、运营于一体的专业物联网智能家居生产基地。

五、省内外城市传统产业转型升级的成功经验借鉴

（一）宁波等市传统产业改造提升的成功经验分析

宁波、金华、温州等地通过大力实施智能化技术改造、深入实施创新驱动战略、着力培育优势传统产业集群、积极探索推进"亩产效益"综合评价、全力建设升级版小微企业园、不断优化营商环境等措施，坚定不移持续深入打好转型升级系列组合拳，推动传统产业转型升级。

（二）佛山传统产业转型升级的成功经验分析

佛山积极探索，通过实施系列政策、举措，优化土地供给，破解用地难题，加快科技创新，提升自主创新能力，主攻智能制造，优化提升传统产业，重振改革精神，做优营商环境，推进传统产业转型升级。

（三）可资中山传统产业转型升级借鉴的经验

宁波、金华、温州、佛山等市推动传统产业改造升级的系列做法，为中山传统产业转型升级提供了很好的经验借鉴和有益启示。中山市应把发展智能制造摆在突出位置，以智能制造引领传统产业高端化发展。全面实施创新驱动战略，以科技创新提升传统产业竞争力。以培育优势传统产业集群为引擎，推动传统制造业改造提升。通过开展"亩均论英雄"，有效淘汰落后产能，促进资源有效配置，提高传统产业产出效益。以"工改工"整合提升工业园区产业承载力，拓展产业发展空间。进一步优化营商环境，激活传统产业市场主体活力。

六、大湾区背景下中山市传统产业转型升级的实施路径

（一）以"双区驱动"为契机，优化传统产业布局

紧紧抓住"双区驱动"的重大历史机遇，明确中山在粤港澳大湾区的功能定位，进一步优化传统产业布局，找准优势传统产业融入粤港澳大湾区建设的切入点，助力中山传统产业转型升级。重点对接深圳、广州、佛山、珠海、江门，着力发展智能家电、灯饰照明、高端五金等产业；承接香港和深圳部分产业转移，优先推进灯饰照明等产业集群智能化升级。规划建设中山北部智能家居产业带，协同建设一批研发孵化、工业设计等高端共性服务平台。

（二）以做实深圳—中山产业拓展走廊为抓手，推动传统产业价值链延伸和智能化升级

积极谋划打造东部环湾创新发展带和西部优势产业升级带两大产业带，做实深圳—中山产业拓展走廊。以翠亨新区、火炬开发区、民众、三角园和南朗镇华南现代中医药城为主要载体，抓住5G商用、人工智能、区块链等新一轮技术革命机遇，主动对接广深港澳科技创新资源，建设东部环湾创新发展带，打造高品质战略性新兴产业发展带及广深港澳科技创新走廊重要承载区。以小榄园、古镇园、板芙园、坦洲园等为重要节点，充分发挥沿线专业镇特色产业集群优势，深入挖掘与周边城市产业、创新的契合点，推动家电、五金、灯饰等传统优势产业价值链延伸和智能化升级，建设西部优势产业升级带。

（三）以实施"5321"工程为着力点，整合提升传统产业综合竞争力

紧紧围绕实施"5321"（1个5000亿元智能家居产业集群、1个3000亿元电子信息产业集群、1个2000亿元装备制造产业集群、1个1000亿元健康医药产业集群）工程，推动传统产业与新兴产业融合，焕发优势传统产业新活力，提高传统产业竞争力。科学布局和整合智能家居产业，打造智能家居产业集群。主动对接广深港澳科技创新资源，大力发展电子信息产业，推动传统产业的融合发展。以发展装备制造产业集群为契机，以传统产业智能化技术改造的需求为切入点，通过试点突破、典型应用，实现智能制造技术和成套自动化（智能化）装备生产线在中山传统产业的广泛应用。充分利用粤港澳大湾区建设的重要机遇，推动中山健康医药产业规模化、集群化、高端化发展，打造千亿健康医药产业集群，助力美妆产业向高端化发展。

（四）以科技创新为动力，提升传统产业企业自主创新能力

为更好地推动传统产业转型升级，中山应全面实施创新驱动战略，激发创新第一动力，增强科技创新对传统产业发展的支撑能力。多层次培育发展创新标杆企业、高企、入库科技型中小企业等各类创新型企业，高起点、高水平、高标准规划建设重大科技基础设施和重大科技创新平台，推动孵化育成体系提质升级，发展专业化、国际化孵化器，完善政策支持、要素投入、激励保障、服务监管等长效机制，稳步提升创新能力。

（五）以"一带一路"建设为突破口，加快传统产业企业"走出去"

深入推进"一带一路"建设，以企业为主体、贸易投资合作为重点、市场化运作为路径，鼓励家电、灯饰、家具等具有比较优势的企业，到"一带一路"沿线劳动力资源丰富、生产成本低、市场潜力大的地区建设一批生产基地，带动装备、技术、资本及劳务输出，积极参加在"一带一路"沿线主要市场举办的商品展览展销会、广交会、高交会、海丝博览会、文博会等综合性国际展，加快推进优势传统产业企业"走出去"。

（六）以"补链""强链"为手段，筑造完备产业链

全面梳理中山优势传统产业资源，立足空间、产业两个维度，绘制中山优势传

统产业发展现状图和未来图,以"补链""强链"为手段,筑造更为完备的传统产业链。瞄准国际前沿技术、高端院校和龙头企业,制定产业招商地图,谋划招引一批本行业龙头顶尖项目、"强基补链"项目、产业链顶端项目、高效税源项目,力争在产业龙头企业招引上实现较大突破,补齐现有产业的生态链短板。通过智能制造、工业云、大数据等互联网技术与制造业的融合实现产业链和价值链的变革,实现全产业链的升级。完善研发设计、检验检测、行业信息等公共服务平台,推动产业链条集约发展、整体提升

(七)以"四链融合"为主线,打造传统产业生态链

以传统制造业转型升级、培育发展新动力的重大需求为导向,围绕产业链、部署创新链、完善资金链、配套政策链,通过"四链融合",打造传统产业生态链。全力部署"产业链"工程,构建中山优势传统产业生态圈,做长做宽做强传统优势制造业产业链。加快构建产业集群产业链协同创新机制,促进小榄五金、古镇灯饰、南头家电等优势传统产业转型升级。积极培养和发展本土金融机构,做大做强中山金融集聚区、金控公司等地方金融平台,加快推进小额贷款公司等新型金融组织发展,破解企业融资难问题。在国家、省的政策总框架下,制定符合中山传统产业转型升级的导向政策,完善金融、土地、环保、科技、招商选资、创新创业、人才引进与培育等配套政策。

(八)以品牌建设为抓手,提升传统产业影响力

坚持实施名牌战略,以提升产品质量、培育自主品牌、提高行业话语权为主线,引领和创造市场需求,增强产业市场竞争力,提升区域形象。积极实施"品牌提升"战略,重点整合既有品牌,提升发展一批中端品牌,全力打造一批高端品牌,如进一步提升"中山美居"集体商标,打响中山家具产业集群区域品牌;实施"18个专业镇镇域品牌重塑计划"等。

(九)以民营经济为主力,推动传统产业高质量发展

发展壮大一批民营龙头企业,重点培育一批百亿级龙头企业,优选扶持一批技术水平高、成长性好的"隐形冠军""瞪羚企业"。推动民营经济管理创新,引导和支持企业建立健全现代企业制度,建立开放和多元化的产权结构。探索通过各级政府部门资源信息化集成,建设集融资服务、项目受理、法律咨询等于一体的民营经

济服务中心。积极探索依法保护企业家财产权的长效机制,依法保护民营企业家创新权益。

(十)以市级产业平台为载体,推进传统产业集聚化发展

中山应充分发挥九大市级产业平台(火炬开发区园、翠亨新区园、民众园、三角园、黄圃园、坦洲园、板芙园、小榄园、古镇园)的作用,统筹全市资源,加快协同发展、集约发展,推动传统产业转型升级,不断壮大集群经济。

七、推进中山市传统产业转型升级的政策建议

(一)打造国际一流的营商环境

对标国内外最优、最好、最先进标准,持续深化营商环境综合改革,打造国际一流营商环境。以"统筹管理+技术创新"推动"放管服"改革向纵深发展。深化商事制度改革,加强事中事后监管,推广"证照分离",推进"照后减证",提升企业开办便利化水平。深化投资项目审批改革,进一步清理精简审批、核准等事项,压缩全流程审批时间。加快"数字政府"建设,创新"互联网+政务服务"模式,加快政务大数据中心建设,建成上接省、下联镇村、横向到边、纵向到底全覆盖的"数字政府",打通"信息孤岛"。健全领导联系重点企业制度,实行"店小二"式的全程代办、"经理人"式的全程跟进、"监护人"式的全程保护、"清单"式的全程减负、"查酒驾"式的全程监管。

(二)建立传统产业转型升级推进机制

积极争取上级部门同意,设立传统产业转型升级办公室。细化年度工作重点、分解落实目标任务,建立完善指导服务、总结交流和检查考核等工作机制,分行业定期总结推广先进经验。制定优势传统产业发展规划,明确未来5~10年中山传统产业发展目标、发展重点和主要任务,系统谋划部署各个优势传统产业发展的蓝图。

(三)创新土地管理政策

启动新一轮工业集聚区规划,制定《工业集聚区控制线管理办法》,充分衔接土地利用规划、生态环境保护规划和城市发展规划,按照"一次规划、分步实施"

要求，划定工业集聚区控制线（"工业用地红线"），分类强化产业控制线空间管控，促进工业集聚集约集群发展。制定《中山市村级工业园综合提升实施方案》，做好村级工业园综合提升顶层设计，加强政策创新，严格制定标准，明确功能定位，稳步推进连片整合开发、一体化规范化管理，将一批主体鲜明、配套完善的园区纳入重点改造和推广范围，示范引领全市村级工业园区综合提升。以制造业企业高质量发展综合评价为抓手，大力推进低效传统产业企业改造提升，加大落后产能淘汰及"低散乱"行业企业整治力度。

（四）加快推动交通设施互联互通

加快建设和谋划对接粤港澳大湾区的重大交通项目，全力打好交通大会战，逐步构建高铁、地铁、高速、快线、港口等无缝对接的综合性、立体化、便捷式快速交通网。在轨道交通方面，重点推动深茂铁路、南沙港铁路、广中珠澳高铁等战略通道建设，加快谋划和推动广州地铁18号线、深圳地铁33号线等延伸至中山核心区。在高速公路方面，加快完善深中通道在中山登陆点的对接网络，推动东部外环、中开等高速路建设，打造大湾区西部重要综合交通枢纽，形成"四纵五横"高速路网，实现大湾区核心城市"半小时交通圈"。在港口方面，加快中山港新客运码头建设，增设开通至深圳前海、蛇口客运码头的航线，加强中山港与深圳港联动发展，推进航线等航运资源共享。在市内交通方面，加快形成市域"二环十二快"干线主动脉，建设成为快捷通畅的市域交通体系。

（五）多举引进、培育和留住人才

实施"产业人才+"计划，制定传统产业转型升级人才振兴计划，精准绘制"产业人才地图"，高标准建设"产业人才信息库"，推动人才产业精准对接。推广"学校+公共实训中心+企业"的现代学徒制人才培养模式，按照"高校+高端科研院所+龙头企业"的办学模式，培育一批专业人才。开展民营企业家素质提升系列活动。深入实施"青蓝接力"培养计划，打造一支优秀的新生代企业家队伍。推广柔性引进和利用一流人才的方式，充分运用互联网等技术突破地域障碍、降低智力成本，以平台运营、项目合作、任务承揽等灵活形式整合利用国内外人才资源。完善激励机制，创新人才收入分配政策，有序推进收入分配制度改革。建设人才创新创业园、人力资源产业园，打造一批创新创业研发支撑、供需对接、人才服务等专业平台。

（六）进一步优化金融服务

完善金融服务体系，加快发展特色金融、产业金融、科技金融，增强金融服务传统产业转型升级能力。争取设立中山城市商业银行。吸引香港、澳门、广州、深圳等的金融机构在中山设立法人机构和分支机构，扩大服务范围。加快推进小额贷款公司等新型金融组织发展，做强一批服务于中小微企业的金融机构。加快发展多层次资本市场，积极支持符合条件的企业通过资本市场上市、发行票据和债券筹集资金。深入推进政银企合作，借助广东省中小微企业信用信息和融资对接平台，实现投融资对接、征信查询、政策支撑等一站式服务，提升金融服务企业质效。

（七）加大财政支持和引导力度

用好用活国家、省的扶持政策，围绕扶持范围和标准，瞄准龙头骨干企业、高成长性企业、高技术企业，产业链关键环节等一批项目和平台，争取国家和省财政资金支持。进一步完善产业投入稳定增长机制，优先扶持重点项目和公共服务平台建设，推荐骨干企业申报国家、省、市相关产业引导资金和国债专项资金支持。

（八）防范化解重大风险

加强地方金融监管体系建设，建立监管联动和信息互通机制，实现对各类金融机构有效监管。加强金融风险预警监测，全面开展金融领域风险隐患清理排查，加强对互联网金融的有效监管，坚决打击非法集资等违法违规金融活动，维护中山金融安全。坚决打击各类违规违法行为，密切监测并及时处置房地产领域金融风险，推动房地产业平稳健康发展。警惕深中通道开通后带来的各种虹吸风险。

（九）加强干部队伍建设

坚持好干部标准，落实中央《关于进一步激励广大干部新时代新担当新作为的意见》，建立以德为先、任人唯贤、人事相宜的选拔任用体系。坚持事业为上、以事择人、人岗相适，把合适的干部放到合适的岗位上。

关于浙江部分城市传统产业转型升级的调研报告

中山市工业和信息化局

制造业是立国之本、强国之基。党的十八大以来，习近平总书记多次对"中国制造"转型升级作出重要论述，并以全球视野和战略眼光，提出全面实施制造强国战略。2019年9月17日，习近平总书记在河南考察工作时明确指出，中国必须搞实体经济，制造业是实体经济的重要基础，强调一定要把制造业搞上去，把实体经济搞上去，扎扎实实实现"两个一百年"奋斗目标[1]。为学习借鉴浙江部分城市改造提升传统制造业的先进做法和经验，2019年12月24~27日，市工信局联合市发改局、商务局、广东省社会科学院成专题调研组，先后到浙江宁波、金华和温州等地，开展传统产业转型升级调研，与当地工信部门座谈交流，实地深入代表性企业了解具体情况。形成如下调研报告。

一、宁波等三地改造提升传统制造业的主要做法

宁波、金华、温州等地坚定不移持续深入打好转型升级系列组合拳，推动传统产业转型升级成效明显。

（一）大力实施智能化技术改造

宁波市全面推动规模以上企业实施智能化诊断和技术改造"三年两个全覆盖"行动，运用财政资金重点鼓励企业实施智能化改造、智能装备首台（套）推广应用、智能制造工程服务公司培育和智能制造产业服务平台建设，将数字化车间/智

---

[1] 新华网.习近平在河南考察调研[EB/OL].[2019-09-17]. http://www.xinhuanet.com/nzzt/110/.

能工厂示范项目、自动化（智能化）成套装备改造试点项目和智能制造装备产业技改项目列为市级项目计划进行管理和扶持，自动化、智能化生产模式得到普遍推广应用。截至目前，累计有3176家企业完成智能化诊断，7321家企业实施8144个技术改造项目[①]。金华市积极实施智能制造加快传统产业改造提升计划，通过对原有生产设备进行智能化改造，推动企业关键生产技术装备自动化、数字化、智能化。目前，拥有兰溪纺织、义乌服装、永康有色压延、武义金属制品、婺城汽车零部件5个省级传统产业改造试点，"两化融合""军民融合"等新模式新业态不断涌现，磁性材料和工具五金两大行业的"机器换人"经验在全省推广。温州市大力推广制造业智能化改造，重点支持传统制造业利用移动互联网、物联网、人工智能、大数据、云计算等支撑改造提升和催生产业迭代式创新，并给予政策支持，对于列入国家级智能制造（含"数字化车间""无人车间""智能工厂""无人工厂"）试点示范项目的，按项目投资额30%给予不超过1000万元奖励，列入省级的按项目投资额25%给予不超过500万元奖励。

（二）深入实施创新驱动战略

宁波市强化科技创新引领，建设新型创新研发机构和平台，推进技术突破和设计创新，支持有条件的企业联合科研院、高等院校、行业组织等牵头组建制造业行业创新中心，打造汇聚国内外高端创新资源的创新平台。目前，全市已拥有国家级企业技术中心24家，省级企业技术中心127家，技术创新示范企业国家级6家、省级9家、市级30家，传统制造业创新服务综合体6家。金华市加快创新平台建设，成功创建金华高新技术产业园区，积极引导龙头企业建立重点产业技术联盟，创建一批创新技术中心、省级重点产业集群和重点企业研究院。目前，市级以上企业技术中心累计达到422家，其中省级企业技术中心107家，国家级企业技术中心4家。温州市大力实施创新能力提升行动，布局科技孵化器、众创空间、产业创新服务综合体建设，鼓励国有企业参与公共创新服务平台建设，引导传统制造业企业建设研发中心、研究院、设计院，对创新平台和龙头企业开展"卡脖子"技术攻关给予专项支持，打破制约行业发展的关键技术障碍。

---

① 曾毅.宁波："激励+倒逼"助力传统制造业改造提升[N].光明日报，2019-12-09.

（三）着力培育优势传统产业集群

宁波市聚焦传统制造业中的特色优势行业，重点改造提升纺织服装业、化工制造业、橡胶和塑料制品制造业、文教用品制造业、家用电器制造业、有色及黑色金属冶炼及压延加工业、化学纤维制造业、非金属矿物制品制造业、农副食品加工业9个行业，出台《宁波市时尚纺织服装产业集群发展规划（2019~2025年）》《宁波市智能家电产业集群发展规划（2019~2025年）》等产业集群发展规划，极力推进"246"万千亿级产业集群发展（绿色石化、汽车2个世界级的万亿级产业集群，高端装备、新材料、电子信息、软件与新兴服务4个具有国际影响力的五千亿级产业集群，关键基础件、智能家电、时尚纺织服装、生物医药、文体用品、节能环保6个国内领先的千亿级产业集群）。金华市出台《制造业重点细分行业培育实施方案》，精准培育智能门（锁）光电、新能源汽车及配件、电动（园林）工具、磁性和石墨烯材料、生物医药、智能家居、保温杯（壶）等八个重点细分行业，力争通过3年努力，重点细分行业产业集群规模达到6000亿元。温州市出台《传统制造业重塑计划》，构建以电气、鞋业、服装、汽车零部件、泵阀五大传统制造业为主，"N"个县域重点特色产业为辅的"5+N"产业集群。其中，智能电气产业拟打造成为世界级产业集群，鞋业、服装产业拟打造成为千亿级时尚智造产业集群，汽车零部件、泵阀产业分别向千亿级产业进军。

（四）积极探索推进"亩产效益"综合评价

作为全国率先开展企业亩产效益综合评价试点的省份，浙江省以提高"亩产效益"为核心，围绕节约集约用地、节能降耗减排等重点，公布企业效益"排行榜"，探索建立导向、准入、制约、激励"四大机制"，通过正向激励和反向倒逼，引导企业走科学发展之路，促进经济结构调整和发展方式转变。宁波市制定印发《关于进一步调整规范综合评价有关事项的规定》，在全省率先建立数据汇集机制，将原来由各区县（市）负责的取数改为15个市级部门来承担，并将一年一次的取数改为每季度一次，同步推进园区、服务业亩均平台建设，打造集全市工业、服务业、园区、经济开发区于一体的的"亩均论英雄"大数据平台，2018年完成19136家规模以上和0.2公顷（3亩、含）以上规模以下工业企业取数，取数、评价总量和覆盖率居全省首位。金华市印发《金华市区工业企业亩产效益综合评价方法（2019年修订）》，全面开展全市工业用地情况调查，实现全市0.2公顷（3亩）以上工业用地评价全覆盖，目前已完成817家低效用地企业的出清任务，完成"低散乱"企业（作坊）整治提升2621家，淘汰落后产能涉及企业142家。温州市推进"亩均论英雄"改革，实行企业、行业、园区评价"全覆盖"，对规模以上工业企业通过亩均税收、亩均增加值、全员劳动生产率、单位能耗增加值、单位排放增加值以及R&D经费支出占主要业务比重6个评价指标，规模以下工业企业通过亩均税收、单位电耗税收等2个指标，进行分类排座，分行业评出ABCD四类企业，并实施差别化政策，全面整治亩均税收1万元以下的低效企业，依法依规淘汰落后产能、整治"低散乱"企业（作坊）。

（五）全力建设升级版小微企业园

宁波市引导中小微企业集聚发展，进一步完善小微园审批工作机制，健全工作协调机制和考核评价机制，全面实施小微园绩效管理和星级评定工作，加强对星级评定优秀小微企业园的宣传推广；加快中小企业公共服务平台向小微企业园延伸覆盖，培育引进一批专业化园区运营机构，推行小微企业园专业化物业管理。金华市深化小微企业园区管理，2018年以来，已开工建设小微企业园137个，其中已建成投运小微企业园112个，入园企业5641家，盘活工业用地933.33公顷（1.4万亩），通过省认定小微企业园102家，数量居全省第三，列入全省小微企业园建设提升重点县市3个，数量并列全省第一，其中，浦江县水晶产业集聚园区列入国家小型微型企业创业创新示范基地。温州市加快实施"百园万企"小微企业园示范引领工程，建设集聚传统制造业优质小微企业的专业小微园，严格执行小微企业园建设管理服务"十条刚性措施"，把小微企业园建设成为"小而专、小而高、小而好"的企业成长、产业培育平台，形成全省领先的小微企业园区建设的"温州样板"和"温州经验"。截至目前，温州已规划新建小微园143个，总开工面积约1666.67公顷（2.5万亩），已建成86个，竣工面积1984万平方米，入园企业约3300家，已入驻（培育）规模以上企业283家，累计产值达738亿元[①]。

（六）不断优化营商环境

浙江省各地市均在经信局成立产业转型升级处，专门为传统产业的转型升级提供指导与服务。宁波市开展"三联三促"企业服务专项行动，组建29个由局级领

---

① 李中.温州小微园建设迈向高精优[N].温州日报，2019-04-16.

导领衔的企服小分队和90个由处级领导带队的企服工作小组，2019年1~9月，市级企服小分队、工作小组累计进企服务774家次，发现问题（需求）180件，已办结144件[①]。推动产融对接，为制造业企业提供"科技贷""人才贷""政保贷"等政府增信服务。金华市先后制定出台了《关于大力促进民营经济健康发展的实施意见》（20条）、《关于推进民营经济高质量发展的若干政策意见》（38条政策措施）、《关于加强民营经济金融服务的若干意见》，形成了"1+N"帮扶民营经济发展的政策体系；建立由经信、统计牵头，发改、财政、科技、市场监管、金融办、税务等部门共同参与的统计服务工业发展"2+X"会商协调机制，通过定期联合会商、联合分析、联合调研、联合指导等方式，提高工作精准度；开发精准助企促发展难题办理信息化管理系统（金华"亲清帮"APP），构建问题收集交办、进程管控、结果反馈、满意度测评、统计分析及在线互动的数字化平台，实现市县乡三级联动、分级负责限时办结的长效机制，目前平台上线企业达到4000余家，企业难题帮办率达到90%以上[②]。温州市抓牢外面的企业愿意到温州来投资、本地的企业希望留在温州发展"两个基点"，实行"店小二"式的全程代办、"经理人"式的全程跟进、"监护人"式的全程保护、"清单"式的全程减负、"查酒驾"式的全程监管，打造高效便捷的政务环境、开放包容的市场环境、保障有力的法治环境、宜商宜居的城市环境、公平正义的社会环境。

二、对中山市传统产业转型升级的启示和建议

宁波、金华、温州三市推动传统制造业改造提升的系列做法为中山市提供了很好的经验借鉴和有益启示。结合中山市实际，建议从以下几方面着力。

（一）以智能制造引领传统产业高端化发展

随着新一轮科技革命和产业革命的纵深发展，制造过程智能化与数字化已经成为制造业发展的必然趋势。推动传统产业转型升级，必须把发展智能制造摆在突出位置。宁波、金华、温州三市积极部署智能制造产业发展，大力实施智能化技术改造，传统制造业改造提升取得明显成效。

---

① 资料来源：宁波市经济和信息化局工作总结。
② 二季度"十百千万"竞赛和重点工作"晒拼创"会议市直单位书面交流材料摘登［N］.金华日报，2019-07-26.

中山市应谋划以人工智能、物联网、工业互联网、云计算、区块链技术为代表的技术变革，推动优势传统产业加快产品更新迭代。深入实施《中山市智能制造2025规划》，大力发展智能设计、智能产品、智能装备和智能服务，着力构建智能制造发展体系。推动工业企业加快实施网络化、数字化、智能化改造。以制造业智能化改造为主攻方向，谋划实施一批突破性、带动性、示范性的智能化技改重点项目，分类分步推进国家、省和市智能制造试点示范。加大力度鼓励企业开展智能化改造，大力支持规模以上工业企业智能化改造诊断，引导企业率先在家电、灯饰等优势传统产业建设数字化车间和智能工厂示范项目，全面提高智能化水平。实施产业链协同创新方案，推动骨干企业建设工业互联网标杆、中小企业上云上平台，建设传统产业集群数字化平台，加快打造工业互联网生态体系。

（二）以科技创新提升传统产业竞争力

全球进入创新时代，科技创新正加速推进，科技创新资源和高端人才在世界范围内有序流动，科技创新成果溢出效应明显，企业如何更好地承接国际国内科技创新的辐射带动和成果转化，提升传统产业的自主创新能力，是新时期推动传统产业转型升级的关键。宁波、金华、温州三市高度重视科技创新，全面实施创新驱动战略，自主创新能力明显提升，为传统产业改造提升注入了动力源泉。

中山市应全面实施创新驱动战略，进一步完善灯饰、家电、家具、美妆等产业的科技孵化器、众创空间、创新服务综合体等科技创新平台建设，提升创新服务水平。进一步强化企业创新主体地位，着力培育一批高新技术企业和科技"小巨人"企业，进一步加大奖补力度。引导和鼓励行业领军企业建立产业技术联盟，建设研发中心、研究院、设计院等。重点加强对行业领军企业研发具有开创性意义产品的支持力度。加快推动规模以上传统制造业企业开展研发活动、建立研发机构等，争取规模以上传统制造业企业研发活动"全覆盖"。

（三）以集群培育做强优势传统产业

目前，产业集群化发展已经成为全球产业发展的一大趋势。以培育集群为抓手，推动构筑产业生态圈，有利于破解产业集聚度不够高、领军企业不够多、品牌影响力不够强等难题，推动产业融入全球经济，攀向更高价值链。宁波、金华、温州三市纷纷以培育优势传统产业集群为引擎，推动传统制造业改造提升。例如，宁波实施"246"万千亿级产业集群发展，专门出台时尚纺织服装、智能家电、节能环保等产业集群发展规划；温州市大力推进培育发展现代产业集群的战略，提出构建"5+N"产业集群，加快改造提升传统制造业。

中山市应全面梳理优势传统产业资源，分类编制优势传统产业集群发展规划，统筹优化优势传统产业空间布局。针对产业链缺失、薄弱环节予以重点支持，大力培育产业链"链主"企业和产业生态主导型企业。建立全市统一、全域共享的招商项目信息库，大力引进关键领域的国内外知名生产企业、研发企业、平台企业和专业院校，引导项目、资金、技术、人才、平台向中山市优势传统产业汇集，进一步增强产业发展的集聚效应。大力推动产业标准体系建设，创建产业集群联盟标准。完善企业全生命周期公共技术服务平台体系，围绕优势传统产业集群的共性技术需求，积极推动一批技术研发、知识产权、智能制造、检验检测、标准认证、设计咨询、科技中介、信息服务等创新服务平台建设。持续提升企业质量管理和创新能力水平，提高产品和服务质量，打造一批全国质量标杆企业。

（四）以工业企业资源集约利用评价提高传统产业产出效益

在我国经济由高速增长阶段转向高质量发展阶段的新形势下，如何以最少的资源消耗支撑经济社会持续健康发展，提高资源环境要素供给质量与效率是推动高质量发展亟待解决的关键问题之一。通过开展企业资源集约利用综合评价，对企业进行"全面体检"，建立正向激励和反向倒逼机制，引导企业科学合理利用要素资源，加快促进产业转型升级。宁波、金华、温州三市均通过开展"亩均论英雄"，有效淘汰落后产能、整治"低散乱"企业，促进资源有效配置，提高产业产出效益。

中山市是全省唯一减量规划的地级市，当前土地开发已达到39.3%[①]，远超过30%的国际警戒线，如何更好地盘活存量资源是关键。中山市应学习宁波、金华、温州三市的做法，通过建立科学合理的综合评价指标体系，对传统产业分类开展"亩产效益"评价。以制造业企业高质量发展综合评价为抓手，大力推进低效传统产业企业改造提升，加大落后产能淘汰及"低散乱"行业企业整治力度。探索出台全市资源要素差别化配置实施细则，依法依规逐步对不同类别企业实施差别化用地、用电、用水、排污、财政扶持等资源要素配置政策，着力实现要素资源合理、优质、高效配置。

---

① 陈鑫. 中山市2019年度建设用地节约集约利用评价结果位居全国前列[N]. 南方Plus. 2020-05-13.

（五）以"工改工"整合提升工业园区产业承载力

推进低效、低端、低质的工业园区提质增效，是盘活存量开发土地拓展发展空间，促进产业转型升级，推动高质量发展的有效手段。

据不完全统计，中山市各类工业园区规划用地合计约20366.67公顷（30.55万亩），实际开发土地面积占全市现状工业用地面积的55%；已批的工业项目中容积率在1.5以下的占63.8%，容积率在3.5以上仅占0.6%，改造提升潜力巨大[1]。与此同时，工业园区土地"三规"不符、土地权属混乱、产出贡献低、公共配套不足、散乱污严重等问题凸显，制约着中山迈向高质量发展。我市应立足传统产业基础和优势，集约高效整合和利用各种公共资源和产业要素，切实整治存在安全、环境隐患的老旧工业区和低效园区势在必行。以"连片改造、产城融合"为原则，开展连片工业园区试点改造工作，大力推行连片"工改工"，支持村集体加快推进村级工业园改造升级，加快盘活低效集体建设用地，提高土地集约节约利用水平。加强规划顶层设计，加快完善历史用地手续，创新改造激励机制，集中解决改造中遇到的土地"三规"不符、工作统筹协调不足、报建审批困难、土地碎片化利用等问题。打造一批集群式高产出特色产业园区，规划整合一批公共服务优化完善、单位面积效益倍增、主导产业集聚发展、竞争能力显著提升的连片现代化产业集聚区。

（六）以营商环境优化激活传统产业市场主体活力

良好的营商环境是企业成长发展的重要土壤，是促进社会经济发展的基础竞争力，也是一个国家和地区经济软实力的重要体现。优化营商环境是一项久久为功持续推进的工作，需要不断改革创新。

中山市应高度重视营商环境的进一步优化，全面落实国家和省、市支持传统产业发展的系列政策，切实保护企业合法权益。深化"最多跑一次"改革，加快企业项目审批方式改革，推动"互联网+政务"，简化审核流程，下放审核权限，创新开通政策兑现"直通车"，力争做到申报"零跑腿"。深化精准服务，全面落实减税降费系列政策，切实帮助传统产业企业去杠杆、降成本、减负担。积极争取上级部门同意，设立传统产业转型升级办公室，同时建立完善指导服务、总结交流和检查考核等工作机制，分行业定期总结推广先进经验。加大市创新创业投资引导基金、

---

[1] 资料来源：中山市自然资源局工作总结。

产业发展基金等各类基金对传统产业的支持力度，鼓励金融机构加大对传统产业重点项目的融资支持。出台积极有效的财税扶持政策，建立增品种、提品质、创品牌等激励机制，进一步加大对传统产业转型升级的支持力度。加大对优秀企业和优秀企业家的宣传力度，形成崇尚实业、崇尚工匠精神的良好氛围。

关于推动江门市制造业高质量发展的研究报告

江门市工业和信息化局

江门市为广东省的重要工业基地,虽然制造业有很好的产业基础,但进入新的历史发展时期,面临不少内部制约因素和外部不确定因素影响,推动传统产业优化升级、实现制造业高质量发展迫在眉睫。本研究报告通过全面摸查江门近年来的制造业发展情况,并与周边城市经济发展情况对比分析,找出江门制造业发展的存在问题,结合当前面临的机遇与挑战,提出推动制造业向高质量发展的对策建议。

一、江门市制造业发展总体情况

(一)发展成效

2019年,江门市实现规模以上工业增加值1041.95亿元,总量排全省第8位,增长1.5%。全市规模以上制造业企业2402家,产值超50亿元的大型企业达到7家,无限极、大长江、领益智造3家企业超百亿元,引进了德昌电机、优美科、创维显示等一批投资超20亿元优质项目。先进制造业、装备制造业、高技术产业占规模以上工业增加值分别达到39.63%、31.39%、11.04%,比2018年度分别高0.54个、1.39个、1.78个百分点。其中,高技术产业保持高速增长,增加值同比增长17.3%,远高于规模以上工业增加值增速[1]。

经过多年发展,江门拥有扎实的制造基础。在制造业的31个大类行业、179个中类行业和609个小类行业中,江门制造业涉及30个工业大类、135个工业中类、

---

[1] 资料来源:项目编写组整理。

336个工业小类,产业链基础扎实,供应链体系健全,产业配套能力较强。创新能力不断增强,全市高新技术企业数量1582家,其中,先进制造业高技术企业575家;院士工作站增至11个,与14位院士建立了合作关系;省级企业技术中心达64家;获得"国家小微企业创业创新基地示范城市"称号,拥有国家级小微双创示范基地2个,省、市小微双创示范基地26个,进驻企业超过1.12万家[①]。

(二)制造业数字化、网络化、智能化发展发展情况

大力推动企业智能化改造,2016~2019年全市新增机器人应用4235台,智能化技术改造示范企业数量达41家,11个项目被认定为省级智能制造试点示范项目,2个平台被认定为省级智能制造公共技术支撑平台[②]。积极引导制造业企业"上云上平台",出台《江门市深化"互联网+先进制造业"发展工业互联网的工作方案》,组建成立江门市工业互联网联盟,自2017年以来全市组织培训和政策宣讲超过25场次,向接近2000家企业推广政策,培育了8个市级工业互联网标杆示范项目。江门云科智能装备有限公司成功入选广东省工业互联网产业生态供给资源池。

(三)制造业载体发展情况

园区基础设施与工业项目建设进程加快,园区经济效益规模不断扩大。2015年以来,"1+6"园区共盘活闲置土地320公顷,处理空置厂房59.64万平方米[③],"1+6"园区均已获批为广东省的产业转移工业园,五大万亩园区已全部纳入广东省产业转移工业园管理,享受省产业园和产业共建的政策扶持。

(四)制造业开放合作情况

江门坚持抓招商引资,相继以"招商引资突破年""项目推动落实年"来推动工业项目落地,近年来引资成果丰硕。2016~2018年全市成功引进投资超亿元工业项目293个,其中,投资超10亿元工业项目34个。工业项目在新引进投资超亿元项目的比重不断提升,从2016年的57.14%提高到2018年的72.31%,为全市工业经济发展增强后劲。2019年全市引进投资超亿元工业项目146个,其中,投资超10亿元工业项目15个[④]。江门加强与大湾区城市群的交流对接,大力推进澳门与江门跨境合作实验区、江珠高端产业集聚发展区、粤澳(江门)产业合作示范区、深江

[①][②][③][④] 资料来源:项目编写组整理。

产业园等合作平台建设。

（五）制造业服务要素配置情况

江门金融体系较为完善，拥有机构数量达157家，其中银行机构达30家。江门资本市场发展势头良好，共有境内外上市公司20家，其中境内上市12家、境外上市8家、新三板挂牌企业18家[①]。江门与澳门的跨境金融合作密切，是全国第一个与澳门签订金融合作协议的地级市，积极打造跨境金融平台，目前全市共有5家银行与澳门金融机构建立合作关系。人才支撑力量逐步夯实，制定多项政策文件支持引进高端人才、技能人才、领军人才、优秀毕业生等人才资源。截至2019年底，全市拥有专业技术职称人员总数达到20.65万人，高技能人才总数达到14万人；博士后科研平台总数达到72家，在站博士后73人[②]。

二、存在短板分析

（一）传统产业比重仍然较高

作为广东省老牌工业大市，传统产业仍在江门经济发展中占有主导地位。横比珠三角对标地市，江门先进制造业和高新技术制造业增加值低于大多数珠三角地市和全省平均水平。

表1　2019年珠三角对标地市先进制造业和高技术制造业对比情况

地区	先进制造业增加值（亿元）	比重（%）	高技术制造业增加值（亿元）	比重（%）
江门市	412.61	39.60	114.61	11.00
珠海市	629.08	55.50	335.46	29.60
佛山市	2423.58	49.87	293.12	6.03
惠州市	1181.04	67.00	740.35	42.00
东莞市	2420.01	54.20	1883.32	42.18
中山市	514.42	44.70	219.81	19.10
肇庆市	—	—	—	—
广东省	18925.86	56.30	10757.15	32.00

资料来源：各地市统计局。

---

①② 资料来源：项目编写组整理。

（二）创新驱动发展战略不足

江门制造业大多数企业自主创新主动性不强，研发投入力度不高。2018 年全市规模以上工业企业拥有研发（R&D）活动人员 30145 人，R&D 经费内部支出 58.35 亿元，与佛山市、东莞市的差距较大。江门科研成果转化率较低，2018 年江门规模以上工业企业新产品产值 1125.85 万元，为最多的东莞市的约 1/7[①]。

表 2　　　　　珠三角对标地市 2018 年创新投入与产出情况

地区	R&D 活动人员（人）	R&D 经费内部支出（亿元）	新产品产值（万元）
江门市	30145	58.35	1125.85
珠海市	30808	82.77	1520.50
佛山市	93256	235.17	4098.19
惠州市	50199	89.32	3001.45
东莞市	111969	221.24	7958.03
中山市	36620	59.28	1132.68
肇庆市	12524	22.03	469.80

资料来源：《广东省统计年鉴（2019）》。

（三）骨干企业龙头作用发挥不足

2019 年广东制造业 500 强企业中，江门上榜企业 14 家企业，数量排名在珠三角城市的末位。目前，江门仍然缺乏实力强劲、能够充分整合制造业产业链配套资源的龙头企业，制造业产业集群发展整体不强，规模普遍较小，成规模、具影响力的产业集群尚未形成。

（四）招商引资项目规模不大

江门市近年来引进有影响力高质量的大型项目数量不多。环视珠三角对标城地市，珠海市引进 90 亿美元投资额的富士康芯片制造项目；东莞市华为终端总部项目加快建设，投资超 300 亿元；世界 500 强埃克森美孚"巨无霸"总投资 100 亿美元的先进石化材料项目落户惠州市；而江门尚未有百亿元项目落户。

---

① 资料来源：项目编写组整理。

(五)生产性服务业水平不高

江门服务业发展规模不大,生产性服务业发展链条尚未完整。2019年,江门服务业增加值占GDP比重为48.94%,生产性服务业增加值占服务业增加值比重为39.6%(见表3),均低于广东省平均水平(55.51%、50.62%)。

表3　2019年珠三角九市第三产业对比

地区	第三产业增加值(亿元)	占GDP比重(%)	生产性服务业增加值(亿元)	生产性服务业占服务业比重(%)
全省	59773.38	55.51	30258.33	50.62
深圳市	16406.06	60.93	—	—
广州市	16923.23	71.62	—	—
佛山市	4549.48	42.32	—	—
东莞市	4092.52	43.16	—	—
惠州市	1802.79	43.16	—	—
珠海市	1849.79	53.84	993.16	53.69
江门市	1539.87	48.94	609.79	39.60
中山市	1516.68	48.91	—	—
肇庆市	937.33	41.68	297.62	31.75

资料来源:各地市统计局。

(六)人才吸引力相对不足

虽然近年来江门财政资金对人才工作的投入持续增加,但由于经济发展水平等因素,总体来说相对于粤港澳大湾区发达地区还有较大差距。大湾区中心城市吸引人才力度越来越大,包括江门在内的追赶者存在较大压力。江门的人才载体和人才工程建设力度还需加强,部分国家级和省级重点人才工程的入选还存在空白,高精尖缺人才供求矛盾仍较为突出。

三、发展机遇与挑战

(一)发展机遇

国家对制造业高度重视。党的十九大报告指出我国经济已由高速增长阶段转向高质量发展阶段，推动高质量发展成为当前和今后一个时期谋划经济工作的根本方针，制造业是我国国民经济的主导产业，是实体经济的主体，必须摆在更加突出的位置。江门区位优势提升。粤港澳大湾区建设上升国家战略，国家支持深圳建设中国特色主义先行示范区，"双区"对江门提升发展有辐射带动作用。省委、省政府提出要以构建由珠三角核心区、沿海经济带、北部生态发展区构成的发展新格局，而江门位于珠三角核心区、沿海经济带的关键节点。科技革命带来创新发展。人工智能、5G通信、工业互联网等新兴技术实现了多点革命性的突破，并使得增材制造、虚拟和增强现实等渗透到生产和生活中，对推动经济结构创新、促进经济增长具有极大推动许作用。

（二）遇到挑战

国际贸易局势趋紧。2018年以来中美贸易摩擦一直持续至今，预期在未来一段时间内有摩擦加剧的风险。受美国加征关税影响，江门经济外向型企业的收益出现较大下降，小家电、不锈钢制品、水暖卫浴等行业出口形势遭遇巨大挑战。同时"贸易战"对物价与人民币价值也会形成负面效应，导致企业进口成本上涨，影响企业利润。资源要素成本上升。随着建筑材料、能源、劳动力价格的持续上涨，建设和项目投资成本不断上升。土地资源制约明显，发展空间日渐减少，土地供需矛盾日益尖锐。环保及节能减排指标面临的形势严峻，实行较为严格的环境保护和生态保护制度，项目准入门槛提高。周边地区竞争激烈。相较于广州、深圳、香港等先进地市，江门的发展基础、政策优势、开放程度处于弱势，相较于佛山、东莞、惠州、珠海等条件相近的兄弟地区，江门在经济体量、企业实力、创新水平、人才集聚等方面的优势不够突出。

四、对策和建议

（一）实施制造业集群强链行动

1. 大力培育五大千亿集群

围绕高端装备制造、新一代信息技术、大健康、新能源汽车及零部件、新材料等新兴产业，着力培育5个产值超千亿的产业集群。新材料产业重点培育新能源电池材料、先进石化材料、高端装备用新材料，强化上下游产业链配套，促进产品结构向高端高附加值方向转型。大健康产业重点加快发展营养保健品和绿色食品、生物医药、医疗器械等三个细分领域，构建集研发、制造、现代服务等于一体的大健康产业新体系。高端装备制造业聚力发展轨道交通、船舶与海洋装备、智能装备和工作母机、机器人等产业，全力打造以中车广东为龙头的广东轨道交通产业基地。新一代信息技术产业重点发展高性能芯片、5G产业、4K电视和工业互联网。新能源汽车及零部件业巩固提升关键零部件产业优势，突破发展新能源整车制造业，完善新能源汽车产业链条。

2. 做优做强特色产业集群

做优做强金属制品、造纸和印刷、纺织服装等3个产值超500亿元的特色产业集群。金属制品产业重点发展集装箱、五金不锈钢等领域，推动金属制品由传统金属配件及工具等低端领域向高端装备、汽车、船舶、智能建筑等高端领域应用。造纸和印刷业重点推进造纸业绿色化、智能化、高端化发展，引导企业往高端纸质产品延伸，推动"文化+数字"融合，推广应用设计、装潢和彩色印刷一体化的生产技术。纺织服装业开发高科技高附加值的高档面料、产业用纺织品和家纺产品，加快产业链中间环节的纺纱、织造、染整企业发展速度，做大产业链中间环节。

3. 提升集群产业链发展水平

做好建链强链补链延链工作，围绕粤港澳大湾区重点产业链"链主"企业和产业生态主导产业，积极引进和扶持制造业骨干企业产业链上下游项目，助推围绕骨干企业的先进制造业集群快速形成。以装备制造业为重点，与佛山、珠海、中山等市共建珠江西岸先进装备制造业产业带。探索建立重点产业动态地图，通过线上动态地图监测，加强对产业链重点企业的服务，分类施策增强产业链关键环节和优势企业的根植性。抓好稳链控链工作，围绕"六稳"工作要求，关注重点领域、重点行业运行态势，稳定产业链发展基本面。

4. 促进三次产业融合发展

支持新会、鹤山、台山、恩平等市（区）发展特色农产品加工，提升产品品质和附加值，着力推动新会陈皮产业园、台山现代农业产业园等园区建设，打响园区品牌。加快推进现代服务业尤其是生产性服务业发展，推动江港澳工业设计深入合作，培育建设一批国家级、省级工业设计研究院和工业设计中心，办好"市长杯"工业设计大赛，推进制造业与现代物流业、会展业、电子商务等融合发展。推动工业与文旅产业融合发展，支持一批品牌企业发展工业旅游，对江门甘化厂、江门船厂等老厂房配合做好工业遗迹保护和开发利用工作。

（二）实施制造业创新强核行动

1. 开展制造业重点领域核心关键技术攻关

进一步完善科技创新政策，引导和鼓励企业加强技术研发，支持江门新材料、汽车零部件、超高清视频、机器人、生物医药等重点领域龙头企业、高新技术企业联合高校、科研院所，围绕"四基"[核心基础零部件（元器件）、关键基础材料、先进基础工艺和产业技术基础]等方面的短板，开展核心技术攻关，提升企业市场竞争能力。深化五邑大学与地方经济对接合作，围绕五大新兴产业领域，推动五邑大学深化"政产学研"合作。落实省装备产业扶持政策，支持首台（套）重大技术装备的研发与使用。培育科技型企业向高新企业、创新型企业发展，加强科技型企业的跟踪服务，建立梯队发展、逐级提升的高企发展培育体系。推进科技创新平台建设，落实企业技术中心资金奖补政策，推动规模以上工业企业研发机构全覆盖。

2. 加速科技成果转化和产业化

推进国家创新型城市创建，推动江门高新区争先进位，支持台山创建国家创新型县（市）。推进珠三角国家科技成果转移转化示范区建设，完善科技成果转移转化体系，实施技术交易补助政策，鼓励、引导、支持企业购买先进技术，推动科技成果转化和产业化，支持建立技术成果中试平台和产业化基地。推进孵化育成体系建设，加快提升江门科技企业孵化器、众创空间的管理水平，引导科技孵化育成体系提质增效发展，有力推动"众创空间—孵化器—加速器—科技园"全链条孵化育成体系建设。

3. 加大广深港澳创新资源合作

主动对接广深港澳科技创新走廊建设，探索建立面向港澳的科技企业孵化器，为港澳青年创客提供项目孵化、项目加速、成果转化及产业化等创新服务。支持五邑大学与港澳高校共建联合创新中心，推进"纺织新材料粤港联合实验室""居家养老联合研究创新中心""智能居家养老示范实验室"等项目建设。

（三）实施制造业融合赋能行动

1. 推动制造业数字化发展

实施新一轮技术改造，推动生产装备数字化，鼓励企业广泛运用现代信息技术改造提升生产设备，推进传统产业优化升级。支持企业智能化改造，建设智能制造试点示范项目，推广机器人应用。大力发展工业互联网，建设工业互联网平台，开展工业互联网标杆示范项目培育，完善工业互联网产业生态，促进企业"上云上平台"。推进5G产业化，打造5G产业发展载体，推动一批5G研发、生产项目落地，建设5G产业技术创新服务平台，支持5G及产业链企业科技创新，依托5G加速AI在制造业领域的应用，打造5G智慧工厂，支持企业率先使用5G技术，打造可复制、可推广的"5G+人工智能"示范项目。

2. 推动制造业绿色化发展

加快建设绿色制造体系，围绕资源能源利用效率和清洁生产水平提升，以示范试点为抓手，鼓励企业开发绿色产品，创建绿色工厂，深入开展"粤港清洁生产伙伴计划"，力促企业节能、降耗、减污、增效。大力发展循环经济，推动工业园区循环化改造，提高园区资源产出率。推进资源综合利用水平，严格执行工业固废综合利用行业技术、管理标准，落实税收优惠政策，支持申报工业固体废物资源综合利用示范项目，完成"东西南北"四大固废危废综合处置中心建设。引导产业绿色集聚发展，采用综合标准推动能耗、环保、质量、安全、技术不达标的产能依法依规关停退出，引导环境污染少、技术含量高、附加值高的企业搬迁进入专业园区。

（四）实施制造业主体立柱行动

1. 大力培育制造业骨干企业

抓好骨干企业梯队培育，支持中车、海信、中集、大长江、无限极、优美科、富华重工、德昌电机等龙头企业做大做强。落实市政府主要领导联系跨国公司直通车机制和招商引资联席会议机制，大力引进一批世界500强、中国500强、大型央企、民营企业，培育一批具有行业影响力的领军企业。积极发展总部经济，落实总部企业政策奖励。深化"暖企业、促投资"行动，落实重点企业（重点项目）首席服务官制度，完善"江门市工业企业诉求办理系统"及"江企通"微信小程序等企业诉求平台建设，推动线上线下联动帮扶，加大对重点企业的帮扶力度。

2. 推动中小企业"专精特新"发展

实施重点企业高质量倍增计划，建立重点企业成长监测体系和数据库，推动一批重点企业实现营业收入倍增目标，促进企业做大做优。组织发动江门中小企业认定省级以上高成长企业、"小巨人"企业，对被认定为"专精特新"或"小巨人"的企业给予融资和贷款贴息支持，培养一批专精特新"小巨人"企业、单项冠军企业。大力推进"小升规"，完善"小升规"企业培育机制，落实工业"小升规"奖补政策。

3. 弘扬企业家精神和工匠精神

依法保护民营企业的合法权益，营造公平竞争的市场环境和尊重企业家创业的社会氛围。加强制造业企业家和制造业优秀人才的宣传报道，充分利用媒体、平台对践行工匠精神的先进典型进行宣传。强化制造业优秀人才的培训培养，每年组织专项高端企业家培训班，提高企业家管理能力和综合素质。开展"听匠人讲故事 向工匠致敬"青年演讲比赛及全市技能人才交流展示活动，从业绩突出的企业首席技师中评选"高新工匠"并给予奖励，提升技能人才的获得感和荣誉感，营造利于技能人才发展的良好环境。

（五）实施制造业品质提升行动

1. 提升制造业质量体系

夯实企业质量技术基础，引导企业应用先进质量管理体系，提高产品全生命周期质量控制能力，改善产品质量，鼓励制造业龙头企业将供应链上中小微企业纳入共同的质量、标准管理。加强质量技术基础设施协同发展，围绕产业集群急需的共性技术研发、产品质量检测、计量服务等，支持建设和完善公共技术服务平台，为企业提供便捷、高效、多元的技术研发、成果转化、质量管理、品质提升等公共服务。推动企业标准体系建设，支持企业参与标准化活动，对参与和主导国际、国家、行业标准的企业给予奖励。

2. 强化江门制造品牌建设

结合国家质量强市和国家知识产权示范城市创建活动，实施品牌培育计划，帮扶企业创牌创优，鼓励企业参与国内、国际有影响力的品牌价值评价，培育一批区域品牌和江门制造业自主品牌。强化品牌文化建设，结合国家质量强市示范城市创建活动，突出江门制造、江门质造品牌，不断提高品牌文化附加值，打造一批富含江门特色文化元素的一流品牌。加强品牌保护与推广，挖掘和保护江门老字号品牌，宣传"江门质造"品牌故事，塑造"江门品牌"榜样，打造更多金字招牌。

（六）实施制造业布局优化行动

1. 加快产业重大平台建设

聚力建设中心城区产城融合示范区，推进江门人才岛科创中心、国际商业机器公司（IBM）软件外包中心等项目加快落户，强化都市核心区的产业引领带动能力。加快推进广海湾片区建设，加快广海湾液化天然气（LNG）项目建设，高标准开发银湖湾滨海新区，探索粤澳合作发展新模式，引入专业投资开发机构和社会资本参与开发建设，形成面向港澳居民和世界华侨华人的引资引智创业创新平台。重点推进建设珠江口西岸高端产业集聚发展区，建立珠中江三市一体化发展机制，围绕集聚区六大产业，优先落户省谋划的大产业、大项目，特别是100亿元以上的龙头项目，打造大湾区高水平区域协同发展新样板。

2. 推动工业园区高质量发展

着力提升五大万亩园区和"1+6"园区建设水平，在园区推广"七通一平"标准化建设和"六个一"工程，优化园区管理体制，提升园区发展效能。探索由江门国资公司与广深等珠三角核心城市国资公司共同投资，或社会资本参与园区建设运营，投资建设工业大厦、高标准厂房，或市场化运营的"园中园"。实施工业园区产值倍增计划，加大园区招商引资力度，支持园区围绕新兴产业和优势传统产业开展产业招商，引进一批优质项目、提升园区产业集聚度。力争2022年前打造一个产值超千亿的园区。引导高端创新资源向江门高新区集聚，打造创新引领型的高水平国家高新区，支持开平翠山湖科技产业园、台山工业新城、鹤山工业城和恩平工业园创建省级高新区。推动5G在园区的布网和应用，争创"5G+工业互联网"应用示范园区。

3. 推进工业园区空间整合优化

将工业园区作为专项规划纳入国土空间规划，各市（区）年度建设用地供应计划优先保障园区用地。支持工业园区科学规划新型产业用地（M0），在控制性详细规划编制中增设M0用地类别，增加建设用地兼容性，满足新型产业发展需求。开展村级工业园改造，借鉴顺德村级工业园改造先进经验，推行村级工业园改造试点，支持村镇工业园（集聚区）改造提升后就近纳入上级工业园区管理，结合"三旧"改造政策完善园区内的历史用地手续，鼓励升级改造项目用地提高容积率，提升村镇工业集聚发展水平。

（七）实施制造业开放合作计划

1. 加大先进制造业招商引资力度

抓住全球产业链重构以及"双区驱动"重大发展机遇，加强与第三方投资促进机构的合作，围绕重点培育产业集群，紧盯制造业百强、上市公司、行业龙头企业，开展"百企上门招商"行动，引进一批高技术、高价值项目，提升产业层级和结构。加强与大湾区城市产业合作，主动承接广州、深圳的产业溢出资源，以"广深总部+江门基地""广深研发+江门转化"模式，与广深等大湾区发达地区协同发展，强化江门产业协调配套能力。开展"乡情招商"，依托中国（江门）"侨梦苑"华侨华人创业创新集聚区，以"侨"为"桥"引进有重大带动作用的龙头项目和强链补链延链的专精尖配套项目。推进江门大广海湾保税物流中心（B型）加快建设，积极发展保税加工、保税物流和保税服务等业务，完善制造业项目的投资环境服务配套。

2. 加快推进制造业国际合作

以"一带一路"建设为引领，鼓励制造业企业"走出去"，通过建立海外营销网络、投资办企业等多元化开拓国内外市场，促进外贸创新发展。支持企业鼓励和支持龙头企业利用香港国际金融市场优势以及服务业优势，联手港澳资源开展国际产能和装备制造合作，建立全球化生产体系和跨国供应链。完善商务服务直通车内容和合作网点，建立江门与境外外资机构、商（协）会的经贸合作联盟，着力在制造业产业融合对接、联合经贸推广、企业转型升级、深化改革创新等方面深化交流合作。开展"走出去"政策宣传推广，组织企业参加省、市举办的境外投资推介会及政策宣讲会，有针对性地做好重点投资地区和国家的相关政策法规、技术标准、行业规范、市场准入等信息的收集和发布，为江门"走出去"企业提供政策支持，提升风险防范能力。

（八）实施制造业要素培土计划

1. 强化先进制造业土地供给

加强工业用地规范管理和节约集约利用，鼓励探索建立与产业关联的差异化土地价格机制，鼓励工业用地连片收储开发，落实工业厂房开发经营和分割出让扶持办法等有关政策，加强工业用地节约集约利用，加快闲置土地清理，提高园区土地集约利用效率和综合效益。充分保障工业用地供给，划定"工业用地保护红线"和产业保护区块，并纳入详细规划，保证工业主导功能，严格规定工业用地保护红线和产业保护区块内工业用地比重，合理确定研发用地。

2. 强化人才支撑保障

完善人才支持政策，扶持企业培养技能人才，提高技能人才引育的针对性和实效性。加大人才培训载体建设，支持鼓励企业自主建立技能人才培训基地，推动高技能人才队伍建设，建设技能大师工作室，激化企业内生动力。搭建先进制造业人才交流引育平台，以产业重点企业为突破口，深化校地人才供给合作，建立人才引进需求和人才信息收集发布和对接工作机制，打造"智汇江门"人才引育工程。深入实施博士、博士后引育工程，出台博士、博士后管理办法，加强高端装备制造企业博士博士后科研平台建设。推进"广东技工"工程，实施新生代产业工人培养、企业职工适岗专业培训、新型学徒培养等技能提升十大工程，实施智能制造（机电一体化）企业职工轮训，推进国际职业资格认证与企业技能人才评价。开放江门市省级高技能人才公共实训基地资源（场地、设备和课程）面向江门企业、院校自主培养技能人才使用和劳动者技能提升学习提供免费公益服务。加强人才配套保障，加快建设江门市人才"安居乐业"生态园信息系统，深化职称制度改革，贯通工程技术领域高技能人才与工程技术人才职业发展通道。

3. 强化金融财政扶持

强化金融对制造业的支持保障，加大力度引进金融机构，支持各类基金投向制造领域，优化"政银保"合作模式。深化江澳金融合作，利用好澳门低成本资金，推动江门制造业企业向境外融资。落实江门企业上市奖励政策，鼓励更多制造业企业上市挂牌。统筹市级工业扶持专项资金，大力支持制造业高质量发展，强化对总部企业、5G产业发展的扶持力度。加大省级科技创新平台扶持力度，对通过省科技厅认定的新型研发机构、重点实验室、技术创新中心，加快制定科技创新平台认定、建设等资金管理办法，完善科技创新平台政策体系。

4. 优化制造业营商环境

对标先进地区建设市场化、法治化、国际化的一流营商环境，全力打造有利于促进制造业高质量发展的营商环境。深化"放管服"改革，深入推进投资承诺制改革，结合"数字政府"改革建设，加快推进"政务服务无堵点城市"建设，全力打造全数字化"掌上政府"和"智慧大脑"，提升政府服务水平。优化环保、消防、税务、市场监管等执法方式，依法保护民营企业的合法权益。探索建立制造业企业高质量发展综合评价体系，运用评价结果引导资源要素向优质企业和产业集聚。完善知识产权维权援助和服务体系建设，加快推进先进装备制造业知识产权保护平台和线上知识产权维权援助平台建设。全面落实公平竞争审查制度，加强反垄断执法监督，维护公平竞争的市场秩序。深入推进投资承诺制改革。全面落实减税降费政策。

05
企业培育篇

关于进一步提升"企莞家"平台对企服务，助力东莞市经济高质量发展的调研报告

东莞市工业和信息化局

"企莞家"前身为"市倍增计划政府服务平台"，于 2018 年上线运行，经过多年发展，已成为东莞市专门服务企业的网络问政平台。为进一步优化完善平台发展，东莞市通过"企莞家"平台对企业进行线上问卷调研，广泛征求意见；赴深圳宝安区、广州黄埔区、佛山市和惠州市等地调研考察，学习周边城市服务企业的经验做法；深入常平、沙田、企石、石龙、凤岗等镇街开展现场调研，听取镇街及企业对"企莞家"服务存在问题和建议；同时研究了杭州、无锡、温州等长三角城市的特色做法，形成了调研材料和工作建议。

一、"企莞家"调研情况

（一）"企莞家"情况概述

"企莞家"前身为"市倍增计划政府服务平台"，于 2018 年上线运行。

"企莞家"平台由统一门户网站、微信公众号以及手机短信推送来稳定支撑平台应用服务功能，具有多元化企业培育机制、服务企业全生命周期、统筹配置企业发展要素等显著创新特点，旨在搭建政府相关职能部门与企业全渠道终端直连服务体系，已发展成为我市专门服务企业的网络问政平台。

平台服务企业由最初的几百家迅速扩展到 2.9 万家企业，其中 2019 年、2020 年分别新增 0.6 万家和 1.4 万家，成为全市最大的企业服务信息平台。"企莞家"微信公众号关注用户超过 150 万个，成为全市最大的企业服务公众号。已初步建立"一键咨询、线上分工、限时答复、快速响应"工作机制，深入为企业解决各种发展困

难，取得了较好成效，逐步实现了覆盖企业范围广、跟踪服务数量多、共性问题分析准、政策资讯整合全、资源共享效果好的良好局面。

(二) 主要功能

目前"企莞家"主要分为资讯和服务两部分栏目。

1. 资讯栏目

提供政策法规、政策解读以及根据企业画像提供智能化匹配推送政策等的资讯发布与推送服务。

2. 服务栏目

主要包含四大服务板块：

(1) 资金政策板块。逐步统筹东莞市的专项资金政策，包括"倍增计划""科技东莞""非公经济"等，平台完成自动智能化匹配后向企业推送，让企业的操作人员能更高效的在平台上完成专项资金申请。

(2) 土地要素板块。逐步建立全市工业土地及厂房信息收集及获取机制，根据企业画像进行匹配，依据企业等级权限依梯度开放查询和申请。

(3) 金融超市板块。金融超市服务较为全面，能有效联通企业融资渠道。各大金融机构已经进驻平台，实现了企业与金融机构对接渠道的畅通，同时平台可以根据企业的需求为其提供量身定制的金融产品与服务。

(4) 专业服务板块。目前初步组建了专业服务机构超市，进驻服务机构达229家，涵盖金融、产业、科技、法律、财税、管理等专业领域，其中智能制造诊断服务专业机构41家。

(三) 问卷统计分析

问卷调研显示，企业认可、欢迎、喜爱"企莞家"服务，但目前"企莞家"服务主要对象是企业一般人员，服务事项主要以一般事务为主，企业高层对"企莞家"关注度不高，企业期待更便利化、更专业化、更精准化的全方位贴心服务。因此，"企莞家"在服务技术、服务功能、服务层次和内容上仍有较大完善提升空间。

(四) 现场调研

调研样本主要是常平、沙田、企石、石龙、凤岗等镇街工信部门和企业。受调单位除了充分肯定"企莞家"服务的作用意义，希望"企莞家"能够进一步完善技术性能、丰富服务内容、增强服务能力、"一门式"集中办事，并逐步形成"百科全书"式的"一网通"指引服务。

二、先进城市经验做法

为了更好地参考学习周边城市服务企业的经验做法，调研组先后到深圳宝安区、佛山市和惠州市等省内城市，以及杭州、无锡、温州等省外城市实地调研考察。这些城市服务企业的基本做法与东莞相似，但特色做法值得参考借鉴。

（一）佛山市：采用市场化外包运营，较为专注政策解读培训

采用市场化外包运营，择优选取本地民间机构进行长期运营。"政企通"较为侧重政策推送、解读、培训功能。

（二）惠州市：形成现场快速解决问题的"直通车"服务

与东莞"企莞家"相比，惠州市的企业服务"直通车"更着重于现场解决问题，形成加快解决企业遇到疑难事务和棘手问题的"快速通道"。企业递交诉求后，转达市政数局，由市政数局协调各职能部门进行问题解决回复，主要通过线上解决。若不能线上解决，则召开由市领导、部门负责人、县（区）领导、镇领导等方面组成领导现场会，与前来反映问题的企业负责人面对面沟通交流商讨，形成现场解决方案。

（三）深圳宝安区：建成技术先进的智能化全面服务

深圳宝安区计划投入近3000万元巨资打造企业服务"宝 i 企"平台，技术性能、智能化程度和服务功能都非常强大：

（1）行政功能更强大。"宝 i 企"企业服务都是以区政府的名义进行，能更好地协调区政府有关部门提供企业运行数据，甚至可以动用各镇村（居）"网格员"收集企业数据，较好地解决了平台收集企业数据困难的痛点难点。

（2）网站技术更先进。主要是以腾讯公司强大技术力量为后盾，运用 VR 及 5G 新技术给平台赋能，使平台更加快捷和智能化。

（3）服务功能更全面。"宝 i 企"除了更加便捷地实现政企互通外，还能够通过 VR 及 5G 技术实现企业现状展示和产品线上云展览，发布企业供需情况，实现企业

之间云销售对接服务，功能强大。

（四）无锡市：构建涉及面广的"企业服务淘宝"超市

无锡企业服务平台虽然与东莞市"企莞家"一样设有专业服务板块，但无锡的专业服务板块对资源的汇聚面更加广泛，汇集和发布各类管理、培训、财会、法律、金融等机构信息，构建"企业服务淘宝"超市，服务咨询功能更加强大和齐全。

（五）杭州市：打造全方位无死角的全面化服务

杭州市企业服务综合平台除了基本的政策咨询、诉求办理项目申报等功能外，主要是开设了政务服务板块和精准服务板块，打造全方位无死角的全面化服务。

（1）政务服务板块。与纵向横向服务平台相联：一是与"浙江省小微企业园信息管理平台""浙江省经信厅统一审批平台"等省级平台实现纵向连接，实现平台服务纵深拓展；二是与市内其他职能部门网站相连，整合了企业登记、生产经营、企业管理、企业注销等涉企服务，实现了平台"一站式"服务。平台能够提供"工业数据""亩产数据"等经济运行趋势分析数据；能够对企业运行进行监测分析。

（2）精准服务板块。包括企业课程、法律咨询、发展诊断等社会性服务；提供企业生产经营融资服务；为企业物资供求双方提供物资（服务）交易平台，打造全产业链供求交易服务，并在平台上完成匹配交易。

（六）温州市：开设服务商城，突出企业服务"大管家"角色

（1）提供产业链各种需求服务：主要包括技术设计、信息服务、融资服务、创业服务、人才培训以及中介服务等。

（2）开设助企课堂：主要为企业提供线上企业课程或定期组织线下教学培训。

（3）提供发展环境评估服务：通过网上问卷调查分析的方式，调查了解企业发展现状，梳理当前企业发展过程中所存在的主要困难和问题，形成产业（企业）发展环境评估报告，为企业决策提供参考。

三、工作建议

进一步加强"企莞家"品牌建设。对内不断优化平台功能，对外不断加强服务，形成"信息平台＋工作机制＋服务队伍"的工作框架，不断提升对企服务能力。

（一）优化三大功能，完善平台服务机制

一是优化"政策一站享"功能，推动由"企业找政策"向"政策找企业"转变。增加政策自动搜索功能，实现国家、省、市涉企政策信息自动更新、一站查询；增设政策自动推送功能；优化工信系统政策性资金申请功能，实现与广东省统一认证平台对接、各类资金申请信息共享，减少企业重复信息录入；增加"政策一站享"微信客户端功能，使企业无须登录系统即可查询各类政策。

二是优化资源配置功能，推动"市场在资源配置中起决定性作用"。建立以客观指标构成的"企业高质量发展评价指标体系"，在解决企业用地、历史遗留问题以及资金竞争性分配的过程中，将高质量发展评价得分作为重要参考，引导企业做好"自己的事"。

三是优化诉求跟踪功能，推动由"回复问题"向"解决问题"转变。完善企业诉求收集功能；优化问题分类功能，在原来 5 大类的基础上增加了 22 个子类，对不同类别问题进行差别化流转，提高解决问题的针对性；完善系统的"服务专员"功能模块，服务专员及时了解企业情况，对企业提出的问题"一跟到底"。

（二）构建三大机制，提升平台服务效能

一是构建"以企业为中心"工作机制。以企业在"企莞家"平台提出的诉求办理情况为依据，给予企业对部门和镇街（园区）诉求办理情况进行评价的权利，并将评价纳入镇街（园区）工作考核，从而使对政府工作的评价从以往的自上而下的考核导向，转为自下而上的企业评价导向，推动形成"以企业为中心"的新政务服务生态，倒逼行政效能提升。

二是构建诉求闭环处置工作机制。对企业提出诉求形成限时分发、处理、回复和评价机制。对于难点诉求形成逐级协调解决机制。

三是构建项目全流程跟踪机制。开发工业投资项目线上管理功能，建立工业投资项目跟踪服务机制，推动市镇两级联动，对项目建设相关环节进行"全流程"跟踪，对进展迟滞环节进行预警和督办，强化部门和镇街属地管理责任，加快工业投资落地见效。

（三）打造三级队伍，强化对企服务支撑

一是打造市级企业服务队伍。建立由分管市领导牵头，市工信局、商务局共

同组成的六个工作组，对重点工业和进出口企业进行全面走访，收集和解决企业诉求，稳定企业发展。成立指导服务组，每个指导服务组由一个科室专职负责，对全市33个镇街（园区）进行挂点联系服务，形成长效的跟踪、督导和服务机制。

二是打造市倍增办服务队伍。优化市倍增办机构设置，加强服务组配置，由服务组分镇街直接挂点服务企业。建立服务专员考核制度，提升服务水平。推动服务专员培训常态化，开展服务专员培训和经验交流活动，提升服务专员的服务意识和服务能力。

三是打造镇街（园区）服务队伍。完善镇街（园区）服务专员管理，定期更新镇街平台服务人员名单并开展业务培训，确保各镇街（园区）对接好"企莞家"平台企业诉求流转和办理工作。

四、下一步工作思路

通过近几年的努力，"企莞家"平台对企服务的水平有了明显的提升，企业获得感明显增强。接下来建议在"企莞家"平台的基础上，统筹整合全市服务资源，打造统一的企业服务品牌，系统提升服务企业水平，形成更加集聚的品牌效应。

（一）完善服务品牌建设机制

一是完善服务品牌建设的顶层设计。成立全市统一的"企莞家"服务品牌建设领导小组，对品牌打造、系统开发和服务团队建设进行统筹谋划、统一部署，明确各单位职责、完善各项工作机制。

二是建立市层面的信息系统项目组。重点针对信息平台开发，成立项目组，统筹需求管理和项目开发工作，提高系统开发工作的协同性。同时，引入专家团队指导服务品牌建设工作。

（二）形成统一对企服务平台

一是建立统一的数据底板。协调各涉企服务部门，规划建设统一的企业服务数据底板，完善数据收集、管理、使用和安全等工作机制。重点针对企业信用管理、惠企资金审核建立共享数据平台，提高资金配置的效率。

二是整合现有信息系统。建立"一门式"企业服务平台，以企业最为关注的"政策一站享""企业诉求一站式处理""项目建设全流程跟踪"三大核心需求为抓手，建立标准化服务流程，推动部门数据共享、系统互通、服务协同。此外，由平台提供统一的二次开发接口，满足各单位个性化的信息系统开发需求。

（三）优化对企服务体制机制

一是建立全市统一的服务体系。建立全市统一的电话咨询号码、微信公众号以及信息系统入口。完善企业服务专员制度和企业问题跟踪制度，明确分工和职责，压实各方办理企业诉求责任，推动形成"一体联动"对企服务机制。固化市指挥部超常规加强经济运行监测调度的有效做法，对重点企业、重大项目的有效诉求，形成定期会商解决的工作机制。

二是建立全市统一的涉企政策体系。建立全市涉企政策制定的会商和审核制度，梳理、优化现有涉企政策，形成简洁、高效、联动的涉企政策体系。建立相对统一的政策发布、政策落地的流程，提高政策落地效率。建立政策的定期检视和完善制度，持续优化政策体系。

三是建立全市统一的资源配置体系。建立全市统一的企业高质量发展评价体系，客观公平评价企业发展水平。同时，建立根据评价得分竞争性配置资金、土地、环保指标、能耗、低成本空间等核心资源的机制，提高资源配置的效率，引导企业形成稳定的预期，鼓励企业高质量发展。

2019～2020年惠州市民营经济发展现状、存在问题与对策

惠州市工业和信息化局

近年来,惠州市委市政府高度重视民营经济发展,以优环境、活融资、促创新、强服务等为工作重点,着力推动民营企业更快更好的发展。先后出台"惠28条""惠42条""惠十条""实体经济十条(修订版)""民营经济十条"等一系列政策措施,激发民营企业活力和发展动力,民营经济增加值占GDP的比重不断上升,民营经济对地方经济社会发展的支撑作用越发明显。

为了进一步摸清惠州民营经济发展的现状,深入了解民营企业发展过程中遇到的问题,更加准确找出问题产生的根源,研究对策,在更大力度上促进惠州民营经济的高质量发展,由惠州市工业和信息化局牵头以实地走访、座谈、问卷、函询等形式开展了专项调研,调研覆盖7个县区、10多个政府主管部门和100多家企业。

一、惠州市民营经济发展现状

(一)诞生了众多的市场主体

近年来,惠州民营经济保持健康稳定发展的总态势,市场主体数量持续增长,为惠州经济社会发展中最活跃的组成部分。从数量规模上看,2010年底,惠州民营经济市场主体为20.42万户,"十三五"期间,惠州民营经济获得了突飞猛进的发展,到2019年底,惠州民营经济市场主体已达53.96万户,10年间市场主体增长2.64倍,净增33.54万户,民营经济市场主体占全社会市场主体比例的比例已经超

过 90%，成为惠州经济发展的主力军[①]。

（二）创造了巨大的经济产值

2019 年，惠州民营经济增加值 2045.15 亿元，占同期 GDP（4177.41 亿元）的 49%。2010~2019 年的 10 年间，惠州民营经济增加值增长了 3.33 倍（2010 年，为 614.2 亿元，占当年全市 GDP 的 35.5%），年均增速为 12.8%，而同期 GDP 增长了 2.41 倍，年均增速为 9.2%，这显示了惠州民营经济在推动国民经济增长中的作用十分显著，为惠州国民经济的持续稳定增长提供了强有力的支撑和保证[②]。

（三）带动了大量的就业岗位

2010 年，惠州民营经济从业人员 92.1 万人，2018 年，达到 151 万人。特别是 TCL、伯恩光学、光弘科技、欣旺达等大型民营企业是区域吸纳就业的核心力量。同时，"互联网+"下的新业态、新商业模式层出不穷，自主创业也带动了大量的就业。2010~2018 年惠州民营经济为社会提供的就业岗位净增了 58.9 万个，显著高于同期 23.16 万人的常住人口增量，民营经济对增加就业岗位的贡献十分显著，为促进社会和谐稳定发展作出了重要贡献[③]。

（四）提供了稳定的财政税收

2010 年，惠州民营经济共缴纳税收 153.6 亿元，到 2019 年，全市民营经济共缴纳税收 642.34 亿元，占全市税收总额的 57.1%，2010~2019 年的 10 年间，惠州民营经济纳税总额增长了 4.18 倍，年均增速达到 15.4%，超过同期惠州 GDP 年均增速（9.2%）6.2 个百分点[④]。

（五）形成了庞大的投资规模

固定资产投资是衡量经济发展活力和增长预期的重要指标。2010 年，惠州民营

---

① 资料来源：根据各年度《惠州国民经济和社会发展统计公报》《惠州统计年鉴》及惠州市工业和信息化局提供的《民营经济台账》整理。
② 资料来源：根据各年度《惠州统计年鉴》整理。
③ 资料来源：根据各年度《惠州国民经济和社会发展统计公报》《惠州统计年鉴》及惠州市工业和信息化局提供的《民营经济台账》和《惠州日报》等整理。
④ 资料来源：根据各年度《惠州统计年鉴》及惠州市工业和信息化局提供的《民营经济台账》和《惠州日报》等整理。

经济固定资产投资总额130.63亿元，占全社会固定资产投资总额（222.79亿元）的58.6%；2019年惠州民营经济固定资产投资总额1315.86亿元，占全社会固定资产投资总额（2102.78亿元）的62.6%。10年间，惠州民营经济固定资产投资净增10.07倍，年均增幅高达26%，显示了民营经济对惠州投资环境和发展前景具有较好的预期，民营经济在惠州投资的热情和积极性持续较高[①]。

（六）形成了较为稳定的区域分布格局

在政府引导和市场机制的共同作用下，惠州民营经济初步形成了以县（区）行政区划为基础的产业集群。惠东县的民营经济主要集中在先进机械制造、新材料等产业。博罗县民营经济则主要分布在电子信息、新能源、先进制造等产业。惠阳区民营经济主要分布在家具、电子信息、化工、印刷、服务等行业。龙门县民营经济以现代农业、电子信息、大健康医药、新材料等产业为主导。惠城区民营经济则以电子信息、装备制造、生物制药、纺织服装等产业为主导。仲恺高新区形成了以智能终端、新型显示两大产业为主导，以现代服务业为支撑，以北斗、新能源、半导体、人工智能等产业为方向的"2+1+X"现代产业体系。大亚湾区以石油化工产业为主导，大型国有企业和外资企业较为集中，民营经济主要集中在批发零售业、建筑业和房地产开发领域，产业分布较为分散，规模相对较小。

二、惠州市民营经济发展存在的主要问题

（一）营商环境亟待优化

1. 与城市发展定位不相适应

惠州提出打造珠江东岸新增长极、粤港澳大湾区高质量发展重要地区和国内一流城市的区域发展目标和城市定位，推动营商环境的改善，是惠州一流城市建设的必然要求。而当前惠州总体营商环境与城市发展的需要还有一定差距。《2019中国城市营商环境指数评价报告》显示，惠州营商环境在全国城市中排名第41位，在珠三角九市中仅排名第7位（见表1），与经济总量排名第5位的发展现状不相适应。

---

① 资料来源：根据各年度《惠州国民经济和社会发展统计公报》《惠州统计年鉴》及惠州市工业和信息化局提供的《民营经济台账》整理。

表1　　　　　　　　　　　　珠三角城市营商环境指数排名

城市	在珠三角区域排名	全国排名
深圳	1	3
广州	2	4
珠海	3	20
佛山	4	24
东莞	5	28
惠州	7	41
中山	6	38
江门	8	67
肇庆	—	—

资料来源：中国战略文化促进会、中国经济传媒协会、万博新经济研究院和第一财经研究院《2019中国城市营商环境指数评价报告》。

2. 政策惠及面较为有限

在政策落实保障上，一方面民营企业依然遭遇不少体制性和政策性障碍，造成"看到政策，无法享用；看到空间，无法进入；看到机会，无法把握"的现象。另一方面不少政策可操作性不强，过于原则，有些政策条款涉及多个部门，在具体执行过程中出现多头管理的"旋转门"现象。不少民企反映，"政策太好了，落实起来太难了"，制定政策和抓政策落实"两张皮"现象还在一定范围内存在。71.96%的受访企业反映"未享受过惠州'民营经济十条'等系列政策的优惠"，在分析"为什么没有享受到这项政策优惠的主要原因"时，36.45%的受访企业表示"不知道有这些扶持政策措施"，40.19%的受访企业表示"政策虽有实施细则，但操作难度大"。71.03%的受访企业"最希望政府部门做的事"是进一步减税，为企业减负。

3. 行政服务效率有待改进

从涉企行政服务效率和环境看，一些行业、部门和领域，仍然存在着行政透明度低、办事效率不高、制度不健全等问题。"门难进、脸难看、话难听、事难办"和"肠梗阻"现象依然存在，政令不畅、推诿扯皮的现象屡有发生，一些部门还存在说得好、办得慢、服务效能低下等问题。2018年12月，省市场监督管理局和省社院联合发布的《2018年度广东各市开办企业便利度评估报告》对全省21个地级市的企业开办便利度进行了评价，惠州未进入前10名，特别是企业设立登记环节成为"主要卡点"。再以工业项目落地建设为例，从项目签约到审批，再到建设、投产，主管部门多、审批环节多、审批流程长、审批周期长，导致效率较低，对投资者的信心影响较大。

4. 区域软环境有待提升

此外，地区发展的软环境也是营商环境的重要组成部分，交通基础设施的便利度、公共卫生资源的供给、优质教育学位的供给、体育文化场馆设施的服务和开放情况都对民营企业的投资产生较大的影响。

（二）融资渠道有待拓宽

1. 金融机构数量偏少，总信贷规模偏低

到2018年底，惠州共有各类金融机构743家（见表2），在珠三角九市中排第6位，但在绝对数上与珠三角先进城市差距悬殊。显然，在有限的贷款信贷规模中，民营企业、尤其是中小微企业从大型国有商业银行等金融机构获得贷款的难度就会更大。中国人民银行惠州市中心支行发布的数据显示，到2018年底，惠州民营企业本外币贷款余额为889.98亿元，占社会经济主体数量90%的民营企业贷款总额仅占全部企业贷款的比例为53.07%，民营企业获得的贷款数量与民营企业在地区国民经济中的比重不相适应。

表2　2018年末珠三角各市金融机构及存贷款情况

城市	机构数（个）	人民币存款（亿元）	人民币贷款（亿元）
深圳	1811	66890.51	47024.58
广州	2730	51336.03	38871.63
佛山	1842	14913.27	10273.12
东莞	1374	13371.20	7944.12
珠海	493	7056.58	5155.04
惠州	743	5826.98	4631.58
中山	636	5589.95	3923.01
江门	895	4397.04	3074.41
肇庆	538	2469.04	1814.85

资料来源：《广东省统计年鉴》（2019年）。

2. 信贷门槛高，中小企业融资较难

由于中小微企业大多，缺少融资所必需的土地、厂房等可抵押的有效资产，因此从金融机构获得融资较为困难。《2018年惠州市金融运行分析报告》显示，惠州市金融机构全年新增贷款前三大行业分别为：房地产业，制造业，交通运输、仓储

和邮政业（见表3）。由于具有较好的抵押性，2018年惠州金融信贷增量流入房地产领域最高，而信贷资金流入实体经济主体的制造业的比例仅为流入房地产业的1/3，惠州房地产市场对信贷资金的占用对制造类民营企业融资形成了较大的冲击。融资难已经成为民营企业面临的发展难题，25%的受访企业表示当前有较大的资金缺口，59%的受访企业表示略有资金缺口，在企业当前生产经营中最大困难的选项中，缺少资金以31.78%的比例成为企业的首选项，有37%的受访企业认为当前的融资渠道太少。

表3　　　　　　　　　2018年惠州市金融机构新增贷款流向情况

新增贷款流入行业	新增贷款数量（亿元）	排名
房地产北	148.16	1
制造业	50.58	2
交通运输、仓储和邮政业	24.94	3

资料来源：中国人民银行惠州市中心支行《2018年惠州市金融运行分析报告》。

3. 民间融资成本高，加重中小微企业负担

与银行贷款形成鲜明对比的是，民间融资以其门槛低、手续简便、资金到位快等特点成为中小微企业融资的重要渠道，不少中小微企业只好通过民间借贷、私人借贷等高风险、高成本的渠道获得融资。2018年国家统计局惠州调查队开展了一项面向42家惠州中小微企业的调查数据显示，40.5%的企业选择民间融资作为其最经常使用的融资方式。76.4%的企业认为民间融资资金灵活周期可选，41.2%的企业认为民间融资流程简单，放款快，35.3%的企业认为民间融资门槛低。但是，民间融资成本较高，本次调研的106家企业数据显示（见图1），惠州民营企业融资综合成本折算成的年利率超过10%的占比近51%，其中综合年利率超过15%的比例约占17%，高昂的民间融资成本加重了中小微企业的负担。

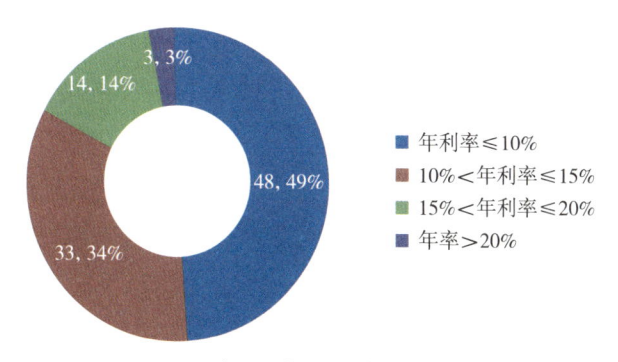

图1　惠州民营企业融资成本情况

（三）用工难题有待破解

1. 用工成本偏高

用工成本是民营企业经营成本中的重要组成部分。《南方人才2018~2019年度广东地区薪酬调查报告》基于230万个样本的调查数据显示，2018年惠州平均工资为6729元，仅次于深圳、广州、珠海、佛山，位列广东省第五位，但平均工资水平高于东莞。《南方人才年度广东地区薪酬调查报告》显示，2019年惠州平均工资以6808元继续保持在广东省第5位的水平（见图2）。与惠州经济总量和经济发展速度相比，工资水平显著偏高成为民营企业负担的一个重要方面。

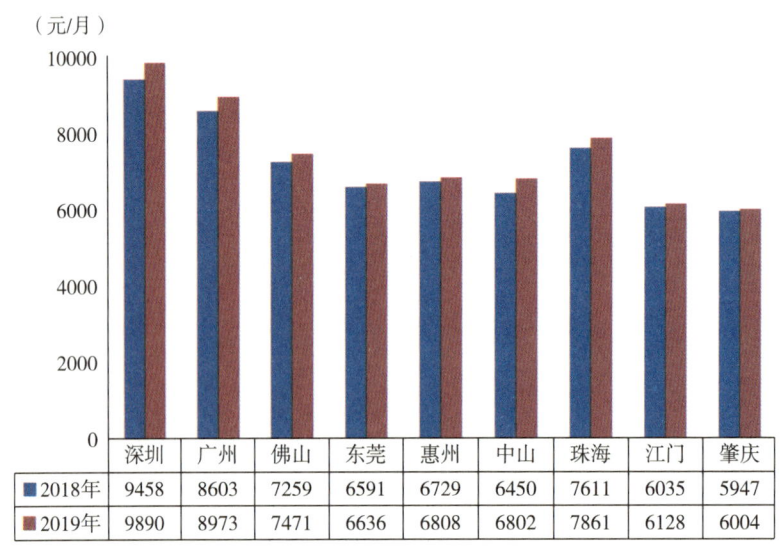

（元/月）	深圳	广州	佛山	东莞	惠州	中山	珠海	江门	肇庆
2018年	9458	8603	7259	6591	6729	6450	7611	6035	5947
2019年	9890	8973	7471	6636	6808	6802	7861	6128	6004

图2 珠三角用工薪酬情况

资料来源：《南方人才年度广东地区薪酬调查报告》2018年、2019年。

社会保险等隐性用工成本也给民营企业带来不小压力，尤其是劳动密集型制造企业，人力资源比重高，人员开支占比大，成为企业经营成本重要组成部分，企业普遍反映该项负担较重。

2. 技术人才紧缺，中高端人才储备不足

与用工成本高并存的是"用人难"的问题。当前惠州民营企业人力资源领域面临的突出问题是，支持民营经济集中产业发展的人才储备难以满足产业发展的人才需求，具体表现在：第一，人才总量偏低，人才结构"高端紧缺，中端不足"。2019年，惠州人才总量突破100万人，但远低于深圳、广州、东莞、佛山等地人才总量。在人才队伍在结构上，全市高、中、初级专业技术人才比例5∶38∶57，高级职称专业技术人才仅有7694人，远低于珠三角先进地区水平。全市博士、硕士人才总数在珠三角九市中均排第7位，领军人才短缺。惠州引进的博士以上高级人才中，也绝大部分集中在政府机构、高等院校，民营企业、尤其是中小型民营企业高级人才十分稀缺。第二，中高端人才引进机制体制亟待进一步完善。近年惠州出台的人才政策主要偏向于高端人才，但是在面向未来产业布局引领的高端人才、支持惠州主导产业发展的中端人才政策上较为薄弱，人才政策制定普惠性、综合协调性、全局统筹性还有待加强。第三，围绕主要产业的人才储备不足。当前，惠州高等院校、中职技工院校面向"2+1"产业开设的专业较少，特别是高职院校理工类学科在校生比仅为42.13%，与惠州"2+1"产业对理工科技术技能型人才的现实需求有较大差距。

（四）用地瓶颈有待突破

1. 土地综合开发利用率较低

虽然惠州在珠三角城市中土地面积相对较大，土地综合开发强度（9.6%）也远远低于深圳、东莞（两市均已接近50%）等地区，但是惠州山地多，可开发及综合利用率很低，如博罗、惠东、龙门三个县土地面积合计约占惠州全市土地面积的76%，但单位面积的土地创造的价值却很低，三地GDP之和仅占全市的35%。从土地平均产值上看，大亚湾区和仲恺区每平方公里土地产出分别达2.34亿元和1.84亿元，惠东、博罗、龙门三个县区每平方公里土地平均产出仅为0.16亿元，发展不均衡问题加剧了土地供给的不均衡[①]。

2. 用地成本过高

随着近年来房地产市场的蓬勃发展，工业用地价格也水涨船高。数据显示，2016~2018年惠州工业用地平均价格为426元/平方米，其中惠城区和博罗县平均价格超过650元/平方米，惠州工业用地价格在九市中排名第3，甚至高于广州、佛山和东莞的平均价格（见图3）。

（五）发展质量有待提高

1. 规模以上企业比重低

从结构看，2019年底，惠州民营经济市场主体虽然已经达到61.34万户，但是，庞大的数量规模背后也有严重的结构不合理问题，其中私营企业数仅为16.84

---

① 资料来源：根据《惠州统计年鉴》相关数据计算得出。

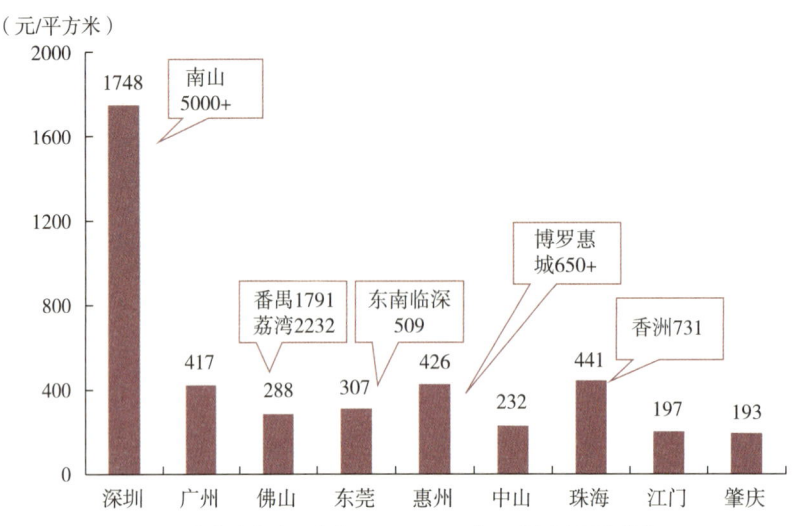

图3 粤港澳大湾区九市2016~2018年工业用地平均成本

注：平均成本计算方式为3年加权平均值。
资料来源：根据中指、保利投资顾问研究院数据整理。

万户，仅占27.45%，个体工商户为44.25万户，占比达到了72.55%，而同比佛山和东莞，其私营企业在民营经济市场主体中的比重均在40%以上。从产值看，2019年，惠州规模以上民营工业增加值533.89亿元，仅占当年全市规模以上工业增加值（1731.62亿元）的29.9%[①]。私营企业数量、规模以上民营工业增加值两项指标在整体中所占的比重共同显示了惠州民营经济的结构问题，即中小微企业、个体工商户占比过高，规模以上的大型民营企业数量较少，民营经济的内部结构还不够合理。

2. 龙头企业数量少

虽然惠州电子信息企业数量已具有一定规模（其中规模以上电子企业共有496家），但百亿元以上企业仅6家，在国内同行业中具有龙头地位的企业相对较少。数据显示，2019年惠州民营企业主营业务收入1亿~10亿元的有551家，10亿元以上的仅有59家[②]，其中在珠三角地区具有领头作用的惠州籍大型民营企业更是十分稀缺。

从2016~2019年珠三角九市入围百强民营企业的数量均值上看（见表4），惠州与珠三角先进城市差距较大。这较为充分地显示了与珠三角先进城市相比，惠州民营企业中具有带动性作用龙头企业数量严重偏少的局面。

---

① 资料来源：根据惠州市工业和信息化局提供的《民营经济台账》及东莞、佛山媒体公开报道的数据计算得出。

② 资料来源：民营经济成惠州"半壁江山"[N].南方日报，2019-07-05.

表4　　　　　　　　广东省百强民营企业数量分布区域对比　　　　　　　　单位：家

城市	2016年	2017年	2018年	2019年	均值	名次
深圳	35	40	40	39	38.5	1
广州	22	23	23	26	23.5	2
佛山	7	15	14	13	12.3	3
东莞	7	4	5	4	5.0	4
珠海	4	1	3	2	2.5	5
江门	2	2	3	2	2.3	6
惠州	2	3	1	2	2.0	7
中山	3	1	2	2	2.0	7
肇庆	0	0	0	1	0.3	9

资料来源：根据《广东民营经济蓝皮书——广东省工商业联合会年鉴》整理。

3. 科技型企业比重低

2019年底，广东省共有5万多家高新技术企业，主要分布在深圳、广州两个城市，约占全省的60%，其次为佛山和东莞，约占全省的20%，而惠州仅有1305家，仅占全省的2.6%（见图4），远落后于中山、珠海、江门，在珠三角九市中排名第8，从珠三角各市情况看，惠州民营企业在传统行业中占比仍然较大，以低端制造业为主导，科技型企业数量严重偏低，民营企业的综合科技竞争能力不强。

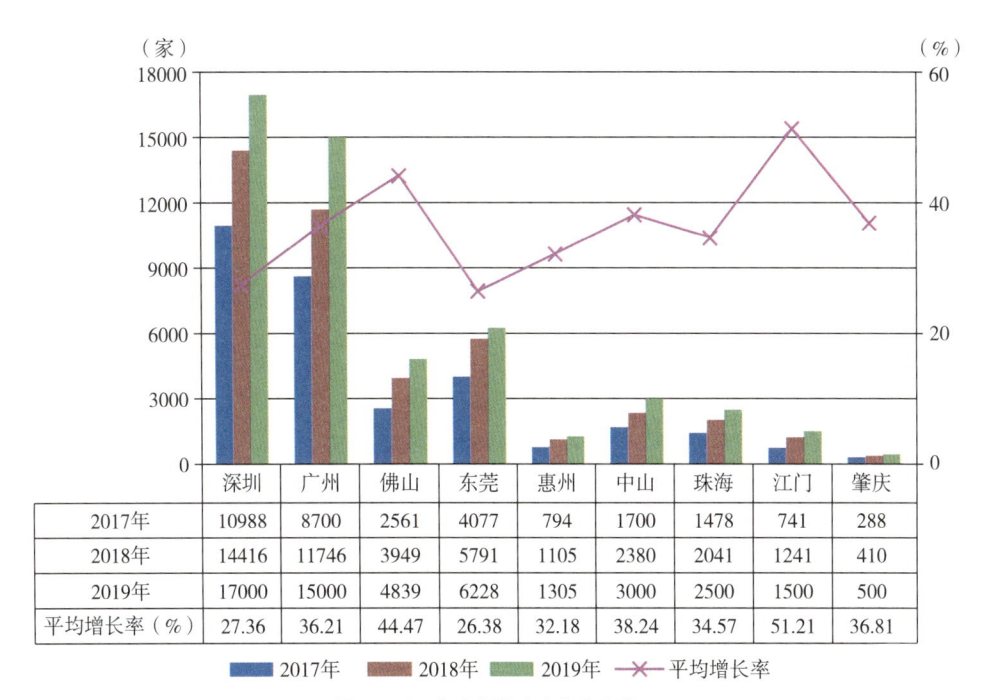

	深圳	广州	佛山	东莞	惠州	中山	珠海	江门	肇庆
2017年	10988	8700	2561	4077	794	1700	1478	741	288
2018年	14416	11746	3949	5791	1105	2380	2041	1241	410
2019年	17000	15000	4839	6228	1305	3000	2500	1500	500
平均增长率（%）	27.36	36.21	44.47	26.38	32.18	38.24	34.57	51.21	36.81

图4　珠三角高新技术企业分布情况

从2019年珠三角各市专利授权和PCT（专利合作条约）有效申请情况看（见表5），惠州三项专利授权数、PCT国际专利申请数分别位列珠三角九市第6、第7、第7和第6位，尤其是在发明专利授权的绝对数上，与东莞、佛山、珠海差距十分显著。而从惠州市各个县区的分布情况看（见表6），更是存在着严重的区域不均衡现象，各区之间的差距十分显著，龙门县全年的授权发明专利仅有6件，PCT申请仅有1件。

表5　2019年珠三角各市专利情况　　　单位：件

城市	发明授权	实用新型授权	外观设计授权	PCT申请
深圳	26051	87433	53125	17459
广州	12221	54745	37845	1622
东莞	8006	37931	14484	3268
佛山	4582	35480	18690	853
珠海	3327	12917	2723	561
惠州	1592	9405	3580	448
中山	1476	15565	16354	138
江门	647	7224	5411	134
肇庆	309	3088	1127	36

注：中山市PCT申请数据统计时间为2019年1~10月，江门市PCT申请数据统计时间为2018年。
资料来源：惠州市市场监督管理局。

表6　2019年惠州各县区专利情况　　　单位：件

地区	发明授权	实用新型授权	外观设计授权	PCT申请
惠城区	184	1596	595	54
惠阳区	105	1835	1034	28
仲恺区	1116	3261	694	282
大亚湾区	11	632	277	63
博罗县	93	1644	699	18
惠东县	11	286	200	2
龙门县	6	151	84	1
惠州市	1592	9405	3580	448

资料来源：惠州市市场监督管理局。

而从地区的综合科研投入看，也能够反映民营经济面临的整体科研环境。2018年惠州全年投入科技研发经费94.19亿元，R&D占GDP比重为2.3%，科技研发投入强度不及深圳（4.8）的一半，与广州（2.63）、佛山（2.56）、东莞（2.85）、珠海（3.16）还有一定的差距，总体反映了本地区民营企业的科技投入不足（见图5）。

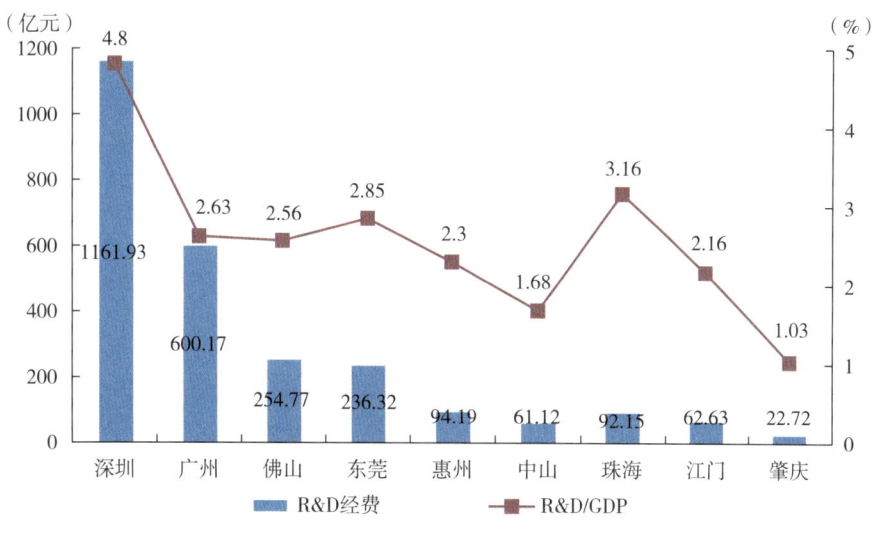

图5 2018年珠三角各市R&D投入强度

资料来源：根据《广东统计年鉴》整理。

（六）内外部发展环境的不确定性加大

1. 区域经济增速明显放缓

"十二五"期间惠州GDP年均复合增长率为11.92%；而受中美贸易摩擦等多重因素叠加影响，2016～2019年惠州地区GDP增长率分别为8.2%、7.6%、6%和4.7%，"十三五"前4年年均复合增长率仅为7.4%，低于广东省同期水平（10.3%）近3个百分点，经济增速明显放缓，经济下行趋势较为明显[①]。

2. "两端在外"模式面临新挑战

惠州电子信息产业是全球电子信息产业的重要组成部分，也是惠州市民营企业最集中的领域，产业链中心集聚特征明显，但不少核心企业属于外资，企业根植性不强，造成了产业"两端在外"的局面。近年来，随着用工成本持续提高，加之在国内销售终端市场占有率的持续萎缩，部分外资企业开始调整全球生产布局，个别处于产业链关键位置的大型外资企业向东南亚国家迁移，对惠州已形成的供应链和产业体系产生较大冲击，对产业链条上的民营企业产生较大影响。

3. 区域同质化竞争更加激烈

依托珠三角地区强大的制造能力，目前粤港澳大湾区形成了以电子信息、汽车、家电等为主导的新兴产业体系。但是，区域内产业发展的统筹协调机制仍未建

---

① 资料来源：根据《惠州统计年鉴》相关数据计算得出。

立，同质化竞争较为严重，深圳、广州、东莞、惠州、江门、珠海等均将电子信息列为支柱产业，地区特色化不明显，还没能形成良好的分工体系。虽然在大湾区中，"9+2"城市的发展定位日趋清晰，但是同一发展梯队的城市定位存在一定程度上同质化。

4. 新冠疫情对供应链的破坏

据市中小企业创新发展研究院 2020 年 6 月面向 312 家中小企业的调查数据显示，69.56% 的中小企业因疫情受到较大及以上程度的影响，其中："影响严重，可能倒闭"的占 11.22%；"影响较大，经营出现部分困难，勉强能够维持"的占 53.53%。虽然新冠疫情影响可能是短期的，但是由于其对全球供应链的巨大破坏力和广泛影响面，对中小微企业形成了实质性的伤害，一定比例的企业已经面临生存危机，如应对不力，局部受影响较重地区有发生中小企业破产潮的风险。

三、推动惠州市民营经济发展对策建议

（一）深化"放管服"改革，优化营商环境

1. 进一步深化"放管服"改革

进一步深化行政审批制度改革，建立投资项目事前咨询服务制度，创新推进标准土地出让、零条件预审、区域评价制度等改革，配套建立全程式信用约束机制，进一步提高审批效率。纵深推进商事制度改革，压缩企业开办环节，进一步压缩企业开办时间，完善"多证合一""证照分离"机制。全面推进"数字政府"建设，实行政务服务"容缺受理"，实现群众、企业办事"最多跑一次""最好不用跑"。

2. 进一步优化税收营商环境

进一步提高办税业务的便利性，在办税大厅的地理分布上，要重点结合民营企业的区域和产业分布特征，进行分布优化，加大办税服务厅规范化和标准化建设，推进税务窗口入驻政务服务中心，提升办税便利性；在办税流程和办税周期上，要坚持应简尽简原则，消除一切不必要的证明材料，简化办税手续，减少办税流程，缩短办税周期，进一步降低时间成本；建立更加规范统一、便捷高效的电子税务服务系统局，扩大小规模纳税人自行开具增值税专用发票范围，进一步推行电子发票。

3. 实施抗疫特别措施

实施特殊时期环评特殊政策，建立适度宽松的环评临时政策，减轻企业及项

目环评负担;在涉企事项审批上,要灵活处置,应简尽简,能开通网上审批的,一律实施网上审批;无实质性影响的环节,实施"容缺"制度,允许审批后补交;在税费征缴上,除按国家和省规定减免外,要进一步减免地方税收部分、减免或缓交"五险一金";要尽快制定出台中小微企业房屋、土地租金减免及或租赁补贴政策;实施柔性执法,在涉及民事纠纷、经济案件等非刑事诉讼案件办理上,给予中小微企业最大的宽限,对不危及公共安全的轻微违规行为,免于或者从轻处罚;帮助中小微企业开拓市场,大力支持"直播带货""网络社区营销"等新媒体环境下的营销方式创新,促进城市镇街"夜市经济"的健康发展及对相关产业、就业的带动。

(二)完善政银企平台建设,助力民企融资

1. 进一步强化金融对实体经济的支持

要结合惠州民营经济发展的基本情况,深入做好实体企业融资专题调研,深入县区和企业开展企业融资需求摸底调查,从供给侧发力,摸清企业融资需求,及时梳理研究民营企业在融资中遇到的具体问题,金融主管部门要及时协调相关政府部门和金融服务机构,改进优化金融扶持政策,通过强化风险补偿力度、建立转贷资金池、建立企业融资白名单制度等方式,完善政策支持机制,强化金融对实体经济的支持力度。要进一步规范房地产业的发展,引导信贷资金合理流向,提高信贷流入实体经济的比重。

2. 推动民企在资本市场融资

争取创立惠州创业投资基金或者积极引入深圳创业投资基金、天使投资基金在惠州设立分支机构,通过市场化、专业化运作,引导社会资本投向天使类项目,助推惠州市新一代信息技术、新能源、新材料、人工智能等战略性新兴产业、未来产业发展。积极引进广东股权交易中心在惠州设立分公司,重点为惠州小微企业提供股权融资支持和服务,引导支持惠州小微企业利用股权融资发展。要紧跟政策动态,跟进科创板改革,联合金融、工信、科技等部门,加强培育和筛选,推动惠州企业在科创板上市;要支持有条件的企业发行债券、中小企业集合票据、短期融资券,扩大直接融资规模。

3. 助力中小微企业融资

完善市中小微企业贷款风险补偿基金、政策性融资担保公司、中小微企业发展基金、企业上市辅导阶段奖励等系列融资服务,进一步减轻企业负担。推动设立惠州市中小微企业转贷基金,探索开展在孵小微企业融资服务平台建设,持续扩大中

小企业政策性融资担保业务规模。金融部门要牵头组织金融机构实施支持中小微企业渡过难关的特别政策，进一步降低融资门槛和融资成本，切实引导银行资金流入实体经济，要尽快为因疫情影响，现金流已经难以维持的中小微企业"输血"；以地方政府为主导，牵头设立中小微企业抗疫特别基金，提供政府贴息贷款，最大限度发挥特殊时期中小微企业融资的政府信用背书作用。

（三）推进要素供给侧改革，降低企业经营成本

1. 推进工业园区建设，强化土地供给，降低用地成本

加大对闲置、低效使用工业土地的依法处置和开发利用力度，在临深、临莞地区合作设立先进制造合作示范区，解决工业用地不足、产业承载空间不大等问题，为产业发展提供支撑空间。加快打造数字经济产业园区。通过在惠城、惠东、仲恺等地规划成片式的土地和建设高标准工业大厦的方式，高起点规划建设数字经济产业园，重点发展数字资源、数字应用、数字服务三大类型产业。大力拓展产业发展空间，支持潼湖生态智慧区建设"广东硅谷"，充分发挥惠城区和仲恺区省级大数据综合试验区以及仲恺、惠城人工智能产业园区载体作用，推动产业集聚和高质量发展。加大工业用地储备力度，围绕产业集聚区建设认真抓好工业用地的超前储备，提升工业用地储备的前瞻性，为工业用地及时供应创造条件。完善产业园区服务功能，推动现有产业园区扩能增效，提升园区品质及竞争力。

2. 做好人力资源统筹规划，降低用工成本

在人才引进政策上，要更加关注本地产业所亟须的中端技术技能人才的引育，要拓宽政策的覆盖面，尤其是要重点面向地方主导产业所亟须的数量庞大的高级技工、技师层次的人才倾斜，在人才落户、住房、子女就学等领域出台相应的优惠措施。重点依托本地院校，提高本地高校、职业院校对本地人才培养的贡献度，引导院校在专业开设上与本地主导产业和人才需求有效衔接，为助力地方产业发展提供人才保障。

（四）推进企业技术创新，坚持创新引领

1. 积极培育高新技术企业

围绕惠州"2+1"产业体系，把高新技术产业作为惠州产业发展的第一支柱产业，主动应对5G、人工智能、云计算和大数据等新技术的浪潮，加速推进惠州民营企业在战略性新兴产业中的综合布局，重点谋划布局智能汽车电子、集成电路和高

端元器件、5G通信、新能源电池、新能源新材料、半导体等新兴领域，加速动能转换和结构多元、抢占电子信息产业未来发展制高点。建立高新技术企业培育常态化机制，加强高新技术企业培育认定工作，组建全市"专精特新"和"隐形冠军"中小企业数据库，努力培育更多的"瞪羚"企业，壮大高新技术企业规模。建立高新技术企业培育库，每年选取一批重点潜力企业进行"一对一"帮扶，做好对拟认定高新技术企业的培训和指导。

2. 积极打造科技骨干型企业

扶优扶强，培育一批掌握核心技术的创新型大型骨干企业。实施"一企一策"，支持细分领域"单打冠军"壮大规模，提高研发实力，在技术创新和产学研合作中发挥带头作用。实施"高成长科技型企业100强"培育计划，甄选100家高成长科技型企业，精准施策，为企业在科创板、创业板上市融资创造有利条件。实施"大型骨干企业100强"培育工程，选定100家大型骨干企业进行重点帮扶，推动优势企业集团重组整合，做大做强一批大型企业集团，成为具有国际竞争力的行业排头兵。制定"瞪羚"企业遴选标准，形成一批掌握核心技术，创新活力强、发展速度快的"瞪羚"储备池，对池中企业实施"扶优扶强"，加大支持企业上市力度。

3. 积极扶持中小微企业

用好科技型中小企业创新专项资金，通过无偿资助、贷款贴息、资本金投入和科技创新券等财政科技投入工具，加强高等院校、科研机构与民营中小微企业的产学研合作，支持民营科技型中小微企业技术创新和产品升级，重点扶持和储备一批高成长性民营科技企业，提升创新能力，引导中小企业向专、精、特、新发展。分批设立民营及中小企业发展、科技研发、技术进步、转型升级、支柱产业、战略性新兴产业、未来产业等多层次的专项资金，更多惠及民营小微企业。

（五）培育龙头企业，推进辐射带动

1. 培育区域龙头企业

强化政策引导，针对不同类型企业，在用地、融资、财税、人才等方面采取精准配套支持政策，让龙头民营企业有更多获得感。支持龙头民营企业提升规模水平，打造一批具有国际竞争力的一流企业，积极培育若干在全国乃至世界具有较强竞争力的民营企业产业集群和标志性产业链。加大本土龙头企业培育力度，有针对性地提供"一对一"帮扶，将优势资源向优势企业、骨干企业倾斜。对首次入围或排名明显提升的全国民营500强（及广东省民营企业100强）龙头领军企业，分别给予一定的奖励。提升龙头企业的辐射和带动，通过政策扶持、集群配套合作、资源和技术开发等多种手段，迅速发展壮大一批科技型、专业型、配套型中小企业，使中小企业数量迅速增加，经济效益快速提升。

2. 加快梯度有序发展

建立中小企业利用资本市场梯度培育资源库，根据行业类型、规模大小、经营状况对企业进行不同方式的归类，充分整合现有上市后备企业、小微上规模企业、成长型中小微企业等优质存量企业资源，积极筛选、储备一批有规模、有意愿、有能力的民营企业建立现代企业制度。

（六）培育优秀民营企业家队伍

1. 系统规划民营企业家队伍建设

根据惠州经济发展需求和民营企业家队伍现状，遵循市场经济和企业家成长规律，把发展民营经济发展和培养企业家结合起来，大力实施民营企业家能力提升行动，建立组织、统战、工信、人社、工商联等部门共同推进的工作机制。搭建人才创业平台，构建和完善职业经理人成长的市场机制，努力建设一支懂经营、善管理的高素质民营企业家队伍。

2. 实施民营企业家培育工程

根据产业特点和企业具体情况，整合惠州高等教育资源，通过授课讲座、研讨交流、实地调研等方式方法，增强培训实效。进一步扩大国内高校、国外境外学习班规模，使更多企业家有机会走进更多国内一流高校接受先进管理理念，走出国门与全球优秀企业交流学习，提高惠州民营企业家的现代化管理水平和国际视野。建立"惠州市中小企业云大学"网络平台课堂，惠及更多中小企业管理者。

3. 积极搭建民营企业家沟通交流平台

推进民营企业家联合会、商会等各类规范性社会组织的建设，搭建民营企业家交流沟通的平台，组织开展各类交流活动，加强企业家之间的联系、相互学习提供平台，使企业家们在知识才能、生产技术、信息资源、经营管理、资金融通等方面开展广泛交流与合作。

关于应对疫情冲击加大企业
扶持力度的调研报告

江门市工业和信息化局

为有效应对新冠肺炎疫情对我市的影响,扎实做好"六稳"工作,全面落实"六保"任务,推进江门市企业全面复工达产,近期,市工信局开展关于应对疫情冲击加大企业扶持力度的专题调研,查找制约企业全面复工达产的原因,并提出对策建议。

一、疫情对江门市企业的影响

(一) 2020年1~2月疫情对江门市企业的影响

疫情暴发初期,江门市企业承受较大压力。根据江门市336家制造业企业在广东省企业情况综合平台填报的1~2月调查问卷显示,98.81%表示疫情对企业产生影响,60.71%表示影响较大。归纳分析如下(见图1):

一是用工紧缺。受春节假期和疫情双重影响,68.45%的受访企业表示员工不能按时到岗;44.05%表示员工返岗比例在50%以下。此外,有86.91%的受访企业表示存在用工缺口,对企业生产经营造成较大影响。

二是上下游产业链企业未复工。60.71%的受访企业表示上下游产业链企业未复工;61.61%表示上游主要供应商未复工;48.21%表示下游主要客户未复工,对生产经营造成较大影响。

三是订单下滑。50.6%的受访企业表示订单受疫情影响下滑。其中,87.2%表示订单数量同比出现下降;40.18%表示出口订单同比出现下降。

四是防疫物资不足。48.21%的受访企业表示防护物资不足对企业生产经营造成较大影响。83.63%希望政府支持企业解决口罩、消毒用品等物资。

五是物流运输存在较大困难。44.31%的受访企业表示物流、售后等存在较大困难；47.92%的受访企业希望政府帮助畅通物流渠道。

六是周转资金紧缺。44.31%的受访企业表示周转资金紧张。72.02%表示存在资金缺口，75%表示账上资金只能支撑3个月以内。此外，52.08%表示融资困难。

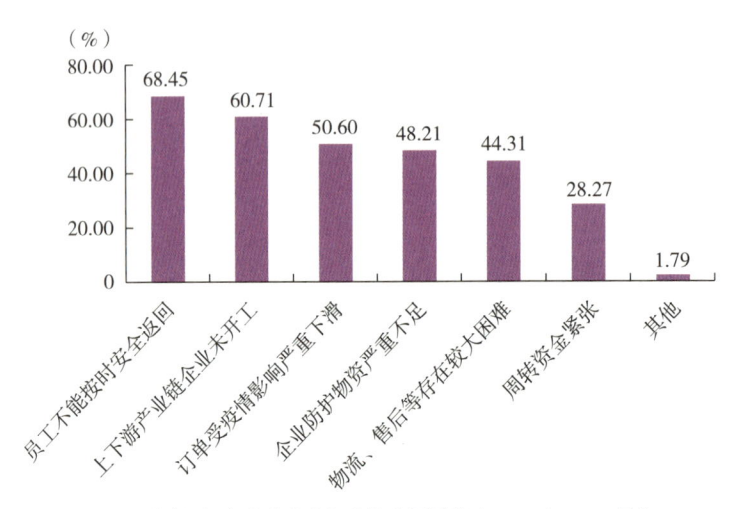

图1 影响江门市企业生产经营的主要因素（2020年1~2月）

资料来源：项目编写组整理。

（二）2020年6月疫情对江门市企业的影响

疫情暴发后，我国各级政府采取高效有力的防控措施，使疫情得到了有效控制。但是，随着疫情在国外蔓延和复杂化，对全球社会和经济发展带来很大冲击和影响，我国企业所面临的困难也出现了一些新变化。根据江门市380家制造业企业在广东省企业情况综合平台填报的2020年6月调查问卷显示，制约企业全面复工达产的重要因素有以下几项。

一是市场需求不足。这是影响企业设备生产利用率的最大难题，57.11%的受访企业表示国内需求不足；32.63%的受访企业表示出口订单不足；6.32%的受访企业表示库存积压严重（见图2）。此外，29.21%的受访企业表示本月新签订的订货量与上月相比出现下降；81.05%的受访企业表示企业现手持订单可供生产时间为3个月以内；39.33%的受访企业表示预计企业下一季度出口情况出现下降。

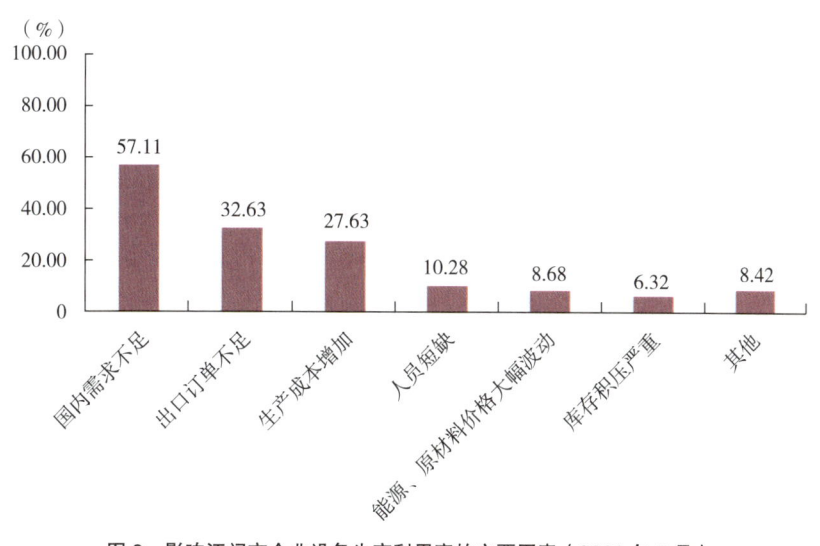

图2 影响江门市企业设备生产利用率的主要因素（2020年6月）

资料来源：项目编写组整理。

二是企业资金压力大。第一，生产成本增加，27.63%的受访企业表示生产成本增加，38.68%的受访企业表示疫情影响下企业主要原材料（含零部件）的采购成本出现增长；35%表示物流成本增加。第二，流动资金紧缺，34.99%的受访企业表示当月流动资金紧张。第三，企业收入下降，分别有61.06%和65.79%的受访企业表示今年以来营业收入和利润总额同比出现下降，其中14.21%的受访企业预计会亏损；40.01%的受访企业和44.21%的受访企业预计下一个季度营业收入和利润总额会出现下降。第四，融资困难，有35.25%的受访企业表示当前企业融资困难，15.53%的受访企业表示当前企业融资成本比上年同期高。

三是就业形势严峻。第一，企业稳岗压力增大。国内外疫情的持续影响，导致企业经营出现明显困难，已从1~2月的用工紧缺转变为稳岗压力大。13.42%的受访企业表示当月用工人数与上月相比出现下降；11.58%的受访企业表示可能会裁员或缩减员工招聘规模；20.79%的受访企业表示可能减产或关停部分生产线；20%的受访企业表示会减少新项目投资。特别是出口企业规模性失业风险依旧较大，存在经营困难、开工率不足等问题。第二，重点群体就业更困难。高校毕业生、农民工、就业困难人员等重点群体，就业压力更大。截至6月底，江门市高校今年应届毕业生签约率约为63%。

二、江门市应对疫情的工作措施及成效

疫情暴发之后,江门市委、市政府高度重视,迅速成立市新冠肺炎防控指挥部,并设立了复工复产工作协调小组,确保疫情防控和复工复产"两手抓、两不误",统筹推动企业、项目复工复产。

(一)及时制定出台和兑现政策,给予企业实惠

2020年2月9日,江门市出台江门"复工复产30条",并陆续出台"1+N"组合政策。截至7月28日,已兑现省、市两级扶持资金共计近3亿元,扶持项目(企业)858个。

一是及时兑现扶持资金。截至7月6日,为维达等20家企业兑现超1亿元技改专项资金;兑现市级支持防疫应急保障物资生产企业技改(扩能)奖励资金835万元,奖励企业15家次;分4批为26家物资生产企业发放提前复工奖励520万元;协助全市47家纳入全国性和地方性疫情防控重点保障名单企业获得银行新增授信近21亿元,发放优惠利率贷款15亿元。

二是降低企业运营成本。减免承租行政事业单位和国有资产经营用房的民营企业和个体工商户租金,其中2月全免、3~6月减半,全市共减租约1.25亿元;对餐饮、酒店、零售类商业用户及医疗机构、防疫应急物资生产企业用水价格下调10%。实施家禽水产品及蔬菜瓜果应急收储奖补,支持农业促生产保供给。出台15条促进房地产市场平稳健康发展措施,为房企纾困减负。

三是加大暖企稳岗力度。实施社保费用阶段性减免、失业保险稳岗返还、就业创业扶持、返岗包车补助、适岗培训补贴等各类扶持政策,涉及资金逾36亿元。各级财政统筹安排906万元,用于文旅企业贷款贴息、旅游项目补助等。为全市经营困难的72家旅行社办理暂退质保金业务共1970万元。

四是发挥投资对稳增长的关键性作用。成立工作专班,集中力量推进投资额较大,全局性、基础性的150个基础设施、产业、民生项目。加快建设200个公共服务领域补短板项目,发行专项债项目37个。开展招商引资宣传和项目推介。上半年统筹全市活动15场,共推动199个项目集中动工投产,总投资1006亿元。

(二)及时推进暖企行动,开展精准帮扶

深入开展"暖企业、促投资"行动,对全市产值100强、外贸100强、纳税

贡献50强企业，按照市领导挂钩联系方案继续做好帮扶工作，切实解决企业发展难题。

一是全方位开展"暖企"行动。2020年以来，市四套班子领导密集带队前往中车、无限极、海信、大长江等重点企业开展"暖企安商"95家次；各市（区）四套领导班子成员均已下沉基层开展"暖企"工作，走访企业1000多家次；各镇（街）班子成员也逐一走访本地规模以上企业，实现规模以上企业全覆盖，切实解决企业的困难和问题。

二是畅通重点企业上下游产业链供应链。先后摸查重点工业企业1000多家次，收集产业链供应链诉求和建议98项，已全部协调解决。用好"粤商通""江企通"等企业诉求响应平台，及时响应企业诉求。截至7月28日，共处理企业诉求事项409项，其中405项已办结，办结率达到99%。制定印发《关于保产业链供应链稳定的工作方案》，明确4大工作目标，提出10项切实举措，有力保障产业链供应链稳定。

三是提升政府服务水平。开设商事登记"绿色通道"，大力实施全程网上办、从快从简办、特事专人办、现场预约办"四办"措施。及时建立网络招聘数字化专区，搭建"不见面"用工对接桥梁；建成"支持企业复工复产补贴专区"，实现失业保险"稳岗返还"等10项新政全流程网上办理。

四是切实解决企业用工需求。通过组织包车、高铁专列等方式解决企业用工需求，共为逾千家企业组织接送异地务工人员1万多人返回江门。采取"共享员工"模式，对为重点企业提供"共享员工"的单位给予最高5万元补贴。对新招用首次在江门就业员工的企业给予补贴。强化"技工支援"，先后组织江门市3所技工院校的1000多名优秀学生分赴100多家企业支援生产。发动233家企业备案开展线上适岗培训，涉及培训补贴1700万元。创新打造"邑企圆梦"线上招聘平台，开展"零接触"网络招聘会62场次，促进6077家次企业与8.08万人次求职者进行了对接，促成9022人成功就业。

五是缓解企业资金压力。截至2020年6月30日，辖内银行业金融机构支持复工复产企业10265户，贷款笔数合计16095笔，贷款余额合计360.1亿元。疫情期间农业"政银保"放贷41笔，合计4575万元。截至6月底，中小企业"政银保"融资项目共为3165家企业发放贷款37亿元，贷款放大倍数超过30倍。

（三）及时推动防疫物资生产调度，保障供应稳定

一是推动防疫物资生产企业复工复产。截至目前，共向湖北等地累计供应防护

服压条机4000多台，广东压条机总调度量占全国80%以上，江门占全省50%以上；累计向省内外调运防护服热封胶条已超过11亿米，满足11000万～14000万套医用防护服的生产需求，高效完成国家调度任务。帮助舒而美公司产能翻倍，推动远博公司、康美芝公司等企业转产医用口罩。江门市口罩日产量从10万只飙升至400多万只，基本满足江门市企事业单位口罩供应。

二是及时完成防疫物资统筹分配工作。由市工业和信息化局牵头成立工作专班，高效完成防疫物资统筹、调度、分配等工作。截至7月28日，已处理超过2654份应急物资申请，累计完成省收储医用口罩719.83万只，市级累计调拨570万只防护口罩用于工商企业复工复产，向公共服务企业统筹安排120多万口罩采购配额，向市教育局调拨约70万只口罩用于复学复课及高考、中考保障；累计发放医用防护服约2万件，红外测温仪3334个，免洗消毒液8.85万瓶，75%乙醇6.8万瓶。

三、推进企业全面复工达产的意见和建议

由于国外疫情的持续蔓延，整体经济形势依旧严峻，为做好"六稳"工作，落实"六保"任务，推动江门市企业全面复工达产，提出以下几点意见和建议。

（一）完善体制机制，为全面复工达产提供前瞻性政策安排

着力完善"1+N"扶持政策体系，超前规划布局未来产业，大力发展新兴产业，加快发展现代服务业，优化升级传统产业。分行业分领域制定一批扶持政策，迅速出台并落实应急措施，推动各行各业加快复工达产。落实暖企行动，稳住大企业基本盘。坚持分类施策精准暖企安商，协调解决企业困难和问题。落实好首席服务官制度，及时响应企业诉求。落实全市100家重点工业企业赶工补产计划。保障产业链供应链稳定，全面落实《关于保产业链供应链稳定的工作方案》和工作清单，抓实抓细保产业链供应链稳定工作。同时，鼓励大企业通过加大采购、资源共享、合作运营等方式扶持引导本地中小企业向其产业链上下游延伸，促进本地大中小企业协同配套、复工达产。

（二）加快政策扶持兑现，促进中小企业加速发展

深入开展政策宣传活动，让广大中小企业对财税支持、复工复产、降低企业

经营成本、"小升规"奖补等相关惠企政策应知尽知、应享尽享。全面落实阶段性减免社会保险费政策，对支持复产复工的各项收费项目坚决做到应减尽减，应缓尽缓，对不裁员或少裁员的企业实施失业保险稳岗返还，切实降低企业用工成本。扩大新增设置疫情防控期吸纳就业补贴、职业介绍补贴、招工补贴、延迟复工补助等扶持政策的受惠覆盖面，简化审批流程。进一步优化和完善各项扶持措施，尤其是畅通供应、保障产业配套、加强招商引资、强化金融支持等方面，推动企业加快达产满产。

（三）积极提振内需，促进"消费回补"和"潜力释放"

当前，我国经济增长的内需动能大于外需，针对"市场需求不足"这个最大难题，迫切需要在需求侧促进"消费回补"和"潜力释放"。因此，要多措并举释放消费需求，发挥投资关键性作用，从消费端为企业开拓内需市场打牢基础。引导居民扩大汽车、家电等大额商品消费，鼓励传统企业发展"线上引流+实体消费"等销售新模式，培育夜间经济、直播电商、网红经济、5G等消费新热点，大力开拓农村市场等消费新领域，有力促进居民消费升级。抓住暑期旅游小高峰，精心举办"外地人游江门、江门人游五邑"等活动，精准发放旅游消费补贴，吸引更多游客到江门旅游、在江门消费。

（四）加快互联网平台建设，助力企业开拓国内外市场

推动互联网和实体经济深度融合，打造外贸企业网上互联、互通、互助平台，实现国内外资源、信息共享。贯彻落实好国家、省和市各项稳外贸政策，加快申报和兑付各级扶持资金。鼓励外贸企业开展保税物流业务、保税电商等外贸新业态，推动外贸企业用好国内国外两个市场、两种资源，促进外贸稳定发展。组织外贸企业参加网上广交会等线上交易展会，为参展企业提供直播营销服务，实现展示对接、洽谈、交易全流程一体化。

（五）注入金融活水，缓解企业资金周转困难

全力推进中小微企业"政银保"融资项目，通过提供专项信贷额度、无还本续贷、减免利息等各类扶持举措，为中小微企业注入"源头活水"。对受疫情影响较大、暂时出现经营困难但有发展前景的中小微企业，通过合理增加授信、发放信用贷款和中长期贷款等给予优先支持，缓解企业资金周转困难。推动江门市更多企业

应用中小企业融资平台、中征应收账款融资平台,开展供应链金融业务。大力吸引金融机构进驻,加快政府性融资担保公司筹建进度,完善本地金融业态。

(六)多措并举,做好稳就业保民生工作

针对部分企业缺工、稳岗压力大和重点群体就业难等突出矛盾,因地因企因人分类帮扶,提供"一对一"就业跟踪服务。扩大失业保险稳岗返还受益面,支持受影响企业开展适岗培训,稳定就业存量。加大基层服务项目招聘和公益性岗位开发力度,提升家政服务、夜经济吸纳就业能力。支持劳动者灵活就业,扩大就业渠道。深化创业带动就业,开展创新创业大赛,加快青年创新创业基地建设。精准帮扶高校毕业生、农民工、退役军人、就业困难人员、建档立卡贫困人员等重点群体,落实各项就业创业优惠补贴政策。开展大规模企业职工在岗培训和重点群体技能培训。实施粤菜师傅工程,开展居家、母婴、养老、医护四个重点培训项目。

06 改革治理篇

大力实施"培土工程"优化要素配置机制塑造广东省制造业高质量发展环境新优势

广东省工业和信息化厅
赛迪顾问股份有限公司分公司

本报告以党的十九届四中全会及中共中央、国务院出台的《关于构建更加完善的要素市场化配置体制机制的意见》确立的劳动、资本、土地、技术、数据五大要素以及能源要素作为研究对象,通过剖析近年来广东省制造业要素支撑及配置供给现状、供给需求,深入分析广东省要素配置在制造业高质量发展中的优劣势及主要存在问题,分维度提出"十四五"时期提升全省制造业发展的要素保障能力和要素配置效率的针对性对策建议,以供省有关部门决策参考。

生产要素是指进行社会生产经营活动中所必要的各种资源,是维系国民经济运行及市场主体生产经营过程中的基本因素。2019年11月21日,广东省委书记李希同志在全省推动制造业高质量发展大会上强调,要实施"培土工程"以改革为主动力塑造环境新优势,厚培制造业高质量发展的土壤。优化制造业生产要素市场化配置机制,促进要素自主有序流动,提高要素配置效率,有助于进一步激发全社会创造力和市场活力,对推动制造业高质量发展、建设现代化产业体系具有重要意义。

一、广东要素供给质量全国领先,结构性短板不容忽视

(一)人才[①]

广东省人才总量与综合竞争力全国领先,但人才供给仍难以满足产业发展需

---

① 人才要素在本报告中泛指支撑广东省制造业发展所需的研发人才、专业技能人才和经营管理人才。

求。一是制造业人才总量全国第一，但整体就业规模持续下降。2018年，全省制造业年末从业人数2193.01万人，规模以上制造业年均用工人数1253.81万人，居全国第一。据测算，广东省2019年高级经管人才约180万人、专业技术人才636万人、技能人才1249万人（包含制造业人才约500万人）、高技能人才401万人（包含制造业人才162万人），均居全国第一。但规模以上制造业就业人口近8年减少约280万人，其中仅2018年就减少119.73万人。二是人才产出全国领先但与发达国家存在差距。全省规模以上制造业劳动生产率从2011年的13.54万元/人增长至2017年的20.98万元/人，居全国第三，但不及美国的1/5（见图1）。此外，2018年增加值工资比[1]为3.16，居全国第一但仍低于美国平均水平（3.93）。三是人才供给难以满足产业发展需求，人才培养与产业发展现状错配。调研发现，广东省制造业存在人才"两头缺"的情况：一方面研发人才持续紧缺，另一方面高技能人才求人倍率[2]始终维持高位。人才培育方面，全省理工类院校占全省高校总数的21.4%，理工类学生占全省高校学生总数的38.5%，低于全国平均水平（全国平均水平分别为30%、39.5%），且近年来中等职校学校和学生数量双下降，职校专业设置多以财经和护理类为主，制造业相关专业开设不足，与广东省是制造业大省的地位不相符合。

图1 2011~2018年广东规模以上制造业全员劳动生产率与其他发达国家（地区）的比较

资料来源：各省份统计年鉴，美国经济分析局（BEA）；赛迪顾问整理，2020。

---

[1] 增加值工资比=平均单个劳动力每年创造的增加值/平均为单个员工每年支付的工资额，即每支付制造业人员1元工资，可创造的增加值金额，通常用这一比值来衡量一个地区的人力成本综合竞争力。

[2] 求人倍率是指劳动力市场在一个统计周期内有效需求人数与有效求职人数之比。

（二）资本

制造业融资规模及投资效果系数全国领先，但融资结构和行业布局仍待进一步优化。一是融资规模全国领先但制造业贷款占全省贷款余额比重持续下降。2019年，全省制造业贷款余额近1.5万亿元，占比18%，且在近3年稳定增长，整体上广东省制造业企业间接、直接融资额均居全国第一，但2019年制造业贷款余额比重较2016年下降3%，且呈现持续下降态势（见图2）。二是融资结构两极分化，民营、小微企业融资成本较高。一方面，大型企业数量仅占3.5%，但贷款余额占比为45%，小微企业数量占78.5%，但贷款余额仅占32%。2019年民营制造业上市企业平均融资额为12.2亿元，仅为中外合资和国企的22%和39%。另一方面，轻工纺织和化工等传统加工业企业直接和间接融资困难，贷款余额占全省不到0.5%。民营和小微企业融资成本分别为6.7%和6.8%，也远高于国有企业融资成本。三是广东资本效能[①]全国领先。各年度投资系数平均值是全国的3.15倍和浙江的2.25倍，但值得警惕的是，这一指标目前呈逐年下降态势。

图2　广东省制造业企业贷款余额及占全部企业贷款余额比重情况

资料来源：人民银行广州分行；赛迪顾问整理，2020。

（三）土地

珠三角工业用地建设趋近饱和，批而未供及闲置用地存在较大挖掘空间。一是

[①] 根据经济学相关理论基础，结合调研实际，本报告采用投资效果系数来衡量金融资本在制造业各细分行业的配置效率，即计算制造业及其31个细分产业门类国民收入的积累增长额与形成这一增长额的投资总量的比率。计算公式为：投资效果系数＝工业增加值／投资额×100%。考虑到统计口径的一致性，本报告选取2012~2018年广东省统计面板数据进行分析，并采用技术手段排除价格因素对统计指标的影响。

平均供地面积处全国中游。截至2018年全省工业用地31.89万公顷，占建设用地比重约19%[①]，较为合理。其中珠三角工业用地占全省26.5%，发展建设趋近饱和。近5年全省工业用地年均供应约5758公顷，明显少于江苏、浙江（见图3）。二是批而未供及闲置用地存在较大挖潜空间。一方面，据测算目前全省存在批而未供工业用地超过25万公顷，接近全省3年的工业用地供应面积。截至2018年，全省各类开发区内存在已具备"三通一平"条件的未供应工业用地达9.72万公顷。另一方面，目前全省已纳入"三旧"改造地块数据库的旧厂房用地面积为92.7万公顷，主要是珠三角核心区的村级工业园，占全省目前工业用地面积总数的19.4%。三是工业用地价格持续攀升。2013~2018年广东省一级市场平均土地价格为552元/平方米，年均增长11.2%，明显高于其他省份。2019年，地面与楼面平均价分别为618.1元/平方米和288.8元/平方米，远高于江苏（275.58元/平方米、242.52元/平方米）、山东（246.99元/平方米和269.27元/平方米）、浙江（474.58元/平方米、318.87元/平方米）等省份。其次，东莞等珠三角地区2013~2019年二级市场平均转让价从2014年479元/平方米涨到2019年1665.9元/平方米，涨幅居于全国前列。四是土地利用效率较高但区域差距明显。2018年全省地均工业增加值为78.6万元/公顷，分别是江苏和山东的1.4倍和1.9倍；地均规模以上工业主营收入283.5万元/公顷，分别是江苏和山东的1.5倍和2.2倍。但珠三角工业用地地均税收分别是粤东、粤西、粤北的4.7倍、3.4倍和5.7倍，用地效能区域差异大。

图3 2016~2019年广东省工业用地供应情况

资料来源：Wind数据库，自然资源部网站；赛迪顾问整理，2020。

---

① 根据《城市用地分类与规划建设用地标准》，纯工业用地占比在15%~30%区间。

（四）技术

多项技术指标领先全国，但自主创新和基础研究能力仍待加强。一是全省整体研发投入产出水平较高。2018年，全省规模以上制造业企业研发经费内部支出2072.5亿元，居全国第一（见表1）。全省规模以上制造业企业研发投入强度1.64%，居全国第四。有R&D活动企业数16175家，居全国第二；新产品销售收入比重30.7%，居全国第二；有效发明专利数约32万件，居全国第一。二是企业获取技术途径多元但自主研发意识亟待增强。调研显示[①]，制造业企业主要技术来源较为多样，自主研发、产学研、技术引进与投资并购兼有之，但外购技术比例大。2018年，广东企业外购技术支出约760亿元，占企业内部R&D经费支出的36.7%，是江苏、浙江和山东的1.7倍、3倍和2.6倍。三是对新兴技术研发投入强度较高。2018年，电子、装备与医药等产业研发支出强度高于全省平均水平0.7个百分点以上。此外，5G和家电产业技术处于全球领先地位。四是技术创新效率的边际效用减弱。全省制造业技术创新效率[②]从2010年的17.2下降至2018年的11.8，反映出全省制造业现阶段技术驱动市场效应减弱，需要有更多革命性的技术突破以提升技术创新的边际效率。

表1　2018年全国先进地区规模以上制造业企业技术创新投入相关指标对比

区域	R&D经费内部支出 绝对值（亿元）	排名	R&D投入强度 绝对值（%）	排名	有R&D活动企业数 绝对值（家）	排名	企业数比重 绝对值（%）	排名
广东	2072.52	第一	1.64	第四	16175	第二	35.10	第四
江苏	2003.09	第二	1.65	第三	19379	第一	43.30	第一
浙江	1125.59	第四	1.70	第二	15875	第三	40.50	第二
山东	1333.18	第三	1.58	第五	7780	第四	20.40	第十六
北京	261.67	第十五	1.71	第一	1071	十三	34.70	第五
上海	550.44	第五	1.42	第七	2157	十七	26.80	第九

注：企业数比重为有R&D活动企业数占规模以上制造业企业总数比重。
资料来源：各地统计年鉴、国家统计年鉴、中国科技统计年鉴；赛迪顾问整理，2020。

---

① 资料来源于《广东省制造业高质量发展要素配置情况调查问卷》。其中，制造业企业155家，有效问卷155份。
② 技术创新效率定义为"新产品销售收入/新产品开发经费支出"。

（五）数据

制造业数据资源丰富，企业数字化转型成效初显。一是广东省制造业数据采集与存储规模全国第一，数字基础设施走在全国前列。据不完全统计[①]，目前广东整体数据储量超3000EB，约占全国的20%。其中，政务数据库拥有近80亿条数据，其中制造业数据占7成。截至2020年3月，全省累计建成5G基站42698座，约占全国25%，5G产值超2000亿元，约占全国50%，多项指标位列全国第一。数据中心建设方面，截至2020年3月，已投产数据中心约160个，已投产机架约11.6万个，服务器超86.4万台，数据存量已达到25万TB。二是数据与产业融合步伐加快，电子信息、装备与新材料领域企业数字化转型积极性高。结合统计与调研结果，两化融合基本已覆盖全省制造业优势行业，78.9%的广东制造业企业已逐步开展数字化转型，其中新一代电子信息、高端装备、先进材料类企业占比最高。三是制造业企业数据挖掘和利用能力较弱。尽管制造业企业数字化转型初具成效，但企业普遍反映欠缺数据挖掘能力，"数据孤岛"现象严重。目前超过70%的企业数字化转型仅停留在机器换人、销售和供应链管理方面，超50%的企业认为数据处理成本过高，难以深入对工艺技术、工艺数据进行分析（见图4）。

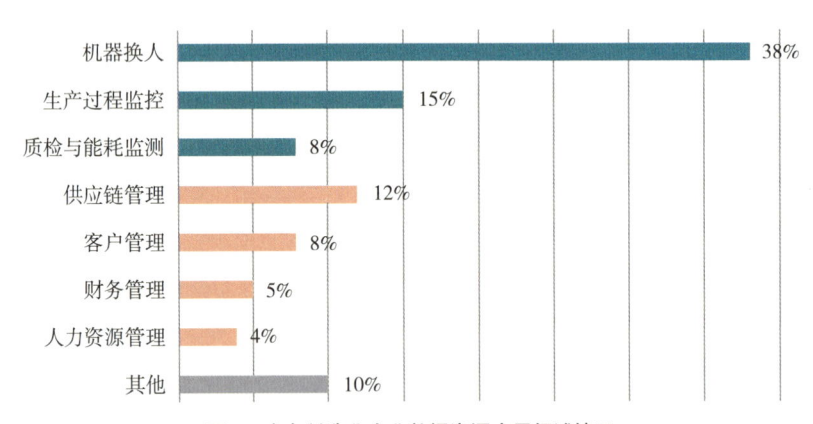

应用领域	比例
机器换人	38%
生产过程监控	15%
质检与能耗监测	8%
供应链管理	12%
客户管理	8%
财务管理	5%
人力资源管理	4%
其他	10%

图4 广东制造业企业数据资源应用领域情况

资料来源：工业互联网案例资料；赛迪顾问整理，2020。

（六）能源

广东省制造业能源消费供给较为充足，但能源消费结构仍待进一步优化。一是

---

① 根据公开数据估计。

目前广东基本解决了能源供给制约问题。用电压力是广东省制造业发展面临的主要能源问题，但自2011年电力短缺达到峰值后，广东省扩大火电厂建设规模，电力供给形势逐渐缓解，2019年，广东省6000千瓦及以上电厂供电设备容量全国第二（12824万千瓦），仅次于江苏（13288万千瓦）。此外，核电厂数量和发电量均位居全国第一。二是能源使用结构逐步升级。能源消费以原煤为主逐渐转变为以电力为主，2018年电力消费占制造业能源消费23.6%，超过原煤1.3个百分点，同时天然气推广应用成效显著，用气需求快速增长（见图5）。三是高能耗行业主要分布于粤东西北地区。广州、东莞、佛山、深圳、珠海等珠三角城市能耗最高的产业分别仅占当地制造业的26.1%、46.4%、34.5%、26.7%和25.5%；而茂名、梅州、潮州、韶关等地区能耗最高产业分别占当地制造业的93.7%、96.2%、80.1%和69.4%。四是广东能源价格仍相对较高。广东制造业用气、用水、用电与用油成本分别为4.36元/升、3.46元/吨（广州）、0.7264元/千瓦时、5.13元/升（#90汽油），均高于全国平均，除用水外其他成本均远高于美国。五是能源利用效率总体大幅提升。2018年广东规模以上制造业每万吨标准煤产出的总产值为7.29亿元，较2010年增长2.1倍。但值得注意的是，全省能源利用效率在2016年达到顶峰后再次出现下降。

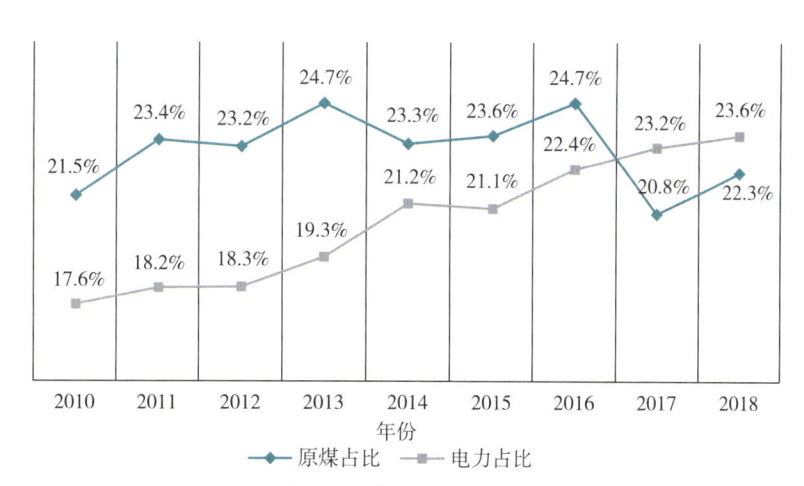

图5　2010~2018年全省规模以上制造业能源消费结构变化情况

资料来源：广东省统计年鉴，赛迪顾问整理，2020。

二、广东要素供给不均衡、不充分深刻制约制造业高质量发展

总体上看广东制造业要素配置主要存在以下问题。首先，目前广东制造业"比较优势"减弱、核心竞争力尚未完全形成，面临稳增长和调结构的双重压力，又深

受发达国家和新兴经济体的双重挤压，陷入低成本优势锐减和新竞争优势尚未形成的两难局面。其次，要素配置市场化体制机制建设尚处于初级阶段、不完善，缺乏成熟的中介服务体系。再次，要素配置面临区域不平衡、行业不平衡和要素发展阶段不平衡的问题显著，总体呈现珠三角地区集聚大量资源；电子信息产业资源配置效率高于其他行业；土地和能源等自然资源要素市场化程度相对较低。此外，不同产业集群要素配置需求不尽相同，针对不同集群配置资源的逻辑与机制尚未厘清。

从六大要素角度来看，首先是人才方面存在的问题尤为突出，制造业就业人员逐步向金融、房地产等服务业转移，各地制造业人才"找不到、招不来、留不住"问题日益突出；人才政策实施一定程度上存在"重高端轻中低端、重增量轻存量"的矛盾逐步凸显；社会仍普遍将制造业定位为低端，人才发展氛围不够浓厚。资本方面存在的主要问题在于制造业生产周期长、利润低、风险大，企业融资难度远高于房地产等服务业企业，且对于民营企业和小微企业而言，融资难、贵、慢等问题仍然突出。土地方面存在着资源不足与低效率用地之间的矛盾，以广深为主的部分珠三角地区工业用地紧缺，且闲置土地处置难、认定难，新增用地开拓成本高。与此同时，由于监管缺失，部分地区、企业低效用地导致土地"隐形浪费"严重。技术方面存在着企业技术创新能力不足和外购技术占比过大问题，核心技术掌握程度不高；其次是中小微企业受人才和资金短缺的影响，技术创新能力较弱。数据方面由于标准未确定、数据安全体系未建立、数字化转型成本高，中小企业在数字化转型方面存在较大顾虑。能源方面则对高耗能产业的发展仍未有清晰的认识与规划，一方面，部分高耗能产业对环境带来较大压力；但另一方面，其对制造业的支撑作用较大。

三、"十四五"期间建设更高质量的要素配置机制面临的新形势和新要求

一是当前国际竞争不断加剧，要求我们更科学合理配置要素资源，为制造业高质量发展提供有力支撑。广东省身处国际产业竞争的前沿，抢占未来发展先机要求广东强化全球资源配置能力，不断加强科技创新和高端产业的引领作用。

二是要素市场化改革成为应对经济下行的重中之重，要求我们继续深化改革，切实提高要素质量和配置效率。党中央强调充分发挥市场配置资源的决定性作用，以提高要素质量和配置效率为核心，引导各类要素协同向先进生产力集聚。

三是面对"双区驱动"和"双循环"新格局的历史机遇，要求我们尽快克服要素自由流通障碍，推动大湾区协调发展的体制机制创新。高度互联互通的市场是区域经济保持活力的重要基石，加快克服要素自由流动障碍，充分彰显湾区政策红利。

四是大力培育战略性支柱产业集群与战略性新兴产业集群，要求我们有针对性地开展要素配置工作以促进集群发展。需要根据各个集群的特点和发展现状，深入研究各区域的要素禀赋与各集群的要素基础，有针对性地引导要素资源合理流动。

五是目前广东仍面临区域发展不协调的问题，要求我们进一步开展要素资源合作，推动"一核一带一区"区域发展新格局的形成。强化珠三角核心区引领带动作用，挖掘利用各区域的要素优势带动沿海经济带、东西两翼和北部生态发展区发展。

四、大力实施"培土工程"，夯实制造业高质量发展的要素基础，构建制造业高质量发展环境新优势

总体上，广东省提高制造业生产要素的配置效率以实现高质量发展，应从以下方面着手：一是全面树立以提高全要素生产率为核心的制造业高质量发展目标，在关注经济总量的同时加强对以创新为核心的要素投入与产出情况的监测，建立更为科学的要素使用评价模式。二是进一步加快制造业发展要素的市场化改革进程，遵循市场经济发展规律，坚持市场配置资源为主，用好用活政府"有形之手"；以建设珠三角统一大市场为示范，推进全省制造业要素市场一体化建设。三是大力推动制造业转型升级，加强产业集群建设。加大力度推进企业间的兼并重组，优化整合产业链；以产业创新为抓手，促进战略性新兴产业发展与传统产业优化升级；加快发展生产性服务业，提高研发、销售、金融、物流等环节对制造业企业转型升级的支持。

人才方面，一是应该充分利用现有人才政策，将制造业纳入人才工程重点支持领域，在"珠江人才计划"和"广东特支计划"中设立制造业人才专项，单独立项、单独申报、单独评审。二是扩大现行人才政策适用群体，将各类高层次人才政策惠及专业技术人才和高技能人才，对新引进或新培养的制造业重点领域高技术人才和高技能人才给予同等政策优惠。三是建立制造业细分行业人才统计和共享、公开机制，全面及时掌握全省制造业人才需求情况。定期发布更新广东省制造业重点

领域紧缺人才目录，为精准引才提供科学指导。

资本方面，一是推动建立系统的制造业信贷风险补偿机制，从省级制造业高质量发展专项资金中划拨一部分用于设立制造业风险补偿基金，引导金融机构加大对重点行业处于成长期的科技型中小型制造业企业的信贷支持。二是创新多元金融产品和服务，大力发展融资租赁、订单、仓单、应收账款融资等供应链金融产品，加大融资租赁、订单融资等新型金融手段的实施力度。三是加强金融资本市场建设，通过债权融资、股权融资以及风险投资、私募股权投资等多种金融工具为制造业企业服务。进一步完善区域性股权、产权交易中心的建设，大力发展创业投资、天使投资，发挥各类资本支持制造业发展的综合效应。

土地方面，一是优化产业用地配置机制，积极推行工业用地弹性出让、长期租赁、先租后让等多种供地方式，根据企业的产业特点、科技含量、生命周期等因素，采取不同的供地方式，灵活设定出让年期。二是大力推进村级工业园改造，总结推广顺德经验，优化完善对"工改工"项目实行财政奖补、土地增值税省市分成、"三旧"改造矛盾纠纷司法裁判机制等配套政策。三是建立工业用地项目全生命周期管理信息平台，完善工业用地出让合同，从建筑容积率、亩均投资强度、亩均税收、履约保证金缴纳和违约责任等方面增加《土地出让合同》的补充条款，防止供后土地粗放利用或闲置。

技术方面，一是支持中小企业实现发明专利"破零"。设立"破零"年度目标，落实专利收费减缓、专利优先审查绿色通道、研发费用税前加计扣除奖补等政策，推荐符合条件"破零"中小微企业进入"小巨人"企业培育库。二是探索科技成果产业化"揭榜制"。对企业拟完成推进产业化的关键核心技术进行筛选并"上榜"，对项目"上榜"的地市，在其产业发展扶持政策方案评审时给予重点支持，对"揭榜"企业实行分阶段奖补。三是拓宽产学研融资渠道。鼓励企业采用政府和社会资本合作（PPP）模式建立有效合作机制；支持产学研合作组织以技术转让、知识产权质押、知识产权贷等多渠道融资。

数据方面，一是积极推动工业企业实现5G内网改造，加快5G终端设备的应用普及，加强对以通信、网络、基础软件等领域为核心的技术开发。二是梳理现有的行业、政府、企业标准，研究制定支持多平台互联互通，跨平台调用的统计接口，引导规范数据资源流动，研究制定公平开放透明的数据交易规则，推动工业数据开放共享。三是以产业集群为载体推动制造业企业实现数据资源融合创新，加快集群产业数据汇集与应用开发，推动产业基础高级化和产业链现代化，支持平台服务商、行业龙头企业、科研机构、协会等建立深入联动关系。

能源方面，一是提高清洁能源利用率，着力推进"煤改气"工程，引导和鼓励分布式能源设备研发、建设、使用推广。二是优化能源"考评"方式，完善固定资产投资项目节能评估和审查制度，鼓励高能耗企业实行能耗等量或减量置换，严格控制高能耗、低水平项目重复建设和产能过剩行业盲目发展。推进资源再生利用产业发展。支持龙头企业构建技术支撑体系。吸引一批在有价元素提取、工业废弃物利用、再生资源回收等方面具有先进技术水平和产业竞争优势明显的企业来广东省投资发展。

广州制造业发展质量评估及提升对策研究

广州市社会科学院

当前，推进制造业的高质量发展已经成为我国经济发展的主攻方向。作为全国重要制造业基地、粤港澳大湾区核心城市之一，广州近年来全面实施制造强市战略，制造业发展质量稳步提升，创新发展动能增强，结构优化升级显著，融合发展全国领先，区域协同发展提速增效，制造业高质量发展的特征已经显现。本报告以新发展理念为指导构建广州制造业发展质量评价指标体系，评价结果表明，近10年来广州产业发展质量持续提高，在全国排名前列，创新成为产业高质量发展的最大动力，产业结构服务化成效突出，产业发展新动能不断显现；但对标先进制造业强市，还存在整体质量不高、开放发展优势下降、绿色制造水平较低、共享发展效益有待提高、创新成果转化不足、高端化转型相对迟缓等突出短板。因此，广州要以创新驱动持续增强制造业综合实力，以加快结构优化升级推进制造业高端化发展，以深化推动国内国际"双循环"提升制造业国际影响力，以注重成果共享提高制造业发展的社会效益，以绿色发展理念贯穿全过程增强绿色制造能力，推动广州制造业高质量发展迈上向更高水平，加快建设具有全球竞争力的先进制造业强市。

习近平总书记多次强调，要把实体经济特别是制造业做实做强做优，围绕产业链部署创新链、围绕创新链布局产业链，推动经济高质量发展迈出更大步伐[1]。这意味着制造业的高质量发展已经成为我国经济发展高端化的主攻方向。2019年11月，

---

[1] 2020年4月20日至23日，习近平总书记在陕西调研时提出要求，强调把实体经济特别是制造业做实做强做优，要围绕产业链部署创新链、围绕创新链布局产业链，推动经济高质量发展迈出更大步伐。2020年10月14日，深圳经济特区建立40周年庆祝大会，习近平总书记出席大会并发表重要讲话，强调要围绕产业链部署创新链 围绕创新链布局产业链。

广东召开推动制造业高质量发展大会，提出要实施"六大工程"①，攻坚克难突破重点领域关键环节，加快制造强省建设。2019年12月，广州在先进制造业建设推进大会上提出了推动制造业高质量发展的"八大提质工程"。作为全国制造业强省的省会城市，广州近年来全面实施制造强市战略，制造业质量变革、效率变革、动力变革不断深入，但同时也积累了较多的结构性矛盾。客观评价广州制造业发展质量水平，清醒认识制造业高质量发展的短板和潜力，提出针对性对策建议，对于广州抓紧新时代重要战略机遇期，发挥粤港澳大湾区核心引领作用，深化供给侧结构性改革，围绕补短板、强弱项，进一步提高制造业发展质量，推动实现"四个出新出彩"，协同共建具有国际竞争力的先进制造业基地有着迫切的现实需要。

一、基于新发展理念的造业发展质量评价体系

（一）新发展理念下的制造业高质量发展

十八届五中全会提出"创新、协调、绿色、开放、共享"的新发展理念，集中体现了我国的发展思路、发展方向、发展着力点，是管全局、管根本、管长远的导向②。党的十九大报告指出，我国经济已由高速增长阶段转向高质量发展阶段，要"贯彻新发展理念，建设现代化经济体系"，这意味着新发展理念指导下的高质量发展是建设现代化经济体系的内在要求。而建设现代化经济体系的重点和关键是要构筑现代产业体系，现代产业体系的内涵特征必然体现为新发展理念下的高质量发展。因此，产业高质量发展就是要在新发展理念指导下的现代产业发展，这对制造业高质量发展来说也是一样，是"创新、协调、绿色、开放、共享"五大发展理念在制造业领域的具体体现和落实。实现制造业高质量发展，就要将新发展理念渗透到制造业发展的整个过程和各个环节。

第一，要通过"创新发展"解决制造业发展的动力问题。党的十九大报告提出，创新是引领发展的第一动力。实现制造业高质量发展，就要依靠创新驱动发展，通过建设创新平台、培育创新主体、集聚创新要素，构筑良好创新创业生态系

---

① "六大工程"包括实施"强核工程"，把科技创新摆在重中之重；实施"立柱工程"，打造一批有国际竞争力的先进制造业集群；实施"强链工程"，推动制造业产业链向中高端迈进；实施"优化布局工程"，以村级工业园改造为主战场，拓展发展空间；实施"品质工程"，着力打造"中国制造"品质标杆；实施"培土工程"，营造推动制造业高质量发展的一流环境。

② 来源于2016年1月29日中共中央政治局就"十三五"时期我国经济社会发展的战略重点进行第三十次集体学习。

统,让创新成为推动广州制造业高质量发展的强劲引擎。

第二,要通过"协调发展"解决制造业发展的不平衡问题。产业高质量发展是协调成为内生特点的发展,不仅表现为区域均衡、城乡统筹,还包括产业结构、产业空间布局、行业之间、产业链各环节之间的协调。要针对不平衡不充分发展的领域,抓重点、补短板、强弱项,统筹推进制造业体系各组成部分和环节的协调发展。

第三,要通过"绿色发展"解决制造业发展与生态环境关系问题。产业高质量发展是绿色成为普遍形态的发展。推动制造业高质量发展,要通过提高资源能源利用效率和减少废物排放,推动制造业绿色化转型,降低和消除制造业对生态环境的破坏,构建资源节约型和环境友好型的制造业产业体系。

第四,要通过"开放发展"解决制造业发展的国内国际双循环相互促进问题。产业高质量发展是开放成为必由之路的发展。开放发展有助于利用国内和国外两个市场,以及利用国内和国外两种资源,通获得先进技术和管理经验,不断提升制造业发展水平和国际竞争力。

第五,要通过"共享发展"解决制造业发展的社会价值实现问题。产业高质量发展是共享成为根本目的的发展。制造业高质量发展通过提供更高水平的就业、更高质量的产品以及更多的公共财政收入来促进人的发展,促进社会公平正义,更好满足人民群众不断增长的美好生活需要。

(二)制造业发展质量评价指标体系

根据对制造业高质量发展的理解,结合广州市制造业发展实际,从经济实效、产业结构、创新能力、绿色发展、国际影响和社会效益六个维度(见图1)构建制造业发展质量评价指标体系(见表1)。

图1 制造业发展质量评价体系的维度

资料来源:课题组研究整理。

表 1　　　　　　　　　　　　制造业发展质量评价指标体系

指标维度	一级指标	二级指标
经济实效	产业规模	制造业增加值；规模以上工业企业资产
	产业效益	制造业企业资产利润率；制造业企业全员劳动生产率；制造业增加值率
产业结构	产业地位	制造业增加值占GDP比重；规模以上工业企业对GDP增长的贡献率
	产业优化	国家高新技术企业数；高技术制造业增加值占规模以上工业增加值比重
	产业集聚	规模以上工业产业区位熵；规模以上工业企业全国市场占有率
创新能力	创新投入	工业企业R&D经费支出占工业增加值比重；制造业企业R&D人员全时当量；规模以上工业企业R&D人员占规模以上工业从业人数比重
	融合发展	国家两化融合贯标企业数
	创新产出	有效发明专利数；技术市场输出技术成交额
绿色发展	能源消耗	制造业单位增加值能耗；制造业单位增加值耗电量
	资源节约	制造业单位增加值用地；制造业单位产值用水量
	环境保护	制造业单位增加值废气排放量；规模以上工业单位增加值固体废弃物排放量；单位增加值废水排放量；一般工业固体废物综合利用率
国际影响	对外贸易	制造业技术进口金额；机电产品进口额占进口总额比重；规模以上工业企业出口交货值占工业销售产值比重
	对外合作	制造业境外企业数；制造业外商投资企业工商登记数
社会价值	社会效益	制造业企业就业人数占全社会就业人数比重；城镇非私营制造业在岗职工年平均工资
	区域贡献	制造业企业从业人员人均利税率

资料来源：课题组研究整理。

经济实效。制造业发展取得的实际效果。效率的改进意味着更多（数量）更好（质量）的产出，因此从制造业发展的总体规模和要素使用效率两个方面选择指标。

产业结构。制造业内部各行业的合理性、高端化和集聚发展水平。产业结构转型升级促进制造业发展质量的提高，主要从产业地位、产业优化和产业集聚水平等方面选择指标。

创新能力。产业发展的整体创新水平和可持续性。从投入到产出全过程的整体创新能力对制造业转向高质量发展起至关重要的作用，因此评价指标的选择包括创新投入、创新融合应用和创新产出三个方面。

绿色发展。制造业发展在资源有效利用和节能减排方面取得的进步。资源利用率的提高和减少对环境的排放可以有效降低对人类生态环境的风险，促进产业发展与生态环境的和谐关系，因此，评价指标的选择主要包括资源和能源的利用水平、废弃物综合利用、污染物排放等方面。

国际影响。制造业发展利用国际资源和市场的能力。作为国家中心城市制造业开放发展的重点是面向全球，坚持引进来与走出去并重，推动形成国内国际双循环开放新格局，因此指标的选择侧重于从对外经济和贸易活动方面。

社会价值。衡量制造业产业发展对社会发展的贡献，体现制造业高质量发展的共享性和公平性。选择产业的就业带动、收入水平、税收等方面指标评价制造业发展的社会价值。

二、广州制造业高质量发展比较分析

（一）对标城市选择和数据来源说明

1. 比较对象选择

本研究从纵向和横向两个方面对广州制造业高质量发展水平进行比较分析。在纵向上，按照指标体系选择近10年的广州制造业发展数据进行比较分析；在横向上，根据城市经济综合实力、制造业发展水平等方面的相似性和可比性，选择包括广州在内的国内20个城市进行制造业高质量发展的比较评价。具体城市包括：上海、北京、广州、深圳、天津、苏州、重庆、武汉、成都、杭州、南京、青岛、无锡、长沙、宁波、西安、郑州、合肥、佛山、东莞（见表2）。

表2　制造业高质量发展比较城市选择

2018年GDP万亿俱乐部城市	中国先进制造业城市发展指数20强城市	产业高质量发展14强城市	粤港澳大湾区制造业发达城市	最终选取城市（20个）
上海	上海			广州
北京	深圳			上海
广州	广州			深圳
深圳	北京	广州		北京
天津	苏州	北京		苏州
苏州	武汉	天津		武汉
重庆	重庆	上海		重庆
武汉	宁波	深圳	深圳	宁波
成都	青岛	重庆	广州	青岛
杭州	南京	成都	佛山	南京
南京	杭州	武汉	东莞	杭州
青岛	合肥	郑州		成都
无锡	成都	西安		天津
长沙	天津	杭州		合肥
宁波	长沙	苏州		长沙
郑州	无锡	青岛		无锡
	郑州	南京		郑州
	佛山			佛山
	烟台			东莞
	西安			西安

资料来源：课题组研究整理。

2. 数据来源说明

本研究建立评价指标体系，对广州制造业发展质量进行比较分析，数据来源于三个方面：纵向比较的数据主要来源于2009~2019年的《广州统计年鉴》《广州市国民经济和社会发展统计公报》；横向比较评价的数据主要来源于各城市2018年国民经济与社会发展统计公报、各城市2019年统计年鉴、2019年中国统计年鉴、各城市所在省2019年统计年鉴、Wind数据库以及其他文化产业发展相关数据库[1]。

考虑到样本城市指标的可比性，在指标数据获取时，本研究数据获取的主要原则如下：一是以《2019年中国城市统计年鉴》中的数据为主。二是缺损数据有各城市2019年统计年鉴或者2018年统计公报中的数据作补充。三是针对在城市统计年鉴和统计公报中找不到的数据，选从其他数据库获取。如果获取不到，则采用省级相关数据根据城市制造业发展与所在省制造业发展情况对比后进行间接折算处理。四是考虑到《中国城市统计年鉴》中的数据可能与各城市统计年鉴数据存在一定差异，针对差异性较大的城市数据，本研究以城市统计年鉴或者城市统计公报数据为主。

（二）广州制造业高质量发展的初步成效

1. 制造业综合实力和配套能力居全国前列

经过改革开放40多年的快速发展，广州制造业综合实力和配套能力居全国前列，拥有汽车制造、石油化工、电子产品、电气机械及器材制造业、电力热力生产供应5个千亿级产业，船舶、冶金等21个百亿级产业。在全国一线城市率先获批工信部制造强市战略试点示范城市和国家服务型制造示范城市，成功创建全国智能网联汽车与智慧交通应用示范区和中国软件名城，打造全省首个4K电视应用示范社区和工业互联网产业示范基地，两化融合发展水平、绿色制造指标居全国前列，已经成为名副其实的国家先进制造业重要基地。2019年的中国先进制造业城市发展指数50强中，广州排名第四，仅次于上海、深圳和北京[2]。

2. 制造业质量稳步提升，发展态势良好

总体来看，近10年来广州制造业的综合发展质量以年均21.4%的速度得以提升，向高质量方向发展的态势不断加强，制造业的结构优化质量、创新能力、经济

---

[1] 极少数缺失年份数据由前后年份数据取算数平均值补充，不影响估计结果。
[2] 资料来源：赛迪顾问《2019中国先进制造业城市发展指数》。

实效和绿色发展质量都得到较大提升。从横向看，与国内主要制造业发达城市的比较评价结果显示，2018年广州制造业高质量发展整体水平次于深圳、上海、苏州、成都、北京和天津，排名第7，居全国前列（见表3）。

表3　2018年全国制造业发展质量20强

排名	城市	质量得分	排名	城市	质量得分
1	深圳	3.697	11	无锡	2.189
2	上海	2.832	12	武汉	2.181
3	苏州	2.774	13	重庆	2.153
4	成都	2.742	14	合肥	2.051
5	北京	2.699	15	郑州	2.029
6	天津	2.502	16	杭州	2.016
7	广州	2.371	17	南京	1.990
8	宁波	2.323	18	东莞	1.937
9	佛山	2.293	19	青岛	1.892
10	长沙	2.273	20	西安	1.524

资料来源：课题组研究整理。

3. 产业创新成为高质量发展的主要动力

近年来广州围绕打造科技创新强市，建设国际科技创新中心，加大政策引领，不断提升制造业创新能力。2018年，全市新增高新技术企业3104家，累计总数达到11794家，位居全国第3；国家科技型中小企业评价入库企业数达8377家，位居全国城市（含直辖市）第1，占全国入库企业数的6.07%[1]；入选中国最佳创新公司50强的企业数连续4年居全国各大城市前列。对国内主要城市制造业发展质量的量化评价结果也再次印证了广州制造业创新发展取得的不俗成就。2018年，广州制造业高质量发展六个维度中，创新发展质量表现尤为突出，仅次于深圳、上海、北京和天津，在全国排名第5（见图2），比制造业整体质量排名靠前2位，是制造业高质量发展评价体系六大维度中排名最前的一个方面，制造业创新发展成效显著。

---

[1] 资料来源：《广州蓝皮书：广州创新型城市发展报告（2019）》。

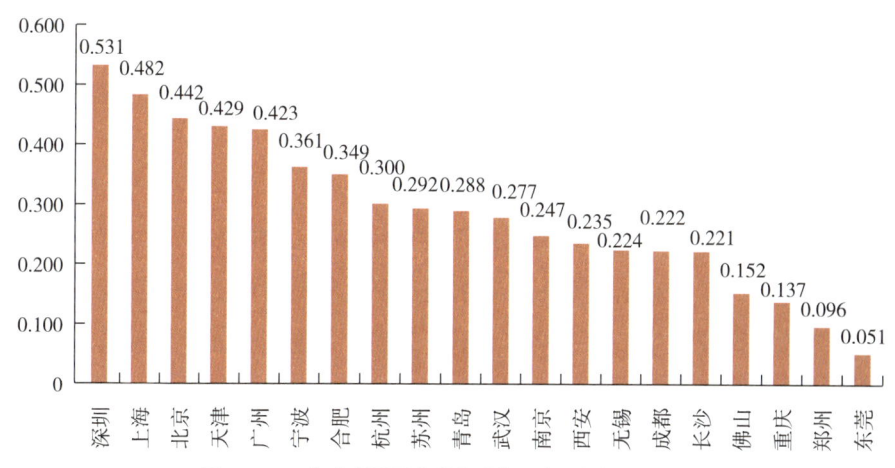

图2 2018年广州同国内其他城市制造业创新质量比较

资料来源：课题组研究整理。

4. 结构优化大幅提升，新动能转换加快

近10年来，广州坚持将结构调整作为制造业转型升级和提高发展效益的主要方向，制造业结构持续改善，成为广州制造业高质量发展六大维度中质量提升幅度最大的一个方面。10年间结构优化质量评价分值从0.026增长到0.971，提升36.3倍。2019年，先进制造业增加值占规模以上工业增加值的比重为58.4%，比2015年提高5.6个百分点。高技术制造业增速加快，2019年高技术制造业增加值同比增长21.0%，对全市规模以上工业增长的贡献率为57.2%。新一代信息技术、人工智能、生物医药、新能源、新材料等新产业蓬勃发展，例如生物药品制造、工业机器人制造业产值分别增长23.7%、9.8%，均远高于整体工业增长速度[1]。

5. 两化融合成效显著，两业融合有新突破

广州不断完善两化融合顶层设计，在改造提升传统产业、培育新模式新业态、增强企业创新活力等方面成效卓著，为制造业的高质量发展奠定了坚实基础。根据国家工信部对全国46个城市两化融合水平的分析，2018年广州两化融合水平达65.7，位居全国第一，比全国的平均水平高出12.7分。制造业服务化程度提高，开展服务型制造的企业占全市制造企业的34.8%，高出全国平均10.5个百分点[2]。2018年成功创建国家服务型制造示范城市，全市生产性服务业实现增加值达9038亿元，

---

[1] 资料来源：广州市统计局.高质量发展稳健 新动能活力释放——2019年广州市经济运行情况[EB/OL].[2020-01-23]. http://tjj.gz.gov.cn/tjfx/gztjfx/content/post_5642544.html.

[2] 资料来源：国家工业信息安全发展研究中心，《中国两化融合发展数据地图（2018）》。

同比增长9.4%，占GDP的比重达42%，规模位居全国前列[①]。2019年更是荣膺联合国工业发展组织发布的首批"全球定制之都"称号，标志着国际对广州先进制造业与现代服务业融合发展成绩的高度认可。

6. 区域协同发展提速增效

随着珠三角一体化的不断加深，尤其是《粤港澳大湾区发展规划纲要》的实施推进，广州与大湾区、珠三角地区、华南城市群之间制造业的合作深度、广度不断加大，作为大湾区核心城市的引领带动不断加强。粤港澳全面合作示范区建设顺利推进；携手深圳推进"双核联动、双区驱动"；与佛山联手打造四个万亿级先进制造业集群，广佛高质量融合发展试验区进入战略规划阶段；广佛肇经济合作区发展初具规模；广梅产业园帮扶成效显现；广清经济特别合作区和穗港智造特别合作区加快推进；全力打造广佛惠超高清视频和智能家电国家级先进制造业集群，推动形成优势互补、高质量发展的湾区产业布局。

三、广州制造业高质量发展的突出短板

（一）实现制造业强市目标任重道远

尽管近年来广州制造业发展质量得到较大提升，高质量发展特征初现，但距离先进制造业强市目标，建成具有国际影响力的制造业强市还有一定差距，不仅与国内外的标兵城市差距较大，发展势头强劲的后来追兵也是极大挑战。2018年，广州制造业发展质量处于全国第7，但与经济综合实力居国内前4的地位不匹配，不仅落后于深圳、上海、北京同等级的一线城市，也落后于苏州、成都和天津，与紧随其后的宁波、佛山、长沙等城市的差距也不大。尤其与同为大湾区核心城市的深圳相比，差距更大。从评价结果看，深圳以3.70的综合质量得分遥居首位，高出广州1.32分。

（二）对外开放优势下降，成为最大短板

1. 对外开放发展的质量下降

从广州自身发展看，近10年来制造业高质量发展在国际影响方面表现趋于平

[①] 资料来源：中国广州网.服务型制造 广州在行动[EB/OL].[2019-07-14]. http://www.guangzhou.gov.cn/201907/14/156096_52698161.htm.

稳，在六个维度中对广州制造业整体质量提升的贡献最小。从单项指标上，规模以上工业出口交货值占工业销售产值的比重、制造业外商投资企业工商登记数等均出现下降趋势，制造业实际使用外资占全市实际使用外资总额的比重尽管近两年有一定程度的回升，但整体波动较大，尤其是2012~2016年整体下滑趋势明显。可以看出，广州制造业"引进来"和"走出去"的效益均表现不佳（见图3）。

图3 2009~2018年广州制造业对外开放主要指标

注：《广州统计年鉴2019》统计口径发生变化，最新数据采取2017年数据比较。
资料来源：《广州统计年鉴（2019）》、各城市2018年国民经济和社会发展统计公报。

2. 产业对外开放发展已不具优势

与国内城市相比，2018年广州制造业国际影响力质量在全国制造业发展质量20强中仅排名14，是广州制造业高质量发展六大维度中排名最靠后的一个方面，比制造业整体质量排名落后7个名次，成为最大短板。不仅落后于深圳、上海、天津等沿海发达城市，也落后于成都、郑州、重庆、合肥、西安、长沙等内陆城市，更落后于苏州、东莞、无锡等非一线城市。可见，与内陆城市相比，广州制造业的国际影响力已不具有优势，国际枢纽城市的功能还未能充分体现。

（三）绿色发展质量大幅提升，但仍是第二大短板

1. 绿色发展质量与先进城市差距大

近10年来，广州深入落实绿色发展理念，全面推行制造业绿色发展，绿色发展质量取得了直线式提升，对广州制造业高质量发展贡献较大。但在全国普遍落实"绿水青山就是金山银山"发展理念，各地愈加高度重视绿色发展的趋势下，广州

与其他城市相比，制造业绿色发展质量还有较大差距。2018年制造业绿色发展质量排名12，滞后于整体质量排名5个位次，成为广州制造业的第二大短板。

2. 能源资源利用效率不高

从单项指标上看，广州制造业单位增加值能源消耗仍然较高，高于深圳、长沙、成都、北京等城市，在我国制造业发展质量20强中排12位，是能耗最少城市深圳的2.43倍；单位工业增加值用地面积在比较城市中居中间地位，是用地效率最高的佛山的4.1倍（见图4）；清洁生产的水平也不高，单位增加值废气排放量虽然低于上海、苏州、武汉等城市，但显著高于深圳、佛山、东莞、长沙、北京、杭州、成都等城市。

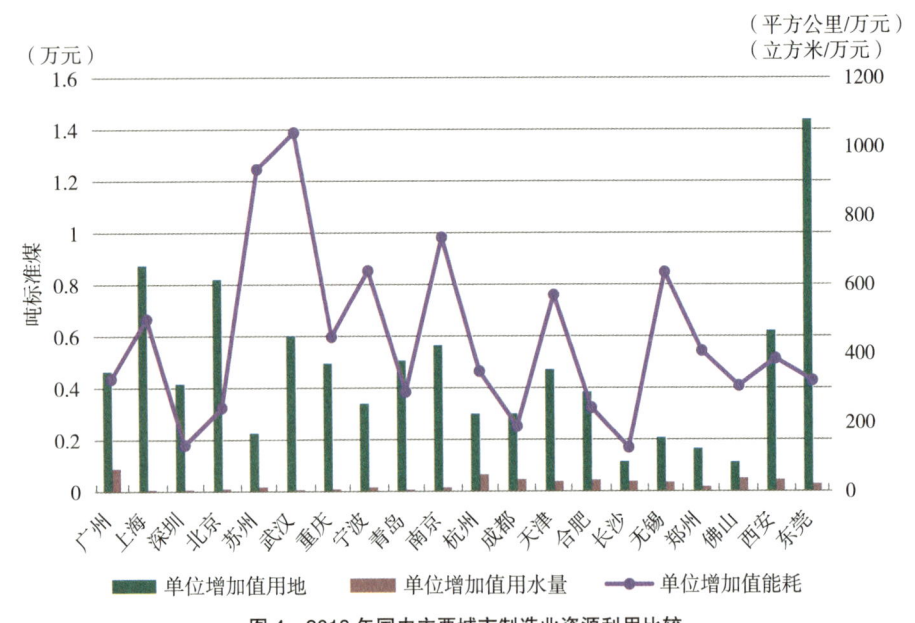

图4 2018年国内主要城市制造业资源利用比较

资料来源：各城市统计年鉴（2019）、中国城市建设统计年鉴（2019）。

（四）规模增速放缓，发展效益不高

1. 增速趋缓，规模总量不占优势

2019年，全市规模以上工业总产值19201.01亿元，同比增长4.7%，规模以上工业增加值4582.95亿元，同比增长5.1%①。相较2016~2018年，工业总产值增幅持

---
① 资料来源：历年广州市统计年鉴。

续放缓，工业增加值增速在连续3年放缓后2019年有所提升。从制造业总体规模来看，与国内先进城市差距较大。2018年，广州工业增加值落后于深圳、上海、苏州、天津、重庆和成都，在20个城市中排名第7，分别仅为深圳和上海的61%和65%（见图5）。与2017年相比，排名第8的成都上升至第6位，广州则从第6跌至第7，落后1位。

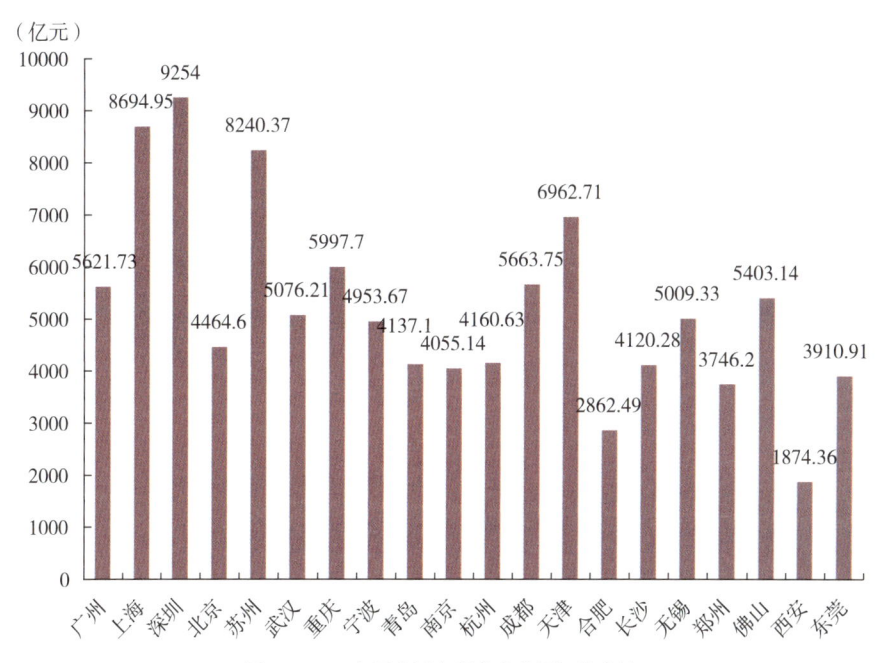

图5 2018年国内城市制造业发展规模比较

资料来源：《广州统计年鉴（2019）》、各城市2018年国民经济和社会发展统计公报。

2.效益提升不显著

对标国内其他城市，广州制造业经济效益并不具备优势。从规模以上工业企业资产利润率上看，广州（7.5%）排在佛山、宁波、成都、长沙、上海和重庆之后，比利润率最高的佛山低4.7个百分点；从工业增加值率看，广州为24.1%，低于排名首位的成都15.8个百分点，而重庆、青岛和长沙等城市均在30%以上[①]。

---

① 本节数据均来源于各城市2019年统计年鉴，根据"规模以上工业企业资产利润率＝规模以上工业企业利润总额/规模以上工业企业资产总额""工业增加值率＝工业增加值/工业总产值"计算得到。

（五）产业结构高端化程度不够

1. 制造业新动能支撑力度较弱

一方面，广州传统支柱产业带动力明显减弱，2018年制造业三大支柱产业产值同比增长4%，增长贡献率比2017年下降30个百分点[①]。服装服饰、纺织、皮革等传统制造业规模连续三年下降。另一方面，IAB、NEM[②]等多数高端产业虽然取得了较快的发展，但是尚处于初步成长发展阶段，受限于体量，对经济拉动的作用有限，制造业新发展动能尚未形成有效支撑。

2. 高端化程度不高

与国内城市相比，广州先进制造业、高技术制造业占比不高，对制造业提升的拉动作用还不显著。2018年，先进制造业增加值占规模以上工业增加值比重低于深圳（71.2%）11.5个百分点；高新技术制造业增加值占规模以上工业增加值仅为13.4%，远低于深圳（67.3%）。从国家高新技术企业数来看，2018年广州（1.1万家）排名虽靠前，但与排名前两位的北京（2.03万家）和深圳（1.44万家）有较大差距[③]。

四、广州推进制造业高质量发展的对策措施

（一）以创新驱动持续增强制造业综合实力

充分发挥广州高校科研力量雄厚的禀赋优势以及国家中心城市的区位优势，加强自主创新，统筹各方技术优势，开展前沿技术、颠覆性技术的联合攻关，掌握先进制造领域的核心技术或关键技术，有效解决"卡脖子"技术问题。一是培育壮大创新型企业，做强做优做大科技创新企业，建立IAB、NEM领域"两高四新"企业清单，重点培育一批高成长性企业；二是强化科技创新平台载体建设，系统谋划建设一批国家重大科技基础设施和国家重点实验室，加强前瞻性基础研究和应用研究，推动自主创新和原始创新；三是大胆尝试探索多种合作模式，深入推进国际合作新型研发机构和平台的建设，与国际著名研发机构、世界500强企业开展实质性

[①] 资料来源：广州统计局。
[②] IAB即新一代信息技术（IT/ICT）、人工智能（artificial intelligence）、生物医药（biopharmaceutical）产业；NEM指新能源（new energy）、新材料（new material）产业。
[③] 资料来源：科技部火炬中心。

技术协作，增强关键共性技术供给；四是加快推进科技成果转化应用，推动广州制造企业以生产制造加工组装为主向"制造＋服务"转型，从单纯出售产品向出售"产品＋服务"转变，建设一批服务型制造示范企业；五是完善和落实人才激励政策，不断增大产业创新研发投入，加大对创新的扶持力度。

（二）以结构优化升级推进制造业高端化发展

按照"引进新建一批、改造提升一批、做大做强一批"的总体要求，大力推进制造业结构的战略性调整，夯实建设先进制造业的产业基础。一是淘汰落后的制造行业和业态，推进传统制造业的升级改造，解决先进制造业领域行业、产品的结构性矛盾，从根本上消除低端制造的过剩供给，充分满足国际国内市场对高端制造产品的需求；二是加快智能装备及机器人、新一代信息技术、生物医药与健康医疗、智能网联与新能源汽车、新材料、新能源等新兴产业发展，加快布局5G、区块链、太赫兹等未来产业，抢占产业发展先机；三是优化所有制结构，推动国有制造企业和民营企业的融合发展，发展混合经济，增强不同类型企业发展的相融性、相助性和互补性；四是实施制造业"互联网＋"提升行动计划，深化机器换人、工厂物联网、企业上云、工业互联网等应用，大力推广协同制造、服务型制造、个性化定制、全生命周期管理等"互联网＋制造"新模式，加快传统制造业数字化改造。

（三）以深化推动国内国际"双循环"提升制造业国际影响力

按照国内国际双循环相互促进的新发展格局，深化推动广州制造业产业链供应链价值链的开放发展。一是提高利用外资质量。鼓励和引导园区和产业集群充分发挥配套能力较强的优势，聚焦"强核、补链"，加大新兴产业、先进制造业引资力度；引导和支持地方政府加大高端外资研发机构引进力度，鼓励外资企业建设制造业创新中心、企业技术中心，融入集群创新的重点领域和环节。二是嵌入国际科技产业链促进制造业发展。依托广州及大湾区的合作分工体系开展补链、强链提升工程，从制造环节，延伸到研发和服务环节，不断加强与国际上产业技术革新先驱地域的联系合作，提高广州制造业的国际竞争力。三是积极参与国际产能合作，推动制造业"走出去"。对接"一带一路"、粤港澳大湾区建设重大开放战略，支持骨干企业在境外开展并购和投资，在有条件的国家和地区建设境外制造业合作园区，提升企业国际化发展能力。

（四）以注重成果共享提高制造业发展的社会效益

推动制造业高质量发展，在追求经济利益的同时，还要注重制造业在提供就业、增加税收等方面的社会价值。一是在"机器换人"过程中实现"机器助人"。要以工业互联网打通需求信息、原料采购、智能制造、物流配送、消费体验等环节，让人、机、物在网络化生产流程中高效互动，将劳动者的灵活性和自动化设备的高效率充分结合，实现从"机器换人"到"机器助人"，提升劳动者的生产效率。二是提升制造业劳动者技能。加快产教融合实训基地建设，重点开展订单式培训、定向培训，以"干中学"的模式培养中高端制造业所需要的高技能劳动力，提高制造业就业的含金量和从业者收入，从而提升制造业就业的吸引力。三是增强制造业税收贡献能力。重点针对广州税收贡献较大的传统优势产业进行改造升级，提升企业发展规模和效益，从而进一步扩大先进制造业的税收贡献比例。加强 IAB、NEM 新兴产业领域培育发展，增强企业的盈利能力。推动制造业与服务业融合发展，改善供给质量，实现差异化竞争，有效提高企业盈利能力，双向提升税收贡献。

（五）以绿色发展理念贯穿全过程增强绿色制造能力

将绿色理念和技术工艺贯穿制造业全产业链和产品全生命周期，通过技术创新和系统优化，以生产过程清洁化、能源利用高效化、产业耦合一体化等为发展方向，加快构建绿色制造体系。一是进一步提高能源资源利用效率，加强资源利用的价值链管理，建立企业间的资源互补信息和交易物联网，促进资源利用率的提高。二是降低制造业环境排放。实行新上项目与能源消费增量挂钩，引导各区将能源消费增量指标主要用于低能耗、低排放、高附加值的项目。加强重点污染源的污染控制，推动实施工业企业污染物排放总量控制和达标排放。三是大力发展环保产业。推进大气污染防治、环境监测仪器和设备、新型环保材料等节能环保产业的发展，支持企业开发绿色节能产品，积极推行生态设计，打造绿色制造业生态链。四是推进资源全面节约和循环利用，实施节水行动，降低能耗、物耗，实现生产系统和生活系统循环链接。以单位土地经济指标及单位能耗产出等为评价指标建立企业资源节约利用综合评价体系。协同推动大湾区开展绿色低碳发展评价，着力降低碳排放水平，建设绿色发展示范区。

湛江经开区创新招商引资方式推动制造业高质量发展的报告

湛江经济技术开发区管理委员会

近年来，湛江经开区认真贯彻落实省委、省政府和市委、市政府的工作部署，紧紧围绕加快建设省域副中心城市、打造现代化沿海经济带重要发展极的总体目标，站在战略的高度大抓项目、抓大项目，着力打基础、强产业、拓渠道、优环境，形成了以全民招商、精准服务、协同推进、链条构建、集群发展为特色的招商工作模式，全区招商引资工作取得了较好成效，产业集群正加快形成。据统计，近年来，全区新签约项目70个，其中世界500强企业3个（巴斯夫、法液空、招商局集团），投资总额约1150亿元，在东海岛初步形成了以钢铁、石化为龙头的产业体系集聚。钢铁产业类项目47个，投资额约250亿元（其中含宝钢湛江三号高炉项目约188亿元），形成了宝钢湛江、中冶宝钢、宝钢物流、宝粤气体、宝山化工、申瀚科技、自立高温等一批产业集群；石化产业类项目15个，投资额约801亿元（其中含巴斯夫湛江一体化项目约700亿元），形成了中石化、巴斯夫、法液空、茂华实华、新华粤、众和化塑、利柏特等一批产业集群；第三产业类项目6个，投资额约99亿元，形成了南粤银行、平安银行、兴业银行、中投证券粤西财富管理中心、欢乐家食品集团等一批金融产业和总部经济集群。新签约项目中，1亿元以上项目35个，10亿元以上项目8个。2019年湛江经开区顺利完成市政府下达125亿元招商引资签约目标任务，在全市招商引资绩效考核中排名第一[①]。现将有关情况报告如下。

---

① 资料来源：湛江经开区调查统计。

一、主要做法和成效

（一）规划引领，科学布局，在明确招商方向上下功夫

早在 2017 年，湛江经开区党委就明确提出了必须牢牢抓住"项目引进"这条生命线，突出发展"经济"和"技术"这个主业，始终坚持以科学的产业发展为指引，以打造优势产业链和产业集群为目标，集中优势资源大招商、招大商，促进招商引资工作健康发展。

一是高标准编制产业规划。湛江经开区统筹区域产业发展实际坚持以规划引领，完善修订了《湛江经济技术开发区产业发展规划》，编制了《湛江市东海岛石化产业园区产业发展规划》。按照规划，湛江经开区始终坚持以湛江钢铁、中科炼化、巴斯夫等重大项目为龙头带动，建设世界级绿色高端临海钢铁产业基地和世界级现代化石化产业基地，打造钢铁、石化高端制造业集群。

二是合理构建空间布局。按照空间集聚、资源集约、产业集群的原则，引导产业合理布局，推进土地集约化、环境优美化、载体现代化建设，集中力量打造世界一流特色园区。根据《湛江市东海岛城市总体规划（2013～2030）》《湛江经济技术经开区（建成区）控制性详细规划》《硇洲镇总体规划（2016～2035）》用地功能布局，遵循业态类别聚合互动、分工有序的发展规律，湛江经开区正按照"一城"（即宜业宜居宜游的现代化新城）、"三区"（即先进制造业示范区、现代服务业集聚区、滨海旅游休闲区）、"五基地"（即世界级绿色高端临海钢铁产业基地、世界级现代化石化产业基地、高端特种纸业基地、中国南方海洋装备制造业基地、高新技术产业集聚基地）的空间发展格局进行招商引资，合理布局产业项目。对不符合产业规划和空间布局的项目坚决不予以准入。

（二）健全机构，充实力量，在优化体制机制上做文章

随着以经济建设为中心、以项目建设为重点的理念不断深化，湛江经开区对经济部门职能进行了调整，进一步加强对招商引资工作的领导。

一是加强组织领导。进一步理顺招商引资工作体制机制，将原先分散的招商力量重新整合，成立了"投资促进工作小组"，专门负责全区的招商引资工作，改变了过去"九龙治水"的局面。同时加大投入，在人员、办公条件和经费等方面给予充分保障，保证招商引资工作的持续性和稳定性。

二是打造专业队伍。为培养和造就一支高素质专业化招商引资工作队伍，湛江经开区从区直各相关单位和部门抽调了17名业务骨干组建专业团队。这一支队伍具有学历高、年轻化、熟悉经济工作的特点，其中大学本科以上学历16人，化学化工、材料冶金等硕士研究生9人，通过英语专业八级者3人。通过针对性开展业务培训、组织外出考察学习和实践锻炼，全面加强干部队伍建设，不断提升专业工作能力。在接洽巴斯夫、法液空、萨姆森等重点外资客商中，充分发挥了化学、材料、英语专业专长，有效推进了项目的引进工作。

三是理顺工作机制。湛江经开区建立了部门密切联动、全力推进招商项目落地的运行机制。一方面建立重大项目联系制度，针对落户湛江经开区的重点项目成立由区领导任组长、相关部门主要负责人为成员的项目推进领导小组。在全区内，实行"一名领导、一个责任单位、一名责任人、一名联络人"的"四个一"工作推进机制，协调解决项目推进过程中遇到的困难和问题。另一方面加强信息共享协同，定期向市投资促进局、区重点项目办、区督查科等部门报送项目进展情况，不定期召开联席会议研究招商引资工作，形成了区领导主抓、部门联动、全员参与的工作机制，切实提高了服务效率。巴斯夫湛江一体化项目自2018年7月签署合作备忘录以来，时间紧、任务重，为全力推进项目建设，湛江经开区专门成立了由区主要领导任组长，区分管领导任副组长的项目工作领导小组，期间召开项目推进工作会议近20次。巴斯夫湛江一体化项目只历时16个月，于2019年11月成功启动，创造了湛江速度，经开区上升为国家层面扩大开放的平台和窗口。

（三）规范流程，严格审核，在项目评审准入上把好关

为加快实现由招商引资向招商选资的转身，湛江经开区着重在优化流程、完善项目准入机制上想办法，念好项目招商工作"查""核""审""联"四字经（即"查"背景实力、工艺技术、原料保障、产品市场，"核"产业政策、环保要求、安全应急、能耗指标，"审"投资规模、产量产值、营收税值、用地面积，"联"络解决项目工商注册、规划选址、土地供给、基础配套），努力提升招商项目的质量和效益。坚持做到以下五方面：

一是规范流程。湛江经开区从规范招商项目准入流程做起，出台了《关于规范投资项目准入的意见》，按照"凡进必审"的原则，对全区新引进的投资项目实施准入规范化、标准化、模块化管理，规定了项目准入的初审、评审、审定三大环节，细化了项目接洽、洽谈、评审及准入等工作环节。

二是专家把脉。为把好项目准入源头关,湛江经开区在项目初审环节积极引入专家评审机制,与中国石油化工联合会、省制造业协会合作组建了"专家咨询委员会",通过购买服务的方式邀请专家对拟引进项目在产业政策、投资强度、税收效益、用地规模、工艺技术、安全环保等方面进行全方位"把脉"。实行专家评估制度对湛江经开区在项目准入把关方面起到了积极作用。如在节约集约用地方面,仅在新引进的9个石化类投资项目中就节约用地30公顷(用地面积从75公顷压缩到45公顷)。同时,近三年来,湛江经开区采纳专家评价意见,直接否决了3个项目的准入,保证了引进项目的质量。

三是联席评审。成立了由分管招商区领导为组长,投促、发改、国土、住建、环保、应急等10个单位为成员的投资项目准入评审小组,定期或不定期召开项目准入评审会。结合专家综合评估报告、职能部门书面审查意见、实地考察报告等材料,准入评审会提出初审意见。对不符合产业规划、环境保护造成严重影响、安全风险大、能耗指标高的项目实行一票否决。近年来,有4个意向投资项目因原料、技术、环保、安全等问题被联席评审会拒之门外。

四是协议约束。审定准入的项目,原则上应与区管委会签订相应的投资协议书。投资协议对项目建设内容、建设规模、建设周期、甲乙双方权利义务及违约责任等进行明确约定,对项目的固定资产投资强度、产出强度、税收强度在市规定的准入标准上进一步提高,有效预防了企业的虚假投资、圈地等不诚信行为。

五是优中选优。湛江经开区对投资主体是世界500强企业、中国500强企业、优质上市公司、行业龙头企业、国家高新技术企业、设有省级以上实验室的企业优先准入。近三年来,湛江经开区先后引进巴斯夫、法液空等一批世界500强企业,引进了上市公司招商蛇口、茂化实华等企业,引进了细分行业龙头企业萨姆森,引进了新华粤、利柏特、上南复盘等一批高新技术企业。

(四)创新思路,多措并举,在招商渠道方法上谋突破

为推动招商引资工作取得新突破、再上新台阶,湛江经开区坚持"精准、高效、共享"的理念,不断创新招商方式,拓宽渠道,积极探索多元化招商的新途径。

一是"上门"招商。湛江经开区高度重视招商引资工作,区主要领导多次率队外出招商,为区营商环境"代言",有力推动了一批项目落户。三年来,湛江经开区先后"走出去",到北京、深圳、上海、厦门、苏州、东莞等多地针对性开展招商活动，有效推介区投资环境，法液空、利柏特、上南复盘等一批项目就是在"走出去"招商中引进的项目。

二是以商招商。坚持"政府搭台、企业唱戏"，通过"给政策、引路子、优服务"，调动企业积极性，把企业推向招商引资主战场，针对现有企业尤其是龙头企业的发展需求开展专题联合招商活动，充分发挥企业的招商主体和推介作用，吸引其合作伙伴、朋友圈客商前来投资。近年来，湛江经开区联合中石化、巴斯夫等龙头企业举办4场石化专题招商会，成功引进茂化实华、新华粤、众和化塑等目一批石化项目。

三是平台招商。湛江经开区与中国开发区协会、中国石油和化学工业联合会、广东省制造业协会、广东省孵化器协会等机构合作，通过定向购买服务等方式奖励推介重大项目落户湛江经开区的协会或个人，加强信息共享，利用其丰富的人脉资源开展精准招商，这批招商平台为区招商工作提供了大量招商信息，并对区项目准入提供了具体的技术支持。

四是载体招商。用好重大产业项目集中开工、签约活动等"活动载体"，扩大营商环境的宣传力度，助推招商工作开展。近年来，湛江经开区成功举办"巴斯夫一体化项目启动活动""中科炼化项目投产活动""十大工业项目开工活动"等重大活动，特别是2020年疫情防控期间，湛江经开区成功举办了"六大工业项目投产活动""液空（中国）工业气体项目投资签约活动""萨姆森（中国）高端工业控制阀门项目投资签约活动"等有影响力的活动，彰显了湛江经开区在统筹推进疫情防控和经济社会发展过程中招商引资的工作活力。

（五）政策引领，提升服务，在优化营商环境上出实招

营商环境既是生产力，也是竞争力。湛江经开区始终把优化营商环境作为推动招商工作的重要法宝，作为提高招商引资工作核心竞争力的关键抓手，不断优化软件、升级硬件，全面提升营商环境。

一是强化政策引领。湛江经开区出台了《湛江经济技术开发区加强招商引资工作的意见》，针对总部经济、先进制造业、现代服务业、外商投资项目、建筑业、高新技术企业和科研机构6大方向，从项目落户、经营贡献、土地出让、办公用房、高管人才及子女入学等9个方面实行奖励政策，同时进一步加大金融支持实体经济发展的力度，积极搭建政银企合作平台，创新金融服务方式，切实解决实体经济融资难、融资贵问题。

二是推行全程服务。牢固树立"项目为王""以企业为中心"的服务理念。一方面着力优化服务，当好服务项目的"店小二"，对项目自洽谈引进至落地投产实行全程引导、代办、协调，解决项目建设过程中存在的困难。另一方面推进"一网式、一门式、一窗式"服务，完善"并联审批"模式，100%商事登记事项网上办理，实现办照无纸化、"零见面""零跑动"。2020年上半年，在疫情防控期间，湛江经开区新登记注册市场主体1819户，累计达到21576户，同比增长28%[①]。

三是改善园区环境。不等不靠，主动作为，根据园区企业生产需求，进一步加大了基础设施投入力度，加快供电、供水、污水处理、道路、公共管廊等配套服务的建设，不断提高工业园区的承载力，营造良好的投资和发展环境。三年来，中科炼化配套输气管道工程主干线正式投产运行；园区危废及固废处理、污水处理、公共管廊、智慧园区、智慧能源等的建设，正选择具有国内甚至国际先进技术水平的企业合作建设；园区道路、绿化、供电和供水等基础设施正在加快配套完整。一个具有良好基础设施承载力的世界一流工业园区正在形成。

二、下一步工作设想

面对错综复杂的百年不遇的大变局，下一步，湛江经开区将继续保持招商引资的工作力度，大力推动制造业高质量发展，继续聚焦强龙头、补链条、聚集群，扩宽发展空间，深挖载体资源，强调平台建设，保障项目质量，加快构建支持经开区发展的现代化产业体系，为湛江经济发展提供坚强有力支撑。

（一）依托龙头，加强重点项目招商

继续围绕宝钢、中科、巴斯夫等重大项目，加大先进制造、精细化工、新材料等新兴产业招商力度，以世界500强企业、大型央企、民企和上市公司、行业冠军为主要关注对象，采用产业链招商、以商引商、精准招商、总部招商、金融招商等多重模式并举招商。鼓励宝钢、中石化、巴斯夫等重点企业积极引进合作伙伴和上下游配套企业落户，做好产业"强链、延链、补链"工作。同时，以服务重点项目为契机，继续完善园区硬件配套，加强公用专业码头、通港大道、智慧泛能网等基础设施建设，增强招商引资的吸引力。

---

① 资料来源：湛江经开区调查统计。

（二）完善规划，拓宽产业发展空间

东海岛陆域总面积 286 平方公里，目前规划作为工业用地不足 50 平方公里，其中石化园区 35 平方公里[①]。除了规划给三大产业航母外，所剩土地不多，发展空间十分有限。立足当前，着眼长远，重新对东海岛进行科学规划，加快推进经开区（东海岛）国土空间总体规划，做好国土空间规划中期调研，进一步拓宽产业发展空间，预留出足够的土地，化解东海岛未来发展工业用地不足的问题。

（三）重置标准，提升项目准入门槛

为进一步规范招商项目的准入程序，保障符合产业发展方向的优质项目落户和土地的集约高效使用，实现资源要素配置和效益最优化，促进经济高质量发展，近期，湛江经开区重新编制印发了项目准入办法《关于进一步规范招商项目准入的意见》，强化产业引导，提高准入标准，建立退出机制，以签订投资协议建立"事前"约束机制，倒逼项目申报真实可信，进一步保障引入项目的高质量和高效益。

（四）评估绩效，提高土地利用效益

启动全区招商项目绩效评估工作，重点评估项目投产前投资强度、开工效率、建设周期，达产后的产出强度、税收强度等方面，加大对批而未征、批而未供、供而未用、用不达标等闲置、低效用地的清理处置力度，探索存量建设用地二次开发机制，建立项目全流程监督、"事后"问责制度，以加强土地管控工作，提高土地利用效益。

（五）整合资源，加快载体平台构建

探索实行"管委会＋公司"的管理模式构建园区平台公司。管委会集中精力谋发展，负责开发区发展规划、政策制定、综合协调、管理服务等行政管理职能；平台公司聚焦主业抓运营，定位为开发区新发展模式的践行者、建设者、服务者与运营商。以平台公司作为园区管理运营的载体部门，围绕"投、融、建、服"四个方面，开展投融资、公共基础设施建设、国有资产经营、园区运营服务等业务的企业化组织、市场化运作。

[①] 资料来源：湛江经开区调查统计。